本来自由人

大杉

想象另一种可能

理
想
国

imaginist

人生解忧

佛学入门四十讲

成庆 著

上海三联书店

缘起

# 普遍的心灵危机下，何处寻找安心之道？

从 2012 年至今，我在上海大学开设了一门名为《佛教的智慧世界》的佛学通识课，以及另外一门名为《佛教概论》的专业基础课，目的是给大学本科生介绍基本的佛学观念。但在教学的过程中，我越来越强烈地感受到年轻一代在生命观方面的困惑。对于他们而言，人生的意义如同一层迷雾，想要看清却常常无能为力。正是在这样的背景下，我试图将现代人的日常观察及体验融入到课程当中，从人生哲学的基本问题出发，以佛学的视角去讨论今天的种种生命议题。机缘巧合的是，2021 年，"看理想"邀请我开设一门佛学音频课程，不过当时的我并未作好准备，于是课程计划一直延宕。但这几年各种社会心理背景的剧烈变化，让我下定决心花一年时间来完成这部书稿。一方面是想为某些想要了解佛学知识的读者提供一本较为通俗的入门书籍，另一方面则是想为那些感受到心灵危机的朋友提供一个佛学智慧的视角。

## 当代社会的心灵危机

清华大学的彭凯平教授这几年对青少年群体和中产阶级群体的心理状况做了一个调查研究，结果发现在青少年群体中，出现了比较普遍的"四无现象"：第一，学习无动力；第二，对真实世界无兴趣，沉迷于游戏、各种社交媒体；第三，社交无能力；第四，对生命价值无感受。而许多中产阶级也都感染上"不开心"的情绪。这项研究同时也发现，经历了这场危机，许多人也因此开始主动思考生命的意义，比如人为什么而活，以及如何才能拥有积极主动的生活。

这样的现象，在我所教的学生中也有所体现。在大学任教十余年来，过去学生和我更多探讨的是知识层面的问题，但是最近这几年，学生更多表达出的是在时代危机下对生命意义的困惑。越来越多的学生向我咨询的主题都集中在如何解决内心的焦虑与不安上，显然，学科专业知识并不能直接让他们的身心得到安顿。甚至我发现，热衷于星座、算命、祈福之类的年轻人越来越多，我想你或许也看到，这段时间有很多文章在讨论为什么年轻人更愿意去寺庙，虽然多数只是为了渴求一份艰难处境下的好运气，但这的确折射出，今天的年轻人对人生前途越来越失去了那份自信与把握。

这几年因为世界变局的刺激，有两本书常被媒体推荐：贾雷德·戴蒙德所写的《枪炮、病菌与钢铁：人类社会的命运》和《崩溃：社会如何选择成败兴亡》。这两本书从历史和环境生态学的角度，宏观地说明人类文明秩序与战争、病毒，以及自然灾难之间的关系，并反省人类社会为什么在重大的社会决策上会出现种种问题。一方面，这种求助于历史、社会等学科知识的方式，无疑能够满足我们的求知需求，并能迅速借助前人的认知框架来理解社会的某些宏观问题；另一方面，这些知识足以拓宽每个人的经验局限，培养出一种切换视野的观察能力。

不过随着现代自然科学和社会科学的兴盛，也产生了一种过度"外求"知识的倾向。我们存在某种迷思，认为对自然、社会等外部世界的知识了解越多，就越有可能获得幸福。同时，人的"内省知识"却被有意或无意地忽略，甚至被贴上"反科学""玄学"，乃至"装神弄鬼"的标签。但这些外部知识其实很难解决我们迫切的内在的生命问题，比如情绪的内耗，生命意义的匮乏等都无法借助外部知识的累积而得到解决，反而加剧了精神的疲倦感。就像庄子所说："吾生也有涯，而知也无涯。以有涯随无涯，殆已！"

一位好学的年轻人今天所拥有的知识储备，比起过往世代的人而言，或许更为丰富和多元。但从现实生活来看，尽管基本生存不再成为最迫切的问题，大众的心理（心灵）危机却越发明显，"佛系""躺平""内卷"等话语的流行，无论我们将其解读为调侃或是自我嘲讽，其实都折射出这个时代正在暴发的精神征候。

可是我们已经习惯了这样的观念，那就是所谓的文明进步，就是人类不断认识自然、改造自然的过程。在人类文明早期，由于物质的匮乏，因而除了满足基本的生存所需，人类自然会关注人和宇宙，乃至和神灵间的关系问题，但那主要出于一种敬畏之心。不过随着物质文明的发展，人类越来越极端地走向通过改造环境来满足个体欲望的方向，我们越来越无视自然世界的限度，但我们的精神反而变得越来越空洞和虚无。

许多人会转向宗教和哲学以寻求出路，但他们最终会发现，传统意义上的哲学与宗教似乎也不足以成为"精神庇护所"——当代的哲学教育要么变成一种纯粹的知识演绎，与我们的内在生命体验越发地脱钩；要么变成一种逻辑的诡辩武器，彼此"斗诤坚固"；同时，很多流行的身心灵的指导，看上去则像放弃反思的犬儒主义，或是受苦者不得已的"精神鸦片"和"心灵鸡汤"。

那么，到底从何处寻求出路呢？或许，介乎哲学与宗教之间的佛学，能给我们提供一些启发。

## 在佛学中找答案

据我了解，由于各种原因，今天大众对于佛学的认知其实存在着相当多误解。比如，最近一篇标题为"在北京，年轻人把焦虑都留在了雍和宫"的自媒体网文传播火热，据说在雍和宫的法物流通处，年轻人为买到一条"开过光"的香灰手串，不惜排着长队苦苦守候。他们可能并不信仰佛教，但却对某些看不见的灵性事物充满期待。同时，各种"泛修行"的减压活动随处可见，以生活美学为标签的各类茶道、香道的雅集活动更是吸引了不少声称"放弃内卷生活"的新中产。这些活动多打上传统佛、道的符号标签，似乎因为佛、道于我们而言，天生自带隐逸、独善的气息，一个人但凡人生道路受到挫折，都会不由自主地在佛、道传统中寻找精神疗愈的出路——尽管寻找到的内容可能早已变形。

回顾历史，佛教自东汉年间传入中国至今已有两千余年，发源于印度的这股思想洪流，经过漫长的岁月已经渗透进华夏的文化土壤，与儒家、道家深度融合，形成了中国人精神世界的隐秘开关，在世间和出世间中自如地切换。但这种深度融合也让某些有价值的佛教思想反被隐藏起来，显发不出与儒、道思想的差异，留下最为显眼的佛教文化形态，要么肤浅，要么被扭曲。

## 重视现实的佛家精神

这些理解上的误区究竟在哪里呢？比如我在大学教了十来年的佛学通识课，常有一些同学向我抱怨，每当他们阅读这门课的教材时，同宿舍的同学就会投来奇怪的目光，在他们眼里，"佛学"怎么能成为一门课程？有的还会好意关心一句"你到底怎么啦？是不是最近压力太大了？"甚至有同学告诉我，上佛学通识课之前，他们头脑里浮现出的老师形象，要么是剃除须发、慈眉善目，要么是手持珠串、身着中式长衫的"油腻中年"。他们所接触的佛教，要么只是烧香祈福的形式，要么是网络上的各种鸡汤话语。无论是哪种理解，似乎都让人感觉这是不食人间烟火和逃避现实的形象。

和大众的直觉相反，实际上，佛家的精神是非常重视现实生活的。著名的禅宗六祖惠能在《坛经》中就曾谈到，"离世觅菩提，恰如求兔角"，意思是不能离开现实生活来谈觉悟。比如禅宗僧侣虽然隐入山中，却践行着"一日不作，一日不食"。他们并不是孤高的隐士，更不是绝望的弃世者，而是在紧贴着土地，过着挑水担柴的"禅生活"。如同日本禅宗思想家铃木大拙眼中的禅宗精神："双手握紧锄头耕耘大地，是在物质上、行动上开始与大地打交道。而以坐禅的方式体会安宁静澄的心境，则是与大地达成精神上的内在相会。"相反，生活在红尘里的人，看上去是"现实主义"的，为满足欲望不遗余力，但总是活在"想要更多"的妄想中，左顾右盼，思前想后，似乎又在罔顾现实。

那么，到底什么是"现实"呢？关于这一点，我会在后文中仔细展开，因为这是一个佛学的大问题，这里先简单说明一下。

首先，当下世界的种种经验现象当然属于现实，我们直接的身心感受自然也属于此类。但我们每天其实只有很少的时间去体会当下的现实，因为就算我们在不断感知着环境，意识却未必专注于当下，常常在过去和未来之间来回穿梭。比如吃饭时，对饭菜的味道只有非常模糊的感受，因为想的可能是接下来的工作安排，或还在为上午的不愉快耿耿于怀。而所谓"当下"，就像笼罩在我们内心的一层阴霾，混沌不清。

另外，现代人的活动也多聚焦在意识思维的层面，需要不停地思考、推理与规划。就算是在休息时间，我们也更多借助于智能手机和各种电子娱乐产品，将自己的"心"放逐到虚拟时空里，追求各种新奇刺激的体验。这些娱乐体验主要依赖意识的想象、推演，从而形成千变万化的内心影像与感受。矛盾的是，一旦我们过度依赖这样的意识活动，也就离当下的现实越来越远，因为意识的特性就是可以任意跨越时空的界限，无远弗届。但意识虽然拥有无限想象的自由，仍不得不被生理与行动的局限牢牢束缚，使得现代人看上去如同一个个白日梦想家，肉体永远追不上灵魂，身心俱疲。

这就导致了这样的结果：表面上我们似乎重视现实，积极地投入世俗生活，但精神却总游离于当下；而佛学正好相反，看上去对于现实缺乏野心，不乐追逐，游离于现实世界之外，但其教导却旗帜鲜明地拒绝"妄想纷飞"，强调活在当下。因此我认为，在网络时代和疫情冲击的背景下，佛学或许可以让我们卸下许多不必要的枷锁，重新获得平衡、安定的现实感。

不过，你可能还是会有这样的印象，佛家是看破红尘、青灯古佛的孤冷形象，是隐逸和出世的。但稍加了解就会发现其中的矛盾，东亚文化中最为人熟悉的观世音菩萨不就是在闻声救苦，广度众生吗？既然是"救苦"，那面对的当然是实实在在的苦难，并没有逃离和避世。佛教历史上的种种和佛教有关的慈善事业，以及高僧不惜用生命取法求经的实践，也与前述那种"隐逸无为"的想象存在明显的差异。

之所以有这些相互矛盾的理解，是因为大众只看到佛教的某一个面向。正是如此，我们或许有必要从头去了解佛学（包括其他传统思想）的精神关切与内在逻辑，而不是满足于经过历史层层过滤后的文化碎片，比如表面上的仪式和符号。因此在这本书中，我希望从现代人的处境出发，借助佛学来思考，看看这些流传了两千多年的观念是否真的能回应当代人的种种心灵追问。

## 往内看：训练安定与觉察

不过，关于佛学的论述如此繁多，佛教的经典与宗派更是复杂难辨，我们该从哪里入手呢？我想，其中很重要的一点就是将关注的焦点由外转向内，重新回到内心，去感受"心"、理解"心"。

我们经常在寺庙里看到写有"莫向外求"的牌匾。莫向外求，并不是要将自我隔绝于外界，而是要提醒人们不要被外境所迷惑、牵引和摆弄，从而获得生命的自主性。它的核心是要将关注的焦点从对外在事物过度的欲求，转移到对自我认知模式的审视，尝试去理解心与外在环境的关系。如果没有这种自觉，我们的"心"就永远是被动性的，是被束缚的，这就是精神被物质所异化和主宰了。

这个道理听上去很简单，它有理论的论证与说明吗？就算佛学存在一套繁复的理论体系，我们又要如何去实践它呢？

在这本书里，我们会逐渐了解到，在人类所有的思想体系中，佛学的思想深度其实足以比肩西方哲学，并且现代西方哲学和心理学也在不断吸收佛学的观念。而且，佛学除了丰富的理论体系，还拥有其他哲学思想少见的实践维度，这是它与其他思想体系的最大不同之一。

比如，为了要观察心的运作规律，佛教有一个基础方法就是训练安定和觉察。安定（focus），即专注的能力，也就是能随时专注在当下所做的事情上；而觉察（awareness），则是一种反观自己感受的能力，比如能随时了解自己的身心状态，如情绪起伏等，甚至看清心念是如何运作的，同时也知道用合理的观念对这些现象进行解释、处理，不被错误的认知主宰，由此获得精神上的自由与安宁。始终贯穿在这个实践过程中的理论，就是前述中"心与境"的关系问题，而且这是被活生生地用在了现实生活中，而不纯粹是理论的推导而已。因此，这本书不但会谈到佛学的思想，也会介绍如禅修等能身体力行的佛学实践方法与内在逻辑。如今"正念冥想"在年轻人中非常流行，甚至变成了某种新兴的商业模式，但其中也存在非常多的误区，我也会作一些必要的澄清与解释。

最后简单说明一下，因为地域、宗派、历史等差异，佛学教理使用的概念和体系有各自的特点，而这本佛学的入门书主要以传统大乘、小乘佛学的分类作为基本框架，然后从佛学基本理论和思维逻辑出发，还会结合一些历史背景，比如佛陀的生平等，再通过苦、空、无常、缘起、顿悟、涅槃等关键词，去理解佛学思想的本源与核心关切。需要强调的是，我写作这本书的初衷，是想通过这种方式唤醒古老学说与现代心灵之间的某种共鸣。**因为佛陀当年在菩提树下的觉悟，绝非为了发展出一套完备的知识体系，而是要让所有感到生命之苦的人，能够通过他的教导，获得心灵自由的力量。**因此，这本书还会在介绍理论的同时，结合现代人的心灵状况，从佛学的角度作一些解释与阐释，希望这些不同的视角能给读者带来一份"解忧"的力量。

正如佛家所言，"苦"是人类的永恒主题，我们如何改变自己的认知，获得有智慧的"灭苦之道"？我也真心地希望，正在读这本书的你可以先暂时放下过去对佛学思想的先入之见，去真实地体会佛学的智慧。

那么，接下来，就让我们一起开启佛学的解忧之旅吧。

# 目录

让我来告诉你，你为什么会来这里。你来这里是因为你领悟了某种东西，某种你无法解释的东西。但是你能感觉到它。这种感觉伴随着你的人生。这个世界一定有什么地方不对劲，尽管你说不上来，但它一定存在，这种感觉就像心头的一根刺，让你寝食难安。就是这种感觉，把你带到我这里来。

第一章

悉达多

# 探究生命意义的冲动

## 古印度的精神世界

在正式介绍佛学思想之前，我想先问一个问题：你是否想过，人为什么会有探究生命意义的冲动？

### 对"生命意义"的思考

德国哲学家卡尔·雅思贝尔斯曾说，人类只有在"死亡、偶然事件、罪责和世界的不确定性"这样的极端情境（Grenzsituation）下，才会对生命的本质意义进行深入的探索。用通俗的话来说，也就是人只有在体会到生命的痛苦和不安时，才可能会对内在的生命价值和意义产生认知的冲动。

在他的名著《历史的起源与目标》中，他特别谈到这样一个有趣的历史现象：大约在公元前 500 年，也就是所谓的轴心时代，全世界几个重要文明圈都发展出一种共同的特征，那就是人类突然意识到自己与宇宙秩序之间的界限，感受到世界的可怕与自身的无力。于是古希腊的哲学家、先秦的诸子百家、印度的沙门（即修行者）还有以色列的先知，都试图通过精神实践尝试认识自身存在和宇宙的终极意义问题。

以苏格拉底为例，他和雅典城邦里的各种人有非常多的哲学对话，按照雅思贝尔斯的理解，苏格拉底是在用他的追问去"开启人的心灵"，他不断地指出对方的错误，以此探寻关于灵魂的真相。在苏格拉底之后，西方逐渐形成了以古希腊思想为源头的哲学传统。但在今天看来，这一哲学主流传统似乎走向了纯粹知识化、体系化、逻辑化的方向，而对于心灵或灵魂层面的主题，似乎淡化了着力点。因为心灵往往被认为是主观的想法，难以把握，因此很难被整合到体系化的知识谱系中，所以它要么被归类为宗教性的神秘主义，要么被认为只是某种感性的心理活动。

举个简单的例子，我们都会经历各种人生的痛苦，按照现在通常的做法，我们可能会用脑科学、心理学、哲学的概念去分析这些痛苦的内涵和发生机制，然后就认为自己掌握了痛苦的相关知识，甚至有了一种能解决这些痛苦的错觉。但这些其实只是抽象概念的推理，而痛苦的直接感受却被抽离出来，开始与我们的体验疏远。也就是说，事后的分析属于反思性的意识活动，但痛苦的当下性与即时性却不见了。无论我们如何反思、归纳与总结，都只在依靠某种概念化的理论去作事后的自我说服，而痛苦依然存在，没有得到真正的解决。

今天的我们受到现代主流思想传统的影响，把人类的观念史理解为知识进步的历史，尤其是自然科学知识的长足发展更加坚定了这种看法，认为人类会随着历史演变而不断提升，现代人会比古人更高明、更理智，甚至更幸福。但事实上，现代社会发展到今天，在某些方面已经达到了前所未有的程度：比如在对自然世界的改造上，人类取得巨大的胜利；在物质消费上，人类得到极大的满足，但在精神层面，人类却越发感受到深层的生命困惑与危机。我们似乎知晓了更多的信息，却仍然无法让心灵得到真正的安顿，甚至可以说，现代人未必比苏格拉底、孔子时代的人在精神生活方面更幸福。

为什么？

20 世纪有一位重要的美籍奥地利历史哲学家埃里克·沃格林，他曾提出一个与主流哲学传统不同的观点，他认为柏拉图的哲学并非提供一整套所谓的知识，而是在灵魂层面的意义上去接近真理。因此沃格林强调要用"体验"去理解古代哲人的思想，而不是用一串串复杂的概念和看似严密的理论体系，因为后者与生命体验常常是脱节和疏离的，变成一种无法贴近生命的概念游戏。

比如我们在自然中游玩时感受和风、聆听山野之间的松涛，即便不了解任何与物理学相关的知识，内心却是安宁和感动的。进一步说，我们在某些特殊时刻涌现出的对于良心、虔诚、道德和真理的渴求，似乎可以和哲人产生共鸣、心心相印，这种直接的心灵触动也与从文字概念所了解的意涵有很大的差距。

在这里，我试图做一个简单扼要的分类。关于生命有两种认知的途径：一种是体验式的，另一种是反思式的。前者得出的是一种简洁、直接的认知经验，常常是自然流露而不假造作的，让人在日常生活中直接获得一些心灵的慰藉和解放的力量。铃木大拙曾说过，禅的体验可以让我们直接回到生命的根本，将我们从各种约束之中解脱出来。而后者得出的往往是批判性的知识，通过调用各种概念去理解和论证生命的价值，虽然可以厘清一些经验，但也常常会让人远离现实的生活。

所以，对于雅思贝尔斯、沃格林这样的哲学家，他们对轴心时代的关注绝不仅仅是"历史上发生了什么事情"，而是想要了解"那些伟大的心灵到底体验到了什么"。借助这样的思考角度，我们或许可以真正了解古代哲人的生活智慧，并应用在今天的生活中。

这一讲就先看看在佛陀诞生之前，古印度人到底如何思考生命的意义和万物本源，这些思想又与后来诞生的佛教有怎样的关联。

## 《吠陀》与种姓制度

让我们把视线转到古印度。在雅利安人来到印度大陆之前，也就是大约公元前 3000 年，印度曾经存在过一个名为哈拉帕的文明形态。但因缺乏历史记载，我们如今并不了解这个文明的具体状况。而对印度文明的一般讲述，也基本是从公元前 1500 年雅利安人来到这片土地后开始的，他们最初主要定居在旁遮普一带，以崇拜自然神为主，比如风神、雨神、雷神等天神。后来他们逐渐迁移到了恒河流域附近，慢慢产生了种姓制度。最初，种姓制度的出现或许只是为了区分印度民族和非印度民族，也就是雅利安人与印度土著居民。但渐渐地，在雅利安人中间也分化出了婆罗门、刹帝利、吠舍三种不同的种姓，印度土著则演变为首陀罗种姓，受到歧视。

婆罗门、刹帝利、吠舍可以转世，而最底层的首陀罗却连"轮回再生"的资格都不具备，被称为"一生族"。婆罗门借由对经典文本的掌握——也就是解读《吠陀》的话语权——控制了整个社会，充当精神祭司，不仅主持着各种祭祀仪式，还与刹帝利共同垄断社会的权力。《吠陀》是一系列古老的文献，通常包括四部经典，如《梨俱吠陀》等。而《吠陀》和后来诞生的《奥义书》，其实都是佛学思想的来源之一。

早期的婆罗门强调咒语、仪式，通过祭祀活动与自然神沟通，因此比较注重神秘化的体验。《吠陀》主要涉及祭祀的内容，这些祭祀活动也包含"供养""赎罪""求福"等心理动机。他们笃信神灵世界，因此会以恭敬、悔恨与至诚的心情做种种祭祀。这也是早期印度人处理人神关系的主要观念。

四部《吠陀》经典中,《梨俱吠陀》最为重要,为一些祈祷、赞颂天神的诗歌,约有一千余篇,至今都受到印度学者的尊崇。一般认为,这些颂歌是天神借助修行者(即仙人)之口而讲出来的,而我们或许可以将其理解为由修行者在某些宗教体验中获得的某些信息。其他的三部经典中,《娑摩吠陀》主要为关于唱诵的内容,《耶柔吠陀》主要阐释祭祀的仪式规则,《阿闼婆吠陀》主要为巫术咒语,包括驱魔、治病、祈求因缘等。

这里可以借用巫白慧先生翻译的《梨俱吠陀》中《原人歌》的片段,来体会《吠陀》经典的语言和思想特色:

原人之神,微妙现身,

千头千眼,又具千足;

包摄大地,上下四维;

巍然站立,十指以外。

唯此原人,是诸一切,

既属过去,亦为未来;

唯此原人,不死之主,

享受牺牲,升华物外。

这段是《吠陀》经典里对"原人"神的赞颂。"原人"是一种超自然、超人格的神祇，不像因陀罗（护法神）、婆楼那（司法神）那样具有明确的人格属性，而更具有抽象化的意义。在《梨俱吠陀》中，大概有三类神祇：上古神灵、在仪式中祭拜的神、以泛神论的形式弥漫在自然世界的神。这都说明，在印度早期文化里，神灵的谱系是非常庞杂的，这也说明早期人类探索世界的路径，是从无知与恐惧逐渐走向祭祀和思辨的方向。

正因为人神关系是早期印度人生活的主轴，所以婆罗门的子弟会在幼儿到少年时期进入学生生活阶段，比如开始背诵《吠陀》经典，或到附近村子化缘，并且在老师门下学习。结束学生生活之后，就需要结婚生育，进入家居生活阶段。在这个阶段，他们需要学习跟家族生活相关的仪式，结婚、怀孕、分娩、孩子的第一次进食，乃至剃发都有各种仪式。当家庭的责任暂告一段落，男性就要进入森林，以草根为食，开始修行生活，大体上仍然以祭祀的各种礼拜、赞颂仪式为主，最终进入纯粹的隐遁期，为了终极的生命解脱而出家修行。可以说，他们的人生基本都是围绕着《吠陀》经典的学习和实践而展开的。

著名文学家泰戈尔有一个观点，《吠陀》其实就是人们对生命奥秘所作的朴素想象，因为对世界存在好奇和畏惧，就赋予了世界神性的光环。但究其实质，《吠陀》经典其实是在讨论"人生背后的东西究竟是什么"，这是印度宗教与哲学的核心议题，也是佛教产生的精神脉络。神灵可能有各种各样的，但对人与宇宙本源关系的探索却是永恒的话题。

## 从《吠陀》到《奥义书》

在《吠陀》之后，出现了由婆罗门主导阐释的《梵书》，其中萌生了一些印度教的教理。因为对祭祀的种种仪式不满，一些厌离世间的修道者开始进入山林，或靠近城市聚落以乞食为生，过上一种纯粹的修行生活。因为他们中的多数从晚年开始修道，隐居林间，一去不返，所以他们对祭祀仪式和内涵的阐释就被称为《森林书》。其内容虽然仍脱不开祭祀，却已经开启了哲思的序幕。

而直到《奥义书》出现，印度思想正式进入思辨的层面，慢慢演化为一种理智性的思想。简单而言，《奥义书》如同升级版的《吠陀》，如果说《吠陀》强调的是祭祀，《奥义书》强调的则是哲思智慧。通过《奥义书》的思辨加上瑜伽（yoga）的方法，修行者体验到我们的意识可以与某种宏大庄严的宇宙精神融合在一起，从而提出了"梵我合一"的理论。而瑜伽就是一种帮助修行者调节呼吸，最终让意识达到高度专注的实践方法。正如前文提到，佛教思想的最大特点之一就是思考与实践并重，而早在佛陀以前，这种特点就在《奥义书》中萌芽了。

"梵我合一"的理论认为，生命有一个真实的精神本质，被称为"真我"。"真我"和宇宙精神的"梵"是一致的，"梵"是宇宙本原。这种"梵我论"假设存在一个真实的"我"，但不是栖居在肉体内的那个"小我"，而是跟宇宙万物合一的"大我"。修行的目的，就是让"小我"最终回归并与"大我"合一。比如，在《唱赞奥义书》中就有这样的句子："此'自我'也！是永生者，是无畏者，是即大梵也。"

此外，《奥义书》同时发展了《吠陀》经典中的"轮回"思想。"轮回"思想的关键是认为生命不会消失，而是以不同的形态不断地循环流转与受苦。正因如此，"解脱"才成为生命的迫切需求。而《奥义书》认为，只有体验到"梵我合一"才能得到真正的解脱。因此，以智慧去获得觉醒，脱离轮回的苦海，就成为了印度思想中非常重要的追求。在佛教思想中，我们也可以看到类似的"轮回"思想，但很重要的一点是，佛教反对"梵我合一"的观念，认为这并不能达到佛教意义上的终极解脱。

## 自由思潮涌现，对因果业报的争论

在《奥义书》之后，随着印度思想的发展与多元化，开始出现一些所谓的"自由沙门"。今天我们常用"沙门"来形容佛教僧人，但在早期，这个词只是被用来称呼不同于以祭祀为主的婆罗门的修行者而已。这些自由沙门远离闹市和世俗生活，或隐居山林，或聚众修行，加上当时印度的农耕技术进步，粮食比较丰富，他们虽不事生产却也能顺利生存下去。

当自由的思潮开始涌现，不同的思想体系开始相互争鸣，当时的印度总体流行着三种世界观：一是认为一切都由神的意志所组成；二是认为生命都依赖过去的业，也就是宿命论；三是认为一切都是偶然形成的偶然论。大多数的争论，都围绕这三类看法展开。具体来说，有代表正统吠陀传统的印度"六派哲学"，以及反对正统观点的佛教、耆那教与顺世论者。根据佛教经典记载，在佛陀时代，甚至还有九十五种外道，以及六十二种不同的思想观点。这都说明在那个时代，印度思想非常活跃。比如有的学说否定因果论，倡导偶然论和宿命论，佛教将这种学说称为"邪命外道"；还有学说认为，世界由地、水、火、风构成，而道德行为其实没有什么作用，这属于一种早期唯物论意义上的思想，佛教将其称为"顺世外道"。这些自由学派讨论的重点问题是，道德行为是否导致果报，也就是因果业报是否成立。

## 观念依托于沉思冥想

但是请注意，我们不能把这些观念仅仅当作纯粹的思辨，因为当时印度还存在非常重要的瑜伽禅定的精神实践传统。这些修行者通过成熟的瑜伽禅定传统来直接体验真理，使得这些观念并非空中楼阁，而是与他们的生命体验牢牢结合在一起。

印度的瑜伽禅定（或称冥想）的对象着重于意识层面的体验，但这种意识体验在今天大多数不曾有类似经验的人看来，似乎是非常神秘的。以《甘露滴奥义书》中的描述为例，其中提到了"六支瑜伽"，分别是"敛识"，即收摄感官，不去攀援外在的环境；"静虑"，即放松专注；"导引"，即控制呼吸的方法；"守意"，即凝神专注某个对象；"推理"，即觉察观照；而"三摩地"，就是进入禅定境界。因此，所谓瑜伽，就是利用上述方法达到意识专注觉察的状态，从而获得所谓的禅定体验。

不过，这种意识体验并非印度文化所独有，在东西方许多不同的文明中，都出现了类似超自然的意识经验传统。比如德国著名宗教学家鲁道夫·奥托就曾用"神秘主义"来分析东西方宗教中的一些超自然的神秘经验。著名的犹太思想家马丁·布伯曾编辑过一本名为《狂喜的忏悔：神秘主义的核心》（*Ecstatic Confessions: The Heart of Mysticism*）的著作，书中将佛教、苏菲派、新柏拉图主义、诺斯替主义，以及中国的道家与犹太教的哈斯德主义都归类为"神秘主义"，并以此来理解这类相似的意识现象。不过值得提醒的是，瑜伽对于印度修行传统而言，并非不可理解的"神秘主义"。

而当时的印度最后形成了两种主要的修行派别：一是通过禅定进入"梵我合一"的境界来获得解脱；二是通过苦行来断除欲望的束缚以达到解脱。而佛陀，正是在这样的自由思想风潮之下出现的代表人物。

最后总结一下，我们在这一讲中借由对佛陀诞生之前的历史考察，了解了佛教诞生的思想土壤。可以看出，在佛教正式创立之前，印度人就有了一套完全不同于西方的观念体系，比如"梵我合一"的思想、强调"轮回"、重视瑜伽修行等，这种修行的生活方式在今天的印度仍然顽强地延续着，比如在圣城瓦拉纳西的恒河边，可以看到无数的印度教徒在这里沐浴，祈求得到护佑和解脱。还有比佛教更早的耆那教，今天仍有很多教徒实践着裸体修行的传统。这些都可以反映出以获得生命解脱为人生目标的印度文明的某些特色，而佛教，正是在这样的思想文化基础上展开自己独特的观念与实践。

　　下一讲，我们来谈一谈佛陀，也就是乔达摩·悉达多的故事。

第 2 讲

# 悉达多，你为何出家？

悉达多的苦与自由

在故事开始之前，我想问一个问题：佛陀是谁？在你的心目中，他是怎样的形象？

## 佛陀的千百张面孔

如果你曾经去过敦煌莫高窟、大同云冈石窟，大概都会被洞窟里各种精妙的造像震撼，无论是壁画和造像，还是在藏经洞里画匠创作的一些诙谐有趣的涂鸦草稿，其中关于佛菩萨的形象各有特色，也有很多相似的特征。正是中国佛教在造像和绘画方面的熠熠生辉，会让一般人以为，佛教从一开始就和佛陀造像密切相关，甚至会以为，千百张佛陀的面孔，总有一张代表了真正的佛陀形象。

历史上的佛陀到底长什么样？大概谁都无法确定，因为那时候并没有任何类似影像留存的技术。但是在佛教长达两千多年的演变过程中，我们却见过千万张不同的佛陀面孔。其实在佛陀所在的时代，佛造像并不流行，虽然经典中有佛像的记载，但并没有留下任何相关实物。根据考古发现，佛陀圆寂后的很长一段时间，佛教徒多是用佛塔、佛陀足印、佛发、菩提树或法轮来象征佛陀，比如可以从公元前3世纪阿育王时期的桑奇大塔看到，塔上的雕刻基本除了药叉等神灵外，还有大量的动物、植物形象，但没有佛陀的形象。另外，建造于公元前2世纪的巴尔胡特佛塔，其建筑物上雕刻的本生故事都以足印、宝座、菩提树等形象来代表佛陀，而不以人像的方式。目前所能看到的最早的佛像，大约是贵霜王朝时期，也就是1世纪到3世纪，在犍陀罗地区及秣菟罗地区所兴起的造像。这些造像的风格整体上和今天我们在中国寺庙中看到的佛像非常不同。

直到2世纪左右，随着大乘佛教的兴起，佛陀的形象才开始流行。佛像和早期的佛塔、法轮一样，都是供后人忆念和瞻礼佛陀功德用的。不过佛像其实更像是一个符

　　　　　　　　　　　　人生解忧

号,并不代表真实存在的佛陀形象。或者更准确地说,"相"(外貌)并不重要,重要的是理解佛陀所说的"法"。所以《金刚经》中就有这样的句子:"若见诸相非相,即见如来。"意思是要见到真正的"如来",必须知道种种的外相都不具备永恒性。

不过,我们日常在佛教寺庙里,往往看到的都是各种高高在上的佛菩萨像,这让人产生一种错觉,佛陀似乎就是神灵。事实上,带有"神灵性格"的佛陀和带有"历史性格"的佛陀在形象上的确常常交错并存。一方面,佛教经典中的佛陀形象往往带有某种超凡色彩,比如"身黄金色",就是全身金光四射,而"手足网缦"则是在手指、脚趾之间都有辐缦相连,这和凡人的形象显然有很大的差异,这也是为什么民间信仰容易把佛菩萨神格化;另一方面,佛陀毕竟是人类历史中真实存在的个体,这也注定了他有人间性和世俗性的特点。

对于看重历史价值的中国文化而言,佛陀的这种历史性和神格性常常是并行不悖的,比如玄奘法师在《大唐西域记》里对佛陀的描述,同样夹杂着所谓的神话色彩,但也带有很强烈的人文访古的意趣,以历史的眼光来介绍佛陀的生平。比如迦毗罗卫城里的"太子逾城处",舍卫城祇园精舍里的"佛陀为患病比丘盥洗处",以及拘尸那揭罗城佛陀的"毘荼之处"——"城北渡河三百余步,有窣堵波,是如来焚身之处"。窣堵波,就是供奉佛舍利的塔。这些都是玄奘朝拜佛陀行迹过程中的所见所闻。在玄奘的记录里,这些和佛陀相关的古迹都真实地存在于印度这片土地上,所以中国文化中的佛陀形象,或多或少带有贴切现实之感,而不像很多佛经所呈现出来的那样,让很多人感到充满神话的气息。

不过对于西方世界来说,佛陀本人是否真实存在,一直是一个有争议的问题。长期以来,西方学者一直怀疑佛陀作为历史人物的真实性,直到1898年,一位名叫佩普(William Claxton Peppé)的英国工程师在印度比普罗瓦考古发现出一个装有佛陀遗骨的舍利瓮,而就在前两年的尼泊尔的蓝毗尼,尼泊尔总督雷纳将军和德国考古学家福勒博士发现了在佛陀出生地出土的阿育王石柱。这些新发现最终让西方学者开始相信,佛陀并非神话人物,而是曾经活生生地在印度行脚弘法的一位僧侣。

不过有读者或许会发现,很多佛经中关于佛的形象描述,看上去充满各种神异,完全不像凡人。比如金庸先生最初接触佛学时,就因为大乘佛教经典里的相关描述过于夸张而难以相信,最终因为理解了《法华经》中"方便教化"的精神,才对大乘佛教有了新的认识角度。这里我想对"方便教化"多解释几句。所谓"方便",其实就是因为众生各自的性格、经历不同,因此所执着的对象也不同,如果只用一套道理或者一种模式,就很难做到因材施教。这就是为什么佛陀说的道理,看起来有很多是彼此矛盾的,但其实它们都是针对不同对象而说,有的浅,有的深,甚至有的看上去还违背了佛陀常说的法义,这些不过都是想让众生暂时"以毒攻毒",以欲望安抚欲望。这些道理最终的目的,就是让众生都能像佛陀一样,达到真正的觉悟。这就是大乘佛教所讲的"方便"的意涵。

说回佛的形象。为什么会有这样的冲突?明明释迦牟尼佛就是两千多年前的悉达多太子,怎么就演化出了上天入地的神灵形象?在佛教中,有"三身佛"的说法,意思是佛有三种身相,"化身""报身"和"法身"。觉悟程度深浅不同的人所见到的佛,会呈现出不同的样貌,如我等凡夫俗子,尚未觉悟,看到的佛陀就是朴素过日的和尚,如平常人一般,这叫作"化身",也就是随凡夫的认知而显现出的形象;已经觉悟的菩萨,所看到的佛陀形象则是庄严恢弘的,已经不是我们所能想象的样貌,这就是佛的

"报身"；而"法身"是说，真正的佛其实是无形无相的，随众生的心而显现出不同的样子，也就是说，真正的佛其实没有所谓确定的"相"。

讲到这里，你或许已经感觉到，佛教对于"相"的解释背后有一些更深的理论基础，后面还会进一步讨论。接下来，我们先从历史上的悉达多太子开始，谈谈他如何从一位平凡的王子走上修行觉悟的道路。

## 悉达多的苦与自由

从现有的研究来看，佛陀的生平经历并不算复杂，但是关于佛陀的出生年代则有很多说法。比如流行于东南亚一带的南传佛教，以及流行在中国内地、日本等地的北传佛教，各自都有不同的观点，学术界也有很多不同的研究，但都很难说是可信的结论。比如，其中一个版本是依据锡兰的《岛史》及《大史》的记录，推测出佛陀的在世年代为公元前563年至前483年；另一个则是以史料中记载的阿育王在位时代为标准，推断出佛圆寂于公元前383年。如此种种，众说纷纭。不过我个人认为，悉达多太子的具体生卒年月并不是关键问题，我们应该关注的，是他到底向人们传达了什么样的观念。

关于佛陀生平，一个比较简要的版本是这样的：悉达多太子大约在19岁成亲，娶了城中的美人耶输陀罗，但却在29岁毅然出家，经历数年苦修，终于35岁时在菩提伽耶觉悟，然后在北印度赤足游历讲法45年，最终于80岁时在拘尸那揭罗涅槃。其中的细节，在佛教流行的不同地方也有不同的版本。

佛陀的全名为乔达摩·悉达多，属于释迦族。释迦族本身属于刹帝利种姓，即贵族阶层。悉达多的母亲是摩耶夫人，是迦毗罗卫城的邻邦天臂城的公主，可她在太子出生后不久就去世了，于是悉达多由姨母摩诃波阇波提抚养成人。相传，摩耶夫人怀孕是因为梦见白象入肋，后在皇室的行宫，也就是尼泊尔的蓝毗尼园，生下了悉达多太子。悉达多太子出生时，自己的国家与邻近的拘萨罗国是依附关系，从经典中可以看出，当时形势相当微妙，迦毗罗卫国并不强大，迦毗罗卫城也不过是一个小小的部落而已。太子出生时，一位名为阿私陀的仙人听说后，急忙赶到王宫，要求见其一面。见到之后，仙人不禁悲痛流泪，释迦族人不禁疑惑，猜测这是否为不祥的预兆。仙人回答道，这位太子未来将获得无上的智慧，以法王的身份弘化四方，而我之所以痛苦，是因为自己年老体衰，没有机会聆听他讲法了。

这个关于乔达摩·悉达多出家的预言，让其父净饭王感到非常害怕，于是他用特别优渥的生活"圈养"住太子，想让他感受不到生活的苦。可悉达多最终还是走上了出家修行的道路。从今天的角度看，悉达多算是一位"富二代"，既不用担心生计，婚姻、事业也都相当顺利，应是年轻人比较艳羡的生活状态。这样的世俗人生，似乎没有任何理由主动放弃。

但是，悉达多为什么会出家？

## 老病死苦与生命的绝对不自由

关于悉达多出家的动机，经典里有很多描述，比如在马鸣菩萨的《佛所行赞》中，就描述了这样的场景：释迦太子在路边看见农夫辛劳，耕牛疲乏，虫蚁被杀，心中产生强烈的怜悯之心。

对他人的"苦"生起恻隐之心，当然足以证明太子的善良，不过这也并不稀缺。更触动太子的，则是遍布人世间的"苦相"，这让他感觉到了某种生命的不自由，仿佛是一种莫可名状的悲哀，一种无法自由选择自己生活的巨大束缚感！

一个关于悉达多出家修行的动因更为直接的描述，则是太子游经四个城门的故事：有一天悉达多太子出行，在其中一个城门，他见到一个耄耋老人，于是问侍从，这个人为何这般模样？侍从告诉太子，这就是"老人"，"夫老者生寿向尽，余命无几，故谓之老"；第二天，太子又在城门遇见一位重病的人，问侍从，这又是什么情况？侍者回答说，这是"病人"。太子于是追问什么是"病"，侍者回答说，"众痛迫切，存亡无期，故曰病也"；又有一天，太子在城门处遇见有人亡故，亲人嚎哭围绕。太子又问："何如为死？"侍从回答："死者，尽也。风先火次，诸根坏败，存亡异趣，室家离别，故谓之死。"短短数语，道尽了人生的无奈。

因为看到世间的老、病、死，太子郁郁寡欢，净饭王想起阿私陀仙人当年的预言，担心悉达多出家，于是召集舞女，装扮宫殿，试图用世间的欢愉吸引太子的注意。不过当太子再度出游时，却见到街道上有一位出家的沙门，便好奇询问侍从这是何人。侍从告知，那是"沙门"，"舍离恩爱，出家修道，摄御诸根，不染外欲，慈心一切，无所伤害，逢苦不戚，遇乐不欣，能忍如地，故号沙门"。也就是说，出家修道能让人远离欲望的伤害，并对众生生起无尽的慈悲，这让年轻的太子非常羡慕，萌生了出家修行的念头。

或许有人会感到惊讶，年轻的太子为何会不知老、病、死，还要询问侍从？这并不难理解，如果稍微回忆一下我们年幼时的生命经验便可知，当你的亲人去世时，是否也曾问过长辈这样的问题："死是什么？亲人到底去哪里了？"父母可能解释道："他去另外一个地方了。"你或许会追问："我们再也见不到他了吗？"这些提问来自对生命的深层疑惑，也可以被理解为一种生命的觉醒，是对人生的起源和归宿的好奇。

其实，人与老、病、死的初次遭遇，是对一种尚未经历的生命现象的认知与警觉，可以被称为"觉醒意识"。之所以有这种体验，是因为人反推自身，意识到自己也和他人一样将注定遭遇老、病、死，从而产生恐惧与不安。衰老不正是如此吗？不经意地看到镜子里脸颊上的皱纹、双鬓的白发、枯黄的脸色，都可能让你感叹一声："老了！"这时多少也会有些对岁月流逝的伤感与惆怅。

无论悉达多遇到的是哪个场景，他的出家动机都不像

　　　　　　　　　　　　人生解忧

是对不幸的世俗生活的逃避。恰恰相反，他很早就感受到，无论世间如何完美，人都不可避免地会遇到生命的天花板，也就是老、病、死，这是生命的绝对不自由。

## 对苦的敏感与对自由的终极渴求

从古至今，人类对于自由的渴求，构成了文明发展的重要动力。一方面，人为了衣食温饱，努力发展经济民生，随着社会进步，逐渐衣食无虞，却又感受到更深层的不自由，例如社会公正，贫富差距等问题的出现，于是各种社会变革理想又开始此起彼伏。可是从根本上来讲，无论社会如何进步，对于生命而言，老、病、死的束缚感永远围绕着我们，这也是人类永远无法停止对生命意义问题思考的根本原因。

从另一方面看，现代社会的重要特征之一，就是人类逐渐从对上帝、天道、祖先崇拜的传统信仰秩序中摆脱出来，走向"肯定自我""重构自我"的时代精神。个体意识的高度发展，使我们对于个体自由和权利有着强烈的偏好，渴求实现个人价值。但与之相悖的是，当我们前所未有地伸张自我时，却感受到更多的焦虑，似乎有一道无形的枷锁，让我们困于其中。现代社会虽然制造出消费主义的繁荣幻象，却伴随着更深重的不自由感。

无论是老、病、死，还是现实里短暂的物质欢愉，似乎都在暗示人类改造外部世界的努力不仅无法真正解决现实的难题，更无法解决精神的自由问题，反倒让人陷入更大的迷茫。所以即便相隔了两三千年，我们与悉达多当时感受到的痛苦和不自由在某种意义上是相通的。太阳底下，其实并无新鲜事。

悉达多游经四个城门的故事，更像是一个现代社会的隐喻。琳琅满目的卖场如同迦毗罗卫城的繁华宫殿，被净饭王安插在悉达多身边的翩翩舞女，不正像今天充斥在电脑、手机中的声色幻象吗？想要获得自由，却一次次地被欲望束缚。就像《红楼梦》中警幻仙姑的那番尝试："先以情欲声色等事警其痴顽，或能使彼跳出迷人圈子，然后入于正路"，不过宝玉仍然执迷不悟，耽溺于太虚幻境，不能明白世间本是虚幻的梦境。

这也可以理解，从现实角度来看，**我们如同温水中的青蛙，往往在一切顺利的时候，就失去了对"苦"的敏感，许多迫在眉睫的人生问题其实一直在被回避和掩盖。**比如在经历了数十年的经济发展之后，大家似乎已经习惯于有着预期稳定的未来，但一场突如其来的危机让全世界都脱离了过往习以为常的轨道——交流几乎停止，我们的工作与生活也发生了天翻地覆的变化。而这些都提醒着我们：人生之"苦"，其实从来没有离开过。

毫无疑问，悉达多太子对"苦"有着极高的敏感度，而且看到了一切事物中普遍存在的不自由。这种不自由不会为他富足的生活所缓解，或让他因此暂时转移注意力。这种渴望超越"苦"的冲动，让他对现世看似安稳的世俗生活产生了强烈的不满足感，想要通过修行来获得生命的觉悟，这就是佛教谈的"出离心"，也是悉达多太子选择出家的真正理由。

关于悉达多太子出家的场景，在今天有两种版本的描述。比较流行的版本是，太子在夜半之时，为了不被族人挽留而悄悄离开王宫，骑上自己的爱马健陟，越过城墙，由马夫车匿跟随。而另一个版本则充满着祝福与希望：在一个月圆之夜，他脱下王族的服饰，辞别净饭王，告别了出生不久的孩子罗睺罗，并且得到妻子耶输陀罗的允许，如常走出城门，开始了他梦想已久的修行之路。

就如同在小说《悉达多》里，赫尔曼·黑塞用文学的方式描述了悉达多的出家时刻："乔文达意识到：时候到了，悉达多要去走自己的路。他的命运即将萌发。"

是的，悉达多走到了他人生的转折点，也开启了影响人类文明史的重要时刻。下一讲，就来介绍悉达多的修行之路。

第 3 讲

# 悉达多，你觉悟到什么？

觉悟的内涵

悉达多太子看到了声色犬马背后的陷阱，从而展开他的冒险之旅。那么，悉达多太子究竟是如何通过修行获得觉悟的？

## 悉达多的修行：禅定

悉达多太子离开迦毗罗卫城，首先来到了邻近的摩揭陀国。当时，有不少自由修行的沙门常年都在森林中独处冥想，有很深的禅定体验。阿罗逻迦罗摩就是其中一位，他认出了这位迦毗罗卫城的王子，当悉达多向他请教关于禅定的技巧时，他倾囊相授，悉达多也很快达到了很深的禅定境界。可悉达多发现，这并没有彻底解决他的烦恼，因为他一旦从禅定中出来，回到日常生活后，仍然会感受到生命中的各种苦。

其实，悉达多在孩童时就曾有过禅定的体验。净饭王曾有一次带着太子出行，来到一个园林，悉达多遣开周围的侍从，来到阎浮树下盘腿而坐，思维他所见到的种种苦难，产生了强烈的慈悲心。由于极端的专注，悉达多进入了禅定，感受到前所未有的安定和愉悦。

"禅定"是什么？所谓禅定，其实是通过一定的方法来让自己的心念安止在某个对象上，如果心念统一而且有力，就会出现与平日精神涣散状态下不同的意识体验。这也是印度早期非常流行的修行方法，并不同于之后人们经常谈到的禅宗、禅修。禅定有一个更为人熟悉的名字——瑜伽，前文也曾提到。

"瑜伽"这个词最早出现在《奥义书》中，被认为是"通往觉悟的方法"。比如在《瑜伽顶奥义书》中就有这样的描述："千世再转生，无由销罪孽，独以瑜伽见，轮回从此绝。"这四句偈子的意思是，要想让我们的恶业消除，由此不再轮回，唯有依靠瑜伽的方法。这也由此开启了印度文化中源远流长的瑜伽修行传统，甚至还成为今天在全世界流行的文化形态。值得一提的是，在世界上所有讲述超越体验的宗教或哲学体系中，古印度的瑜伽都算得上是主动而且具有高度技术性的实践传统，这和被动等待启示降临的宗教体验形态，无疑形成了鲜明的对比。

在悉达多太子的时代，瑜伽修行的技术虽然很流行，但仍然处于探索之中，比如在《瑜伽真性奥义书》中就介绍了曼怛罗瑜伽、赖耶瑜伽等不同的修行方法。其各有差异，比如有持诵咒语的，有将注意力放在眉间达到安定的。而《瑜伽真性奥义书》中就介绍了如何用呼吸来调节身心，乃至最终获得禅定的方法。著名学者徐梵澄先生曾翻译过近代印度的一位著名的瑜伽士——室利·阿罗频所写的《瑜伽论》，这也是古老的瑜伽传统在现代社会的延续与发展，有兴趣的朋友可以阅读参考。

说回悉达多出家。悉达多发现禅定并没有彻底解决他的烦恼，因不满于这样的结果，他又去寻找其他良师，于是碰到了另外一位修行者——乌陀迦罗摩子。乌陀迦所教授的技巧与阿罗逻迦罗摩如出一辙，只有一些境界上的差异，因此同样地，悉达多无法在非禅定的状态下感受到解脱的喜悦，因此他认为，这并不是最终的真理。

悉达多在修行的路上遇到的这两位老师，都是当时著名的修行者，但悉达多最终告别了他们，走上自己的道路。其中的关键分歧其实是，悉达多追求的解脱是生命的整体自由，无论何时何地都应该是觉醒的状态；而这两位老师教授的方法和他们所达到的境界，仍然是局部的和有限的自由。就像今天的人们总是东奔西走，寻找生命的桃花源，却永远无法将自己当下的生活转换为心灵栖息地。所以，这样的安定始终受到时空转换的"威胁"，而无法做到真正的自足和自洽。

## 苦行，也绝非解脱之道

于是，悉达多进入王舍城西郊的苦行林，展开为期六年的苦行生活。当时他认为，之所以无法解脱，是因为肉体限制了精神，就像柏拉图认为肉体禁锢了灵魂一样。

当时很多苦行者尽可能不让身体获得食物中的营养，并试图通过心念来抗拒生理的欲求。悉达多的苦行程度令人惊叹，难以想象。据说他每天只吃一粒粟米，最后饿成骷髅一样，但仍然没有获得解脱，于是他开始反思这种禁欲式的修行，发现刻意虐待肉体可能也不是真正的解脱之道。

他离开了苦行林，来到尼连禅河边，这时有一位牧羊女见他形如枯槁，好心给他献上了乳糜，也就是一种用粟米和牛奶混合熬制而成的食物。悉达多欣然接受了供养，正式告别过去那种极端的苦行生活，也因此逐渐恢复了体力。不过，一直跟随悉达多的五位苦行者，比如阿若憍陈如等人，他们认为悉达多已经被欲望击败并放弃了修行，于是选择了离开。

恢复体力的悉达多来到尼连禅河边的一棵无花果树下，开始精进地坐禅，经过这六年的苦行，他已经知道单纯的禅定和极端的苦行都不是真正的解脱之道，于是，他用自然放松的方法去观察心念的起伏运作。经过七七四十九天的努力，他抵挡住了各种心魔的诱惑。在经典的描述里，魔王波旬及其魔军，还有他的三个漂亮女儿纷纷登场亮相，而悉达多最终洞察到，这些心念不过是一些幻象，从而获得觉悟。悉达多太子从此被尊称为"佛陀"，而这棵无花果树后来被称为菩提树。"菩提"也就是"觉悟"的意思，这个距离伽耶镇不远的地方，后来也因此被称为"菩提伽耶"，成为佛教重要的圣地之一。

## 悉达多觉悟了什么？

"觉悟"是一个常被使用，但往往又很陌生的词汇。在人类的文明发展过程中，寻求真理的过程大致最终会演化为两条道路：要么通过信仰的救赎去解决"罪"的问题，要么借助认知的提升去解决"无知"的困境。很显然，印度文明演变到《奥义书》阶段，更趋向于通过身心的实践去解决生命的"无知"问题，并且这种探索还充满了极大的自信，与"人不可能认知真理"的看法形成了鲜明对比。

刚刚讲到悉达多在菩提树下的觉悟过程中，魔王波旬是一个重要的角色。无论他是真实的存在还是某种隐喻，都代表了在通往觉悟的路上要面对的心智上的挑战。

关于波旬如何扰乱悉达多，在经典中有很多说法，比如波旬试图劝说悉达多放弃修行，理由是他完全可以享受太子的特权，过上幸福的生活，何必经受这些磨炼？发现悉达多不予理会后，他又试图用提婆达多征服释迦族的仇恨点燃他的怒火，甚至让悉达多看见父亲净饭王还有其他亲人正被杀戮的画面。但是悉达多仍然无动于衷，难道他只是麻木或绝情？

有趣的是，《杂阿含经》中还记载了波旬的三个女儿自告奋勇前去诱惑悉达多太子的场景，三个女儿的名字也很有特色，分别是爱欲、爱念和爱乐。这三个女儿化现出各种样貌，无论男女老少，都表示可以听随悉达多太子差遣。但悉达多仍然无动于衷，这让三位魔女感到惊讶，因为几乎所有的人见到她们，都会意乱情迷，情不自禁。难道悉达多只是强压欲望的伪君子？

在一般人的认知中，欲望是某种必然的存在，虽然我们可以理解要节制欲望，但不大会效仿禁欲者，即使也会对其强大的意志力表示称赞。但是悉达多的觉悟却不同于节欲和禁欲，他试图在另外的认知层面看清欲望的实质。对于一般人而言，我们或许关注的都是种种人间相的好坏与否，比如绚丽多彩的时装，豪华奢靡的住宅，酷炫夺目的汽车，那些让我们动心的人，或者工作中勾心斗角的同事。对此，我们基本用趋利避害的逻辑去应对，感觉好的就想得到，讨厌的就想远离。而悉达多面对的真正挑战，则是这些人间相所唤醒的我们内心中的贪欲、恐惧、愤怒、懒惰、怀疑，等等。

而对当时的修行者而言，之所以要如此辛劳地修行，是因为他们认为生命本身是一场莫大的轮回悲剧，而想要超越这样的苦难，唯有提升认知的能力，也就是通过禅定超越肉体的束缚，与最高的存在融为一体，从而得到解脱。但悉达多的不同之处在于，他已经体会到禅定的愉悦境界了，同时也看到了这个修行逻辑的缺陷，因为人不可能永远依靠禅定境界来逃避现实的种种苦难。在这里，我们也可以注意到，早期印度人对生命解脱的追求是主动而积极的，而且他们认为通过修行可以获得生命的最高智识，而这种智识并不是通过文字而学习到的。

不过，悉达多在菩提树下到底觉悟到什么？和同时代的那些沙门所认知的究竟有什么差异？经典中记载了悉达多在菩提树下具体的修行过程，这可以帮助我们去理解觉悟的内容与逻辑。悉达多首先沿袭了当时流行的瑜伽修行方法，进入了很深的禅定境界，这也使他完全可以超越肉体对心的约束，也就是不会被一般的世俗欲望及烦恼所干扰。但是，接下来他的思考过程就和当时一般的修行者有很人不同了，他首先提出的问题是：我们所害怕的老、病、死，到底是一种怎样的生命现象？

悉达多发现，之所以有生命的老、病、死，本质上是因为有生。因为生命一旦有了所谓的开始，就必然会有结束的一天，而人类会本能地拒绝老、病、死。接下来的问题则是：我们为何会生？或者说，一定是从娘胎里呱呱坠地时才叫作生吗？

什么叫生？是某一刻生命体的突然出现吗？还是从有受精卵开始？那生之前，"我"在何处？如果无限细分生的开端，我们会发现，其实无法为生找到一个绝对的时空坐标，我们只不过想当然地认为，在某个时刻，生命开始了。而且从那以后，我们在成长过程中不断地强化这样一种看法："我"作为一种生命个体，是一种永恒的存在，即便我们也同时知道有衰朽与死亡。一旦这种认知被固化，就形成了一种顽固的自我感，佛教称之为"有"。

这种顽固的自我感又是如何形成的呢？悉达多继续思维，发现这其实不过是心的一种作用。也就是说，这只不过是意识玩的一个心智魔术而已。著名的脑科学家迈克尔·加扎尼加曾在《谁说了算？：自由意志的心理学解读》一书中，以脑科学的研究成果来说明自我感其实是人类根深蒂固的一个错觉：

　　尽管我们知道，大脑组织由一大群决策中心构成，一个组织层面上进行的神经活动对另一个层面无法解释，而且和互联网一样，它似乎没有"老大"，可对人类而言，难解的谜题依然存在。我们人类有一个"自我"做出所有行动决策——这个信念始终挥之不去。这是一个压倒一切的强大幻觉，几乎不可能撼动。

这其实也就解释了为什么在悉达多看来，"有"不过是"（执）取"的结果而已。因为本就不存在一个本体的"我"，而是靠强大幻觉支撑起来的这种认知，让我们误以为有一个"我"存在。

为何有这种认知的执取心？悉达多继续思维，他发现其实是心中的贪爱在推动这种执取心运作。因为一旦我们对事物产生好坏的判断后，就会对所喜爱的产生占有的欲望，对所厌恶的百般抗拒，这都属于贪爱的范畴。举例来说，每天我们会遇到无数的人、事、物，如果作一个分类，你会发现只有少数才会让你牵挂，比如在事情发生过后，你仍对当时的人、事、物念念不忘，甚至不自觉地进入某种白日梦似的心理状态，在那个意识造就的"太虚幻境"中，我们或与恋人相拥，或驾驶着 Dream Car（梦想之车）四处兜风，直到突然回神，原来是南柯一梦。

其实，这种心理过程不过是因为我们对某些东西有强烈的偏好，因此产生一种占有、控制、要达目的的执取心态。而且随着贪爱的加剧，执取心也越发强烈，最终推动形成了一个难以被撼动的认知：只要"我"喜欢，就一定要得到满足。这种带有强烈贪欲感的个体意识最终也变得牢不可破。

从"爱"到"取"再到"有"的缘起过程，用一个比喻来说，就如同海风吹拂海面，浪花层层叠叠地推动。这也象征着我们内心的意识活动其实就是缘起而生的，只要有前序的因缘条件，后面的活动就会循此而起。

悉达多在菩提树下依靠禅定的专注力，就这样不断地进行观察和思维。生命之所以会轮回，也就是不自主地流转，本质上是因为我们不了解这种现象是如何形成与运作的。而悉达多观察到缘起的逻辑是如何不断地推进、造作，形成"爱—取—有"的链条，使得我们在爱染、执着与自我中心主义的生命海洋中浮浮沉沉，烦恼丛生，不能自拔——直到生命的最后一刻，恐惧老、病、死的到来，再带着种种苦恼进入新一轮的迷途。

所以，悉达多的觉悟，就是要回答这样一个核心问题：人为何会恐惧死亡？而他的最终答案是：我们错误地理解了"我"。

## 看清"我"的幻觉

出生，读书求学，辛勤工作，赚钱养家，直到垂垂老矣，我们似乎都不会质疑"我"的存在。在所有人生场景中，都有"我"的身影："我"高兴、"我"悲伤、"我"成功、"我"失败、"我"的家、"我"的父母孩子、"我"老了、"我"将要死去，等等。我们之所以害怕死亡，害怕失去，就是因为觉得苦苦追寻到的东西都会远离，所以才有百般不舍，这些都曾是千辛万苦获得的，怎么能让它们从我的指缝中溜走？

举个生活中的例子，假如我非常喜欢一个名牌的皮包，样式深得我心，而且这个品牌非常高端，足以增加我的身份感与虚荣心。因为某些原因，我暂时还买不到这个皮包，或因为价格太高，或因为订购周期太长，总之，我需要投入更多的时间和金钱成本才能将其据为己有。在这个过程中，我对这个皮包念念不忘，朝思暮想，甚至梦见自己挎着它在朋友前炫耀的场景。而在这个时刻，我的心完全被系在这个皮包上，如同一条被套上锁链的狗，虽然看得见食盆里的狗粮，但为锁链限制而无法吃到。此时它的眼中只有面前的狗粮，拼命狂吠，想要摆脱锁链。这时你会发现，其实是狗粮界定了狗的存在意义。也就是说，其实是我所贪求的对象最终界定了"我"的本质，它们互为依存。只要我有贪求的对象，"我"就会牢固不破。

但假如同样是这个皮包，我仍旧非常喜欢，但我也知道暂时没办法拥有它，于是并不贪求，更不执着。如果没有钱，那么我可以只是欣赏它而已；如果是因为需要更多的订购时间，那么我就静静地等待它的到来。在这个过程中，没有贪求，没有执着，没有任何想要主宰、控制的狂野念头，你会发现，一切都只是根据当下的实际情况自动地演化，这时我们几乎不会有烦恼和苦，而那个强烈追求某个东西的"我"反而就像一朵浪花，静静消散在茫茫的大海中。

因此，悉达多看清了生命原来不过是这一连串意识的缘起现象。我们因为贪求外在的事物，从而产生了一种对生命的错误理解：认为有一个恒常的"我"存在，于是不断地索取和害怕失去，导致无尽的烦恼与焦灼。而悉达多在菩提树下的觉悟，正是看清了这一点，也因此获得了精神的解脱与自由。

悉达多的觉悟并不是在菩提树下获得的神启，也不是呆坐时的灵光一闪。为此他不仅投入了巨大的精神专注力，还像一位逻辑缜密的哲学家一般，对自己内心意识的运作进行如实、客观的观察，并且作出了准确的诊断，最终找到了我们不自由的根本原因。

讲到这里，如果你还觉得不理解，也不用急，甚至早早地放弃，下面还会从很多角度反复回到这个问题。下一讲就来谈谈佛陀觉悟之后，要如何向不同的人解释他所觉悟的内容？他用尽各种方法去教化世人，这个教化的过程长达四十五年，直到他圆寂。

这不是电影对白，这是我心里的话，这是我与电影不同，人生与电影不同，人生，辛苦多了。

——《天堂电影院》

第二章

观自我

第 4 讲

# 为何"生"也是人间之苦?

人生八苦

当悉达多太子在菩提树下觉悟后,他又是如何走回人间,去诠释他所觉悟的真理的?

## 初讲"四圣谛"

佛陀首先面对的难题是如何将他领会到的真理传达给世人。有趣的是,经典中大段描述了佛陀觉悟之后的矛盾心态:我所觉悟到的内容实在太难以理解,该如何让大家信服并实践呢?想想的确如此,作为老师,就算自己再如何博学多识,要教出优秀的学生,常常也是非常困难的,何况佛陀所领会的还是经历千辛万苦所觉悟的境界。

最终佛陀想到一个方法，这个方法在佛教中被称为"方便"，也就是因人施教的意思。为了让人们不舍弃修行的道路，先投其所好，针对不同心性的人，教给他们不同的实践的道理与方法，最后再慢慢引导到最核心的部分。

从此佛陀正式开启了北印度的弘法生涯。他首先来到距离菩提伽耶三百多公里的鹿野苑，在这里遇到了前文提到的曾经跟随他苦行的五位苦修者，也就是阿若憍陈如等人。他们远远地看见了佛陀，当然，他们并不知道昔日的悉达多太子此时已经觉悟，而是认为他早已放弃了修行，于是众人约定不要向他打招呼和给予任何礼遇。

但是，作为觉悟者的佛陀当然具有某些掩盖不住的气质，这让五位苦修者十分好奇，那位放弃修行的悉达多太子，如何拥有这般光彩的模样？

佛陀首先告诉这五位苦修者，想要觉悟真理，自然不能热切追求感官的享乐，但也不能落入自我禁欲的苦修，要避免极端的修行方式，回归到中道。

阿若憍陈如听到佛陀的解释，顿时领会了修行的要义，当下就有所领悟。其他几位苦修者对佛陀也都产生了非常深切的信服，愿意听他来给大家说法。这次在鹿野苑的说法，就是佛陀的初次说法，也开启了他在人间长达四十余年的弘法历程。

佛陀在鹿野苑给这五位苦修者讲法，让他们获得了觉悟，这不仅是佛陀弘法的开端，也正式开启了佛教僧团的序幕。"僧"这个字，全名为僧伽，就是众人聚集在一起修行的意思。一般而言，四人以上才能称为僧，而对于单个出家人，如果他所受的戒条是戒律所规定的全部戒条，就可以被称为比丘。佛陀所度化的这五位弟子，也是佛教历史上最初的五位比丘，而佛陀对他们讲法的主要内容，就是苦、集、灭、道，也可以被归纳为"四圣谛"。

"四圣谛"，其实就是佛陀所觉悟的四个至高无上的道理。"苦"是指世间一切皆苦；"集"是指造成苦的原因；"灭"是指灭苦的结果；"道"则是灭苦的方法。前面提到，悉达多出家的主要原因就是看到世间所弥漫的种种苦，也就是一种强烈的、不自由的感受。所以，如何面对"苦"，其实是理解佛学思想的根本出发点，也是理解为何我们需要修行的重要基础。但佛家谈"苦"，并不是为赋新词强说愁，而是通过观察"苦"的生命体验，去寻找"离苦"的内在逻辑与方法。

因此，"四圣谛"其实构成了非常严密的逻辑链条，也就是先观察世间的种种苦相（苦），然后思考苦的原因所在（集）。既然了解了原因，那么随之而来的就是解决苦的方法与路径（道），最后自然就得到灭苦的结果（灭）。

## 人间"众苦相"

我们先从人间"众苦相"说起。在经典中，一般有"人生八苦"的说法，也就是"生、老、病、死、忧悲恼、怨憎会、恩爱别离、所欲不得"，并且给这"八苦"作了一个总结，叫"五盛阴苦"，又称"五阴炽盛苦"。简单来说，就是我们身心永远焦灼不安，难以安顿。

佛陀每每给人讲人生之苦，就以生命无常作为直接的例证。例如《法句譬喻经》曾记载这样一个故事：

佛陀的重要护持者波斯匿王的夫人因病去世，安葬之后，国王和大臣顺路去礼拜佛陀。佛陀见他们一行人衣着不如往日那么华贵绚丽，于是问发生了什么。波斯匿王相告原委，佛陀便给一行人讲述起人生无常的道理。大概意思是，从古至今有四件令人敬畏的事情：生命衰老枯朽，生病时光彩尽失，死后不仅神识远去，而且亲属也离你而去。

岁月奔流，瞬间不住，大概是我们常有的生命体悟。从现实的生命经验来看，我们多少都会害怕衰老、生病与死亡，正是出于这样的内在恐惧，我们才会对各种各样的化妆品、美体整容项目、养生妙方如此渴求，这实则是人内心深处对老、病、死的抗拒。只要你有过生病的体验，或曾在 ICU 病房前苦苦守候过，很容易就能体会到病的可怕与焦灼感。我在各大社交平台上也经常读到许多重症病人的心路历程，其中种种内心的挣扎与无奈，以及一次次重新升起的希望与病症再次加重后的绝望的交叠，让旁观者也常常莫名感到悲伤与无奈。我们根本无法主宰自己的身体，病的来去也完全不受控制，这的确是人生中莫大的苦。

　　可当我们快速划掉后台推送的苦难故事后，大数据会贴心地给你展示无病无痛的美丽新世界，那里有可爱的宠物、华丽、温馨的家居，以及琳琅满目的商品与美食，仿佛这个世界不再有老、病、死，就像被圈养在王宫内的悉达多太子所感受到的一样。但问题解决了吗？当然没有。

　　在生、老、病、死这"四苦"之中，"生苦"相对不好理解，因为我们一般都会歌颂生命而畏惧死亡，尤其中国人的人生信条常常是"好死不如赖活着"，那为什么"生"

也是人间之苦?

或许比较直接的回答是,当人的生命尽头为苦时,其开端多少也就具备了强烈的悲剧性,也就是说,生,其实就是苦的。我们对生的热爱往往是出于对老、病、死的恐惧与抗拒,而当生本身的价值被奠定在苦的基础之上时,生又有何乐呢?

这就如同得与失的关系。当我们得到它时就意味着终将失去它,因为失去是相对得到而言的。如果失去是苦,得到又是失的因,那么得在本质上也是苦的。

至于"忧悲恼苦",指的是人生因为各种事情感到忧心、悲伤和嗔恼。比如我们常常会因过去的事情感到悔恨,又会为未来的事情早早忧心,还时常会感怀当下的处境,觉得不尽如人意,等等。

对于学生而言,学业、就业的压力迫在眉睫,激烈的社会竞争更是让人惶恐不安。难怪很多年轻人常常依赖手机游戏寻找片刻的放松,可是游戏只能带来短暂的欢乐,事后人们还是会感到挥之不去的空虚与浪费光阴的内疚。对于职场人而言,"996""内卷"等纷纷成为热词的现象也折射出他们正在经受的巨大压力和焦虑。无数打工人满满的心酸、无奈与挣扎,都化为贯穿于生命中无时无刻不在的"忧悲恼苦"！

至于"怨憎会苦"，我们可以从字面上理解为因一些人、事或环境而产生的不满与怨恨。人生之中，尔虞我诈，相互诤斗的事情本来常见，几乎是人类根深蒂固的习性。只要有人群活动的地方，就会有彼此恩怨难消，嫉憎纷起的情况。熟人之间可能因嫉妒而生厌憎之心，甚至见到、听到对方就感觉不舒服。但就算只是萍水相逢，也可能因为缺乏眼缘便产生不悦。

就以我所接触到的年轻人来说，他们多是独生子女，进入大学后，都是与几人同住。生活习惯与性格的差异常常会引发许多矛盾，这种不得不朝夕相对的烦恼，让人躲不开、避不掉。另外在网络社交媒体上，"粉"与"黑"已经成为重要的标签，"键盘侠""杠精"等网络称呼，也都折射出人们在网络上相遇时的对立情绪。

在日常生活中，也常常能观察到类似的苦楚，比如乘坐公交车、地铁时，假如大多数人都在规规矩矩地排队，此时有几位乘客插队或直接堵在车门前，我们就会感到强烈的不满和愤怒。总之，只要我们身处人群和社会之中，就不可能处处顺心，对那些不喜欢的境界产生的烦恼情绪，都可以被归为"怨憎会苦"。

接下来再谈谈"爱别离苦"。通俗而言，这就是指有恩爱之情的双方不能时常相守。这里的爱泛指一切情感上的依恋，如父母与子女的亲情、朋友之间的友情、恋人的爱情等。

随着城市的发展和人口的高速流动，今天的父母与子女其实多是两地分隔的，彼此相牵但无法长相聚。这种"爱别离苦"，无论是对城市和乡村的空巢老人还是留守儿童，都是非常普遍的经验。比如跟随老人一起生活的孩子因为家庭的不完整而引发的心理问题，在成长过程中慢慢地渗透到意识深处，往往成为了其性格的一部分。

对年轻人而言，对"爱别离苦"的感受虽然更加频繁，但同时也越发浅薄。过去因为交通、通讯条件的限制，恋人一旦分离，倍受相思之苦；今天的年轻人的情感虽然同样炽热却更容易衰减，也更容易借助替代方式来平复"爱别离苦"。比如手机的普及已经让人无法体会"家书抵万金"的不易，也很难体会古人"复恐匆匆说不尽，行人临发又开封"那样浓烈的牵挂。所以在情感的表达上，无论是今天的文学作品还是社交媒体上的喃喃自语，我们都很少能从中读到那种深切而持久的相思之苦了。

而"求不得苦"就比较容易理解了，字面意思就是"所求之物而不得之苦"。今天全世界进入了一个商品极其丰富的时代,以中国为例,无论是"淘宝""拼多多"还是数不清的外卖平台,都充分满足了人类的消费想象。但矛盾的是,"求不得苦"却在当下表现得比在物质匮乏的时代更为严重。"剁手党"的出现,背后映射出的就是一幅因物欲泛滥而另生烦恼的当代浮世绘。虽然在今天,只要想得到,几乎就一定能买到,但这种物质的丰富感并没有带来身心的安宁,更多样化的选择反而激发出了对奢侈品和差异化商品的欲望,这是消费主义社会的"求不得苦"。就如同英国哲学家齐格蒙特·鲍曼在《工作、消费主义和新穷人》(郭楠译,上海社会科学院出版社,2021)中谈到的那样:

> 理想状态下,消费者应该不固守任何东西,没有永久的承诺,没有可以被完全满足的需求,也没有所谓的终极欲望……消费应该立刻带来满足感,没有时延,不需要旷日持久的技能学习和准备工作;而一旦消费行为完成,这种满足感就应该尽可能快地消失。如果消费者无法对任何目标保持长期关注和欲望,如果他们没有耐心、焦躁、冲动,尤其是容易激动,又

同样容易失去兴趣，"即时满足"就达到了最佳效果。

"即时满足"的背后其实就是无休止的"求不得苦"。消费主义的逻辑就是让消费者永远保持对商品的渴求，而这种渴求的背后就是一种无法满足的欲望。当欲望不断地被消费主义的逻辑制造出来，我们就会感受到无休止的焦虑。这其实也是今天流行"佛系""躺平"思潮的深层逻辑。

当然，"求不得苦"的范围远不能被那些我们用钱购买的商品所囊括，它还包括对生活中一切事物的某种欲求。例如恋人想要控制对方却又无能为力，外出旅行想要风和日丽的天气却不能所愿，努力工作却达不到理想回报，如此种种，都是"求不得苦"。以这样的角度去观察，我们会发觉这种苦贯穿了我们的日常生活，成为生命的常态。只不过我们总是在这些"求不得苦"的缝隙间，用尽全力去满足一个个小确幸。

比如当我们不能自由地出行或随意地点外卖时，就会到身心不安甚至痛苦。可换个角度思考，你平常感到快乐的原因，到底是外卖本身，还是你可以选择吃或不吃外卖？所以问题就变成了：苦的原因到底是外部可量化的具体标准，还是我们内心永无止境的躁动呢？

这里的意思是，如果你想解决根本的苦，可能需要问一下自己：是你心心念念想要的那份外卖让你感觉快乐，还是说，你已经拥有了足够多的东西，只是你无法压抑内心那种想要更多的欲望？不得不在家的那段时间，每个人都对自由非常渴望，所以感受到深切的苦。这是因为当你对某个目标有所求，但是限于当下的条件无法马上满足它的时候，自然会产生苦感。有人可能会说："那我不求，躺平好了。"但是你永远"躺不平"，就算你的身"躺平"了，那颗有求的心也永远不会休止。当它被满足的时候，不过是暂时得到了舒缓；一旦它得不到满足时，人就会产生强烈的苦感。

另外，我常常看到学生在复习、备考的时候，桌子上除了电脑和书本之外，旁边还要摆些饮料、小吃，还没翻上几页书，就要吃点小吃、喝点饮料，似乎只有靠它们来快速地补偿自己的努力，才能得到满足。这是因为我们在做事的时候，出于强烈的有求心而需要快速的反馈，有求就要马上有得。总之，这种"求不得苦"遍布在我们的日常生活之中。

以上就是佛学中的人生"八苦"，而关于"五盛阴苦"的具体内涵，我们在下一讲来解释。

人生解忧

第 5 讲

# 我们为什么会苦？

躁动的五蕴、爱欲执着

这一讲要讨论的是，我们为什么会感受到苦？

## 躁动的五蕴

前面讲到，佛学把人生"八苦"总结为"五盛阴苦"，又称"五阴炽盛苦"，指的是前面所谈到的种种的苦，最终都可以被归纳为身心焦灼造作、不得安宁的人生之苦。

"五阴"属于专有的术语，又叫作"五蕴"，"阴"或"蕴"有"集合"的意思，也有"遮蔽"的内涵。我们可以把生命拆解为五种集合来一一说明：色蕴、受蕴、想蕴、行蕴、识蕴。比如，你一定听过这段《心经》的内容："色不异空，空不异色，色即是空，空即是色。受、想、行、识，亦复如是。"这就说明了"五蕴皆空"的道理。

## 色蕴

先来说"色"。简单来说，"色"指的是有形的境界，大约可以类比为哲学中的"物质"。"色"会呈现出变化和质碍的特质，也就是说，物质不仅会变化，还有阻碍的作用。所以色蕴就是指我们作为生命运作的物质层面。

如果进一步将色蕴拆分，它还可以被细化为"五根""五尘"，以及"无表色"。先来说"五根"。相信你一定听说过"六根清净"一词，"六根"分别为眼、耳、鼻、舌、身、意，其中前五个——眼根、耳根、鼻根、舌根、身根——就是"五根"，属于色蕴的一部分。眼、耳、鼻、舌、身，看上去指的是我们表层的五官，但在佛学的理论中，其实指的是真正能够产生认知功能的、更深层的感官系统。

再说"五尘"。"五尘"指的是"五根"所对应的五类境界，分别是色、声、香、味、触，也就是"五根"所感受到的外在对象。比如眼根看到物质（色），耳根听到声音（声），鼻根闻到气味（香），舌头尝到味道（味），而身体能感受触觉（触）。"五尘"还可以继续被细分为更小的范畴，比如"色"就包括不同的颜色、形状等特质，而"声"中又可以区分出物质世界产生的声音、有情生命发出的声音等。

最后，色蕴还有一类叫作"无表色"，大概的意思是由地、水、火、风这四种基本的自然作用所产生的无形的色法。当然有的看法认为这已经不属于"色法"的范畴，而是"心法"的领域了。此类争论在佛学领域中也非常多见，我们不作详细展开。

通过对"色"的分析，你或许可以看出佛学中一种具有代表性的分析思维方式，也就是用拆解的方法将某个概念层层剖析，当然缺陷可能是相对繁琐，但好处是逻辑十分严密、细致。值得提醒的是，这种思维方式只是佛学中的一种认识方式而已，与此相对的，也有非常直接和简洁的理解方式，后面介绍"般若"思想时就会提到。如果你觉得这样的概念分析太过繁琐，也不必气馁，因为对于佛学而言，条条大路通向罗马，并不只有一种方式。

## 受、想、行、识

下面继续介绍"五蕴"。与"色"所代表的外在物质世界相对,"受、想、行、识"属于内在的心理范畴,可以理解为认知过程不同阶段的功能和作用,佛学把它们概括为"心法"的范畴。

其中,"受"是"领受"的意思,也就是感官与认知对象接触而对这个境界的领纳作用,属于认知的最初阶段。随着感官与外境的接触,就会产生三种感受:苦受、乐受和不苦不乐受,也就是说,有的境界让我们愉悦,有的让我们厌恶,有的则让我们没有特别的感受,比较中性。

"想"则是心开始对所感知的对象进行初步分辨。简单来说,比如当你看到眼前的电脑,眼睛(眼根)与对象接触,进行初步的识别,然后将其放入心中,形成某种具象的样貌,这就是"想"的作用,就如同照相机通过感光仪器将外界的物体成像的过程。或者你正在听某个播客时,你的耳朵(耳根)接收到了声波,也就是和"声尘"相接触,除了会产生直接的感受之外,比如声音好不好听,悦不悦耳,你还会对声音的相貌有相应的界定,比如你会把讲者所说的句子单独处理，不会和此时外界的其他声音混杂在一起。

接下来是"行"，意思就是"迁流造作"，可以大约理解为潜在的"意志"。我们的意识有一种推动作用，比如在安静下来的时候，能够感受到自己的意识其实是川流不息的，我们的身心似乎有一股莫名的力量在不断推动着，这就是"行"。

"识"则是指我们的"六根"对外在环境产生的六种了别功能，分别为眼识、耳识、鼻识、舌识、身识、意识。比如当看到面前的电脑，视觉将其形状特征摄入意识中，由意识来确定这是什么物体，有什么功能，乃至进一步分别好坏、善恶等。比如你在看这本书时，除了我的文字表述让你感觉到悦目或者反感之外，你还会对其中的观点进行思维和判断，如果它们跟你原有的认识相左，从而让你产生了某种好与坏的理解，这都属于"识"的了别作用。

也许你已经发现，我们将"五蕴"分成了"色"和"受、想、行、识"两部分来讲。的确，佛学将世界上所有的事物分为"名"与"色"两个范畴，有些类似"精神"与"物质"的分类。"名"就是"命名"与"概念"，也就是刚刚讲的"受、想、行、识"，属于心的作用层面；

"色"则属于物质层面。"五蕴"就是"名—色"范畴的进一步细化与展开。

但我们身心的不安之感不过是刹那变化的感官体验，为何会衍生出这些听上去十分繁琐的概念分析？那是因为，我们的认知过程是瞬间完成的，非常地迅速，除非借助瑜伽禅定的修行能力，否则是没办法看清苦感是如何从心里滋生、发展，以及爆发出来的。为了给后来人解释苦的生成机制，佛陀及后世的修行者就利用自身的体验，尝试用不同的术语来解释心的认知过程，"五蕴"就是这样一类的概念。

总体而言，佛陀在经典中的概念论述都比较简略和直接，而后世的僧侣或居士，以及现代的学者对这些概念进行了更细致的分析与讨论。不过这只是为了让我们了解之后投入修行，而非最终停留在知识的层面，毕竟僧侣并不需要任何职称或发表论文，他们的主要目标仍然是觉悟和解脱。

### 三苦：苦苦、坏苦、行苦

除了前面介绍的"八苦"，佛学中对苦的解释还有一个分类描述，就是"三苦"，分别是"苦苦""坏苦"和"行苦"，这也可以从另外一个角度帮助我们理解人生之苦的内涵。

所谓"苦苦"，指的是我们所遇到的种种逆境，如饥渴寒暑、病痛交加，或外力逼迫所受的种种苦。之所以称为"苦苦"，就是因为这些外在环境本身就十分恶劣，很容易引发内心的苦受，可谓苦上加苦。

而"坏苦"多指乐感消失之后的落差感。比如亲朋相聚本是乐事，但离别时反而多是催人泪下的场景。"天下无不散的筵席"，这是中国文化里用以表达"坏苦"的经典场景。事业顺利、家财万贯、权力在手时的春风得意一旦遇到意想不到的变故，那种人生的落差与绝望都可归到"坏苦"的范围。

相比前两种苦，"行苦"更难理解，它主要指无常变动所带来的苦感。乍听之下你或许会有些困惑，这种无时无刻不在的无常变动怎么会让我们感受到苦？举个例子，我们平常都有等候朋友的经验，那种百无聊赖、无所事事的感受，其实就是意识流变所带来的潜在焦虑。虽然看上去我们没有遭受什么苦难，但是我们其实没办法在这个过程中保持安定，常常随着时间流逝莫名感到焦躁不安。尤其现在人们在坐车甚至走路的时候，都会习惯性拿出手机刷着各种讯息，说到底就是在缓解这种无时无刻不在的"行苦"。记得曾经有一次在下班高峰时期，地铁里非常拥挤，动弹不得。我恰好和一位年轻女白领相邻，在那样的情况下，她仍然能腾出手来高高举起手机，刷着当时流行的《甄嬛传》，而我也因此沾了光，陪着她刷了十几分钟的剧。可以说，因为无聊、空虚，无所适从，所以需要某些东西来填补，表面上没有什么特别让人伤心的事情，可能单纯就是因为内心的无常变化而感到不安，这就属于"行苦"的范畴。

总结一下，无论是"八苦"还是"三苦"，其实都在从不同的角度来描述世间的现实，也就是我们的内心总是恩怨交加、喜乐无常，永远充满着躁动，无法获得真正的安定。

## 世间都是苦吗？

或许有人听到"八苦"和"三苦"，会下意识地反应道："世间真的都是苦吗？一点喜乐都没有吗？"

中国人常说人生有四大喜事：久旱逢甘露，他乡遇故知，洞房花烛夜，金榜题名时。人间的确处处都能看到苦，但也会有类似的高光时刻呀！我们每个人的生命中都有一些令人怀念的片段，比如工作完成后的轻松惬意，与恋人重逢相拥时的兴奋激动，还有与家人团圆时的其乐融融。虽然生活也有不少烦心事，但这些令人回味的场景总是不争的事实吧！

再举一个年轻人比较熟悉的场景吧。很多人都喜欢喝奶茶，经常突然就"馋虫"发作，但因为还没做完手头的事情，所以只能在心里默默惦记，等到工作快结束时，心就开始躁动起来，开始计划待会儿要去哪家店，哪一款奶茶会比较好喝，要不要多加一份珍珠，脑子里甚至演练了好几遍喝奶茶的情景。但一看时间，还有十五分钟才结束，此时心里一面充满期待，一面躁动不安。

终于等到事情忙完了，直奔奶茶店，人在途中，虽然还没喝到奶茶，但已经开始欢欣鼓舞了。抵达店里，开始排队，边和朋友聊天边等待，虽然仍然有"想喝却未喝到"的焦虑，但毕竟即将获得满足，那一丝焦虑也无足轻重。经过漫长的等待，终于喝到了那杯心心念念的奶茶。当第一口奶茶接触唇舌时，你可能会觉得：人生哪有苦啊？！所有的期待、焦虑瞬间化为乌有，刹那间达到乐感的顶峰。

如果人生能够稳定在这一刻该多么美好啊！可惜就在这一瞬间，乐感的强度就已经开始迅速滑落了。

这时候，如果有朋友正好碰见你，再请上你喝上一杯，此时乐感是会增加还是减少呢？或许你可能感觉也还不错，但却无法跟前面那一杯相提并论了。如果继续喝下去，喝到第五杯、第八杯的时候，你可能早已喝不下，恶心作呕了。

套用一个经济学上的概念，这就是"边际效用递减"。也就是说，当你对某件事物处于匮乏状态时，一旦得到，其乐感最初会特别强烈，如果继续享用，乐感就会递减，到最后甚至会让你不胜其烦，产生厌恶。

在这个过程中，我们可以发现，当你期待某件即将实现的事情时，虽然心情愉悦但仍然夹杂着一种想要马上满足但未实现的冲动与焦虑，这个情绪其实是苦乐参半的。而当愿望实现的那一刻，乐感转瞬即逝，无法稳定，等这份乐感下降到一定程度，我们的注意力又会迅速转移到其他目标上，开始寻找下一个能让我们感到快乐的事情。

因此，佛教讲的"一切皆苦"，并不是在否定我们平常所感受到的快乐，而是说我们所谓的快乐其实并不纯粹，更不稳定，虽然它能带给你片刻的安慰，但也会不断地给你制造出新的困境。我们追求的快乐和幸福既不圆满，也无法自洽和自足，只能踩在苦与乐的跷跷板上，左支右绌，狼狈不堪。

由此，我们或许可以得出一个初步的结论：我们其实永远处在一种不满足、不稳定的状态中，而造成这种苦的原因，也并非我们无法达到所追求的目标，而是一旦"达成"暂时的目标，又会陷入新的不满足的旋涡之中，永无休止。

就像陈奕迅的歌词所说："得不到的永远在骚动"，"一切皆苦"指的就是这种永远无法真正满足、无法停歇的躁动感。

## 为什么会苦？

我们稍加留意就会发现，无论是"八苦"中的"爱别离苦""怨憎会苦"，还是"求不得苦"，都没有指代具体的场景，而是要表达某种所愿无法满足的冲突关系。

按照我们平常习惯性的认知，之所以有苦，是因为某些事情本身就有苦的属性。比如在职场上碰见令人头痛的上司，那么这个让你烦恼的对象是否在本质上就是令人讨厌的？也就是说，他其实就代表了苦？如果逻辑是如此，那么任何人看到他大概都应该感受到苦。但事实当然并非如此，同样一个人，有人厌恶、有人喜爱，可见这个人本身并不带有苦的属性。

既然对象并非等同于苦，那么显然，可能的原因就出在我们自己身上。我们在种种境遇中会进行各种分别，生起"苦""乐"和"不苦不乐"的感受，并会产生好坏、善恶的价值判断。让我们感到快乐和正面的，就会对其产生进一步的贪求心，想要更多；让我们感到不舒服的，则对其生起嗔心，想要马上逃离。因此，感受到苦，其实是因为我们受到自身关于好坏判断的束缚。一旦想得到更多又得不到，想摆脱某些麻烦却毫无办法的时候，就会陷入苦的情绪之中。

按照这个逻辑，"别离"之所以苦，秘密在于"爱"；而"相会"为何会苦，核心在于"怨憎"；而"不得"而苦的关键当然就是"求"了。因此，我们之所以感到苦，并不取决于所遇到的人、事、物，而是我们对这些情境的认知。

在前面谈到的苦、集、灭、道这"四圣谛"中，集谛指的就是造成苦的原因。佛教经典中对集谛有许多不同形式的表述，这里选取《增一阿含经》中的一种："爱与欲相应，心恒染着。"

这里的"爱"与"欲"看上去意思相近，但存在差别。我们作为人，当然需要依靠衣食住行来延续生命，还需要各种兴趣爱好来滋养生命，这些都属于正常的"欲"。但在合理需求之上，我们总会对某些事物有一些特别的偏好，并念念不忘，不达到目标就不满足，在得失之间烦烦恼恼。我们在所贪的对象上造作不休，即使得到了也只是暂时开心，很快也会变得淡漠；得不到时则忧心忡忡，辗转反侧。这种心态就是"染着"，关于这个表达，还有一个我们更为熟悉的词语，那就是"执着"。

"执着"一词的英文是 attachment，这个表达非常形象，就是黏着、附着在某个东西上面的感觉。我们对很在乎的事情，不都是念念不忘，反复玩味吗？似乎根本无法将念头挪开半步，不达目标决不罢休。比如媒体曾报道广州有一位学生，据说他高考填报志愿时非某大学不读，但是屡战屡败，甚至被其他大学录取也要放弃，这就属于某种意义上的执着。

但很多人会认为，"不达目标决不罢休"难道不是正常的思维吗？人类对事物进行认知、判断和抉择，按照我们的好恶与需求进行转化、改造，这不正是文明发展的动力吗？也有人问，佛教常说不要执着，但我们不就是因为执着，才有奋斗的动力吗？

其实佛教的核心观点是，我们的执着往往出自某种贪爱心，是一种强烈的占有、控制欲。虽然它的确在某种程度上推动我们为了某个目标而努力，但后遗症却是，当人不能如愿时，强烈的执取心会让情绪迅速沉沦。"贪而不得"会让人产生强烈的失落与沮丧，你对目标的执着有多强烈，因为失败而感受到的打击就有多沉重。更何况就算侥幸达成目标，片刻欢愉后，你又会被它推动着去寻找下一个目标。

佛教据此认为，苦的真实原因不在于所谓客观的对象，而在于我们的执着。因为我们所贪取的对象其实不可能被我们真正掌控，一切事物都在无常变化，就算我们好像得到了所贪之物，但转瞬间就已经失去了它，因为它在变化之中，我们的感受也会随之变化。

那为何我们会产生执着之心？在《大般涅槃经》里，有另外一种关于"集谛"的定义："集谛者，无明及爱，能为八苦而作因本。"意思是说，苦的原因其实是无明所带来的贪爱心，是"八苦"的根本原因。"无明"就是对真理无知的意思。

那么，回到当代社会的真实生活中，我们又正在经历哪些苦？下一讲就来谈谈这个话题。

第 6 讲

# 从"苦"走向"佛系"

前面介绍了佛学对人生之苦的理解，下面我想回到当下的生活，谈谈真实世界中的爱与苦。

## 苦与乐的当代浮世绘

前段时间，四位年轻人在张家界集体投崖自杀的新闻让很多人感到很错愕，也让我们看到这个社会中一些被忽视的群体的真实状态。其中三位跳下悬崖，另一位年轻女性虽被阻拦，却因为提早服用巨量毒药而未能幸免于难。

根据媒体公布的细节，我们大约可以知道这几位年轻人都早早离开家乡，在外务工赚钱，可是原生家庭都不富裕，打工生活也过得艰难，加上家庭不断发生变故，或许是因为这些累积在一起，导致压力越来越大，最终摧毁了他们对生活的信心。

多年前，我也读到过一则类似的新闻：一位在广东打工的湖南年轻人，突然留下了一张纸条后不知所终，纸条上写着："终身役役而不见成功，茶然疲役而不知所向，讳穷不免，求通不得，无以树业，无以养亲，不亦悲乎！人谓之不死，奚益！"

这句话的主要内容分别出自《庄子·齐物论》与《庄子·秋水》，也夹杂了这位年轻人自己的感叹："无以树业，无以养亲"，这无疑道出了这个时代多少人的苦与辛酸！但令人惋惜的是，他虽然读出了庄子的锐思，却没有感受到庄子洞若观火背后的逍遥与自由。

在经济高速发展几十年之后，社会仍然有很多角落充斥着不为人知的"贫乏之苦"。他们或许能维持温饱，但整个社会所展现出来的财富图景，对他们而言则是不可企及的梦。单纯的活着或许不难，但他们需要为之付出辛苦的劳力，但即便承受了肉体之苦，也无法换来理想中的生活。比如网上的年轻人流行的彼此调侃，说实在不行就"进厂打螺丝"，也就是做流水线上的工人。但是流水线上高度重复的工作对身心的消耗之大是可想而知的，甚至青春耗尽之后，前途也多数是灰暗渺茫的。理想的人生模板就在身边——手机的短视频里，看上去如此触手可及反而让人生显得益发苦涩。

那么都市白领和城市新中产呢？就以个人观察为例，我在读研究生之前曾在一家位于上海浦东的金融报社担任财经编辑。那时候的上海，浦东开发刚刚起步十余年，我所接触的白领群体不仅收入相对丰厚，当时的房价对他们而言也非遥不可及，似乎每个人都充满着对未来的信心。但时隔二十年，我们听到的却是对"996"的抱怨、对被互联网大厂辞退的担忧，以及对无法按时偿还房贷的焦虑。

中年人呢？随便浏览一下"微博"和"小红书"，就可以读到中年人对失业的恐惧、对身体衰老的忧虑，以及心理上对家庭责任的不可承受之重。现在流行的关键词——中年危机——其实描绘的就是在这个人生阶段所涌现出的倦怠与无奈感。中年人除了要担心事业，还常常要忧心子女的学业与前途。也有不少人选择移民海外，但是人到中年的海外生活，就算财务自由，也可能会遇到文化冲突和身份认同带来的心理挑战，同样并非尽如人意。但

人生解忧

在多数人眼里，能够选择另外一种生活方式已经让人艳羡不已，足以称得上人生巅峰了。

作为大学老师，这么多年来，我接触过不少年轻大学生，也从他们那里了解到，看似青春活力的背后，隐藏着很多难以与人言说的苦楚。比如原生家庭的贫穷、暴力，或是性格问题带来的人际交流的障碍问题，无法找到精神的出路。更多的学生主要担心学业和就业的问题，对即将走入的社会充满迷茫，甚至恐慌。因为从小到大，他们只是按部就班地学习，自己的兴趣是什么、应该选择什么样的人生道路，并没有人引导他们去思考。据一些不完全的调查发现，在大学生群体中间，需要进行心理干预的人数的比例也在逐年增加。而我作为老师也明显感受到了这一趋势，甚至有些学生已经到了需要药物治疗的地步。虽然危机并非一天导致的，但这十余年来社会的快速变化，以及所导致的价值观的高度单一化，使得这些年轻人承受的并不仅仅是读书和就业的压力，在他们的内心深处，其实还有某种对于"存在"的焦虑感，也就是人生的意义问题。

至于更年少的孩子，他们则被紧紧地捆绑在应试选拔的战车上，难以喘息。从学前孩童到初、高中的学生，海量的作业和永不停歇的补习让很多孩子都患上了"厌学症"，甚至引发了很多人间悲剧。而社会、学校、父母三方就像在进行"击鼓传花"的游戏，将可能随时爆炸的火药桶快速转移出去，由此卸下教育不力的责任。

而对于老人而言，根据 2022 年发布的《中国卫生健康发展评价报告》，我们国家 60 岁以上的老龄人口已经有 2.6 亿，其中失能或者半失能的老人数量达到了 4700 多万。这不仅仅是老人自身的困境，同时还会引发所在家庭的经济问题和看护者的身心问题。之前新闻报道北京一家医院发生了火灾，我们才了解到这家医院的许多病人其实都是长期住院的失能老人。但就算是身体健康，老人同样也要面对各种老年危机，比如这几年在老年群体中迅速弥漫的"手机上瘾"问题，许多老年人因为缺乏正常社交和娱乐活动，转而将精力投入到各种购物网站和短视频 App 中，成为各种伪劣商品的主要消费者，引发各种各样的家庭内部问题。其实，这都只不过是老人群体众多人生之苦的少数表现而已。

但如果立刻切换一下时空，在商场、餐馆、迪士尼游乐园或者酒吧，我们看到的却是另外一幅尽情享乐的画面，人们的消费热情高涨，四处游玩，满脸兴奋，看不到任何的苦涩，到处都是抑制不住的欢愉。

人生解忧

这人世间的苦与乐，到底哪个画面才是真实的？它们就像两个平行时空一样，同时存在，互不干扰。可仔细想来，其实每个人都不过是活在某个苦与乐的切片里，今天欢乐，明日痛苦，人生之常态。我们何曾见过永远处在"嗨点"的人？当我们放大观看的焦距时，总会看到有人乐、有人苦，甚至觉得人生充满了不公平。

如果先把老病死苦放在一边，今天的大多数人在日常生活方面可谓享受到了过去几代人难以企及的资源。电子商务的普及、物流体系的发达，都可以让我们轻松地满足口腹之欲。可当我们问：今天的人幸福吗？每个人或许会因对幸福的定义不同而有不同的答案。但如果继续追问下去：你觉得今天的人焦虑吗？我想多数人的回答都是肯定的。

事实上，对物质主义和感官享乐的追逐，以及对财富无休止的渴求，在市场化转型初期的确能迅速增加全民的幸福感和获得感，这也是这四十年来改革开放的重要动力。但这同时也造就了一种普遍的认知，那就是人似乎可以单纯借助感官享乐来不断提升幸福感。这样的观念对于更注重精神层面的文化领域而言，无疑是摧毁性的，因为文化和信仰带来的幸福感被认为是一种无意义的自我安慰。

或许，我们今天不能再用财富和消费当作衡量"人生幸福"的标准，因为现实已经告诉我们，那并不能化解当代人的人生之苦。

## "佛系"能解决人生之苦吗？

前些年，"佛系"作为一个关键词开始在网络上流行起来，本来它和作为宗教形态的佛教并没有直接关系，但这个从日韩流行文化中回流的词汇被如此高频地使用，其中虽然不无戏谑的成分，却也让佛教作为一种文化符号无意间在年轻群体中流行起来，成为一个日常生活中的用语与观念。甚至可以说，"佛系"作为一种弱化的宗教词汇开始进入到一般人的日常生活，也反映出当代社会的某些精神需求，我们可以称其"准信仰"。

"佛系"之所以被视为一种消极却又具有心理疗愈作用的生活态度，事实上和佛教在公众中的认知是有关联的。在当今中国人的日常生活中，但凡涉及宗教，多数都不离"儒释道"的范围。在"入世／出世"的观念背景下，儒家与佛教、道教分别扮演了"积极入世"与"出世隐逸"的平衡器，每当人们遇到人生挫折，总会去"佛道"文化

人生解忧

中寻找避风港，而"佛系"就刚好承载了这样一种解压的想象。

不过，今天许多"佛系人士"的这种平衡机制表现得较为表层化，其中大多数只是在自我解嘲与短暂地舒压。比如今天许多人热衷刷的充满戏谑的短视频，以及近几年迅速流行起来的脱口秀等娱乐形式，都是一种苦中作乐的安慰剂。但人们并没有意识到，在今天的社会里，消费主义与物质主义对我们的观念的主宰到了何等严重的程度，因为价值观的高度单一化——似乎人生的目标只有更高的收入与更高的消费，一旦我们对此有所质疑，便会招来反驳：不赚钱怎么活？怎么养家？怎么拥有幸福的生活？

可我们忘记了，这个前提并非不言自明的。正因为我们无法洞察消费社会和物质主义的根源，反抗注定是个人化与消极的。更矛盾的是，这种消极式的反抗与自我疗愈又重新被消费主义吸纳到市场逻辑中。比如为了缓解都市生活的压力，我们想要回到自然、过上朴素的生活，而这种需求又被包装为一种商品后打包销售，要么需要付出高价才能享受这种所谓"小森林式"的生活，要么则是在短视频里看着"李子柒们"表演着我们想象中的人生，平衡着我们在红尘中的疲惫。而各种乡村生活的视频最终也不过是求得流量和财富的商品而已，"佛系"的努力最终重新被娱乐化与市场化。

## 从"奋斗"走向"躺平"

什么叫"躺平"？按照网络上的一般解释，就是指无论对方作出什么反应，内心都要做到毫无波澜。但这也并不意味着主动配合，而是对他人的要求保持高度的疏离感，也就是不迎合他人。因此"躺平"和"佛系"一样，都是年轻一代用来反抗当下社会的主流价值观和人生观的方式。他们选择直接走向"内卷"的对面，以冷漠和不作为来对抗那种要求不断进取的生命观。

从不同的社会阶层来看，不仅仅是年轻打工者，有产者同样也有"躺平"的需求，富裕阶层也开始反思消费主义的弊端，想要追求所谓的"慢生活"。但年轻人与低收入阶层的"躺平"常常是被动和无奈的。比如"躺"得最极端的应该是深圳著名的"三和大神"，他们每天过着日结工资的生活，挣的钱全部花在游戏上，能过一天是一天，从来不考虑明天。因厌倦社会的主流价值观而走向其反面也并不能带来内心的幸福感，反而让人越发

"空心"和虚无。

从"奋斗"走向"躺平",这仿佛是一个精神周期的循环,本质上仍是一种"求不得苦"。拥有财富的人感受到了从财富中获得幸福的瓶颈;后来者则感受到,假如依照社会主流的价值标准,"获得财富"这条人生道路希望渺茫。所以他们都在新的时代背景下寻找自己的解忧之道,但却没有意识到这种非此即彼的认知逻辑不过是在苦与乐的跷跷板上玩着重复的游戏。

## 如何面对执着?

这几年,人们似乎开始集体自发地寻找各种形式的解忧之道,比如"禅文化""茶文化"的复归,宋式美学的兴起。在现代社会的竞争氛围下,这些传统文化所具有的某种身心安抚的功能进入到日常生活里,让我们对生命观进行调整,从而缓解身心的不安。这些形式简单概括起来,就是试图回到内心与自然。

回到自然并不意味着完全反对现代都市文明,回到山林与乡村去过一种农耕文明的生活,而是说,我们或许需要反思现代文明的某些底层逻辑,比如将幸福感寄托在商品消费上的心理异化。因为物质欲望本没有明确的标准，若要用对物品的占有，也就是外在的标签来证明"我"的强大，反而会加剧"求不得苦"。那种无休止的攀比心与追逐心就像一个魔咒，让我们执着于其中，这就是前面讲到的，苦的真实原因是"爱与欲相应，心染着"。

"染着"或"执着"就是以自我为中心展开的欲望捕获行为，背后是各种各样的"我想要""我必须要"。这一切都不过发起于面对花花世界的那一念贪欲，我们的感官获得了愉悦，于是开始造作，不断地想要更多，一旦遭遇挫折或瓶颈，又会产生嗔心，抹杀追求这些目标的价值与意义，变成"躺平"和"犬儒"一族。

因此，"贪"和"嗔""追求"和"放弃"就各自构成了一对二元范畴。我们想要获得幸福，便开始穷追不舍；一旦心力交瘁，失去希望，又开始否定目标，认为人生不过是一场虚无的游戏。但无论有没有打上"佛系"的标签，这些观念逻辑其实都不是佛教意义上的灭苦之道。

在佛学的视野里，解决人生之苦的核心在于执着，而要做到不执着，就要跳脱出非此即彼的二元逻辑。比如我想要完成一幅画作，这当然是目标指向的，但如果我赋予这幅作品更多的要求，比如"我一定要画出惊世之作"

或"我要画出能售出高价的作品",那么在创作的过程中,我会时刻拿这个标准来反观这幅画,但凡有一点失误和瑕疵,都会让我感觉无法实现预先的要求,于是烦恼升起,焦躁不安,甚至最后干脆扔下画笔,草草结束。

如果以佛学的逻辑而言,创作一幅画时,只需要我按照当下的状态和条件去努力完成。虽然依旧要努力,但无需刻意要求作品达成某个设想的目标,只要我在每一分、每一秒都认真地投入了,这幅画最后自然会完成。而它最终是否能打动人、是否会售出高价,应该是它未来自然呈现出的结果,与我当下的设想无关。此时的我少了一些执着,多了一些创作过程中的自由与快乐。

就像此刻的我一样,如果只是单纯地努力写好这些内容,而不是时刻惦记读者会如何评价这本书,我反而感到放松。最终虽然可能有人赞扬,有人批评,但那毕竟是未来的事情,我也无法把控,所以并没有必要在此刻忧心忡忡,瞻前顾后。一旦我对这本书的评价有所执着,害怕负面反馈,就会陷入到自我中心的得失权衡之中,反倒无法自如地表达了。

因此,"内卷"潮流下的"佛系"与"躺平"不过是消费社会逻辑的一体两面,是对"求不得苦"的镜像反抗。它并没有真正地超越苦，也很难让人获得内心真正的安稳。就像号称"躺平"的人，如果给他重新回归主流的机会，他很可能又会迅速掉转身段投入滚滚红尘中。

佛学中真正的解忧之道则要超越这种对立，因为它对苦的诊断就在于我们并没有认识到二元模式的困境。要超越这种对立，唯有理解什么是真正的不执着。**而不执着的人生状态其实就是不为任何一种幸福的标准所固化，也不必设定某种非它不可的结果，我们反而在生命的每一刻都能体会当下的无限开放和自由。**在禅师的眼里，这其实就是觉悟的生命。

当然，以上的解释仍略微笼统，虽然有的人可能颇具慧根，就像六祖慧能当年听到《金刚经》中"应无所住而生其心"一句，当下就有所领会，但多数人仍需要更多时间去慢慢厘清这些逻辑。所以下一讲就来深入讨论一下执着的内涵与表现。

第7讲

# 你为何如此执着？

贪嗔痴慢疑与不正见

执着究竟是如何产生的？

前面的讨论已经多少谈到了执着的内涵。总的来说，佛教谈的执着，就是对心的运作规律所作的一个总结。我们平常身心不安的原因就在于对欲望之乐的追逐，并不断地对环境分别计较。更关键的是，我们会将自己紧紧粘在这些境界上，就算事情已经过去，但心还在不断妄想，对那些在意的事情进行各种情景剧式的编排，品尝意识中的各种喜怒哀乐。这种念念不忘（染着）的心理特征，佛教就称为执着。

芬兰导演钮沃南（Laura Neuvonen）曾在 2005 年推出一个名为《最后的编织》的无对白短片，这个短片虽然没有包含任何佛教的符号，但却精确地表达了佛教对于执着的观察。主要情节是这样的：

一位坐在悬崖边的老妇人正在认真地编织一条围巾，她是如此投入，以至于没有发现手边的线团就快用光了。此时，已经织好的围巾因为太长、太沉重，甚至将老妇人拖拽到了悬崖边缘，但她似乎没有察觉到危险，依然沉浸其中。此时毛线已经用光，老妇人于是左顾右盼，思考如何解决。突然，一缕头发从额头耷了下来，她灵机一动，开始把自己长长的发丝也织入围巾。于是，毛线和头发被连接起来，合为一体。随着这条围巾越来越沉，老妇人终于又被拖拽到了悬崖边缘，此时老妇人终于惊醒，急忙停下来想要爬到椅子前取剪刀，可惜为时已晚，老妇人掉入悬崖。

过了许久，老妇人慢慢地从悬崖下爬上来，她看着手上的织针，又开始不由自主地蹈空编织起来。突然，她似乎意识到了刚刚发生的这场噩梦，决然地丢下了织针，回到了自己的座位。可一阵空虚与无聊很快袭来，她开始寻找有什么事情可做，这时她看到了椅旁的剪刀，于是拿起剪刀开始剪起指甲，剪刀"咔嚓、咔嚓"的声音让她产生了兴趣，她开始了下一段投入的旅程。

这一短片对人心的描绘非常细微。我们平日的行为往往都带有某种强烈的惯性。这些习惯开始可能只是出于个人偏好而已，比如这位老妇人喜欢编织，有的人可能喜欢嗑瓜子或嚼薯片，有的人则习惯刷短视频、玩消除类的小游戏。这种偏好会让心与所喜好的对象产生一种强烈的"粘性"，也就是执着感。心因为这种贪着而与境界紧紧绑在一起，就算事情已经逐渐发生变化，我们仍然还依循着这种执着的心态。就如同嗑瓜子、刷短视频，一旦形成节奏感，就算此时已经嗑得口干舌燥、刷得百无聊赖，心中甚至产生了厌倦，这个动作仍然无法停止。这主要是因为，念头因执着而发展成一种惯性的推动力，它的持续支配让我们不仅享受不到快乐，反受其害。

回到这个短片，这位老妇人起初只不过在编织围巾，当毛线用尽时本可以就此打住，但她已将身心完全投入，完全不知道事情已经脱离轨道，背后还蕴藏着危险，直到快要掉下悬崖，此时她拼命想要寻求脱身之道，但已无济于事。

但最微妙的地方在于，当老妇人重新爬上悬崖，似乎意识到执着带来的教训时，决然地扔掉了织针。但心天生具有四处攀援的习惯，非要寻找一个依附的对象才能安顿下来，因此在百无聊赖中，她又寻找到了新的目标——剪刀，这也暗示着下一次危机不久又将重演。

我们常常感觉负面情绪很难被排解，这其实是因为心很容易就紧紧粘在那些在乎的事情上，这种"粘性"使我们失去了跳出来审视与反思自己的可能，因此看不到所在乎的人、事、物其实都是不断变化的，我们一味地被执着所牵引，得之则忘乎所以，失之则沮丧绝望。举个例子吧，如果你失恋了，对方已经离开了你，彼此宣告一刀两断，但是你的脑子里或许还是会不由自主地浮现对方的影像，你可能还会想起过去对ta有多好，而ta又是多么无情，总之依旧念念执着，纠结难安。

执着让我们无法活在当下，因为所爱之物在不断改变，因此无法被你真正地拥有；你所厌之物、你所恨之人也不会一直是当初的模样，一切都在变化。但我们却早已在内心构建起一个永远不变的对象，如同一个实体的标签，进而对这个假想不变的对象念念不忘，死缠不放，还赋予其种种爱恨情仇。当你随着时光流逝不再留念过往的人、事、物，又会寻找新的对象，而烦恼就如波浪一般起起伏伏，不得安宁。

所以，老妇人明明可以在毛线用尽时就停止编织，不让自己掉入执着的陷阱，也可以在适当的时候剪断发丝，及时止损，全身而退。但由于我们的心具有强大的"粘性"，会为了欲望而试图控制那些不可能真正被主宰的事物。而因为我们看不到事情的真相，所以才会一再地重蹈覆辙。

## 你到底执着什么？

或许你曾听过苏东坡与佛印禅师之间关于"八风吹不动"的故事。据说苏东坡给佛印禅师呈上自己对佛法的见解，但佛印禅师回信中只有"放屁"两个字，惹得苏东坡连夜渡江，质问佛印。佛印禅师也因此笑道："八风吹不动，一屁打过江。"

禅师说的"八风"，指的是佛教中"四顺四逆"的境界，也就是利、衰、毁、誉、称、讥、苦、乐，分别代表人生的得意、受挫、遭人毁谤、受人赞扬、奉承、讽刺，以及身心的苦乐感受等。也就是说，我们一般人都会对这八种境界非常在意，因此会被轻易地搅动心弦，就如同苏东坡，仅仅"放屁"两个字就足以让他勃然大怒。

如果说"八风"是对境界的一个普遍概括，我们一般人平常则更习惯于以具体的场景来观察自己的感受。比如当代人所执着的内容大概可以分为以下几种：自己的身体、名誉、地位、财富、家人，以及自己的想法、观点、立场等。

对于身体的执着，在今天这个化妆品与医美整形项目泛滥的时代，是一种普遍的精神征候。这个社会流行着所谓的"容貌、身材焦虑症"，我们想要变得漂亮，想要尽量延缓衰老，甚至不惜动用手术让自己容颜娇美、身材傲人，但大多数人所追求的身体之美，不过是一种对大众美感的机械复制而已。事实上，人对身体的执着遍及一切生活细节之中，对食物的味道、保健品的营养的要求，对住所舒适度的挑剔，对时尚服饰的追逐，都是用来迎合肉身对愉悦感受与各种心理满足感的需求。另外还有中国人常见的"养生热"，在微信朋友圈随处可见的、不知出处的"养生偏方"，往往是许多老年人日常交流的重要话题，因此也出现了大量针对老年人的"养生骗局"。这些其实都利用了我们对身体的执着心理。

关于对身份、名声的执着，更多体现在心理层面。有的人拥有一定的社会地位，便容易自我膨胀，似乎这一身份可以适用于任何地方，因此在陌生场合也无时无刻不在显露自己的地位与名声。他或许没有认识到，地位其实会随着场合与对象的改变而改变，就像一位本地名流来到异国他乡，他的身份瞬间归零，但是他内心的那份执着却时刻还在膨胀。比如媒体常常报道的某些明星或官员的家属在公共场所不合时宜地炫耀与强势，其背后都是将自己在某些领域的身份不分场合地带入了其他的时空幻境，自己却完全看不清这份执着所在。再比如，我作为大学老师，在课堂上或多或少带有了某种"知识权威"的符号色彩，至少能得到学生基本的尊重；但当踏出校园，如果我还执着于在课堂上备受礼遇的感觉，那么就很容易因为在公共空间里被人轻视而产生强烈的不满。所以我们常常读到不少诸如此类的社会新闻，许多低、中阶的公务员与人发生冲突后叫嚷着"我是谁谁谁"，这都是内心对自我身份的强烈执着。

我们当然也会对自己的财富、家人有着程度不一的执着。这是一般人的习惯心理，因为当我具有至高无上的地位，随之延伸的附属也就会被我跑马圈地，并被认定为是我拥有的对象，不容他人侵犯。但请注意，执着指的是贪心染着，并没有否定你拥有这些美好事物的权利，而是在拥有时你要清楚地知道：就算是财富，甚至耐耗的房产，也会因为种种变故而随时丧失，你的后代也无法持续地拥有它们。但是我们常常对财富、眷属有一种丧失理智的守护心，也就是试图让它们都能永恒延续下去，而没有意识到这一切都是无常的现象，不会为自己的想法所主宰。

另外，早年"豆瓣"上有一个非常有名的讨论小组叫"父母皆祸害"，这个看似极为反叛的小组其实汇集了一大帮与父母相处存在问题的年轻人。之所以有这样激烈的冲突，往往都因为父母容易将子女视为自己的附属物，因此过多地干涉与介入孩子对人生道路的选择，反而带来巨大的家庭关系问题。论其根源，也是出于对子女的执着。

而对立场的执着，在现今这个网络时代表现得更为突出。任何一则新闻的评论下都可以看到有人因为立场的分歧而互相"开撕"，粗暴的言语、人身的攻击成为了网络讨论中常见的样态。所以经常有人说，就连"豆浆应该是咸的还是甜的"的问题，网民都能争个你死我活。更何况当涉及到一些敏感的时政议题时，讨论常常充满了"血雨腥风"。不少年轻人也会因为彼此拥护的偶像不同而发起"黑"与"粉"的网络论战，这其实都属于对立场、偏好的执着。

最后，在日常生活里，对观点的执着也比较普遍。我们很容易相信自己的想法才是对的，很难认同他人的观点。比如在职场里，当新人提出不同的意见，资深的员工自然就会认为："我在这个行业干了多少年，你才来几天？"这种骄慢心就来自对自我观点的执着。再比如在课堂上，老师也常常会遭遇学生的质疑，如果老师对自我观点太过固守，就很容易感受到师生的对立从而引发烦恼。父母对待子女的看法也是如此，有些父母常常自认为更有社会阅历而过分相信自己是绝对正确的。但事实未必如此，此时执着已经堵塞了父母与子女的交流管道，最后变成单向的说教。

## 你为何执着？

执着的根源，按照佛教的说法，其实是因为我们有各种错误的认知，这些错误的认知又会引发各种令人烦扰的心理表现，也就是烦恼。

佛教将烦恼分为六种，分别是贪、嗔、痴、慢、疑、不正见，这六种心意识的状态会阻碍我们对事实的认知，带来人生之苦。这几种烦恼的名称在我们的文化里多多少少被理解成某种道德性的训诫，但事实上，它们都只是在事实层面上的描述而已。

比如"贪"指的就是对自己喜欢的东西执着不舍，念念不忘。正因如此，当无法得到时，心中便会产生苦感。那种看到最新款的数码产品而囊中羞涩时恋恋不舍却又无法满足的感受，相信大多数年轻人都有所体会吧！不过，每个人所贪爱的对象并不一样，有人喜欢名牌汽车，有人迷恋首饰珠宝，而有的年轻人则积攒了一堆潮玩和手办，他们还常常无法理解对方，只是沉醉于自己所贪着的对象中，无法自拔。

对此有人大概会问，如果能得到贪的对象，岂不是人间一大快事？这并非是一种苦啊！但我们能真正拥有某样东西吗？我们的身心和客观世界无时无刻不在变化，请问不断变化的人能够拥有不断变化的事物吗？所谓的拥有和得到是真实的吗？或者说，贪欲的满足不过是我们的错觉？

假设你有朝一日突然发财，于是直奔奢侈品店买下梦寐以求的珠宝，这是否算得上拥有了它？表面上似乎算，因为你能随意抚摸、佩戴它，甚至还能放在枕边与之共眠。从法律意义上来说也算，因为你拥有对它的所有权。但前一刻的你和后一刻的你并非同一个你，而无论你如何精心保存，珠宝的磨损与衰坏也无时无刻不在发生。一个不断变化的你又如何能拥有一个无常变动的对象呢？

因此，所谓的拥有其实是一种认知错觉。因缘的不断变化很快就会展现出万物不随个人意愿而改变的真相，最终我们只不过是看上去拥有而已。实际上，它和我不过如同人生的河流一般，瞬间相遇却转眼擦肩而过。**时时刻刻都在变化的世间万物，我们根本找不到真正拥有彼此的那一刻。**

而所谓"嗔"则是指当有境界来临时，人因为讨厌和拒绝而产生的嗔恨心。拿我自己来说，我经常上一百多人的大课，但凡此类课程，无论老师用尽何种手段，仍然有十分消极应付的学生。例如最后几排的同学常常都在闷头睡觉、刷手机，或是埋头赶其他课程的作业，甚至还有学生情侣窃窃私语，你侬我侬。这时我常常会想，老师如此辛苦地备课，这些学生却如此轻忽，心中难免升起"不爽"的感受。这其实就是因为环境不合我意所生出的嗔恨心。

这种烦恼与"贪"一样，都是人被外在环境迷惑而产生的痛苦。面对外在环境时，我们常常先存有一个以我为中心的视角：合我意者则喜，不合我意者则嗔。这种观念背后其实隐藏着一种前提：要让环境顺从我的需求。但我们与世界的互动关系如此错综复杂，环境怎么会凭我们自己的想法来运作呢？如果是那样，我们岂不同造物主一般，想做什么都能达到目的？

因此，当我站在讲台上时，心中或许已经埋下了这样的假设：既然我认真努力地备课，而且忝为人师，学生就必须认真听讲。至少他们不能表现出冷漠与抗拒。但其实我根本无法控制学生的状态，他们那一刻的状态来自各种原因，可能是厌学，本来就不愿上课；也可能要急着赶某些重要的作业，所以无暇顾及。如此种种复杂的情况，作为老师，如果要强行让学生的表现符合我的个人意志，那也就势必会念念焦灼。

所以，"嗔"的根源表面上是环境的问题，是外在的境界让人产生烦恼。但仔细想想，不过是因为境遇不如人意，加之内心深处的无知在作用——试图让一切事物受我主宰，以求身心的欲望满足。因此一旦不能达到，心中就会产生种种不乐意的情绪，也就是"嗔"。

再来看"慢"。用现代语言的说法，"慢"大概可以等同于"傲慢"的意思，也就是想要压倒他人的恃强凌弱之心。如果将"慢"细细分析，会有很多维度与层次。比如有的人因为位高权重便对社会边缘的人不屑一顾，一旦被其冒犯，就会因傲慢心而产生嗔恨与不满。我们常常能在新闻中看到某些宝马车车主、奥迪车车主与快递员、清洁工等无心擦撞而大为光火，车主甚至怒扇对方耳光，逼对方下跪道歉等。而这些人之所以如此口不择言，根本上，无非就因为自恃有一定家底与地位而起了傲慢心，遇弱就表现出了骄纵。但依照同样的逻辑，他们遇到位更高、权更重的人往往也会表现出顺从和谄媚。

日常生活之中我们也很容易遇到此类典型人物，一种人平常表现倨傲，有种欲要天下人俯首称臣的气势；与人打交道也没什么谦逊心，言语行为常常伤人；另一种则虽然看上去弱势，但是内心却认为他人皆不如我，尤其当遇到位高权重者，表面上虽无半点微词，但内心却常想："你是老几？"如同鲁迅笔下的阿 Q，虽然住的只是土谷祠，打的是短工，但却依然瞧不起所有庄里的人，甚至被人揪住辫子往墙上撞时心里还这样想："我总算被儿子打了，现在的世界真不像样……"这种"精神胜利法"其实也不过是一种"慢"，佛教里专门有一个术语来形容这种心理，叫"卑慢"，也就是虽然自己一无是处，却仍固执地以为自己天赋异禀，应该受人敬仰。

而"疑"则是指我们对于真理不能升起信心，疑东疑西，从而对人生失去正确的见解。依照佛教的观点，这主要是指不相信因果业报及"缘起空"的道理等，因此无法得到解脱。但就算抛开这一层看法，"见人便疑"的心理状态在日常生活中也比比皆是，比如今天社会中弥漫的不信任感，诈骗短信和电话、"碰瓷"等现象严重破坏了社会的互信机制，信任的前提荡然无存，转而以"疑"作为人际交往的前提。无论是与熟人还是陌生人交谈，我们都充满了警惕与提防。这自然让生活多了一份暗流涌动的疑虑与不安，甚至自己都难以察觉，直到前往某些社会信任度高的地区旅游或生活，便会感受到前所未有的轻松。

所以，"疑"会让我们身心不安，而对世间真相的"疑"更让我们永远无法释怀，因为那种对世间运作规律的不了解与困惑会一直潜藏并持续发酵。

接下来是"痴"。"痴"大约等于我们说的"无知"或"无明"，虽然前面已经提到苦来自无明，但这里的"痴"则侧重描述人心的一种暗昧不清的状态，表现为对世上的是非善恶无法判断，对世界的真相也无法了解。比如有的人面对一些日常事务或社会新闻时，常常觉得没有能力去判断是非曲直，甚至善恶也无法辨别，这都属于"痴"的

　　　　　　　　　　　　　人生解忧

范围。至于更深一步，对生命的解脱道路不了解，那就属于佛教中更为根本的"痴心"范畴了。

最后就是"不正见"。相对于比较细微的贪、嗔、痴、慢、疑，"不正见"属于比较粗浅的错误认知，可以通过了解道理得到缓解或澄清。其中包括五种不正确的看法，分别是：身见、边见、邪见、见取见与戒禁取见。

粗略地说，"身见"就是将我们这个由"五蕴"组成的生命看作一个实有的"我"，这当然是一种错误的认知，也就是俗话说的"我执"。"边见"是指执着"断、常"的二元论观点，后面还会涉及，这里不详细展开。"邪见"指的是不认为有因果业报的规律，不相信有解脱觉悟的事实等。而"见取见"指的是执着地认为自己的看法是最正确的，并因此与其他人进行各种争执。"戒禁取见"针对的是那些认为持守某些极端苦行戒的人，他们认为如此就能解脱，事实上却因为缺少合乎真理的认知，反而不能解脱离苦。

"不正见"中这五种错误的认知都属于比较表层的看法，因此比较容易通过思维、修行得到矫正，而贪、嗔、痴、慢、疑则属于深细的无明，难以断除，需要非常深细地观察才能解决，所以早期的印度人，乃至后世的佛教修行者就会利用禅定去作深入的观察。

　　总而言之，执着就是我们对某些境界沾染了不舍的心理，其背后体现了我们的某些错误认知。那要如何纠正呢？下一讲我们就来具体讨论佛学认为正确的认知，比如我们耳熟能详的"世间无常"。

第 8 讲

# 世界是"常"还是"无常"？

无常

前面谈到，我们之所以有贪、嗔、痴等烦恼心，其实是因为无法看清世界的真相。那世界的真相又是什么呢？下面先来讨论一下佛教中的"无常"。

## 对"无常"的认知错觉

"无常"这个词对中国人而言当然很熟悉，每当身边发生什么特别的事情，尤其是遭遇了某些挫折和不幸，我们就会脱口而出："无常啊！"但我们对这个词的认知更多停留在感觉层面，如果继续追问下去，无常的含义究竟是什么，可能就不知其所以然了。

在日本古典小说《平家物语》的开篇，有一首诗为人熟知："祇园精舍钟声响，诉说世事本无常；沙罗双树花失色，盛者必衰若沧桑。骄奢主人不长久，好似春夜梦一场；强梁霸道终殄灭，恰如风前尘土扬。"这首诗有许多不同的翻译，这里选取的是申非改编过的周作人先生的版本。

"祇园精舍钟声响，诉说世事本无常"里的祇园，是佛陀常常驻足讲法的地方。而这里提到的钟声，是佛陀时代的僧侣使用的一种可以敲击的木板，称为"犍稚"，并非我们今天所熟悉的金属制的钟磬之类。第二句"沙罗双树花失色，盛者必衰若沧桑"中，沙罗双树其实就是娑罗树，是印度的一种热带乔木，佛陀涅槃就在双树之间，据说当时树叶变白，如同双鹤齐飞，所以在汉语文学里，"鹤林"常被用来指代佛陀涅槃的地方。

这里"祇园钟声"和"佛陀入灭"的场景，并非指代"不幸"，而是要说明整个世界本来就是无常生灭的事实，就连佛陀也不例外。但是读过《平家物语》的人或许都很熟悉小说中透露出的悲伤基调，这说明我们对"无常"的认知多数是消极和伤感的。

中国的文学作品也多是如此，比如杜甫的《赠卫八处士》:"少壮能几时,鬓发各已苍。访旧半为鬼,惊呼热中肠。"这一类对人世间沧海桑田的感叹,无疑反映出很多人内心对"人生无常"的底层认知,**也就是一种对过往青春或美好时光的强烈不舍,以及想要挽留的愿望。**

除此之外,大多数中国人对"无常"这个词的态度,除了带有伤感和惆怅的情绪之外,还有几分迷信和忌讳。比如民间信仰中负责收人魂魄的"黑白无常",就代表了老百姓对于"无常"的符号化认知,那更接近于"突然降临的厄运"。

但是"无常"真的只有负面的含义吗?日本画家东山魁夷曾在随笔集《一片树叶》中就曾写下这样的句子:"如果樱花常开,我们的生命常在,那么两厢邂逅就不会动人情怀。"东山魁夷从无常的世界中看到的不是灰暗的人生,反而感触到生命变化的动人之处。樱花是美丽的,但花期也是极短促的,当美转为黯淡与枯寂时,我们常常感到不舍,甚至觉得这种凋落充满了悲情。但换个角度来看,如果这个世界不是无常的,我们还能感受到那些人世间的美好吗?

## 什么是"无常"？

那么，究竟什么是"无常"呢？

无论是浩瀚如宇宙还是渺小如尘埃的事物，我们都可以凭借日常感知或高科技仪器的协助了解到一个事实，那就是一切事物都在不断变动——容颜渐老，四季变化，草木枯荣。反观自身也会发现，我们的身体，也就是生理组织，当然也随着细胞的生灭更替而变化；而我们的心，也就是所谓的意识，则如同詹姆斯·乔伊斯的意识流小说一样——像流水一般奔流不息，恣意妄为，且永不重复。比如我们前一秒可能还在品味美食，下一秒可能就已经开始回忆起几年前一起品尝美食的老朋友了。我们的心念其实也是无常的。

从这里我们可以得出一个初步的结论：**"无常"意味着一切都在变化，无论是山川江河、草木树石，或者是我们的身心。**

也许有人会不同意这个判断，毕竟在日常生活中，我们单靠感官的认知确实认为有些东西看起来是没有变化的。就像手边的茶杯，仅仅靠视觉和触觉，你都会真真切切地认为它是稳定不变的。而相对于这个不变的茶杯，我们会认为比如溪水的流淌，树叶的摇曳，声音的起落等才是变化的。这些容易被观察到的动态场景与看上去静止的事物形成了鲜明的对比，都处在一个动与静共存的世界。

因为感受到“动”，我们认识了世界变动的一面，也很容易就体会到了“无常”；而因为感受到“静”，我们认识了世界稳定的一面，也便下意识认为这些事物是“常”的。但正如前面所说，“常”其实是我们的认知错觉，就像我们错以为的这个恒常的茶杯，直到它某天不小心被摔破，我们才会突然意识到它的“无常”。而之所以认为它是“常”的，只是因为**我们的感官无法洞穿“静”和“常”的表象，而把“常”与“无常”的共存当作这个世界的真相。**

## 为何看不清“无常”？

那么，为什么我们会看不清“无常”？

前面已经提到，因为我们的感官是有局限性的，因此我们无法通过其分辨出某些事物其实只是一种虚假的稳定。另外，由于我们主观上的某些认知前提太过根深蒂固，导致我们就算看到人世间的变化，也不愿意接受某些无常的现实，从而哀怨喟叹。

以感官的局限性而言，我们平日的生活，一般从早上起床就开始忙忙碌碌，但每天很多事情都是近似的：洗脸、漱口、吃早餐、搭乘地铁、上班等，它们琐碎且重复，时间长了，心中难免有一种周而复始的单调感。尤其连续工作一段时间后，我们往往难以忍受这种枯燥，对工作心生倦怠，甚至感觉连人生都没有意义，迫切需要一次旅行或美食来打破这种整齐划一的感觉，从而感受到自己还活着。

但是仔细想一想，难道我们的生活真的是重复如一的吗？就以漱口来说，每次刷牙的动作难道是完全一样的？显然不是。每次挤牙膏的动作和牙膏用量的多少其实都有所不同。又比如搭乘地铁和公交，看上去周而复始，但每天碰到的人都各有不同，就算是同一行程的旅伴，他们每天的装扮和精神状态也都是不同的。

但我们为什么依然会有种重复的感觉，甚至有时还需要剧烈的人生变化来彰显这种无常感，以此证明生命的丰富性？例如常听人抱怨自己的生活平淡，每天过着重复的日子，甚至感觉不到自己存在的意义了。因此，在社交媒体上可以看到许多人的内心独白："想要辞职""想要远行""去追求自己的自由"。可就算辞职了，来了一趟轰

　　　　　　　　　　　　　　　人生解忧

轰烈烈的旅行，最终仍然需要面对未来重复稳定的生活形态。

那么，表面上看不到变化的生活，当真是不变而乏味的吗？殊不知，那只是因为我们的心动荡且粗糙，无法体验到表面稳定的生活底下所泛起的涟漪。有一部介绍日本茶道的电影叫《日日是好日》，其中一位由著名影星黑木华所扮演的年轻人，因为对人生感到迷茫，于是来到茶室跟随由树木希林扮演的茶道老师学习日本茶道。刚开始时，她虽然跟随老师学习，但却无法理解如此繁缛的礼节究竟有何意义，直到她慢慢地体验，加上年复一年的生活阅历，她终于明白了茶道给人带来的意义。电影有段台词非常动人，正好可以分享给你："在下雨天听雨，用你的全身来品味这一刻；雨天听雨、雪天看雪。夏天感受夏天的炎热，冬天体验刺骨的寒冷。打开五感，用全身品味这一瞬间，原来这就是'日日是好日'的意思。"

听雨和看雪，不过是我们习以为常的生活，但如果不用心去觉察，我们其实不会感受到每次的雨雪，乃至冷暖都各自具有不同时空环境下的细节与感受。当我们的心变得专注和细腻，我们才能观察到更多"无常"，可一旦心变得粗糙与混沌，就像镜头失去了焦距，无法看见细节的变化，当然会认为生活单调而重复。这也就是为什么很多人会主动寻求剧烈的人生变化，比如一周的工作之后，周末就一定要用逛街来调剂，这其实都是因为我们想要靠明显的生活方式的变化来体会"无常"带来的新鲜感。

还有些人，他们的生活本就动荡不安、充满戏剧性的变化，所以他们往往需要静谧的环境来消弭这种不堪重负的无常感。比如山居生活这些年成为很多人的"心灵乌托邦"，曾经红遍一时的"丽江热""大理热""西藏热"再次吸引了很多向往宁静生活的人前往旅行或定居。很多年轻人也热衷于《小森林》这类描述乡村生活的电影、电视，因为相比现代都市生活而言，自然界的时空节奏显然要缓和得多。在这里，不胜负荷的无常感得到了极大的舒缓。

说到这里，你是否已经发现了一个关于"常"和"无常"的秘密？虽然一切都在变化，但因为我们的观察能力因人、因时、因地而异，所以没办法清晰、稳定地认识世间的"无常"，由此才会产生在"常"和"无常"不断变换的感觉。正因为感官认知的局限而无法持续体验到"无常"，所以就需要理性去反思和再认识。但这种反思更像是一种认知上的补救而已，并不足以真正改变某些直觉性的看法；再加上因为我们对某些事物还留有执着，因此尤法接受它们的变化，产生"留住美好"的贪恋心，所以，就算看到了"无常"，内心还强烈地执着于"常"，这当然属于认知的局限，也就是"无知"。

正因如此，我们永远都在所谓的"常"和"无常"之间摇摆不定，我们渴望稳定，但又常常讨厌重复；我们喜欢变化，但又害怕事情无法掌控。

## 佛陀不回答的问题

佛教中有三个标准可以用来判断某佛法观点是否正确，就是所谓的"三法印"：诸行无常，诸法无我，涅槃寂静，其中第一个标准就是"无常"。

经典里有很多关于"无常"的描述，其中大多数不是哲学式的研讨，而是在提醒这个世界的脆弱和易朽，比如"世间无常，人命逝速"，又比如佛陀常常告诫弟子"一切行无常，变易朽坏，不可恃怙"等，这都在试图让人们看清这个世界和我们的生命境遇都是变化无常的，并没有什么永恒的东西能够长久依靠。

我们一般谈的"无常"，更接近单纯描述一种连续变化的存在状态，在佛学中，这就是所谓的"生灭法"。凡事有生有灭，刹那不间断。为了说明生灭的过程，还可以将其继续细分下去：生、住、异、灭，甚至还附以专门的术语，比如"刹那无常"和"相续无常"。这也很符合我们的经验，任何事物都有萌生、稳定、变化和湮灭的过程。但有趣的是，我们很少能在佛经里看到佛陀对此问题的细致的哲学分析，常常是后世研究教理的学问僧对此发展出了繁琐的分析。而对佛陀而言，甚至在谈到这个世界究竟是"常"还是"无常"这类问题时，他曾经明确地拒绝回答。

在《中阿含经》里记载了这样一个故事：一位名为鬘童子的修行者有很多疑惑，于是跑去询问佛陀，提出了十四个刁钻的问题，也被称为"十四难"，比如世界是否是永久常存的，世界是否有边际，佛陀死后到底还存不存在，等等。面对这些提问，佛陀没有正面回答，而是直截了当地呵责了鬘童子，当然，这种呵责是表面严厉但内心慈悲的。佛陀接着讲了一个故事，说曾经有人身中毒箭，性命攸关，亲友想给他疗伤，但中箭者却说，且慢，拔箭疗伤之前我需要知道射箭之人的姓名、背景、族姓，甚至这支箭是从什么方向射来的，以及弓箭的材质和颜色等。还没等到中箭者弄清这些具体信息，他就已经毒

人生解忧

发身亡了。

佛陀用这个故事来提醒鬘童子，如果非要在这些理论问题上先探讨出结果再修行，就好比中箭者先要知道那些无关紧要的信息再接受治疗一样，对自己的解脱毫无帮助。相反，应该要从苦、集、灭、道的"四圣谛"入手，真正面对我们生命中的生死苦恼从而找到出路，这才是修行觉悟的正途。

而在另外一部经典《长阿含经》里，佛陀还谈到许多婆罗门和沙门都热衷于讨论世界是"常"还是"无常"、世界有边还是无边这类问题，对此，他同样讲述了一个故事来表明自己的看法：曾经有一位镜面王召集了一堆盲人前来摸象，然后询问他们大象的模样——和我们熟悉的"盲人摸象"的情节一样——大家各自描述着自己心目中大象的形象，最后言语不合，开始互相诤论。镜面王见此哈哈大笑，对他们说道，你们各自只看到大象的一部分就起了这样的争执，实在可笑。佛陀用这个故事来告诫弟子，这些婆罗门和沙门不从苦的生命体验出发去寻求灭苦之道，反而在这些观点上争论是非，实在是本末倒置。

佛陀之所以不回答这些看上去充满思辨性的问题，并非因为他无法回答，而是对他而言，**最重要的事情是通过**

"苦"这一无时无刻不在的逼迫性，找到足以解决生命苦恼的有效方法，而不是知道了很多的事情，却仍然过不好自己的一生。

## 如何看清"无常"？

那么，要如何看清"无常"呢？

在经典中，佛陀曾经介绍了粗细程度不同的两种"观无常"的方法，这里先简单介绍第一种，也就是相对粗浅的观察模式。具体的方法是从**个人身心**与**外部世界**两个方面入手，但二者其实也是一致的。比如我们可以观察和思考人的一生，从出生到成长再到衰老，便知道自己不过是无常变动的。然后再用这样的视角去观察芸芸众生，比如我们每天会看到无数社会新闻中的人物，如果将思维聚焦到他的人生历程，便可知人的一生如何幸运发迹，又如何从盛到衰，或是因故生病，经历人生的莫大考验等。其实，一个人如果稍有人生阅历，就会对人生无常产生非常深的共鸣，而不单单是在理论上有所了解。另外，有禅修经验的朋友或许会了解观呼吸的方法，也就是先放松，自然呼吸，让自己身心安定，然后去觉察呼吸的进出进而变化，这时就能觉察到，原来一个简单的呼吸过程会有如此多变化，而且时时不驻，直到生命的终点。

《佛本行集经》中记载了一位名为作瓶的天神，他为了让在宫中享受欲乐的悉达多太子得到觉悟，便在半夜给太子讲述世间无常的现实，这段偈颂十分精彩，因此将原文引用于此，供参考：

> 世间事无常，犹如云出电，
>
> 尊者今时至，应捨家出家。
>
> 一切行无常，如瓦坏瓶器，
>
> 如借他物用，如积干土城，
>
> 不久便破坏，犹如夏泥壁，
>
> 如河两岸沙，缘生不能久。
>
> 犹如灯出炎，生已速还灭，
>
> 如风无暂住，急疾不曾停。
>
> 恒常无真实，犹如芭蕉心，
>
> 幻化诳人意，空拳诱小儿。
>
> 一切诸行者，皆悉因缘生，
>
> 各各有缘因，愚痴辈不觉。

这段偈颂主要用譬喻的方式来提醒悉达多太子，世事如电闪般无常，如瓦和瓶器都会被毁坏，而以干土所堆砌的城池也会逐渐风干剥落，又如同河畔的泥沙被时时冲刷，像灯火一般油尽灯枯，像风一般无法停驻。因为世间一切不过都依着因缘条件而显现，但我们却迷惑不知。就像我们常常回忆青春年少时的场景，似乎就发生在昨天，但对比当下的自己，物是人非，感慨万分。其实，如果你时时刻刻觉察和思维的话，就会清楚地认识到"无常"不过是一种现实，我们只需要看清和接受而已。

最后，在《杂阿含经》中，佛陀对他的弟子说道："无常即苦，苦即非我，非我者亦非我所。如是观者，名真实正观。"这段教导的意思是，一切法都是无常的。世界无常，我们却陷入以自我为中心的各种错误执着之中，因此感受到人生之苦。但假如真的存在一个"我"的话，那"我"肯定能自我主宰，不会让自己陷入苦的人生旋涡之中。因此，既然我们都无法回避苦，那么"我"就势必不存在，即"非我"，也就是"无我"。

接下来，我们就来讨论如何理解佛教中的"无我"。

第 9 讲

# "我"真的存在吗?

## 无我

前面几讲反复提到了消费社会与物质主义给现代人所带来种种苦,现代商业利用人类贪求感官享乐与意识习惯性地攀援的特点,不断制造、渲染、烘托,乃至最终植入消费主义的底层逻辑,"我们"都是消费者,而商品能给人提供终极的幸福感,是证明"我们"存在价值的重要符号。

为了证明"我"的存在价值和意义,就需要无限制地彰显"我"的需求和感觉,比如"我高兴""我悲伤""我沮丧""我爽""我能""我行""我可以""我想要"等心理活动,这背后都紧紧扣住了一个不太会被质疑的关键词,那就是"我"。

## 现代人视野里的"我"

如果稍微回顾一下人类的思想历史，无论是东方或西方的传统社会中，作为个体的"我"的意义，往往都被放在天与人、道与人、上帝与人的关系模式中定位。简单说，就是人对个体生命的有限性有了充分的理解，因此会在一个更大的宇宙秩序和精神秩序中理解个人生命的意义。也就是说，虽然人们拥有个体的差异化意识，但每一个"我"始终面对的是一个更大的存在秩序，所以往往表现出某种谦逊、节制，乃至卑微。

比如苏格拉底虽然因"不信神"和"败坏青年"而被审判，但是他的申辩词中却明确地回答，他信神。只是他所信的与雅典民众所信的并非一致。而孔子虽然强调人际伦理，但也会讲"祭神如神在"，也就是说，虽然无法绝对肯定神灵存在，但仍要像祭祀真神一样严肃以待。

不过，庄子在《齐物论》中提到"我"与"物"的交互与统一，这和前面的天与人或神与人的关系显然不同，前者一般被称为所谓的忘我体验。如同《齐物论》结尾处那个著名的"庄周梦蝶"的故事，庄周梦见自己变成一只蝴蝶，则忘记自己是庄周，等到醒来，恍然惊觉。庄子于是提出一个问题：到底是庄周梦见自己成了蝴蝶，还是蝴蝶梦见自己成了庄周？这样的观点无疑轻巧地消解掉那种僵硬的"我"的主体意识。

其实，无论是道家的"忘我"，还是古印度沙门追求的"梵我合一"，背后都代表了人类精神的某些真实体验。在传统社会的精神世界里，"我"并不像生活在如今现代社会的"我"一样，后者像是某种被抽离出来的个体，和外部世界形成主客分明的二元对立，而前者更能感受到与万事万物的内在连接。

举个例子，我是一个古典音乐迷，除了自己听唱片之外，也常常去当时位于湖南路的上海交响乐团听听每周末的室内音乐会。记得是2007年的4月，上海音乐学院在这里举办了一个巴赫作品的系列音乐会，其中一场由著名小提琴家丁芷诺指挥。本来是一次极其平常的音乐会，可当巴赫的那首D小调双提琴协奏曲响起时，我瞬间感觉如被电击，顿时整个音乐厅充盈着和煦的阳光，自己根本无法把控自己，只是感到融入一个无法形容的精神秩序中，就这样被圆融地包裹着，温暖而感动，虽然流淌着眼泪，却丝毫感受不到任何悲伤。这种体验虽然非常偶然，却激发了我去探索各种不同的意识体验背后的原因。其实，在艺术中获得类似忘我体验的音乐家并不少，比如著名钢琴家朱晓玫是演奏巴赫作品的专家，她在一次采访中谈到自己曾有两三次演奏巴赫时的忘我体验，她说在那个时刻，似乎进入了一种状态，忘记了所谓的技巧和时间的流逝，也忘记了观众，只感觉自己和音乐融合在一起。

不过现代哲学似乎对这种类似神秘主义的体验并不那么信任，他们更强调某种偏理性的逻辑推论，比如哲学家笛卡尔一方面认为感官是不可靠的，但另一方面又无法彻底否定人的存在。因此当他说出"我思故我在"时，他其实要表达的是，"我"作为一种认知基础，不能否认，也无法否认。

现代思想界在关于自我的问题上有许多不同的讨论，比如以精神分析闻名的雅克·拉康就提出了"镜像理论"，认为人其实是在婴儿发育的某个阶段，通过对他人（镜中人）的认识来建立起"自我"的存在，也就是所谓"自我意识"的产生，但这个自我意识是撕裂和不连续的，所以并不存在一个具有同一性的"自我"。拉康循着笛卡尔那句"我思故我在"的句式也说了一句晦涩的话："我在我不在的地方思想，所以我在我不思想的地方存在。"

其实，我并不能肯定拉康这一玄妙之句背后具体的含义，但可以肯定的是，拉康及各种各样的后现代思潮的代表人物都一直在挑战"'自我'是真实存在的"这一观念。

不仅是哲学领域，在脑科学领域也有类似的看法。第3讲曾提到著名的脑科学家加扎尼加在《谁说了算？》这本书里，以脑科学的研究成果来说明"自我意识"其实是人类的一种根深蒂固的幻觉。但为什么我们却没有能力去分辨和看清呢？加扎尼加在书中是这么说的：

> 如果你担心的是，了解真相会让你产生生存危机的话——我想说，没那么严重。毫无疑问，你仍然会觉得自己控制着自己的大脑，一切归你说了算，归你拍板定夺。你依然会觉得某个人，也就是你，坐在中间作出决定，拉动杠杆。这是一个我们似乎怎么也撼动不了的"超级小人"想象：我们总觉得有一个人，一个小人，一个灵魂，掌控一切。那么我们知道所有的数据，知道它是以其他某种方式运作的，我们仍然有着这种大权在握的压倒性感觉。

加扎尼加的结论是，"自我"虽然从认知科学角度来看是一个骗局，但在日常经验之中，我们仍然能感觉到存在一个真实的"我"，并无法摆脱这种幻觉。因为一般人无法看清这种自我幻觉，所以在主流的认知里，我们几乎毫无疑问地肯定"自我"是一种真实的存在，并在各种相关的理论体系和道德实践中，都以此为前提来讨论问题。比如著名的生物学家理查德·道金斯在其流行的科普读物《自私的基因》里就曾提出一个观点：人类作为生物性的存在，其实只是一个基因机器而已，而基因的基本特征就是不断试图复制自己，让自己在基因库里不断壮大。人类自私的根源其实在于基因的自私，是基因主导了人类的行为选择，甚至某些利他的行为也只不过是出于保护自己来进行基因复制而已。

这当然是从生物学的角度提出的一个非常合理的为"自我"辩护的观点，这也从侧面支撑了经济学领域里的一些观点——比如像早期的亚当·斯密那样——强调人不仅有自私的一面，同时还具备关心他人福祉的精神动机，因此也具备正义和仁慈的道德品质。而在今天，我们受到一种狭隘的经济假设的影响，对个体的理解越来越倾向于一种极端欲望化和原子化的个人主义，也就是说，**现代社会下的"我"越来越与世界脱钩，因为现代社会越看重"我"，"我"就越容易与他人产生疏离感，难以产生深层**

　　　　　　　　　　　　人生解忧

的连接，在这个意义上的"我"不仅僵硬、呆板，而且是孤立、孤单、孤独的。

记得在我读大学的年代，进入大学的第一天往往就是新生加入同乡会去认识学长和学姐的日子。在那个信息交流比较单一的年代，以地缘为纽带的认同感还非常强烈，甚至会影响年轻人在异乡生活中的自我定位。而在今天这个互联网时代，无数来自外地的学生进入大学后，虽然看起来拥有了更为便捷的交流工具，但结果却是，年轻人更像是一个个孤立的玻璃球，彼此只有浅表的互动，难以形成内在的深度连接。这背后其实也和年轻一代对于"我"的认知有密切关系。

那么接下来需要问的是："我"到底是什么？

## 原来没有"我"

前面提到，"诸行无常""诸法无我""涅槃寂静"构成了判断是否为佛法的三个标准。可以说，如果不承认"无我"，基本就可以宣称那不是佛法。但要理解"无我"，又要从认识"我"开始。听到这里，多数人的第一反应可能是，"我"还需要去认识吗？这不是天经地义的吗？

在《那先比丘经》里有这样一段有趣的对话：弥兰王因为精通各种学说，因此想找一位智者与之交流，于是有大臣推荐了一位比丘前来，这位比丘就是那先。弥兰王当然想挑战一下这位被誉为智者的僧侣，首先就问道："谁是那先呢？头是那先吗？"那先回答道："头当然不是那先。"接着弥兰王问，那耳朵、鼻子、嘴巴、颈项、肩臂、手足、腿脚、肤色、苦乐、善恶、身躯、肝肺、心脾、肠胃等，是不是那先呢？那先比丘的回答当然是否定的。

接着那先比丘开始反问弥兰王，车轴、车毂、车辐、车辋、车辕等组成部分，乃至车运动所发出的声音，哪一个才能代表车呢？弥兰王回答说，这些都无法代表车。那先比丘便问，那什么才是车呢？弥兰王沉默不语。那先比丘这时才引用佛所说的道理来回答：所有这一切组成的部分合在一起，才能被称为那先或者车。

值得注意的是，对于这种将认知对象层层拆解的认知方法，佛学中有一个专门的术语，叫作"析空"。意思是想要认知一个事物的本质，可以从空间、时间等角度来进行化约式的分析。前面那先比丘和国王的对话，显然就是从空间的角度来分析，最终发现在每个组成部分中都无法找到"我"的本质，由此推出"无我"的结论。

比如我们把自己的身体一层层地剖析开来，从皮肉、筋骨往深处去观察，最终看到的也不过是基因、蛋白质或粒子而已。但基因、蛋白质和粒子就是生命的本质吗？这只不过是我们的测量极限而已，我们能借此推论出，基因、蛋白质和粒子就代表"我"吗？它们只是"我"的组成条件而已，如何能说它们就是生命的本质？从基因、蛋白质和粒子之间，看不到"我"的特质。

从时间的角度，我们也可以进行这样的分析，比如那先比丘就问弥兰王，一个人在幼时吃奶时和长大时的身体是一样的吗？弥兰王说，这两个身体当然是不一样的。那先比丘又问：从刚成为受精卵时，到变成有肌肉、骨骼时，再到出生、长到几岁时，它们还是同一个受精卵吗？当然不是。

有时候想想，我们的人生不过是无数的时空切片，到底哪一个才是你？如果用高维度的视角看，**我们在尘世中走来走去，忙来忙去，每一个时空的切片好像是你，又不是真的你，你找不到那个单一的、不变的、本质的你。**十五岁的你是你，四十岁的你也是你，请问他们是同一个人吗？既是又不是。

显然，这就是从线性时间的角度来拆解"我"的真实性，也就是说，我们会想当然地认为有一个"我"存在，有某种恒常的本质，而我们借助时间、空间角度上的拆解，就可以看到在这个五蕴身心中，根本没有"我"的本质存在。

这种利用析空的方法来层层剖析我们身心的逻辑，和西方哲学史中的"忒修斯之船"的问题如出一辙。在1世纪时，古罗马的哲学家普鲁塔克曾提出一个哲学问题，假如我们把名为忒修斯的船每隔一段时间就更换掉其中的木板，直到最终全部更换一遍，那么这艘"忒修斯"还是最初的那艘船吗？

在西方哲学史中，对这个问题的讨论有很多答案，但如果按照佛学的思维，就正如前面的那先比丘所回答的那样，世间变化无常，我们的身心也是如此，那么过去的"我"和现在的"我"，乃至未来的"我"究竟是同一个"我"，还是不同的"我"呢？这个时候我们就要去体会这种"**相续而不同**"的存在状态，这就是佛学中初步的关于"**无我**"的解释，之所以说是"初步"，因为后文还会介绍另一种叫作"体空"的认知方法，这里暂不展开。

还是拿比喻再来总结一下吧，"我"其实就如同一条河流，看上去在连续不断地变换，但仍然维持着一种可识别的轮廓；它有自己流动的方向与形态，但你却不能说，哪一滴水就是这条河流，你也不能说，前一秒的那朵浪花就是这条河流。你会感觉到过去、现在、未来奔流的每一滴水珠、每一朵浪花，乃至每一个漩涡都是这条河流，但同时又都不是这条河流。

## 如何观"无我"？

通过上面的简要分析，我们似乎很容易在理性上就理解了"无我"的内涵，并且应该也开始理解佛学中对于"无我"的这种"相续而不同"的状态的阐释。但同时也会发现，这种"相续而不同"的状态其实是难以体验的，因为这和我们固有的认知模式相关。

在鲁迅非常喜欢的《百喻经》中，佛陀曾用这样一个譬喻的故事来形容我们的无知：有一位愚痴的人看到池水中有黄金的倒影，便拼命去打捞，结果一无所获。等到水面平静之后，黄金倒影重现，他又开始去捞，如此往复，不知疲倦。此时他的父亲寻子来到池边，见自己的儿子如此作为，便询问为何，这位愚痴的儿子如实以告，父亲便告诉他，池水中的"黄金"不过是飞鸟叼到树枝上的黄金的倒影而已。佛陀接着便讲了一个偈子："凡夫愚痴人，无智亦如是，于无我阴中，横生有我想。如彼见金影，勤苦而求觅，徒劳无所得。"意思是，一般人都因缺乏智慧而硬是在五蕴身心中产生了对于"我"的某种想象，但这就像在池水中打捞黄金一样，注定是徒劳无功的。

那么，我们该如何观察和体验"无我"呢？

首先，我们可以用前面介绍过的思维方法来观察，如同佛陀在经典中要弟子时刻观察自己的五蕴身心，比如从时间、空间、形状、运动等角度观察身体，看到底是否存在一个不变的"我"，然后进一步从受、想、行、识等心识层面去观察，看我们的感受、取向、念头迁流，以及意识分别中，是否也有一个"我"存在。如此反复思维，我们对于"我"的看法就能逐渐看清和减弱执着。

举个生活中的例子，当我们早上兴冲冲地赶到公司上班，但可能运气不好，手头的事情处理得不够妥当，或者上司仅仅因为误解就将你劈头盖脸地责骂了一顿，现在的你，当然会心情沮丧，甚至还会感受到委屈和愤怒，以至于整个上午包括吃午餐时，你都耿耿于怀，就算不再回味当时的场景，心中压抑与晦暗的感受也很难消散。

此时，你或许可以这样思维：的确，现在的我非常难受，产生了很多烦恼。那么，到底是谁在烦恼呢？"我"

　　　　　　　　　　　　人生解忧

不过是由身心组成的现象而已，到底是我的头烦恼，还是我的胳膊烦恼，抑或我的嘴唇烦恼？当然，你会马上得出结论：是我的心在烦恼。而心又是什么呢？根据心识的作用，心可以被划分为受、想、行、识这四个不同的认知作用。那我们可以继续思维，早上上司的那顿责骂明明已经过去，当下的我根本没有再听到；同样，我也看不到当时上司那张愤怒或扭曲的脸——偷偷瞄一眼的话，此刻的 ta 或许正在开怀大笑呢！也就是说，在责骂发生时的我其实早已经过了时空转换和无常变动，我的眼、耳、鼻、舌、身早已经远离上午的境界，那为什么现在的我仍为上午的事情焦虑不安呢？

其实，这不过是因为你的意识里预设了一个不变的"我"，所以上午感到沮丧的那个"我"被硬生生地带到了中午、下午，乃至第二天。因为你在那个不愉快的心境里错认为有一个真实的"我"存在，所以就会背负着这个受伤的"我"度过一个个白天与黑夜。执着比较深的人，就算过了再长的时间，也很难化解某些场景下受到的心理打击，因为那个内心臆想出的"我"过于坚固，因此感受到的苦楚也就过于深切，直到身心疲惫，情绪崩溃，再也没有心力去造作这种关于"我"的幻觉，才能慢慢地从情绪的低谷中走出来。

在这里，让我们回到上一讲结尾提到的那段佛陀的教导："无常即苦，苦即非我，非我者亦非我所。如是观者，是真实正观。"为什么我们会苦？因为我们想要主宰。而想要主宰，其实就说明我们已经产生了一种认知，也就是有一个真实的"我"，以及"我"想要主宰和控制的对象，即"我所"。所以在无常的世界中，我们感受到个人的无力与困惑——也就是某种无时无刻的苦感——的根本原因，并非一般所认为的那样，你不够优秀，没有好运气，等等；**而是你建构了一个并不存在的"我"。在这之后，所有的事物，不管是你喜欢的，你讨厌的，你无感的，都将与"我"牢牢地对立起来，这才是我们今天为何越努力，越痛苦的最深层原因。**

在下一讲，我试图回到当下的生活中谈谈一个常被讨论的话题，也就是如何用佛学的观点来看待现代社会里的个体自由与自我和解。

第 10 讲

# 从"无我"看"与自我和解"

"无我"是佛教与其他宗教或哲学之间最具区分度的观念,它代表了佛陀对生命本质的看法,当然也是他在菩提树下亲身体验到的结论。但如何理解"无我",却是一大挑战。下面我想先谈谈"无我"容易引发的误解,再来看我们该如何在现实生命中具体理解"无我"的观念。

## "无我"不是虚无

很多人一听到"无我"就产生了很多疑问,比如一个典型的问题是:如果没有"我",那么佛教中谈到的因果业报究竟如何成立呢?毕竟善报和恶报需要一个主体作为承担者，就像每天的烦烦恼恼都会让我们实实在在地感受到是"我"在受苦，如果说"无我"了，就像把"我"从意识中抹去了，那些苦乐也就失去了依凭一样。这样理解"无我"，和虚无的断灭论有什么区别？而且佛教的修行，不都是"我"去修吗？如果"无我"了，那么谁又在轮回？谁又在觉悟？

其实，"无我"的确是佛陀在菩提树下觉悟到的内涵，但请注意，他的觉悟过程并非像我们今天学习知识那样——从书中看到一个观点，经过思考和分析后觉得很有道理，于是便感觉自己掌握了这个理论。佛教的觉悟，不仅需要这种思考和分析的过程，更需要将其层层深入到意识深处，去观察我们的认知逻辑链条，直到最终觉察到："我"只不过是一场幻觉。

也就是说，"我"的不可动摇性只是一种认知上的错误，让人迷惑，继而产生贪、嗔、痴等烦恼心的作用。虽然我们平常也能觉察到某些烦恼心在作用，比如会感受到对某些人、事、物的贪求心或嗔恨心，但却无法真正了解它们到底是如何被推动和造作出来的，因为我们很难将观察推到更深处。所以佛陀在觉悟的过程中会修行禅定，只有这样才能培养高度的专注力和敏锐的观察力。

从思维模式来看，我们在思考"无我"这个概念时，常常先把"我"的flag（目标）树立起来，也就是先存有一个关于"我"的概念前提，然后听到佛陀说"无我"，便用"无我"的概念去否定"我"，好像这时"我"就变成了"无我"。但问题是，明明我们自身没有消失，仍在感受着这个世界上的一切，就算"躺平"了也无法和现实世界切割，又怎么能说这个"我"不存在，消失无踪了呢？其实这都只是我们的认知模式在作祟——对一个事物要么绝对地肯定，要么绝对地否定。而佛学中"无我"在指出我们的错误——在五蕴身心中看到一个恒常存在的、也就是绝对的"我"。它并没有否定身心的功能、作用。

正因为如此，佛陀在经典中讲说"无我"时，不是讲出"无我"的标准答案让弟子自我催眠：这个"我"不存在，所以只需要闭上嘴，堵住耳，不与世界相来往。相反，他要求弟子去僻静的林泉下，乃至去坟冢处观察自己的五蕴身心。比如《杂阿含经》中就记载了佛陀这样对弟子说法："世尊告诸比丘：'当观色无常。如是观者，则为正观。正观者，则生厌离；厌离者，喜贪尽；喜贪尽者，说心解脱。'"

除了观察色法无常，佛陀还让弟子观察受、想、行、识的无常，也就是观察构成生命的"五蕴"其实不过是无常生灭的，在其中看不到恒常不变的事物，更不用说由"五蕴"构成的这个"我"了。如果这样正确地观察下去，就会产生厌离心，这里并不是指看破红尘、遁迹山林，而是正因了解了一切都是无常的，便知道人因喜好而起的贪执心其实也不过是一个幻想，就像手无法握住流沙一样。当你明白这不过是徒劳无功的事，自然就会接受流沙在指缝间滑落的现实，贪心便自然会消失，也就是"喜贪尽，说心解脱"。

因此，"无我"不过是一个被佛陀发现的真相，甚至在我们每个人真正认识到之前，它都是一个秘密。因为我们只是听到了它，但并没有亲身体验到它。我们需要做的是，通过思维、觉察，一步步地看清楚念头的运作模式。**在这个认识过程中，根本无需否定什么，或者刻意与贪着的对象保持距离，只是承认一个事实，那就是变动无常的"我"根本无法拥有变动无常的万事万物而已。此时，心就能得到了真正的自由。**

这个思路显然和我们了解的其他追求自由的方案有所不同。在现实生活中，人类总是声称要追求自由，结果却往往给自己套上更沉重的枷锁。比如我们想当然地认为，

人生解忧

赚了更多的钱，就可以获得更多的自由。但佛陀曾在《中阿含经》中讲了这么一个比喻，说一个平常人家的子弟努力赚钱，一旦发财便开始对钱财珍重、爱惜，不仅如此，还加以守护密藏，害怕被人抢走，被贼盗走，被火烧毁或遗失，因此产生各种忧苦、愁戚、懊恼的情绪。

从佛学的角度来看，这又是为什么呢？

## 哪些因素让我们不自由？

在一般意义上，所谓的自由就是不受限制。对自由的渴求，往往都是在感受到某种限制时所产生的心理反应。那么先按照一般的认知逻辑，看看我们平时会被哪些因素限制自由。

先来看个人身心层面。我们的身体就不自由，因为它的老病和衰朽是无法掌控的，最多借助饮食和医学加以调理，但其衰病的趋势是无法被主宰的。人在生病时也常有一种强烈的感觉：身体健康时能轻松完成的事情，生病时做起来却举步维艰。这些都是悉达多太子当年看到老病死苦时强烈感受到的不自由。就算身体健康，限于身体机能的现实能力，我们也无法随心所欲地操纵它去做许多超越人体极限的事。比如人的运动能力，就算如何去训练都有其限度，就像人跑得再快也无法达到光速一样。但人类却非常渴望打破身体能力的上限，比如奥运会的精神就是展示人对某种身心限度突破的努力，其背后仍是一种潜意识的不自由。

其次，因为外部自然环境条件的限制，我们也会产生不自由的感受。人类文明之所以进步，最重要的一个动机就是要面对自然的生存挑战。但到了今天，虽然物质丰富，科技发达，我们依旧还要面对自然环境的威胁，比如日益恶化的气候和环境生态问题。甚至在日常生活中，我们常常也面临这种不自由，比如到另一个城市旅行或出差，定好的航班却因突发的天气变化而不得不延误甚至取消，让人抓狂，以至于还要连发几个朋友圈发泄自己的情绪——这不就是苦与不自由吗？

如果将个体放大，以群体的视角去看的话，个体的受限似乎可以借助群体的合作来解决，这也就延伸到技术、政治、经济和社会等领域。利用群体的合作与认知的提升来解开个人能力的束缚，似乎可以获得更大的自由感。比如今天无处不在的计算机、互联网、冰箱、空调等，都体现了技术与劳动分工对人类自由体验方面的提升作用。但这种提升也是局部的、有限的，在群体生活中，我们仍然能感受到各种不自由。

比如在政治领域，对于人的自由问题的讨论由来已久。亚里士多德的名言——"人在本性上就是一个政治动物"——其实指出的是人类不可能脱离群体的政治生活来谈人生的幸福和意义。但古希腊的城邦制度所创造的是一种相对封闭的共同体，其中只有少数公民可以享受政治自由，如同老子"小国寡民"的理想，无法真正地将自由普及到世间所有人。

随着现代社会经济的发展，人类开始想要更为普遍的政治自由。如何保证个体的自由？限制权力则成为思考的重点。比如英国政治思想家约翰·密尔就认为，只要在不伤害他人的原则上，我们都应该享有充分的思想自由、行动自由和表达自由，这样就可以保障个体在面对政府权力干预时的各项基本权利。而英国著名思想家以赛亚·伯林提出了"两种自由"的观念，将"消极自由"和"积极自由"分别解释为"免于他人干涉的自由"与"能够自我主宰，乃至去做什么的自由"，这都是在思考群体生活中个人的观念与实践的边界。

自由显然是难以真正获得的，所以在政治、社会领域，一旦某一方感受到强烈的约束，就容易爆发所谓追求自由的社会风潮。弥漫在 19 到 20 世纪之间世界性的革命思潮和运动主要就来自这种追求自由的动机，但这反过来也说明，政治层面的不自由其实是人类文明的一个难解的议题。

再以道德为例，作为法律底线之上的行为要求，道德也常给我们带来许多不自由。比如在公共场合，我们被要求行为要得体，要遵守一般意义上的"公序良俗"。但出于各种原因，每个人对于道德的认知都存在差异，使得一些行为在某些群体看来再正常不过，而在另一个道德立场迥异的群体看来则没有任何道理。比如长期在城市生活的市民在面对没有都市生活经验的群体时，常常会产生一种看法：你们为什么不遵守公共秩序？为什么缺乏公德？事实上，很多"缺乏公德"的行为不过是文化差异带来的结果，但这常常会让不熟悉都市生活的人承受很多莫名的指责，甚至还出现各种"地域黑"和"阶层黑"的现象。

在社交媒体上经常出现的网络暴力事件，也常常是以道德为名来对他人施加种种压力，甚至还造成了当事人因无法忍受网络上的道德抨击而发生的悲剧。比如就在前段时间，一位小学生在学校被车撞倒后身亡，这位孩子的母亲在多个场合发声，表达诉求，但网络上的评论却集中在这位母亲精致的穿戴和佩戴奢侈品这件事上，网络舆论的压力加上丧子之痛的打击，这位母亲忧愤跳楼自杀，令人唏嘘。类似这样的新闻绝非少见，甚至由此引发了要以法律来处理网络暴力的讨论，可见个体在面对道德指控时的所感受到的不自由多么强烈。

总结一下前面所谈到的内容，我们会发现，无论是对个人还是人类群体而言，不自由似乎是一个普遍的现实，而如何追求自由成了一个永恒的话题。但人类的习惯性思维是，我感受到不自由，那我就改造世界，让环境符合我的要求。我们不想要老、病、死，所以就想通过美容、医学来缓解焦虑；我们感受到自然环境的威胁，所以就发展科技来保障生存，甚至打造出各种舒适的人造环境，但反过来科技发展又给环境带来各种负面影响，让人类面临新的困境；我们想要在群体生活中伸张自我的价值与存在感，但又不得不面对法律、道德、政治制度的束缚，我们一次次地试图打破这些限制，但是迎接我们的，可能是一次次的希望与失望的轮回。

但这难道意味着我们应该无所作为，做一个犬儒主义者吗？当然不是。

其实，我们今天面对的世界同样是悉达多太子当年看到的现实。要知道,悉达多的父亲净饭王是一位贤君,但他也不得不面对邻国的挑战与威胁。甚至悉达多在觉悟之后,带着庞大的僧团四处弘法,他仍要面对他的堂兄弟提婆达多的嫉恨。提婆达多用尽种种办法想要破坏僧团的和睦,一度从山上推下石头想要伤害佛陀。

另外,舍卫国的国王是波斯匿王,也是佛陀重要的护持者。他的次子琉璃太子曾经在迦毗罗卫城学习时受到释迦族的屈辱,等到他后来杀死父亲波斯匿王登上王位后,便准备兴兵讨伐佛陀所出身的释迦族。佛陀得知消息后,为了拯救自己的家族,坐在路口等候琉璃王的军队。直到琉璃王见到佛陀,出于对他的尊敬而暂时退兵,但琉璃王身边的大臣仍然不断挑拨,加上琉璃王内心的屈辱始终无法消散,最终还是出兵灭了释迦族。

听完这些故事你也许会发现,从表面上看,佛陀和我们的人生并没什么太大的区别,甚至比很多人的命运更不幸,毕竟受人迫害,乃至家族被灭都是一般意义上的人伦悲剧。可佛陀为什么仍然宣称他"离苦得乐"?

事实上,人类的不自由不过是各种人生理想受阻而带来的感受,继而激发起改造自然环境、社会环境、政治制度的强烈冲动。但就算改造成功,"我"的想法又开始改变,又想要追求新的人生目标，这时又会产生新的不自由，永无休止。因此有人会认为，这种不断追求自由的人生才是世间的真相，如果果真如此，这也就意味着人生终极的苦将永无解决之道。

但佛陀的一生，从观察到老、病、死的事实再到出家，以及在菩提树下觉悟之后又回到复杂诡谲的现实世界，外在的环境和我们所面对的情况并无不同，同样充满谎言、战争、杀戮与尔虞我诈。但佛陀行走在北印度的土地上四十余年，不知疲倦地想要把佛法传递给世人，这背后显然透露出佛法的不同思维，那就是：首先要改变你的认知，然后才能真正地改变世界，获得真正的自由。而这个"认知"，其实就是"无我"的内涵，如果我们能了解"我"不过是刹那无常的现象转变，那么就不会拼命地执着追求一个所谓绝对不变的美好理想，因为那个所谓的"我的理想"其实根本就不稳定，从绝对坚固的"我"出发去追求自由，结果反而束缚了自己。

## 从"无我"看"与自我和解"

还是回到日常生活吧，我们如今常听到很多人谈"自我和解"，乍听之下，似乎是"我"原谅和接纳了"我"过去的种种遗憾。这种接纳的逻辑是怎样的？它是否真的有效？也值得我们作一番思考。

关于这个主题，我想起了日裔混血女歌手 Angela Aki 所演唱的一首歌，名字叫"信——给十五岁的自己"，这首歌后来也被刘若英用中文翻唱过。这首歌除了歌词真挚动人之外，其 MV 更是讲出了许多年轻人的心声和困惑，我们或许可以借着这首歌去看看到底该如何与过去、未来的"我"实现人生的和解。

歌词总共分为两部分，第一部分是十五岁的"我"写给成年的"我"，第二部分则是成年的"我"所写的回信。歌词很动人，也值得在这里分享给你：

敬启者：

此刻读着这封信的你现在在哪里 做些什么呢？

十五岁的我 有着无法向任何人诉说的烦恼

如果是写给未来的自己的信的话

想必一定能坦率地说出口吧

此刻 快要认输 快要掉下泪来

仿佛下一秒就要消失的我

该相信谁的话 继续往前走呢？

只有一颗心不断地破碎、崩坏

在痛苦之中 活在当下 活在当下


**接下来则是回信的内容：**


敬启者：

谢谢你的信 我也有话想告诉十五岁的你

自己究竟是谁 该朝何处前进

只要不断追问 就能找到答案

波澜万丈的青春之海虽然险恶

将梦之舟朝着明日的岸边前进吧

此刻不要放弃 不要流泪

仿佛下一秒就要消失之时

只要相信自己的声音 昂首阔步向前走就好

大人的我 也曾有过受了伤而难以成眠的夜晚

苦中带甜 活在当下人生的一切 都有意义

所以不要害怕 让你的梦想成长茁壮吧


其实这首歌写的也是歌手自己的人生故事。她的父亲是日本人，母亲是意大利裔美国人。她十五岁前在日本生活，之后移居夏威夷。刚开始她还不会说英文，后来在华盛顿读大学，读的是政治经济学，辅修音乐。因为她特别喜欢音乐，立志要当一名歌手，在这过程中有过很多不堪回首的酒吧驻唱经历。但是她也是幸运的，不仅在2006年终于在日本武道馆开了演唱会，而且还登上了NHK红白歌会舞台，可谓是一个励志的人生模板。

可是，**我们与自己的和解，真的需要实现梦想才能达成吗？** 或者说，这么多不同的人生梦想，为什么在很多人看来，有的梦想甚至称不上梦想，反而代表了异类和失败呢？如同许多年轻人的迷茫一样，明明不想追逐那些其他人所想的人生目标，却一再地被各种声音恐吓、告诫，似乎一个脱离主流人生轨道的梦想就是不切实际和荒唐的。

在这些所谓"善意"的告诫下，大部分人都会遵循安全而可靠的人生轨迹，但随着步入中年，我们又会不自主地追悔或怀念，曾经的人生梦想变得越来越难以实现，甚至变成了对现实赤裸裸的迎合。我们做着并不喜欢的事情，扮演着自己都感觉无奈的角色。因此，年轻时迷茫，成年后世故，我们似乎永远都需要与自己和解，因为我们永远都无法与当下的自己好好相处，以至于只能在害怕未来和追悔过去中摇摆。

那么，如果当下的你需要跟十五岁的你和解，到底要如何和解？如果你们是同一个你，其实就不需要和解，因为你没有任何变化；如果你们是两个完全不相关的人，那也不需要和解，因为过去的你已经过去，和现在的你毫无关联。但我们为什么会不安，会不断惦记、怀念那个年少时的"我"？为什么觉得需要与自己和解？其实就是因为我们感受到了生命的无常变化，当下的我和过去的我既相关又不同，我感觉到和 ta 有某种关系，但又感觉 ta 已经离我而去，甚至幻想着回到年少时重新开始。

又比如现在很多人遇到的长期难以化解的原生家庭问题，但仔细想想，这其实是因为我们的思维模式把过去和今天的自己视为同一个"我"。这就导致虽然那个令人痛苦的环境已经过去，但是自己始终背负着曾经的自己的造作幻想，于是将过去的痛苦时刻背在身上，无法摆脱。

禅宗四祖道信曾经向三祖僧璨请教如何解脱，僧璨便问他："谁缚汝？"意思是，谁绑了你？道信回答说："无人缚。"意思是，没有谁绑我呀。僧璨便回答道："何更求解脱乎？"这就好比你想问："我想与自我和解,怎么做？"

但到底是谁制造了冲突？难道不是因为你的心造作出一个当下的你和十五岁的自己遥遥相望，然后又想去和那个早已流逝的幻影握手和解，这一切不就是因为我们的认知出发点已经南辕北辙了吗？

所以，我们的心营造出一个过去的虚幻时空，在午夜梦回时回想过去种种，在今天又不停地咀嚼、玩味。这只不过是你的心玩了一个魔术，让你投入到这个"我受伤了"的剧本当中。而真相是什么？这个世界，过去已灭，未来还未生，不需要妄造一个可以同时穿越过去、现在和未来的不变的"我"，去追悔过去，害怕未来。

所以，怎样才能与自我和解？或许就像歌词所写的那样："活在当下人生的一切 都有意义。"因为回到当下，就能充分地感受到生命此刻的一切，这个当下生灭无常的"我"，每一刻难道不都是"我"吗？为何还要苦苦地追求生活在别处？可我们的问题在于，那个坚实的"我执"会让人生出一种鸟瞰自己人生的视角，拿当下的成功或失败去看过去的"我"，或者是期待、害怕未来那个可能成功或失败的"我"。

最后，这首歌的 MV 记录了很多平凡的年轻人的故事，有搞笑艺人、消防员、农民、婚礼规划师、美容师、

人生解忧

造型师、配音演员、肚皮舞者、模特、学生、花店经营者、江户小纹职人、长跑运动员、BMX骑手……这些职业在很多人的价值观中似乎都算不上什么闪闪发光的梦想，可是每个人在他工作的当下，难道就没有意义吗？他的喜怒哀乐和他的梦想，本身不就已经彰显出生命的意义了吗？

MV中还出现了一位令人印象深刻的年轻的婚礼策划师，有着真诚而动人的笑容。为什么这样一个普通的从业者的脸上会有那么动人的笑容？或许是因为，在她面对顾客的那一刻，是怀着"让你高兴我也很幸福"的态度与心情，那个自我中心的"我执"自然也就开始弱化；**因为我们不会执着于自我的喜好，也就能平等而真切地对待当下的一切，这个时候，我们的认知就开始逐渐向"无我"靠近了。**当下的生命从未停歇，而是以刹那无常又相互珍重的方式，不断上演……

了解了"无我"之后，我们也就基本介绍完"四圣谛"的苦谛和集谛。从认识人生之苦开始，我们思考了苦的原因，发现它不过是烦恼所引发的现象，而烦恼其实就是对世间真相的迷惑与无知，比如错认为有一个实在的"我"。接下来，我们再回到"四圣谛"中的道谛，来讨论灭苦的方法，也就是如何破除"我执"。虽然许多具体的修行内容无法在书中充分地展开，但或许至少能给你带来一些初步的认知。

第 11 讲

# 如何破除"我执"？

## 戒律的精神与修行的逻辑

前几讲介绍了佛学中的"无常"与"无我"，"无常"相对容易理解，而"无我"则让很多人百思不得其解，这的确与我们的直觉相违背。但也不用着急，虽然我们暂时无法体验到佛陀的"无我"境界，但还是可以通过思维分析去尝试接近这个观念，并且佛陀还给出了一些可行的实践方法。接下来这几讲，我会尝试讲解佛陀教导弟子的破除"我执"的思路与方法。

### 修行的内在逻辑

由于"无我"是佛陀在菩提树下亲身体验到的结论，

并不是我们一般人的日常感受，这就导致对这一观念，我们往往只能慢慢通过思维去作类比式的理解。不过在佛陀时代，很多修行的出家人初听佛陀讲法就能信服，而且能够进入实践，然后得到觉悟。《杂阿含经》中就记载了佛陀在鹿野苑对座下比丘说法，教导他们该如何修行的场景。其中有这样一段简短的经文：

> 尔时，世尊告诸比丘："有四圣谛。何等为四？谓苦圣谛、苦集圣谛、苦灭圣谛、苦灭道迹圣谛。若比丘于苦圣谛已知、已解，于苦集圣谛已知、已断，于苦灭圣谛已知、已证，于苦灭道迹圣谛已知、已修。如是比丘名阿罗汉，诸漏已尽，所作已作，离诸重担，逮得己利，尽诸有结，正智善解脱。

在这段经文中，佛陀在讲述"四圣谛"时，除了强调要了知苦、集、灭、道这四个真实的道理之外，而且还要对其解、断、证、修，也就是说，要理解世间皆苦的真相，断除苦的原因，修行灭苦的方法，以及最终真实地体验，也就是证到"苦灭"的结果。这样的比丘就被称为阿罗汉，也就是中国人所熟悉的罗汉。而"诸漏已尽，所作已作，离诸重担，逮得己利，尽诸有结，正智善解脱"指的就是烦恼已经断尽，达到圆满解脱的境界。

这里提到的解、断、证、修，讲述的就是被认为比较神秘的修行的过程。而在经典中，这个修行过程常被总结为以下四句：亲近善士、听闻正法，如理作意，法随法行。

"亲近善士、听闻正法"的意思很好理解，"善士"在佛陀时代指的就是像佛陀这样的觉悟者，或他所教导的那些已经从烦恼中解脱的阿罗汉。这当然是比较狭义的理解，如果把范围扩大，"善士"还可以指能够讲解、传授正确佛法观念的人。"听闻正法"的意思是，我们虽然还无法确认佛陀所讲的内容是否是真理，但至少我们所听闻的是佛陀想要表达的内涵，而不是那些已经被扭曲了的观念。

"如理作意"说的是，当我们听到一个观念时，尤其是对佛陀所宣称的真相，我们还没有真正地理解和信服，因为我们自身并没有体验到何为"无我"，只是通过他人讲述的概念来进行思维推导，检验其是否合理。而"如理作意"就是在日常生活的一切处将佛陀所讲的道理作这样的思维辨析，如同本书前面时常举的日常生活的案例，尝试思维这些现象是否能用佛学的观念去理解，观察它能否真正帮助自己减少烦恼。而"法随法行",则是指要在真正的生活中落实这些观念,加上前面的"如理作意",这不就是佛学意义上的"知行合一"吗?

以上这种讲法仍然显得有些笼统,比如"如理作意"和"法随法行"听上去简单,但对于有着不同思维特性的人而言,在面对不同的人生场景时产生的烦恼也不同,执着的程度也各有深浅,这又该如何具体操作与落实呢?

## 回到五蕴身心

前面几讲简要地介绍过何为"名色""五蕴"等,也就是把生命首先分为"心"和"色",然后展开为"五蕴",也就是色、受、想、行、识,如果再细分下去,还有"十二入"和"十八界"的概念。

所谓"十二入",就是将我们认知的过程加以细化的结果。"六根"和"六尘"接触的地方,可被划分为偏向"六根"的眼入、耳入、鼻入、舌入、身入、意入,以及偏向"六尘",也就是侧重外部环境的色入、声入、香入、味入、触入、法入。再根据"六根"和"六尘"接触产生的认知过程,将其进一步细分为"十八界",也就是"六根"

（眼界、耳界、鼻界、舌界、身界、意界），以及作为认识对象的"六境"（色界、声界、香界、味界、触界、法界）和由此生起的"六识"（眼识界、耳识界、鼻识界、舌识界、身识界、意识界）。《心经》里的那句"无眼界，乃至无意识界"，指的就是从眼界到意识界的这"十八界"。

你可能会很好奇，为什么佛学要分析"我"并开展出这么多复杂的概念？事实上，这些分类的目的是让人理解"无我"。正如我们平常习惯性地认为有"我"，所以佛陀就说，那我们就去这里面找找"我"，看看"我"在何处。

首先当然从物质和意识层面去找，比如"我"到底是在肉体里，还是在意识中呢？有的人或许思维到这里就明白了，"我"不在肉体里，也不在意识中，"我"不过是心法和色法共同的运作而已。但有人却会想，这个"我"肯定存在于更微观的地方，所以佛陀继续用"五蕴"来证明"我"也不在色、受、想、行、识的任何一蕴中。很多人听到这里仍然感到迷惑，便习惯性地继续剖析，认为在更细微的"五蕴"中还存在"我"，所以佛陀就不得不将"五蕴"继续细化，而且还根据不同的人所迷惑的侧重点不同，而作了不同的分类。比如，有人主要迷在物质层面，那就用"十二入"去分析，因为这一概念偏重于说明"六根"与"六尘"相接触的空间处所，而既然在"十二入"都找不到一个恒常的"我"，当然也就明白何为"无我"了。"十八界"的分类则主要针对这样一群人，他们一会儿认为"我"在物质层面，一会儿又认为"我"在意识里，所以佛陀就用"十八界"来逐一解释："你看看，那个'我'在这里也找不到哦！"

"五蕴"也还可以被继续细分，比如按照《俱舍论》，可以被分为七十五种法，而根据《大乘百法明门论》，甚至可以被分为一百种法。但无论多少种，其根本目的是让我们深入观察身心，并且从中发现生命不过是身心的一连串的功能和作用而已，其中并没有一个能操纵的所谓的"我"。

## 种种烦恼心

下面我想重点挑选"五蕴"中的"行"再作些说明，而有关色、受、想、识的部分，在前文已经略作介绍，这里便不重复。

按照一般的解释，行蕴，即我们的心识不断迁流造作之意，在"五蕴"中，它的内容最为丰富，含括了五十八个法，分别是四十四个"心所法"与十四个"心不相应行法"。简单来说，"心所法"就是被称为心王的识蕴对外境产生的各种不同的心理作用，也就是为心王所统属。本来有四十六个"心所法"，去掉受蕴和想蕴，就剩下四十四个。而"心不相应行法"则是指并非真实的心和"心所法"所产生的作用，而只是安立的一些名称而已。这部分涉及佛学的深入讨论，这里不作详细介绍，有兴趣的读者可自行参考《俱舍论》或《大乘百法明门论》。

我想重点讲讲"心所法"中涉及到的烦恼心的内容。前面说到，人生的苦感是由烦恼造成的，而这里的烦恼心则包含贪、嗔、痴、慢、疑、不正见这六类烦恼，也被称为**根本烦恼**。既然有根本烦恼，就可知还有非根本的烦恼，在佛学中也被称为**随烦恼**，即跟随根本烦恼而产生的一些枝末烦恼，这些也都是我们常常感受到的心理作用。

举个例子，从根本烦恼的定义来看，"嗔"一般被笼统地解释为求之不得、违逆个人意愿时产生的心绪。但"嗔"还可以被细化为比如忿、恨、恼、㤭、害、嫉，等等。这些随烦恼其实就是根本烦恼的具象化的样貌。下面一个一个来解释。

"忿"主要指对当下的不如意的境界产生嗔心；而"恨"

主要指对过去的不如意境界产生怨恨情绪。简单来说，当下感受到愤愤不平就是"忿"，事过境迁后还念念不忘的怨愤就是"恨"。而"恼"主要指产生愤恨情绪时，人对其不断品味，因此越想越苦恼，身心不安，甚至还会对周边的人展现出情绪，令他人也感到不安。

"害"则是指在嗔心的驱使下，人被激发出行为和语言上的暴力，损害他人利益，甚至危害他人安全。我们时常看到这样一类的新闻，比如恋人分手后，一方感觉自己"被分手"而失去颜面，从而产生强烈的嗔心，继而想要通过伤害对方来发泄情绪，这就是由"嗔"引发的"害"。而"愤"可以等同于骄傲的"骄"，即因自我感觉小有成就而自矜，对他人自然有一种压倒的心理。"愤"和"慢"的区别在于，前者指因自己有所成就而产生骄傲的心态，后者则强调与他人比较所产生的高人一等的心态。而"嫉"则是不能忍受他人比自己强而产生的嗔心，这完全是因比较心而生出的烦恼，并非他人主动触恼你。就好像在职场上，如果某位同事穿着时髦，意气风发，就常常会招来他人的非议和嫉妒，这其实就是一种嗔心。

再来讲讲"贪"的随烦恼，即悭、覆、诳、谄。"悭"指极为吝啬自己的财物或不舍的东西，不愿意分享给他人，这其实就是"贪"的一体两面，所以仍然属于"贪"的范畴。而"覆"指的是为了保住自己的利益而隐瞒自己的过失，这显然也和"贪"有关，因为舍不得所拥有的人、事、物，因此害怕因为错误的曝光而失去所有；同时这也和"痴"有关，正因为我们不了解一切善恶的结果都有其原因，所以才会拼命隐藏。而"诳"则指为了得到世间的各种名利而通过自夸来诳骗他人。"谄"则指为了得到好处而伪装成恭敬顺从的样子去讨好他人。这和"覆"一样，都兼具"贪"和"痴"的特性。

除了以上介绍的这些随烦恼，还有比如无惭、无愧、不信、懈怠、放逸、昏沉、掉举（即心念浮动）、失念（即失去觉察）、不正知、散乱，等等，这里便不详细展开。总之，这些都说明了我们的生命中有如此多的烦恼，让心时刻动荡不安。在种种烦恼中，作为根本烦恼的贪、嗔、痴、慢、疑常被称为**五钝使**。这里的"使"其实是佛学名词"结使"的缩写，是对烦恼的另一种称呼。所以"钝使"就是指这五种烦恼很难被断除，与生俱来，非常深细且难以被观察到，甚至几乎是人的本能反应，所以需要精进的修行才能真正将其断除。

相对应的，第七讲简单介绍过的"不正见"具体指的是五种不正确的见解，分别为身见、边见、邪见、见取见和戒禁取见，又被称为**五利使**。这一类属于比较粗表的烦恼，很容易通过一定的思维得以澄清。在这五种不正见中，比较重要的是"身见"，也就是"我执"，而修行就是要用各种方法来转化这种错误的观念。

## 戒律与修行

在讲怎样破除"我执"之前，我们需要明白，**在破除"我执"的路上，首先会遇到的最大障碍就是前面所讲的这些烦恼心。**

先来看看《四十二章经》中的一段经文。这部佛经据说是东汉年间由天竺僧人所翻译的第一部汉文佛经，它辑录了佛陀在各个经典中所说的四十二段教导，也被称为中国第一部佛学概论。其中记录了这样一段佛陀的教导，文字精炼动人：

> 佛言：人怀爱欲不见道，譬如浊水，以五彩投其中，致力搅之，众人共临水上，无能睹其影者；爱欲交错，心中为浊，故不见道。水澄秽除，清净无垢，即自见形。

猛火着釜下，中水踊跃，以布覆上，众生照临，亦无睹其影者；心中本有三毒涌沸在内，五盖覆外，终不见道；要心垢尽，乃知魂灵所从来，生死所趣向，诸佛国土、道德所在耳。

这段经文的主要意思是，我们之所以无法看清身心的真相，是因为贪爱让心变得如同污浊的水一般，而且我们还往里投入各种颜料加以搅拌，浑浊斑斓的水面自然无法映照出我们的样貌，一旦这些污浊之物沉淀下来，它也就恢复了映照的功能。这个过程又像是用大火煮水，当水开始沸腾时，我们却用布覆盖在水壶之上，这时临水自睹，自然也无法看到自己的容貌。这就好比心中如果有贪、嗔、痴在涌动，还有昏沉贪睡和心思散乱等心理上的障碍，当然无法看清身心的真相。

由此我们会发现，想要破除"我执"，首先就要破除种种烦恼心，比如我们在生活中时刻感受到的负面情绪——焦虑、烦闷、无聊、倦怠，等等——都是看清身心真相的障碍。

而要让自己的心安定下来，甚至具备一定的观察和审思能力，首先就需要远离一些让我们容易感到动荡不安的外在环境，这也就涉及了戒律的核心关切。

在一般人眼里，戒律就是某种束缚人性的人为限制，不合乎人的欲望和天性。但在经典中，佛陀谈到了制定戒律的起因。当时弟子舍利弗劝说佛陀，提出要给僧团制定戒律，最初佛陀是反对的，理由是彼时的出家人都精进于修行，不为名闻利养所惑，所以无需另外制定戒律。但后来因为僧团中出现了一些不清净的行为，比如一位名为须提那子的僧侣，他出身豪贵之家，在一次托钵乞食时正好遇见自己的母亲。母亲劝说他还俗以继承家产，但须提那子多次拒绝，最终母亲带来他在俗家时的妻子，并要求如果他无法还俗，就要和妻子行男女之事，以便传下后代继承家产，而须提那子居然也照做了。对于正处在修行路上的人而言，这自然会产生男女关系中的贪染心。正是此类事情的陆续发生，佛陀才开始制定戒律来约束僧团的行为。

因此，佛教的戒律的出发点并非某种单纯的道德教条，而是看到了很多环境容易让人引发内在的烦恼，甚至还会投入行动，最终陷入复杂的人生旋涡中，无法自拔。因此才需要一定的外在约束来让修行者保持警醒，远离这些容易滋生贪、嗔、痴等烦恼的环境，防止意乱情迷，无法专注于对五蕴身心的观察上。

一般而言，戒律对在家居士和出家僧侣的要求有所不同。在家居士一般会持守五戒或八关斋戒。五戒的内容是不杀生、不偷盗、不邪淫、不妄语和不饮酒。所谓不杀生，主要针对不残害人类，而杀害动物的罪相对就轻一些。不偷盗，就是不在他人没有明确知晓的条件下擅自取用其物品。不邪淫，则是不与夫妻之外的人发生男女关系，否则就是犯戒。不妄语，则是不有意欺骗他人，甚至用花言巧语诳骗他人，或是通过挑拨离间来获得利益等。至于最大的妄语，就是自己明明没有觉悟，却说自己已经觉悟。当然在大乘菩萨道中，也会出现为了帮助他人而说妄语的情况，这种属于所谓的"方便妄语"，没有什么过失。最后，不饮酒是比较特殊的一条戒律，其本身并不是严重的问题，但它常常会引发前面四种行为，所以也被纳入五戒的范围。

　　另外，居士会在某些日子受八关斋戒，其中除了不杀生、不偷盗、不妄语和不饮酒之外，受戒期间也要禁止夫妻生活，并且在这之外还增加了三条，分别是不着华鬘香油涂身以及不歌舞观听、不坐卧高大广床、不非时食。其中，不着华鬘香油涂身以及不歌舞观听，就是指受戒期间不涂抹各种化妆品，或化精致的妆容等，以及不参加各种扰人心神的娱乐活动；而不坐卧高大广床，就是指不放纵自己的欲望，比如去挑拣高级席梦思或奢华的住所等；而不非时食，就是过午不食戒，即中午之后不再摄取任何食物，除水之外。相较五戒而言，八关斋戒更为严格，也被称为"在家人所受的出家戒法"，但其持戒时间可长可短，比较灵活。

不过仔细想想，现在很多人已经逐渐感受到过度追求身体欲望的享受所带来的问题，所以也会"轻断食"或卸载社交工具软件，比如晚上关掉手机，或者主动去一些条件较差的地方感受朴素自然的生活，这不也是一种自我的约束和戒律吗？有时候，我们反而感觉这样的生活更加轻松和自在。

至于出家人的戒律，那更是非常繁复，多达两三百条。甚至在佛教内部，还有专门的僧侣去研究戒律，成为专门的律师。比如近代著名的弘一就是受到马一浮的影响，出家后专门研究戒律，成为一代律师。戒律的研究包括对具体行为的时空环境与犯戒程度轻重的研判，以及对犯下过错之后如何进行忏悔等都有非常详实的说明。

抛开这些戒律的具体条文，我们之所以在现代生活中常常感到情绪纷乱，其实都是因为外在的环境与信息过于冗杂。比如互联网和智能手机的普及使我们几乎时刻都在接受各种信息，甚至在片刻的空闲时，我们都情不自禁地想要刷刷手机，看看各种购物信息，做"吃瓜群众"围观网络上的各种八卦。

我每次乘坐地铁时，都会特别观察乘客的状态，你会发现几乎百分之九十以上的人，都低头沉浸在那个小小的屏幕中。这就导致我们其实根本没有任何真正的闲暇时刻，反而一直在被外界的讯息牵引摆布，以至于心神不宁。在这种精神状态下，我们怎么能够沉下心来去思考某些复杂的知识与观念呢？甚至连起码的精神健康都很难做到。所以这些年，无论男女老少，都不约而同地提到要"躺平"，要去某个地方调养和休息，其实就是因为现代的生活环境不断地给心带来刺激，使人身心俱疲。在这种情况下，我们连基本的生活都无法心平气和地去应对，何谈获得人生的智慧呢？

最后总结一下，这一讲粗略介绍了佛学之所以对五蕴身心会展开和区分如此多的名相概念，其实是出于破除认知障碍的需要。而想要获得清明有力的观察力，在佛法里，第一步就是要适当约束自己的生活方式，节制无休止的欲望，而这其实就是戒律的基本出发点。下一讲，我们就进一步来讨论该如何具体地观察自己的五蕴身心，破除各种错误的认知。

第 12 讲

# 八正道与定的修行

　　每当偶尔有新闻报道某某歌手或明星因抑郁症而离世的消息，都引发震惊和唏嘘。尤其当 ta 在公众面前呈现的都是乐观积极的状态时，许多人更无法理解 ta 为何还会患上如此严重的抑郁症。抑郁症当然是一种复杂的心理现象，不同的人的应对方法，以及解决的难度也不同。

　　从佛学的角度来看，人类心理问题的根源都来自二元论的底层意识逻辑，也就是非此即彼。我们可能会在某一时期充满热情地追求某个目标，但当目标破碎后，就可能瞬间跌入黑洞，感到生命全无意义。一般情况下，我们都具备自我调节的能力，比如通过倾诉、哭泣，乃至吃喝来转移负面情绪，甚至还会用完全"躺平"来度过这个心理

　　　　　　　　　　　　　人生解忧

周期。但事实上，只要我们的认知不作彻底的改变，这种波浪形的心理周期会不时出现，起起伏伏。这时有的人可能会陷入程度较深的低迷状态，感觉人生就是一场虚无的旅程，因为永远达不到所追求的理想人生。

十几年前，我也曾在一段时间患上了轻度抑郁，开始有失眠和健忘的症状，并常常产生自责心理，状态越发低迷，依靠各种体育锻炼似乎效果也不佳。就在情况越来越糟的时候，我突然想起在美国访学时学习过的禅修方法，便开始在家练习，并且尝试用佛学的一些观念重新理解自己当下的精神状态。经过两个多月的调整，身心有了非常大的转变，我也顺利地度过这次不大不小的身心危机。

当然，面对抑郁症，目前并没有一个普适的解决方法。但或许我们可以尝试的是，从现在起开始注意和反思日常的生活习惯和面对各种事情的思维模式，从点滴的身心改善做起。但无论是表层或深细的意识，都需要具备基本的专注能力，这也是为什么佛教常常首先强调"戒"的原因，也就是让我们先适度远离刺激身心的环境，以便让心能安定和专注。那么，如果我们要处理这些烦恼，该如何下手具体去实践呢？

## 戒律的深层内涵

前面谈到，佛陀教导弟子要看到色、受、想、行、识是无常的，也就是"五蕴"无时无刻不在流变，没有一刻是稳定的。由此我们可以更深入地理解"无我"的观念，虽然这种体会属于先有"无我"的结论，然后再通过佛陀教导的逻辑去一步步推理和验证。我们并没有在当下直接体验到"无我"，却获得了一种类比式的体会，对"无我"产生了一种粗浅的认知，并感受到一定的释怀。在佛学中，这被称为"比量"的认知。如果继续修行，能在更加微观的身心层面直接观察到组成"五蕴"的色、心二法都不是恒常稳定的，就可以被称为"现量"的认知，也就是"证"。

因此，佛教的修行，最终无非就是要自己亲身证到佛陀所讲说的世间的真相。但在通往这个目标的过程中，我们却发现其实非常不容易。

上一讲谈到，要想进入深刻的思维和观察，必须具备一些前提条件，比如要过着少欲、知足的生活，不能有粗重的恶心和恶习等此类戒律规定的一般内容。试想一下，一个成天怀着杀心、偷盗心、欺骗心和贪求心的人，是很

　　　　　　　　　　　人生解忧

难反观自己的内心的。**他们或许心思活跃，反应机灵，但往往都只是随着贪、嗔、痴的烦恼去运作而已。**比如一个小偷可能会关注如何踩点，如何集中注意力去实施盗窃，但在这个过程中，他是被贪心和偷盗心所驱使的，不可能做到反观自照。此时的他只是烦恼心的奴隶而已，不可能以旁观者的角度去审视自己的起心动念。就像我们有时在夜深人静时会回想许多过去做过的荒唐事，这就是在以旁观的视角观察过去的自己，也因此常常发觉过去的自己盲目而冲动。

或许有人会说，善心会不会也带来类似的问题？比如许多人也沉浸在做善事的道德愉悦感中，他们是否因此也无法反观自照？**从佛学的角度来看，做善事的背后其实也是烦恼心在推动，就像有的人即使行善，也常常带有对道德名声或利益交换的贪求心，被人否定后也会升起强烈的嗔心。**但是戒律的精神，在基础层面上更多强调的是"防非止恶"，也就是约束恶法而鼓励善法。这背后有更深一层的原因，就是佛教中的业力因果观。佛教认为，如果常行恶事，常说恶语，常起恶念，恶业则让我们在未来容易遇到不利的生存环境。此时的人连基本的生存都很难维持，更谈不上修行觉悟了。这部分关于因果业力的介绍，后文还会集中讨论。

除开这层业力因果的因素，戒律更为深层的角色是用以培养慈悲心。比如不杀生背后的逻辑是，既然我们都害怕受到伤害，自然也能体会到其他生命受到威胁时的痛苦和无助，从而以己度人，不做伤害他人的事情。再比如邪淫、偷盗、妄语等，也莫不是从自己不愿接受的状况出发，进而体会到他人的痛苦，从而反观自照，约束自律。也就是说，**佛教中的慈悲心其实是建立在理解他人、同情他人的基础之上的，而不是以自我中心为前提，从这一点出发，也就能更好地理解和趋向"无我"。所以，慈悲和智慧，对于佛学而言其实是一体两面。越能理解他人的苦，也就越容易升起慈悲心，自然也就弱化了"我执"。**因此不仅不会沉浸在"我"的痛苦之中，怨天尤人，反而会激励自己更清楚地认识"无我"的真相，在处理自身烦恼的同时，也能更加积极地帮助他人。

## 何为"八正道"？

接下来，我想回到这一讲的重点。我们一开始解释了"四圣谛"的内涵，从苦谛开始，到作为苦的原因的集谛；

人生解忧

苦的原因其实就是对世间的真相产生了种种迷惑，即贪、嗔、痴、慢、疑和不正见，也就是六种根本烦恼。而"三法印"中的"诸行无常""诸法无我""涅槃寂静"，则是佛陀觉悟后亲身体会到的世间的真相，如果体验到"无我"，烦恼自然就会熄灭，也就是"涅槃寂静"。而佛法中的"涅槃"相当于"烦恼的止息"，并不是一般人所理解的"死亡"和"虚无"。也就是说，当亲身明了世间的真相后，烦恼自然就被断除，不再发生作用，也就不会感受到苦。但这也不等于一般人所理解的简单的"安宁"，而是一种佛陀鼓励人要亲身去体会的精神境界——**自由而和谐，喜乐却不起伏，这也就是"四圣谛"中的灭谛。**

那么要如何才能体验到这种精神境界呢？这就涉及道谛。

道谛在不同的经典中有详略不一的说法，这里采用《增一阿含经》中的版本："彼云何名为苦出要谛？所谓苦出要谛者，谓贤圣八品道，所谓正见、正治、正语、正行、正命、正方便、正念、正三昧，是谓名为苦出要谛。"在这句经文里，"苦出要谛"其实是道谛的另一种翻译，后面的正见、正治、正语、正行、正命、正方便、正念、正三昧就是俗称的"八正道"，它还有另一种为人熟知的版本，就是正见、正思惟、正语、正业、正命、正精进、正念、正定。

"八正道"也就是八条正确修行的道路，可以让人最终抵达烦恼止息的境界，也就是涅槃的境界。下面就来解释一下它的具体内容。

首先我们可以将其分为三类，正语、正业、正命可以被归纳为戒；正念、正定、正精进则被归纳为定；而正见、正思惟则可被归纳为慧。当然这只是一个非常粗略的划分，它们彼此并非是截然分开的，比如正见主要偏重于智慧的获得，而正思惟主要指学习如何理解智慧。正念、正定也不是单纯的禅定，而是指依着佛陀所讲的智慧，扫清烦恼障碍，然后得到更深的禅定。而正精进，就是指依照佛法的智慧最终同步增进我们的戒、定、慧，而这正是贯穿于佛教修行之道的核心宗旨。

《长阿含经》中有这样一段来自佛陀的教导："即严衣钵，与诸大众侍从世尊，路由摩竭，次到竹园，往堂上坐，与诸比丘说戒、定、慧。修戒获定，得大果报。修定获智，得大果报。修智心净，得等解脱，尽于三漏。欲漏，有漏，无明漏。已得解脱生解脱智。生死已尽，梵行已立，所作已办，不受后有。"

　　　　　　　　　　　　　　　人生解忧

这段经文描述了佛陀身着袈裟，一路托钵，路过摩羯陀国，最终到达王舍城的竹林精舍，上堂给弟子说法，即要由戒生定，由定而生慧，最终就能导向解脱。也就是说，只有持戒才能让心不至于纷乱，从而容易修行禅定。而有了禅定，才能透过烦恼的迷雾，洞穿"无我"的真相，也就最终导向了慧。"八正道"就是围绕戒、定、慧而展开的实践之路。

## 如何修定？

我们先看看有关定的内容。

佛教对禅定的理解与其对生命存在状态的理解有关。一般来说，佛教认为所有的有情生命可以分为"三界"，即欲界、色界和无色界，三者分别代表了三种不同的生命存在状态。

欲界，顾名思义，就是以粗重的爱欲而存在的基本特征，例如人类所喜好的无非男女、饮食、财富之类容易刺激感官的对象，就如中国人所讲的"财色名食睡"等。有些人能持戒自律，多行善事，对智慧充满求知欲，虽然仍属于欲界的生命，其状态显然已不同于前面那类人。

而色界和无色界的存在状态，则必须依靠禅定的力量才能抵达。色界的生命已经对粗重的欲望毫无感觉，像男女、饮食、睡眠的欲望等，色界的生命统统与其绝缘。不过色界生命的存在仍然需要依靠色法，也就是物质的基础，所以被称为色界。

而无色界则由色界更进一步，到达更深的禅定状态，此时只有纯粹心法的运作，也就是只有意识的活动。"五蕴"此时变成了"四蕴"，因为色蕴已经不再发挥作用，因而无色界纯粹是一种精神性的存在状态。

从欲界到色界和无色界，其中一个重要的差异就是是否具备禅定，也就是戒、定、慧中的定。色界和无色界的禅定层次又被分为"四禅八定"，即色界的初禅、二禅、三禅和四禅，以及无色界的空无边处定、识无边处定、无所有处定和非想非非想处定。关于这八种禅定的境界和状态，因为涉及到具体修行的体验，这里便不再展开描述。总之就是通过一定的方法，让心安止在某个对象——例如呼吸上，慢慢就会进入到从粗到细的心理变化，由此便可以进入初禅等境界，也就会伴随安定喜乐等意识体验的出现。

依据"四圣谛"的道理，"八正道"里的正定则直接对应这里谈到的禅定修行过程。而正精进则指一个人努力正确地实践各种善法，尽量不让恶心升起，而且充满着热情和力量，而不是陷入昏沉与散乱的心理状态中。

而正念的内容较为丰富，也就是要时时忆念佛陀所讲的道理。当然，根据不同的阶段而有不同的重点，比如"五停心观"就是修定的初阶准备，主要处理我们所表现出来的种种烦恼，让心不为其困扰纠缠，从而获得安定的力量。下面就先介绍五停心观的具体内容。

## 五停心观

作为人类，我们很容易陷入对身体和男女的贪欲执着中，不能自拔，所以佛陀就教导这一类的修行者可以修不净观，也就是用思维观想自己或他人其实是不净的。比如《长阿含经》中有这样的记载："谓有沙门、婆罗门种种方便，入定意三昧，随三昧心，观头至足，观足至头，皮肤内外，但有不净发、毛、爪甲，肝、肺、肠、胃、脾、肾五脏，汗、肪、髓、脑、屎、尿、涕、泪，臭处不净，无一可贪。"这就是佛陀教导弟子观察身体的各个部位和器官都是肮脏不净的，因此没有什么值得贪恋的。想想的确如此，今天我们在"抖音"上看到的各种美颜后的面孔，其背后无非是人对自己的容貌感到不满，不仅要通过化妆来掩盖脸部的斑痕、毛孔、黯淡的肤色，还要用各种滤镜遮掩身上的缺陷。真要"奔现"了，才发现原来是场容貌骗局。就算有人天生容貌姣好，但仔细一想，也逃不过吃喝拉撒的需求，那种被我们放大的美，背后其实都是普遍的"不净"。而当我们生病进了医院，在医生的审视下被要求各种脱衣检查，反观自己这副皮囊，就算平日再如何衣冠楚楚与明艳动人，也不过是由这些污秽血肉凑集而成，哪里值得我们如此费尽心力去维护和遮掩呢？

　　不净观不仅有关于自我的部分，还有关于他人的部分。也就是说，我们常对他人产生各种美妙的幻想，此时也需要修不净观。比如有时候我们会对文化人或科学家的才华艳羡不已，而铃木大拙曾经写过一段话，针对的就是这种现象："**逻辑、哲学、科学……以各种装束行走着的人，很是威仪堂堂。好似穿着大礼服结婚成家，又好似披起盔甲装饰观礼台。但出生时也只是"哇"地喊了一声，跟妻儿亲属说再见的时候，也只不过是冰凉的手被轻轻一握而已。**"这句话其实就是用死亡的残酷性来应对我们对这种人世风光的贪婪心。在有的修行传统中，还有让修行者去坟冢间观察人死后的各种身体变化的方式，这都属于此类对治贪欲的不净观，不过在中国传统文化的影响下，普遍对老、病、死的本能排斥使我们很难去主动地进行类似的观察和体验。

还有一类人生性容易产生嗔心。但也分不同类型，比如有的人对任何事都容易显现出嗔心，有的人则在某些具体场景之下才容易生出嗔心。相比之下，前者的嗔心深厚，更难消除。另外，我们对过去的事产生的嗔心一般相对轻，而对刚刚发生的事情则往往愤愤不平。无论是哪种情况，对于这样的烦恼，可以修慈悲观。就像很多人平素少有同情心，但在某些特殊的场景下会突然生出一种对他人或动物的怜悯之心。比如当我们看到地震之后新闻里那些悲惨的画面，一种悲悯的慈悲心就油然而生，这会让过去我们与他人对抗和斗争的心理模式得到缓解和转化。如果常常这样思维人世间的各种不幸，尤其对于那种铁石心肠之人，就有一定的心理调节作用，也更容易让人获得安宁和平静。另外，我们也可以多思维如何让其他人得到快乐，这也是更倾向于慈心的实践，比如父母大多希望子女获得人生的快乐，当然，现实状况常常是父母对子女的教育不胜其烦，更多已经陷入到嗔心之中，这时往往就需要转换一下观念，多陪孩子一起玩耍，当你看到他们无忧无虑的样子，自然就会发起一种慈心的快乐。

还有一类容易心神散乱的人，在生活中思前想后、难以专注，坐地铁要刷剧、聊天、玩游戏；吃饭要忙于拍照、发朋友圈和回复各种评论；在课堂上，只要老师讲的内容稍微枯燥一点，便开始胡思乱想，或是打开手机看看有什么其他有趣的事情。这类人可以通过修数息观来加以调整。

数息观其实就是放松身心，自然呼吸，然后将心专注在鼻端的呼吸上，体会呼吸进出的感受。我们可以体会呼吸进出的长、短、粗、细、涩、滑之感，一旦开始妄想纷飞，心跑了出去，便将其拉回来继续观察。现在流行于欧美的正念冥想也多采用这个方法作为入门，因为它可以有效缓解现代社会的注意力不集中与拖延症的问题，当然这也是修行定的重要基础。

除此之外还有两种观法，分别为因缘观和念佛观。前者主要是通过思维"十二因缘"的道理来防止人陷入错误的妄想之中，关于十二因缘，后面还会详细介绍。而念佛观则是借助持诵佛的名号或对佛陀进行图像化的观想，让自己能在精神萎靡或无力的时候，获得某种依靠佛陀的心理力量。在一些经典中，如《大乘义章》，会用界分别观取代念佛观。"界"指的是地、水、火、风、空、识这"六界"，包括前面介绍的"十八界"，也都是通过对"五蕴"的拆解，来消除我们日常的迷思，不至于妄想迭起。

以上就是对"五停心观"的简单介绍。其实，不管是哪一种方法，都是为了帮助我们修行定而采取的调节与应对。如果你有兴趣，则可以根据自己的情况来尝试练习。在此基础上，我们再来看正念中另一个很重要的方法，也就是"四念处"。

第 13 讲

# "四念处"的内涵与实践

前面谈到，之所以佛法里有这么多繁琐的名相，是因为佛陀针对每个人所执着的侧重点不同而设置了不同的应对方法。而"四念处"，就是以一般人最容易产生错误认知的身心对环境进行思维观察。"念"指的是观察，"处"指的是境界。

在《杂阿含经》中，佛陀的侍者阿难尊者曾询问佛陀：对年少的出家人，要如何教授他们呢？佛陀答道："此诸年少比丘当以四念处教令修习。云何为四？谓身身观念住，精勤方便，不放逸行，正智、正念，寂定于心，乃至知身；受、心、法法观念住，精勤方便，不放逸行，正念、正智，寂静于心，乃至知法。"

佛陀认为这些年少的出家人要精进修行"四念处"，不能放逸，最终就能获得智慧。具体而言，就是"观身不净，观受是苦，观心无常和观法无我"，也就是针对身、受、心、法进行思维观察。

比如"观身不净"，前面讲不净观时已稍作提及，一般人会因"我执"而把自己的身体视为美好之物，对其百般珍惜爱护，甚至利用各种"高科技狠活"进行修饰与掩盖，让自己活在幻觉之中。而"观身不净"就是用这种思维观察的方法来对治我们对色身的贪欲。有人或许会说："我觉得自己的身体很美丽呀，没什么不净的。"的确，这本身也没什么问题，因为佛教强调的不是你到底美不美，而是我们不要为色相所迷，陷入贪执的陷阱中。

就像《聊斋志异》中的著名故事《画皮》，讲的也是人类容易为表面的色相所迷，全然看不到内在是人还是鬼，是净还是秽。又比如《红楼梦》中的贾瑞为风情万种的王熙凤所倾倒，日思夜想，还饱受捉弄，结果大病一场。此时一位跛脚道人声称可治各种冤业之症，给贾瑞送上一面"风月宝鉴"，吩咐说，需日日自照背面，而不可照正面，可保性命。贾瑞先是看着背面，只见镜中一具骷髅，吓得翻过镜面，却见王熙凤在镜中招手与其行云雨之事。

如此数次，贾瑞遂一命呜呼！风月宝鉴背面所显现的"白骨相"，无非就是对治贾瑞对色相的贪着，足可见曹雪芹也深得佛教中不净观的真意了。

不过值得注意的是，**不净观作为一种对治贪心的方法，很容易又让人掉入厌恶自己的身体，乃至放弃生命的思维误区。若是因为观察自己的身体的不净，而对生命的意义产生了强烈怀疑，这就背离了"观身不净"的初衷。**

《杂阿含经》中记载了这样一个关于修行不净观的故事，说佛陀时代，有些比丘因为听了佛陀所讲的不净观而极端厌弃自己的身体，于是纷纷自杀，或服毒或投崖。其中有位比丘对一位名为鹿林梵志子的外道说："汝能杀我者，衣钵属汝。"也就是请对方杀掉自己，然后自己的物品尽数归他。有天神对鹿林梵志子说，你杀掉这些比丘是帮助他们解脱，于是这位外道四处宣扬这一邪说，竟然引得一些出家人主动上门求得所谓的"解脱"。佛陀后来得知这件事情，连忙给僧团讲说修行安那般那法门，也就是所谓的观入出息法，也被称为数息观和观呼吸。

这个故事其实有多层的含义，一是修行不净观可能会导致厌弃生命的问题，这反而违背了这一方法的初衷，因此，佛陀还需要根据修行者的实际情况来讲说不同的法门，比如这里佛陀就改讲说安那般那法门。二是死亡并非解脱，佛陀在他的时代也需要和这些关于解脱的错误观念斗争，这些错误的观念甚至还会波及僧团内部。

另外不知你是否注意到，所谓的"观身不净"，仍不过是在作时空维度上的拆解。如果你贪求这副皮囊，它就让你看看里面五脏六腑的污秽，也就是在告诉你，当你认为"我很美"的时候要思考一下，美的到底是哪个我？是外表的那个我，还是五脏六腑下的那个我？我们还可以用青春的容颜与年老的衰相作比较，来问问自己，如果年轻的时候我很美，那么老的那个我呢？难道我们只承认美的自己，而认为那个不净的就不是自己了？

因此，"观身不净"表面上在用污秽瓦解美丽，事实上是在提醒我们对美的认知背后有一种贪执心，认为那个美丽或帅气的我代表了我的本质，而看不到一切事物的无常性。因为"无常"，所以根本不能用本质性的美或丑来定义"我"，这才是"观身不净"的实质意涵。

又比如如今很多人想要减肥，让自己变得更美，这当然没什么问题。但如果这个减肥动机的背后是一种对"胖我"的厌弃心理，那么就算有所成效，背后的那种不自信和不放松的负面情绪仍然会困扰自己。如果减肥动机是为了健康或为了外表看着大方和自然，这背后的心理都不是在"讨厌自己"和"贪执自己"的两个极端上来回摇摆。因为"胖我"和"瘦我"是平等的，它们既是我，也不是本质意义上的我。

介绍完"观身不净"，再来看"观受是苦"。"观受是苦"中的"受"指的是我们一般体会到的苦受、乐受和不苦不乐受。前面提到，我们平常往往贪恋乐受，拒绝苦受，而对不苦不乐受无感。但事实上，乐受不仅从来就不稳定，而且总是很快地转化为苦受或不苦不乐受。所以当我们体验到乐受时，需要思维这种乐感其实无法稳定，很快就会转变，因此提醒自己不能沉溺其中。而体验到苦受时，同样要去思维苦受也会因时因地改变，就算是生病引发的持续痛苦，只要仔细地去觉察，也会感知到其程度的强弱变化和波动起伏，只不过，我们常常被苦受引发的情绪所牵引，已经无暇顾及苦受的种种细节了。

因此，"观受是苦"的意思就是观察到**我们的苦和乐不过是一体两面，都不过是无常变动的身心现象而已，但我们的偏好与执着会产生一种要么沉溺、要么沮丧的心理模式。我们总是以执着于乐开始，以苦告终。**

接着是"观心无常"。"观心"就是观察念头的变化。从佛学的角度看，世间的事物均有生有灭，而这个生灭的过程又可以被细化为生、住、异、灭这四相。某个事物开始显现，即为生相；然后保持相对稳定的形态，即为住相；继而有较为剧烈的变化，也就是异相，直至最终消失，也就是灭相。从世界、人生等宏观角度来看是如此，就连刹那间的念头也遵循生、住、异、灭的过程。

知道了这个原理后，我们还需要用定力去深入观察念头的生灭过程。可能你平常只是模糊地感受到刚才的念头是什么、现在头脑里又浮现什么画面，但无法观察到意识变化的过程。而当你持续专注地反观自己的心，就会慢慢地觉察到所谓的概念、画面、想法，都不过是由更微细的念头组成，而这些念头也都是生灭无常的。此时你就能非常确定地观察到，一切法，包括心不过都是无常的，也就不会产生对"常"的执着，自然也就能过渡到"观法无我"。因为身心皆无常，因此一切法中都找不到一个恒常不变的"我"，自然也就明白了"无我"。

以上对"四念处"的讨论是从身、受、心、法的差别相出发的。而"观身不净"也可以同时推导出"观受、心、法不净"，而"观受是苦"也可以同时推导出"身、心、法皆苦"，以此类推，总之都说明五蕴身心是"不净、苦、无常、无我"的。

## 正语、正业和正命

讲完"八正道"里的正定和正念，也就是定的部分，再来看看正语、正业和正命。这三项主要针对我们在生活中会遇到的一些具体的处境，可以被粗略归到戒的范畴。

正语可以对应于居士五戒中的不妄语，具体为不妄言、不两舌、不恶口、不绮语。"不妄言"就是不颠倒是非，不欺骗他人。"不两舌"则指不挑拨是非。在一般的社会关系里，似乎我们都不至于如此，但有时在职场中因某些利益的冲突或人际关系的矛盾，心中难免会不自觉地产生嗔恨心，比如在和同事或上司谈话时，如果涉及与自己不和的人，我们可能会添油加醋或暗藏心机，好让他人对其失去好印象。这些看似不经意的背后其实都隐藏着各种烦恼心，"不两舌"其实也在提醒我们要学会自我觉察。

"不恶口"就是不说粗暴或伤害他人的话。虽然语言常常是语境化的，在不同的文化氛围或语境下，词语的意涵对听者而言是不同的，但我们依旧需要提醒自己不有意地说伤害他人的话，己所不欲，勿施于人。生活中常常有一类人，他们说话直接但粗暴，虽然看上去性格直率，却对说出这些话的后果茫然无知或不以为然；旁人若有提醒，还常常嗔怒不已，认为这才是"真性情"；直到身边的人最终无法忍受，纷纷离开，或许才会反省自己平日对待他人的态度和方式。

"不绮语"主要指不为了谋求利益而说阿谀之语。这里的重点是，一般人对他人说称赞的话时常常带有个人利益的考量，如感觉对方位高权重或名声显赫，客套之外，很多夸赞之语还带有阿谀的成分，让旁人听起来感觉不实。这背后当然和贪心有关，想通过这样的绮语来获得对方的好感，乃至各种可能的利益。因此，"不绮语"旨在让我们通过约束自己的言说而在具体的生活中去观察和降伏烦恼。

接下来谈正业。如果说正语侧重于言说与表达方面的自律，正业则倾向于身体行动层面的约束，也就是居士五戒中的不杀生、不偷盗和不邪淫。在现代社会中，我们虽然常常听到许多互相伤害的悲剧，但仔细了解事情的原委始末后发现，有时最终促成伤害他人的那根"稻草"往往是非常细微的事，有时仅仅是彼此擦碰引发了口角，结果冲突升级，彼此伤害。甚至我们还经常看到那种无缘无故开车撞向陌生人的社会新闻，我们将其定性为"报复社会"，但这种伤害他人的念头往往就来自日常生活中积累的太多不满与愤怒，就算自己偶有发泄，但也缺乏对这些烦恼的自我反省和认知，因此平日更多表现出的是对他人的粗暴和无礼。而到了一些时刻，一旦这些烦恼被某些因缘触发，就会表现出非常极端的举动。

因此，正业中的不杀生看上去是一条不容易犯的戒条，但背后却在提醒我们要有对贪、嗔、痴的自我觉察。因为我们平常之所以不大起害心，往往是因为遇到的境界还未真正触碰到"我执"而已。因此，常以"不杀生"自我提醒，就是在看好这颗容易生起烦恼的心。而不偷盗和不邪淫的主要精神也是如此。

那么，正命是什么意思呢？正命指的是有心修行的人所应该过的生活方式，这里就需要区分出家僧侣与在家居士。

对出家僧侣而言，由于生活都依靠社会人士的供养和捐助，因此关于如何获取供养，戒律中也有相关规定。比如不能用奇特古怪的方式，也不能自夸修行高明，更不能通过卜卦和算命来获得利益。还有不能靠说豪言壮语和大话，或通过挑拨他人关系来获得供养。虽然这些是针对出家人的规定，但其中也有值得我们一般人注意的地方。比如很多人进入寺庙时都抱有祈福消灾的想法，甚至认为出家人能为自己占卜吉凶。其实，有些寺庙出现为人算卦的现象，不过是一些商业操作，而非真正出家人的行为，因为这并非佛教所许可的正命。或者很多人对佛教不了解而怀有神秘感，因此进入寺庙后也常被某些没见识过的经验所迷惑，从而产生一种不理智的崇拜心理，这些其实都和佛教的初衷相违背。

而对在家居士而言，正命其实就是实行以不违背五戒为原则的工作和生活方式。关于这方面的讨论会涉及一些具体语境下的辨析，这里就不展开论述。

## 正见与正思惟

最后，我们来介绍"八正道"中和慧的关系最紧密的正见和正思惟。

正见就是借助"四圣谛"的道理，即依着苦、集、灭、道的认知去理解人生之苦，并且借助对应的方法去灭苦。

当然，正见有深有浅，比如前面反复介绍的"无常"和"无我"，大乘佛法对其还有更深的理解。但无论深浅，都属于正见的范畴，修行则要以这样的认知作为基础来展开，如同需要一个通往觉悟的指南针。否则，无论如何思维、禅定，都无法达到佛教所认同的目标。

如果说正见主要指对佛教核心观念的初步了解，那么正思惟则是通过深入的思维来体会这些正见是否真正达到了减轻烦恼的目的。比如"无我"的观念，很多人乍听觉得难以理解，但姑且抱着且听且信的态度去用这些道理理解现实的人生，如果思维得当，就会发现"无我"的观念能够解释生活中许多的处境，进而感受到一种通达和释然，纠结的心理也能得到一定的舒缓。这就是通过正思惟产生的作用，也称之为"如理作意"。

当然，正见和正思惟的目的是通过听闻道理，然后进入思维，慢慢再进入正念和正定，也就是更深层次的修行实践，当最终亲身体验到佛陀讲说的"无常""无我"境界时，才算真正拥有了正见。

最后总结一下，"八正道"作为"四圣谛"中的道谛，也就是灭苦的方法和道路，是一套系统的佛教修行方法论。其内涵可被归纳为戒、定、慧，也就是从约束身心、安定专注到最终洞察人生真相，获得觉悟。

那么觉悟之后呢？

前面说过，"四圣谛"中的灭谛就是"涅槃寂静"，也就是烦恼的止息。而觉悟之人的生命形态，根据其所证得的智慧深浅，可以被分为四个层次：须陀洹、斯陀含、阿那含与阿罗汉，也被简称为初果、二果、三果及四果圣人。这一类修行者被称为"声闻乘"，其中的阿罗汉能最终得到究竟解脱，不再入轮回，而前面三类还需要进一步断除残存的见思烦恼才能圆满。还有一类修行者被称为"缘觉乘"，他们不是靠着听闻佛法，而是在自然现实之中观察缘生缘灭，无师自悟，佛教称这类解脱者为"辟支佛"。

到这里，我们也就讲完了"四圣谛"的主要内容，这也是佛学最重要的认知基础。下一讲就来介绍一下基本的禅修原理与方法，从而初步了解佛教相关的具体修行实践。

第 14 讲

# 心的锻炼

## 从 0 到 1 的禅修课

前面谈到的更多是佛学的观念和逻辑，虽然对解释日常的烦恼也有一些帮助，但很多人还是会好奇，佛教的修行到底是怎样一回事，又有哪些具体的方法？下面就来简略介绍一下佛教的修行原理和基本方法。

### "止"和"观"

按照佛教史的一般看法，佛教大约在东汉年间传入中国，在这之前，中国本土已有道家这类虚静无为的思想传统，而且也有类似的修道实践。比如在《庄子》中，就有讨论"心斋""坐忘"，乃至"撄宁"的内容，大约为澄心涤虑的修行方法与体验。但这些方法并没有被体系化和普遍化，只是依靠非常隐秘的心传口授。到了近代，"仙学"的代表人物陈撄宁才对"心斋"的观念和方法论进行了总结归纳。

反观印度，第一讲已经提到，因为印度有着高度重视心灵内观实践的文化特质，因此从早期的沙门开始，就慢慢发展出比较系统化的瑜伽修行传统，而佛教也充分地利用了这个优势，从而建立起自己特有的修行体系。

随着早期佛教经典传入中国，教理与实践方法（也就是修行）基本也同步传入。比如东汉年间著名的西域僧安世高，据说是安息国王子出身，后出家为僧，他曾翻译过一部佛经，即《阴持入经》。"阴"就是"五蕴"，"持"就是"十八界"，"入"就是"十二入"。通过这几个术语我们可以大概了解，这部《阴持入经》其实是一部基础的佛学概要。这部经典的结尾处谈到了要想解脱应该如何修行，经文如下：

> 为一切天下人有二病。何等为二？一为痴，二为爱。是二病故，佛现二药。何等为二？一为止，二为观。若用二药为愈二病，令自证。贪爱欲，不复贪念，意得解脱，痴已解，令从慧得解脱。

意思是说，人烦恼的根源就是痴与爱，而佛陀给出的解药就是内心安止和思维观察。只要能做到安定和觉察，就可以让贪爱不生，不陷入痴迷，最终得到觉悟和解脱。因此，佛教里关于修行的方法可以总结为两个字："止"和"观"，梵文直接的音译是"奢摩他"和"毗婆舍那"。

安世高还翻译过另一部经典，名为《佛说大安般守意经》，是一部更加详细介绍如何修行止观法门的经典，内容分别是数息、相随、止观、还净这四谛。后世天台宗开创者智者大师又将这里的四谛细化为六妙门，也就是数、随、止、观、还、净，这也成为汉传佛教中非常重要的禅观指导。

"数"就是数息，即用数数字的方法来提醒自己的心持续地安止在呼吸的进出上，下文会详细介绍这个方法；而"随"就是舍掉数字，或是将意识安放在某处去觉察呼吸的进出，或随着呼吸的进出去觉察出入息的各种感受；"止"则是当心越来越专注和细腻时，心开始不再四处攀援，而能持续地安定。观、还、净主要涉及止观法门中的"观"，也就是用佛教的教理来思维、推导，乃至反观心的运作逻辑，最终能够洞察"我执"的根源所在，进而得到觉悟。

当然，作为一本佛学入门读物，我无法在其中详细和全面地介绍汉传佛教的各种禅观理论和方法，而想通过非常通俗的方式来给你一些基本的讲解和提示。值得提醒的是，虽然禅修的基本方法并不复杂，但仍然需要相关的指导，才可以避免出现因为自己身心条件准备不充分而带来的问题。

## 什么是禅修？

在正式开始之前，我还想简单澄清一个常见的误解。一提起佛教的修行，我们可能会联想到某些具体的形式，比如诵经、念佛、拜佛、持咒和打坐等。事实上，这些形式都只是一种手段，其核心都是回到止观，因此在佛教经典中，一般都用"禅观"指代修行。现在日常用语中的"禅修"，从浅层来讲，更多指坐禅的形式，而从深层来讲，其实就等同于禅观，也就是修行。

关于禅修，或更为人所知的正念冥想，这些年在媒体上的曝光率越来越高，各种公益性或商业性的课程也让人更加容易接触到这个略带神秘感的领域。

但是，禅修是什么？它和正念冥想有什么异同？这恐怕是大多数人无法一时厘清的疑惑。不过确定的是，如果练习得当，无论是佛教的禅修，还是带有疗愈特色的正念冥想，都可以给现代人带来安顿身心的好处，这也是信息过于密集、人普遍焦虑的今天，很多人试图去寻找的一条自救的道路。

其实禅修的基本原理非常好理解，就像身体的肌肉需要适当的锻炼才不至于萎缩一样，心也需要锻炼才会更放松，更有弹性，也更专注。在日常生活中，我们大部分时间都处于高度紧张的状态，经常遇到各种情绪、烦恼。有的人会将情绪压抑、忍耐下来，有的人则会向外寻找解决的方法，比如通过运动、打游戏、刷剧、购物来排解，或者吃顿好吃的、喝喝酒来发泄，但这些都只能暂时压制或遮盖原来的烦恼，并不能解决根本的问题。

而禅修是一种非常有效的方法，帮助你反观内心，通过一定的方法来观察自己的起心动念，从而了解自己究竟因什么而紧张、因什么起烦恼，这时再思维为何自己会如此起心动念，最终才能对症下药。

## 为什么要禅修？

一般而言，通过持续的练习，我们至少都能从禅修中获得以下这些益处：

第一，身心放松。我们在平时的学习或工作中，时刻都在接收新的信息，因此身心一直在忙于接收和应对的紧张状态。通过练习，我们能将注意力放在向内观照上，身心也能渐渐进入放松状态。

第二，身心柔软。打坐可以促进人体血液循环，使身体更加灵活自如；禅修中获得的平和心境也可以渐渐影响我们对周围环境的感受，从而在人际关系和对事情的处理中找到更温和、有效的方式。

第三，提高专注力。当心散乱时，我们很容易走神，忘记当下的状态，甚至不断拖延。通过练习，我们可以不断将跑出去的念头拉回来，心因此更稳定和有力，也就能提高专注和同时处理多项任务的能力，对治疗拖延症也非常有效。

总之，我们可以通过禅修来学习如何与自己独处，看清自己的心念如何运作，通过持续的训练，让心更能自主，更有力量，情绪更稳定，从而能更好地处理复杂的状况，解决生活的烦恼。当然，这只是禅修练习所带来的一些初步益处，对于佛教强调的觉悟而言，这也是必要的条件和基础。

### 如何开始禅修？ *

接下来，我们不妨做个实验。

你可以在自己所处的空间里找到一个安静的角落。可以坐在椅子上，但不要紧靠椅背，腰部轻轻挺起，闭上眼睛，深呼吸几次，吸——呼——吸——呼——，先把自己放松下来，不用刻意地去想任何事情，只是坐在那里。

接下来可以随着我的解说和引导，作一个小小的尝试。首先，全身放松，此时不需要特别关注什么事情，只是单纯地体会自己的身心感受，就好像你躺在海边或草原，静静地聆听海浪声或感受青青的草香一样……体会自然放松呼吸的感觉，不要控制呼吸的节奏，可以觉察你的身体随着呼吸自然地起伏的感觉……然后，你可以把注意力放在鼻端的位置，去感受每一次呼吸的进出，但不要跟随呼吸进出。如果你发现念头跑掉，就请轻轻地拉回来。就这样将注意力放在鼻端，体会呼吸进出的感觉……

好，体验结束。

---

\* 以下禅修指导也有配套的音频版本，扫描书封前勒口的二维码，在节目列表中找到"番外：禅修导引"即可收听。

经过刚刚的体验，你或许会发现自己头脑里的活动几乎毫无规律，一会想东，一会想西，很难持续专注在对呼吸的觉察上。那么，如何让这颗像猿猴一样的心暂时安定下来呢？我们可以尝试寻找一个参考点来让其有所依靠，看它能否稳定在这个参考点上。在刚刚的引导中，这个参考点就从"体会身体随着呼吸的起伏"变成了"鼻端"，这种让心稳定在参考点上的练习就是禅修中定力的训练。

## 禅修的基本坐姿是什么？

虽然禅修的训练随时随地都可以实现，但你最好可以用盘腿的方式来迅速体验安定的感觉。下面介绍几种禅修的基本坐姿，你可以依据自己的身体状况来选择。

禅修最主要的坐姿就是七支坐法，指身体姿势的七个要点。第一个要点是结跏趺坐，这是标准的打坐姿势，也是我们常说的双盘。它有两种形式：第一种，通常以左脚在下，右脚置于左大腿上，再将左脚置于右大腿上，称为如意吉祥坐。第二种，以右脚在下，左脚置于右大腿上，再将右脚置于左大腿上，称为不动金刚坐。双盘是最稳定的姿势，但它对身体柔韧性有要求，年长的人或初学坐禅的人很难一下子做到。

若无法做到双盘，可以选择单盘，也就是半跏趺坐。仅将一只脚置于另一边的大腿上，左脚在右大腿上或右脚在左大腿上，都可以。这也是比较稳定且适合久坐的姿势，最推荐禅修者练习。如果一开始练习单盘时，一只脚放不到另一只大腿上，比如只能放到小腿上，那也没关系，就从这个位置开始练习。或者膝盖翘得很高，没法着地，这也很正常，可以在翘起的膝盖下面垫块毛巾，让双膝稳定。

若是单盘也有困难，还可以选择散盘。两脚都放置在坐垫上，自然交叉平放，不要重叠，两脚掌向上。还有一种"交脚坐"的散盘方式，即两脚都放置在坐垫上，向内向后收，两脚自然交叠，脚掌向上，置于两小腿或两大腿之下。无论哪种姿势，盘腿坐好以后，都以两腿膝盖着地为宜，从臀部到双膝形成了一个稳定的三角形。

盘坐好后，第二个要点，挺腰含胸。把背脊竖直，挺起腰杆，但不需要挺胸，肩膀和胸部还是放松的。可以想象自己的脊柱从下往上一节一节竖直地垒起来，很轻松。

第三，双肩平垂。将两肩肌肉放松，当肩膀放松时，你会感觉像没有肩膀、没有手臂和手掌一样。如果找不到这个状态，可以先吸气，把两肩收紧后提起，再呼气，把肩膀放下，这样就能放松下来。

第四，手结定印。两手掌心朝上，手指轻轻相叠，右手在下，左手在上，两手拇指轻轻相触，结成半圆的形状，轻轻置于丹田下的骻部。手印平放在大腿上。如果有人习惯于左手在下，右手在上，那也没关系。

第五，下巴内收，头顶向上垂直。

第六，舌抵上颚。嘴巴轻轻闭上，舌头可以抵住上颚。如果不习惯，就自然放松，不需要用力。如果打坐的过程中分泌了口水，轻轻咽下就好。

第七，眼睛微闭。略有光线感即可，不必紧闭，因为睁眼心易散乱，紧闭则易昏沉。

这七个要点，就是七支坐法的主要内容。此外，还可以加上一条"面带笑容"，把脸部和心情都放松下来。

另外，如果身体原因不方便盘腿，还有两种坐姿可以选择。一种是跨鹤坐，又叫正坐。双膝跪下，两脚的大拇指上下交叠，将臀部坐落在两脚跟上。也可以把蒲团竖起，垫在臀部下方，更稳定，适合久坐。另一种是正襟危坐。坐在与膝盖同高的椅子或者板凳上，两脚平放在地面上，两小腿垂直，两膝间保持一个拳头的距离，背部不要靠在任何东西上，臀部要坐实，大腿宜悬空，与小腿呈 90 度直角。身体的其他部位，和前面盘坐的要求一样。初学者可以多尝试几种坐法，以自己觉得舒适、能够久坐的方法来开始禅修，当身心逐渐习惯以后，再尝试更难的坐法。

知道了怎么坐，那要坐在哪里呢？你还需要准备蒲团、方垫和盖腿布，如果没有专门的工具，从简即可。方垫要软硬适中，蒲团放在方垫的后半部分，这样打坐时整个身体都在方垫这一方空间里。一般而言，不宜将蒲团整个坐满，而是坐到二分之一或三分之一的位置，以利于腰部挺直。最好穿宽松的衣裤，腰带放松，也尽量不要戴项链、手表或眼镜等物品，让身体完全没有压力和负担。在蒲团上坐定后，用盖腿布把腿脚、膝盖盖好来保暖。

## 如何数息？

坐定之后，禅修最为重要的就是用心的方法。很多人误以为静坐就是放空地坐着，什么都不用想，禅修的训练并非如此。正如前面的引导所说，我们首先要寻找一个目标来让心安定在上面，比如用呼吸作为参考点。通过数呼吸的方式，一方面让自己放松下来，另一方面帮助自己专注于当下。当身体比较紧张时，呼吸也会比较粗，通过觉察呼吸，我们就能够放松下来。

怎样数呢？

先自然地呼吸，保持平时的呼吸状态，让身体慢慢沉淀下来。然后以吸气和呼气为一个回合，当气息从鼻端呼出时，在心里默数数字"一"；下一个回合即将开始时，在心里默数数字"二"。这样从一数到十之后，再从头开始，从一数到十。如果在这个过程中，因为昏沉或走神忘记了数字，不需要慌张，也不需要后悔，只要从容地从一接着数就好。这个数数的方法听起来非常简单，是不是也很容易做到呢？其实如果你真正去练习，就像之前那个小的体验一样，就会发现思绪不一会儿就跑走了，很难持续专注在当下的呼吸上。

举个例子，我们的心就像一只调皮的小狗，我们都希望它可以守住"呼吸"这根柱子。当心不安定的时候，一旦外面有什么声音或动静，心就会像小狗一样离开柱子，跑向声音所在的方向，甚至它已经跑出去了并且在外面绕了好几圈，你也丝毫没有察觉。但当你打坐时，只要把注意力始终放在鼻端，让心安住在当下对呼吸的觉察中，一旦有妄念让心跑出去，你就有足够的警觉，知道它跑出去了，也就能马上把它拉回来。通过不断地训练，慢慢有一天你会发现，那只小狗只要跑出去一点点距离，你就可以迅速觉察到并把它拉回来，甚至有一天它可以很安稳地守在这根柱子旁。

这就是禅修基础的坐姿和用心方法——数息观。要注意的是，每次练习的时候，要不疾不徐，也就是既不放逸也不紧张，心态上不要急促。练习结束的时候，则可以先在心里告诉自己禅修要结束了，然后慢慢转动身体、给身体按摩，从禅修的静态回到日常的动态。

## 禅修容易遇到哪些问题？

数息观是最基础的佛教禅定方法之一，也是初学者最好的入门方法，随着练习程度的加深，你也能体会到身心由浅至深的变化。那么在练习数息的过程中，可能会遇到哪些问题呢？

首先，初学者常常共同面临一个的问题就是散乱。一边数息，一边总是生出许多妄想与杂念，甚至在整个打坐过程中都被妄想带着跑。身体虽然坐着，心里却在导演一部又一部"电影"。的确，刚开始练习时，可能数不到十就中断了，当你觉察到自己被妄想带跑时，不需要懊悔，也不需要去和妄念对抗，只需要把注意力拉回来，回到呼吸上，继续从一开始。

除了散乱，昏沉无记也是另一种常见的状态。有的人数息一直数到几百才回过神来，这说明他只是在机械地数数字而已，并没有在觉察呼吸。现代人平时生活习惯不规律，又一直习惯向外寻求刺激，刚开始打坐很容易就感到单调和无聊，一旦没用上方法就昏沉、打瞌睡。这时，应该提起心力，保持清明和醒觉，也可以睁开眼睛，等昏沉的睡意过去，再回到数息。

另外，有的人在数息时可能会感觉头痛、头晕，甚至呼吸不畅。这时先观察一下身体的坐姿，是否背部弯了导致呼吸不顺畅和不够放松，若有，把坐姿调整好。也可能因为身心紧张、控制呼吸了，比如对气息的控制，包括因为注意到呼吸而紧张，拖长或加速呼吸来配合数字，刻意用某个部位呼吸，或者把呼吸加重或调细，这些统统不必要。在禅修的过程中，你需要随时觉察呼吸是否是放松而自然的。当你坐得越来越安定、心越来越细以后，会不断觉察到更细微的"控制"，这时就将其一层层放松下来。

再提醒一下，以呼吸作为觉察的对象时，请务必保持放松、自然地呼吸。不要刻意去用腹式呼吸，或者把呼吸引导到某个部位，这都属于控制呼吸了。如果你持续地练习，心就会越来越安定，呼吸也必然越来越微弱和深细，这是自然发生的变化，也不必害怕。

## 如何从数息到随息？

当你能把数息的方法用上，而且越来越稳定时，只有在觉察呼吸的你、你所觉察的呼吸和数字这三个作用，呼吸会自然变得缓慢、深长，甚至你不大能感觉到气息的出入，甚至感觉数字这个念头也有点多余了。这个时候，你就可以转入随息的方法，不用数字，继续专注于呼吸的出入。气息从鼻端呼出去的时候，你很清楚；吸进来的时候，你也很清楚。始终轻松地、清楚地感受气息流经鼻端的感觉，对气息的长、短、涩、滑、冷、暖也都清楚。

一般而言，当你将数息的方法已经用得比较好了，再自然地转入随息。有的人功夫还没有踏实，觉得不用数字、直接进入随息会更容易放松。但需要注意的是，这种所谓的"放松"很可能是一个陷阱，你需要警惕自己是真的在用随息的方法，还是只是坐在那里，以为自

人生解忧

己在用方法，其实什么都不知道了。一个判断的标准是，如果你认为自己随息用得还不错，那么即使你改用数息的方法，一定也能比较稳定。否则，尽管你以为自己在使用随息，却可能已经陷入了昏沉无记——也就是对身心和方法都毫不清楚的蒙昧状况，那也就失去了禅修的意义。所以，这时还是需要回到数息的基础方法，数字会提醒你自己的觉察是否还在呼吸上，提醒你不断地回到方法，回到当下，保持觉察。

对于初学打坐的人来说，如果身体容易紧张，对鼻端的气息不容易清楚地觉察，这时也不用刻意去找呼吸，越找身体越紧张，越感受不到呼吸。你只需要重新放松下来，自然就会感到呼吸带来的身体的起伏变化，你能感受到哪里的动态，就把注意力放在那里就好。可能是腹部，可能是胸腔，你就观察那里随着呼吸的一起一伏。当觉察比较清晰的时候，再回到鼻端的数息或者随息上。

最后还想说，禅修并不像许多人想象的那样只能盘腿坐着，其实它不限于任何形式。如果你掌握了方法的要领，走路、喝茶也同样可以禅修。但对初学者来说，之所以要用静态的打坐来入门，是因为当我们处于动态时，心会随着眼、耳、鼻、舌、身等"五根"向外攀缘；而当处于静态时，我们强制性地被隔绝了大部分干扰，能更好地往内专注，心也更有力量。因此，静态的用功，相对而言更容易上手。

以上就是佛教禅修方法中最为基础的数息和随息的方法，你可以自己根据自己的情况来练习、体验。另外关于这方面的书籍，这里推荐陕西师范大学出版社出版的圣严法师的《禅的体验》，以及海南出版社出版的德宝法师的《观呼吸》。但仍需提醒的是，由于每个人的情况都有所不同，请你多作自我的观察和了解，并尽量寻找有禅修教学经验和良好口碑的道场去学习。

最后，佛教的修行其实是一场生命的实践，它需要我们投入一定的时间和精力去反复练习和体验，并且从中反过头来去领会佛陀为何说出那些难以理解的道理。当然，这条道路并不容易，就像前面所说，这只是最为初步的方法介绍，供那些想要改变自己生命状态的朋友来作些了解和练习，或许只有这样，我们才会更真切地理解在佛学的繁琐概念背后那份真实的生命力量。

下一章将回到教理的部分，来讲讲何为佛教中的"缘起"和"十二因缘"。

离开这里，拯救他们。我们必须超越自身的生命长度，我们不能只顾及个体，而是要去思考众生的命运。

——《星际穿越》

第三章
观众生

第 15 讲

# 十年修得同船渡

## 缘起

在第三讲中，我曾经介绍了悉达多太子在菩提树下觉悟的经历，谈到他通过思维老、病、死究竟是如何发生的，继而观察到五蕴身心其实是一连串复杂的条件彼此依存而运作的现象，这种相互依存性，佛教将其总结为"十二因缘"，或称"十二缘起"。

### 十二因缘

关于"十二因缘"，这里先引用玄奘法师翻译的《缘起经》中的一段：

云何名缘起初？谓依此有故彼有，此生故彼生，所谓无明缘行，行缘识，识缘名色，名色缘六处，六处缘触，触缘受，受缘爱，爱缘取，取缘有，有缘生，生缘老死，起愁叹苦忧恼，是名为纯大苦蕴集，如是名为缘起初义。

这段经文主要解释了"缘起"的定义，即"此有故彼有，此生故彼生"，意思是世界一切人、事、物的无常变化都是各种条件的相互作用，如同链条一般，彼此相依，层层相连。佛陀就用"十二因缘"来解释生命流转之苦的内在逻辑，具体内容为"无明、行、识、名色、六处、触、受、爱、取、有、生、老死愁叹苦忧恼（简称老死苦）"。这些内涵的解释依据不同的论典各有差异，这里作比较简要的介绍。

按照《阿毗达磨发智论》里的说法，生命的流转可以分过去、现在和未来三个阶段来理解，即"三世"。首先，生命是从"无明"发起的，因为错误的认知，所以开始造作善恶的业行，也就是"行"，"无明"和"行"这两支属于过去的因，会引发后续的业果。

由于业行的推动，就形成了"识"。然后随着父母交

人生解忧

合入胎，开始形成生命，便有了物质与精神的分野，即"名色"。随着"名色"的开展，就有了人类特有的"六处"，也就是"六根"（眼、耳、鼻、舌、身、意）的形成。

　　有些解释会把这个过程描述为母胎中的孕育过程，比如《佛说胞胎经》就列出在母胎中每隔七日胚胎发育形状的改变过程，包括身体各个组织，以及"六根"的形成过程。因为有了"六处"，人就会与外在环境，也就是"六尘"（色、声、香、味、触、法）产生作用，也就是"触"。比如孩童对外在环境的"触"并不带有强烈的苦乐偏好，而只是想要与外界环境接触，也就是所谓的好奇心。继而就有"受"的产生，也就是苦受、乐受和不苦不乐受。在苦受和乐受的推动之下，让人快乐的，我们就贪求更多；让人难受的，我们就躲避或抵抗。至于不苦不乐受，就像现代人常说的"放空时分"，或在平日通勤的过程中，我们只是感受到重复，没有苦受与乐受之感。但更重要的是，我们在这些情境里陷入的，往往是一种麻木与不清晰的漠然状态，但也安之若素。由此，我们的心会牢牢地贴附在贪爱或讨厌的对象上，也就是"爱"。因为贪爱之心在作祟，所以会对所喜之物有种特别的追逐欲，如火上添油，爱欲不舍，甚至远离环境和对象后还念念不忘，这就是"取"，也就是执取的意思。依着这种强烈的执取，就会对"我"的存在作出高度的肯定，如作茧自缚，牢不可破，这就是"有"。从"三世"的划分来看，以上"识、名色、六处、触、受、爱、取、有"这八支，就属于现在的业果。

因为上述缘起的推动，自然就会有以五蕴身心为特征的生命出现，也就是"生"。因为有"生"，自然就会有"老死"的结果，当然就有了"愁叹苦忧恼"。"生"和"老死"这两支，就属于未来的业果。

其实，从整个"十二因缘"的结构来看，它描述了一个从无明的惑开始，然后盲目造作各种业，继而引发苦的循环过程，也就是我们熟知的轮回。这里所说的轮回并不特指狭义的"六道轮回"，也可指代日常生活中因为观念的错误而不断重蹈行为和情绪的覆辙。也就是说，这样的认知反应，就一定会导致相应的结果。

刚刚这些分析是从生命因为"无明"而流转的角度推导出来的，如果逆推的话，还可以从解决人生之苦和觉悟的角度去观察。比如，我们若想解决"老死愁叹苦烦恼"的问题，就要追问为何会有生命的生起现象，也就是"生"。进一步会思考为何我们会将这个无常生灭的身心现象看成实有的存在，也就是"有"。这种把存在本质化的认知又是如何产生的呢？当然是因为执着，也就是"取"。那么"取"又是如何形成的呢？就是对自身与外在环境的爱染之心，也就是"爱"。以上，我们还可以继续逆推到"受""触""六处""名色""行"，最终回到"无明"的根源。

虽然在理论层面上，"十二因缘"分为了十二支来解释生命流转的过程，而且还可以分得更为复杂，但在实际解决烦恼时，我们一般从"爱""取""有"这三支入手，重点观察。因为我们在日常中很容易就观察到因"受"而生的这三支。一旦对各种境界有所爱染，进一步就会产生程度不一的执取心，有的执取心或许很快就烟消云散，有的则让人辗转反侧，甚至还会在成长过程中影响到认知模式、自我认同，乃至深层的性格。反过来，这也会让我们很难去化解人生中遇到的困境，因为这些执取心已经根深蒂固，自己都很难觉察，更谈不上主动积极地解决了。

因此，从"十二因缘"的角度来看，要想解决"我执"所引发的烦恼问题，可以不断地观察自己在面对各种外境时所产生的爱染心。当你觉察到某种不顾现实的贪爱心在作祟，其实你已经在提醒自己，这种错误的心理会引发强烈的执取心。也就是说，我们可以观察心的这种彼此依存性，然后以正确的思维，转化这种产生苦的心理机制。

若将"十二因缘"与"四圣谛"作一番比较，佛陀教导弟子"四圣谛"是为了让我们从人生之苦开始观察，然后发现其原因是时刻在躁动的执取心，也就是对"我"的错误认知，进而以"无常""无我"等观念反观身心，最终观察到五蕴身心中没有一个实体化的"我"，也就消融了无时无刻不在的人生之苦。但"十二因缘"的教导，是**要从我们从身心现象的彼此依存性入手，也就是要去细化一般观察到的"无常"，看到"无常"的背后有更加深细的条件在发生作用，这就是所谓的"缘起法"，也就是《缘起经》里的"此有故彼有，此生故彼生"，乃至"此灭故彼灭"**了。

原来，我们的生命只是由一连串的条件作用而显现出的样貌而已，其中只有缘起所引发的"无常"，哪里又能寻到那个不变的"我"呢？在这里，"十二因缘"其实又回到了"四圣谛"所关心的核心问题，那就是因为有"我执"，才会感受到生命之苦。

## 人世间的因果律

回到现实生活来讲吧。如果说"十二因缘"侧重说明个体生命流转过程中的因果关系，那么，其实我们生活的世界，无论是具体的事物还是人与人的互动，也都遵循着缘起的法则。

著名日本导演新海诚有一部电影叫作《你的名字》。在电影里，男女主角，也就是立花泷与宫水三叶之间通过跨时空的身体互换而建立起一种神秘的关系。在这个过程中，他们彼此情愫滋长，虽然不知道对方究竟是谁，但还是抑制不住地想要找到对方。在电影的时空场景中，他们的关系被具象化为一条红线，其中用了这样一段台词来表现："仔细倾听线的声音，只要一直缠绕，人与线之间就会产生感情，我们所做的结绳，也是神的作品。"这句话的背后其实隐藏着东亚文化中非常熟悉的一个观念——缘分——也就是佛教中的缘起。

"缘分"这个词在我们日常的生活中，不仅被用于描述人与人之间的关系，也同样被用以指涉人、事、物之间的某种说不清、道不明的关联。可以说，这个词构建了中国人理解人与万事万物之间关系的深层心理结构。

而佛教中的缘起也被称为因缘，正如前面介绍的那样，就是指任何事物彼此都有联系，而且它们的生灭背后都有条件在作用。因此，世间人事万物不过是依条件而生，又因条件而消亡，这和其他宗教里由造物主掌控一切的观念无疑很不一样。

　　拿我们每天使用的手机为例，要生产出一部手机，需要哪些条件？我们可以先进行一种简单的推导：要生产出手机，就需要原材料、资金、工人，等等。它不仅需要各种材料，还要依靠人力的投入、环境的配合才能制作出成品。也就是说，手机的生产本身不能独立存在，而是有赖于各种条件而成。

　　如果顺着这样的思维去作时空上的无限回溯，我们可以发现一些非常有趣的现象。比如，生产一部手机不仅需要原材料，还需要生产工人、销售物流人员等；而生产手机的工人也需要各种条件才能出现在生产线上，有种种影响他们在此刻顺利工作的因素，包括 ta 的父母、配偶、亲朋好友等，以及 ta 过去人生中的点点滴滴。最终，他在这一刻出现在生产线旁，生产出这部独一无二的手机。

　　又比如，我们每天都会乘坐各种交通工具，但你是否仔细观察过那些与你擦肩而过的人？每当我注意到身边的陌生人，心中多少会有一些奇妙的感觉：我和他们是偶然相遇的吗？在此时此刻搭上这一班地铁，能和这位陌生人遇到，到底是偶然，还是某种必然？旅途中，我会与哪些人比邻而立？下一站又有谁下车，又有谁上来？谁会坐在我的旁边？

又比如，我们一生中会遇见很多人，其中某些人会让你感觉特别亲近，甚至有的人还会让你一见钟情；但对另一些人则会自然地保持距离，甚至彼此厌恶。职场人士也许会有这样的经验：对于有的同事，自己似乎无论如何努力，就是感觉难以相处，彼此"气场不合"；对于另一些同事，却能与之轻松地打成一片，十分融洽。人与人之间为何有这样自然的亲疏远近关系？

我们无法回答这些问题，我们不停地和人、环境发生关系，但对它的运作模式根本不了解。

尽管有的人坚持认为，这些人世间的关系差异不过是随机的概率而已，但是概率的背后难道就没有规律吗？会不会是因为形成某件事情所需要的条件变量太过复杂，以至于我们无法洞察其奥秘，便将其简单地总结为概率呢？如同天气预报一般，我们动用各种技术条件去观察云团趋势，测量气压高低，但仍然无法保证预测结果是准确的，我们使用任何预测模型都无法将影响天气的所有变量考虑在内。那影响结果的最后一根稻草，到底是上帝丢的骰子，还是我们因为无知而没能发现的因果律？

比如，你可能看过布拉德·皮特和"大魔王"凯特·布兰切特主演的电影《本杰明·巴顿奇事》，当男主人公本杰明·巴顿去探望车祸受伤的女主人公戴西时，电影此时以上帝视角展现了戴西之前受伤的全过程：

一位巴黎女子走出家门购物，但她忘记拿外套，于是返回，刚拿上外套，突然电话响了，于是她接起了电话开始聊天。此时，戴西正在剧院排练舞蹈。那位巴黎女子打完电话，走出大楼打出租车，这辆车却被一位乘客抢先一步拦下。另一位出租车司机停车买了一杯咖啡，正因如此，他恰好接上了那位因为电话而耽搁的巴黎女子。这辆出租车刚刚行驶不远，便差点撞上了一位匆匆过马路的男子，而这位男子之所以如此慌张，是因为他早上忘记上闹钟而比往常出门晚了五分钟。此时，戴西完成了排练，正在剧院沐浴。这时，那辆出租车停在了一家商店门口，因为这名巴黎女子要去取一份前天预订好的包裹。但商店的服务生却忘记了打包，又等了很久。而之所以这个服务生忘记了，是因为前一晚她刚刚失恋。当终于完成打包，巴黎女子取上了包裹，回到出租车准备重新上路时，又被一辆倒车的货车挡住了路。此时，戴西已经在穿衣梳妆了。当货车开走，出租车再次重新上路时，戴西正在下楼，准备出门。这时戴西的同伴的鞋带突然断了，所以戴西又多等了她一会，此时，那辆出租车正在等红绿灯。就当戴西走出剧院的后门时，这辆出租车正好驶过，而司机恰好在此时也分一下了神，结果发生了车祸，戴西被撞倒在地。

在这个电影片段中，只要其中任何一个环节出现变化，比如如果戴西的同伴的鞋带没有断，或者挡路的货车早一点开走，或者那个男人记得上闹钟而早出门五分钟，或者巴黎女子带了外套上了前一辆出租车……只要其中任何一个环节不一样，最后的车祸就可能不会发生。但这个过程如此复杂，身处其中的人根本无法了解悲剧是如何发生的。我们只能看到最后"发生车祸"这一结果，就算在这个基础之上追溯部分原因，也无法真正了解为何是这样的结果。

这背后，难道不正是我们还无法认识的因果律吗?

正如前面所说，佛陀正是在复杂纷繁的世界关系当中，觉悟到万物彼此联系的法则，看到世界上一切的人、事、物都是互为条件、相互依存的，这就是所谓的"缘起法"。而"缘起"还有一种浅显的表达，就是我们熟悉的

"因果"，强调一切事物皆有前因方能得成。

我们一般对因果的理解都极为粗浅，比如一些人单纯认为，就是做了善事就有善报。但是在真实的世界里，就算与人为善，这个善因要想成熟，也需要非常复杂的条件配合才行，并非想当然的、机械的"单因单果"。因此，**依着佛学的视角，人与宇宙、世界的关系，其实都不离因果律的作用，看上去互不相关的人、事、物，其实都存在相互的作用。也就是说，人与人之间的相遇、分离，其实都有因果律这只"看不见的的手"在背后运作。**

再说回地铁的例子。一般人乘坐交通工具时，基本只会在意出发点和目的地，想的是如何快速抵达，旅途的过程往往无聊而乏味。但如果稍微转换一下角度，仔细想想这段旅程，或许就会有不同的理解。

你在每一站都会看到有人下车，有人上车，有人站得离你远一点，有人恰恰站在你身边。这些经验看似平常，但如果你认为世上的人、事、物存在因果律的话，那么这些来来往往，距离的亲疏远近，其实都依着你与那位擦肩而过的路人之间的因缘而定。虽然并不知道是何种原因让你们相遇又分开，但这之间一定存在着某种"神秘"的联系。

有时在地铁上也会遇到相互拥挤，甚至彼此冒犯的尴尬处境，那时，我们的反应通常是不满和嗔怒，对任何人而言，这都不会是愉快的经验。但从因缘的角度来看，这无非是这件事情的条件成熟了而已，否则我们不会在此刻相遇，乃至碰撞。这样来说，人生难道不是一幕奇妙的"因缘情景剧"吗？**我们因为过去的条件，所以才有了今日的相逢。而如果因缘无法成熟，人与人就很难产生此刻的联系，甚至可以称为"无缘"。这反而变成一件令人悲伤的事情，因为我们可能在这一生都无法拥有一次擦肩而过的机会。**

在龙树菩萨所作的《大智度论》中，曾记有这样一则故事：佛陀在舍卫城遇到一位贫穷的老妇人，阿难在旁劝佛陀说，这人如此可怜，应当救度她。可这位老妇人却非常不喜欢佛陀，每当佛陀要去度化她时，她总是避而不见，因此佛陀无奈地说，"是人无因缘"。就连佛陀这样的人，想要度化他人也要受到因缘条件所限，由此可见，人与人能够相遇，乃至能够亲近，本就不是理所当然之事，而存在着我们看不见的种种因缘。

从佛教的角度来看，我们的人生就是依着这样的因缘而建立的，出生、成长、学习、恋爱，等等，无一不依靠因缘而发生。不了解这一点的人往往忽略了，除自身努力之外，还有一张复杂的因缘关系之网。我们与世界彼此连接，从未分开，也无法分开，无论我们承认与否，生命都是彼此依存的。但是我们的潜意识里，却认为"我"是一个可以独存的个体，所以要么想在集体生活中获得权力、地位，彰显自己的主宰性和独特性，要么受到挫折或厌倦了尔虞我诈之后，缩回自己的小天地，暗自疗伤，与外面的世界一刀两断。

但"缘起法"却告诉我们，"我"和这个世界其实永远在不断地互相影响，互相作用。**我们所谓的成功也不过是依托各种因缘而成的"小幸运"，而所谓的挫折，背后也不过代表了某些因缘暂时蛰伏，无法立刻成熟而已。因此，我们的努力就是耐心地去促成这些条件的成熟。**如果将这个视角继续扩展开来，我们和自然环境、和他人、和整个社会，乃至和国家之间，其实都无法摆脱这种缘起的关系。

最后总结一下。这一讲探讨了佛教中的"十二因缘"，这是佛陀解释人生之苦的另一个切入角度，说明身心运作不过是缘起的推动与展开。而"缘起法"也正是佛学中非常独特的观念，虽然对其的理解在大、小乘佛法的理论下有深浅不一的阐述，但其核心就是让我们看到这个世界的运作是需要条件的，而不是由"我"或某个造物主所主宰的。

所以"缘起法"想告诉我们的是，实现理想固然需要我的努力，但我也只能尽力让因缘条件成熟，无法控制结果。而"我执"，也就是想要控制结果的念头，就恰恰违背了"缘起法"。其实，正如张国荣在那首《我》中所唱："我就是我，是颜色不一样的烟火；天空海阔，要做最坚强的泡沫。""我"并没有消失，只是如烟火一般无常变化；虽然"我"如同泡沫一般，看似脆弱，却仍能在斑斓的当下，展现出缘起的生命力量。

第 16 讲

# 谁曾见过风?

业力的秘密

要想真正理解缘起,就不得不去追问:世间万物包括
我们的生命,到底是依着什么动力?这一讲就来介绍关于
"业力"的观念。

## 谁曾见过风?

为何我们常常感到人生充满遗憾?比如相爱之人为何
总是彼此错过?这些无奈的人生境遇背后,到底有哪些条
件在发生作用?就算我们知道了最后压垮感情的那根稻草是
什么,往往也不知道彼此的关系是从何时开始出现的罅隙。
到最后双方只能无奈地叹息一声:大概是没有"缘分"吧!

可是我们到底因何相遇，又因何分离？

在宫崎骏的电影《起风了》中，主人公二郎和菜穗子的第一次相遇是在火车上，因为一阵风突然刮来，二郎的帽子被吹起，正好在一旁的菜穗子反应迅速，截住帽子，交还给二郎，一句"起风了"，让熟悉保尔·瓦雷里的诗歌《海滨墓园》的二郎回道，"唯有努力生存"，完成了他们第一次的偶遇。时隔多年，菜穗子正在山坡上写生时，一阵大风席卷而来，吹走了遮阳伞，而在山坡下面路过的正好是昔日的二郎，他奋力接住伞，并还给了菜穗子的父亲。也正因此，二郎与菜穗子再度相遇，并逐渐相知和相恋。

风的意象在这部影片中此起彼伏，如灵魂一般。无论是二郎在火车上，因一阵风刮走帽子而与菜穗子相识，还是菜穗子在山坡上绘画时随风飘散的发丝与衣褶；更不用提二郎设计的战机借风而能翱翔。而过往在宫崎骏作品大多扮演串场角色的风——比如在《风之谷》中，风不过是抵挡现代文明后遗症的最后屏障——在《起风了》里却异常地明显与突出，甚至有些场景会让观众感觉到，那无形的风才是真正的主角。这说明，宫崎骏作为导演想在这部电影里极力铺陈的风的意涵。如果只把风当作串场的道具，或许你还没有窥探到"起风了"的真正秘密。

## 风是什么？为何起风？

风的意象，其实不仅是锦上添花的画面，还表达出一种信仰的意涵，也就是人世间的因缘皆由"业风"来推动。

影片过半，英国女诗人克里斯蒂娜·罗塞蒂的诗句悄然浮现："谁曾见过风？你我皆不曾，但看木叶舞枝头，便晓风穿过。"因缘指的是世间种种莫可名状的条件，让各种人、事、物都随缘而聚散；而"风"就是某种难以明言的作用力，推动世间种种的人事变迁、时代大势，难以捉摸和把控。而这种推动的力量，在佛教中就被称为"业力"。

在具体解释"业"的概念之前，先回顾一下佛教对因缘的理解。佛教认为，人与人之间的聚散皆需相应的条件，但我们常常有一种拥有自由意志的感觉，好像可以摆脱外界的控制而自主选择。在西方思想传统里，人是否拥有自由意志一直是长久争论的问题，这牵涉到人生的命运是否被外在力量所宰制，或者个人是否保有主宰自己命运的可能性。

　　　　　　　　　　　　　　　　人生解忧

而佛教认为，尚未觉悟的生命，只能受到过去因缘的限制，而这种限制生命自由选择的要素，就是所谓的"业"。

## 业的内涵

"业"的观念最早来源自《吠陀》至《奥义书》以来的古印度思想。《大林间奥义书》里就有这样的描述："人唯欲所成，其欲如是，其志乃如是；其志如是立，其业遂如是为。如其业之所为，彼则是为是矣。"（徐梵澄译）这句话已经表达出古印度人对于生命的根源及其内在动力的看法，也就是说，生命从"欲"的冲动开始，继而设定各种人生目标，也就是"志"。因为有了想要达成的各种目的，就会有生命的各种造作，也就是"业"，然后就导致各种相应的业果。而"业"就是推动生命造作的内在力量。

"业"后来也成为佛教，乃至耆那教的核心概念，用来解释生命流转的动力与作用。佛教所谈的"业"，浅显一点来说，指人的行为、语言和心理活动会留下生命的印迹和惯性，并且产生一种引发后续身心造作的动力。比如《中阿含经》中有这样的解释："云何知业？谓有二业：思、已思业，是谓知业。云何知业所因生？谓更乐也。因更乐则便有业，是谓知业所因生。"意思是说，"业"有两种，一种是由"思"发起的，也就是意业，即驱使意识活动的功能作用。另一种是已思业，也就是由意业所发起的身、口的造作，也就是身业和口业，分别代表身体和语言的活动。

那么"业"是如何产生的呢？是因为"更乐"，也就是"触"，因为"触"就会产生"受"，就会产生身、口、意的造作，这就是"业"发起的来源。而在《成唯识论》里，"业"还有一个比较经典和简要的定义，"**能感后有诸业，名业**"，**也就是说**，"业"有引发后续的造作功用。

有时"业"也和"十二因缘"中的"行"交替使用，用以说明生命的发生、安住、变化与消亡的造作与演变。也就是说，生命的当下状态，都是过去的行为经验所推动而形成的结果。从偏重结果的角度，我们可以称其为"业果"；从突出其作用的角度，我们可以称其为"业力"。

例如一对陌生的男女一见钟情，彼此不过眼波的流转，却能产生强烈的共鸣。这到底是什么力量在起作用？其机制又是怎样的？心理学家可能认为这是荷尔蒙带来的生理作用，就算还原到DNA、蛋白质层面，也只不过把人的精神作用当成一堆细胞的共同作用而已。而佛教则用"业"来解释这种微妙关系，认为这其中是通过"业"来

　　　　　　　　　　　人生解忧

推动的。

　　还曾看到这样一则社会新闻,有一对恋人在街上吵架,一个年轻人正好路过,手里刚好拿着手机,本没有注意到这对吵架的情侣,结果那位男性大概觉得被人偷拍,感到不爽,便开始追打这位年轻人,那位女性也加入这场围殴之中。当看到这类的事情,我们往往觉得很奇怪,为什么会发生这样不可理喻的事情?其实从佛教的角度来看,这种现象背后都有一些我们无法看清楚的因缘,有很多复杂的因素在同时运作,而推动这些因素运作的就是"业力"。

## 善业、恶业、无记业

　　"业"依据其性质可分为三种:善业、恶业、无记业。

　　善业,指的是世俗意义的善行,例如帮助他人、止杀护生等。佛教常说的"十善",也就是前面提到的:不杀生、不偷盗、不邪淫、不妄语、不两舌、不恶口、不绮语、不贪、不嗔、不邪见。恶业,则指一般意义上的恶行、恶语、恶念,也就是"十善"的对立面。无记业,则指那些非善非恶的行为和想法,例如我们日常的行走、发呆等,多出于无善无恶的动机,也谈不上善恶是非。按照一般的说法,无记业不引发果报，所以佛陀在经典中也很少讨论，主要谈善恶业问题。

另外，"业"的造作也有程度之分，比如唯识学派经典《瑜伽师地论》中就介绍了五种不同程度的业相，分别为：耎（同"弱"）位、中位、上位、生位、习气位。前三者代表了强度不同的贪、嗔、痴烦恼，其造作的善恶业程度也就有所差别，从而导致不同的善恶业果。总体可以分为两个层面，一当是环境刺激较轻时，心里只有轻微的情绪起伏，比如仅仅嗔怒于他人，语言也较为克制，这就属于弱的业相。二是当情绪非常激烈，语言与行动也很极端，比如驾车时常有被人别车的经历，一般人感觉不爽和嗔恼之后也就过去了；但有的人却按捺不住，不仅在车里大爆粗口，而且嗔怒心越来越重，甚至一脚油门就想去争口气回来。这就属于中位或上位的业相。

按照经典的解释，不同程度的善业和恶业也会使人轮回到六道中相应的善恶道。而生位，则从时间生灭角度来看业相，指的是当下已经生起但还未灭掉的业。习气位，则指已经生起但已灭掉的业，也就是过往的业。

同时，"业"又可以依照造作的形式被划分为身、口、意三个方面，分别代表行为、语言和动机。这也就意味着，

　　　　　　　　　　　　　　　　　人生解忧

我们其实无时无刻不在造业，因为我们的起心动念都会产生各种烦恼造作。在中国人熟悉的《地藏菩萨本愿经》中，就有这样一句广为流传的经文："南阎浮提众生，举止动念，无不是业，无不是罪。"从客观角度来解释，这不过是在说明"业"的普遍性，因为只要我们没有觉悟，起心动念就会携带"我执"，就会有贪、嗔、痴的造作。

但需要说明的是，佛教的"业"与基督教的原罪论还是有所区别，因为这句经文里所谓的"业"和"罪"从来不是本质主义的设定。它只是告诉你，要看清楚内心的"无明"，不要掉入认知的陷阱中。而原罪论认定人类自身只能通过投归信仰的恩宠方可得救，这在现代社会则发展出了另一个极端认识，也就是人类中心主义，认为人类的欲望扩张是绝对合理和天经地义的。相反，佛陀教导的核心恰恰是让我们不要掉入二元化思维的两端。但令人遗憾的是，许多引用《地藏菩萨本愿经》说法的人，都错误理解了"业"的特质，从而充斥着各种"原罪化"的诠释，这与佛教的宗旨是背道而驰的。佛教认为，虽然我们因"无明"而造业，但是这些仍然是可以通过智慧转化，乃至超越的。

回到身、口、意三个层面上。这里可以举一个完整的例子来说明，比如我们在街边看见一位衣衫褴褛的乞丐，在那一刻我们心中生起了同情心，并促使我们走过去嘘寒问暖，给他以言语的安慰，最后还给了他一点钱，让他至少能得到暂时的温饱。从"业"的角度看，这就形成了身、口、意三个层面的善业。一旦条件成熟，因这样的善业就可获得相应的业果，这就是我们常常听到佛教讲的"善有善报，恶有恶报"。

## 业果如何成熟？

不过关于业果，常常也会听到一种质疑，那就是明明有的人一生为善，为何还是遭遇不幸？这就涉及到业果如何成熟的问题。佛学中提到五种业果，分别为异熟果、等流果、增上果、士用果、离系果，这里主要介绍前面三种。

异熟果，一是指我们虽然造作了善恶业，但结果却要等未来成熟时才能显现出来，在不同的时间才能成熟，所以是异时而成。二是说，虽然我们造作的是善恶业，但是结果却是中性的，无所谓善恶之分，而只有痛苦与否的问题。也就是说，我们行善或作恶，但得到的结果却非善非恶，这就是因与果的差异。三是指，我们的业果会经过善恶业因的变异，而在数量规模上与业因有所不同，这种情况也可以被称为异熟果。

而等流果是指除了异熟果之外，还有后续的一些果报效应，如同地震的余震，虽常不具有大的危害，但仍有一些影响作用。就像对于过去喜欢作恶的人，这种恶业不仅会推动形成最后的业果之外，还常常会使其被一些不好的境遇所围绕。比如他过去常爱偷盗，等流果就可能使他现在常常被骗。这种偏向于个体的业果，也就是别业，即个别生命所受到的特别的果报。

增上果则指因为造作了善恶业，除了受正式的果报之外，还常常会遇到相对应的苦乐环境，这也属于有后续影响的果报。比如每个人所处的自然环境有优劣之分，社会环境也有在祥和安全上的程度差别，这些多数是身处其中的人共同感受到的环境，也就是共业，即一个群体共同面对的果报。比如自然灾难发生时，很多无辜的人同时遭遇不幸，这就属于共业的范畴，也就是增上果，不同于个体生命所受的异熟果和等流果。

总之，我们常常怀疑的因果业报，在佛教的理论中也有极为复杂的内涵，并非简单的因果链条。我们想当然地认为，一个平时十分善良的人就不应该遭受不好的境遇；

但事实上，业果的成熟需要复杂的条件配合，有时还要区分别业与共业的差异；更进一步说，佛教的"三世"生命观也认为，在当下成熟的业果，和过去所造作的业因也有密切的关联，而不能单单看当下短暂的生命过程。

如在《中阿含经》中，佛陀的弟子三弥提尊者就总结了佛陀对业力因果的看法："世尊无量方便说：若故作业，作已成者，我说无不受报，或现世受，或后世受；若不故作业，作已成者，我不说必受报也。"这段经文谈到了业果受报的一个重要原则，即"故作业"，也就是故意造作思维的意思。

"故作业"含括了以下五种情况：受他人教敕、受他人劝请、无知、根本执着、颠倒分别。也就是要么受他人教唆、被驱使去造作善恶业，要么来自自身更深层的执着与颠倒分别心——后者由于比较深细，自己往往观察不到，但也属于主动的思维。只要是"故作业"，就肯定会受报，或现世报，或后世报，看因缘是否成熟而定。而经文中的"不故作业"，也就是前面谈到的无记业，所以三弥提尊者才会说，"不故作业"不必受报。

在佛陀的时代，充斥着各种关于业力因果的看法。比如在《长阿含经》中，阿阇世王夜访佛陀，请教关于因果业报的问题。阿阇世王讲述了他曾请教沙门和婆罗门的经历，但答案要么是无因果业报，要么就是无法回答。另外，《中阿含经》中也记载了一位名为波罗牢伽弥尼的大户子弟，因为对因果业报的概念感到困惑，而他所接触的四位沙门和婆罗门的观点也各自不同，便来向佛陀请教。这四位沙门和梵志的观点总结起来，无非就是否定行为有任何的善恶属性，否定道德，也不承认三世因果和解脱的可能。这些都说明，关于佛陀提出的业力因果的看法，其实一直都伴随着各种质疑。

就像在电影《无间道》中，黄志诚督察对黑帮小头目韩琛说的那句台词："杀人放火金腰带，铺路修桥无尸骸"，我们在日常生活中也时常观察到这类"好人没好报、坏人多善终"的现象，其实都折射出人世间带给我们的一个巨大疑惑，那就是到底该如何认识因果业报？

或许我们可以从一个更为现代的角度来解释。我们会发现，人更多以善心去生活时，至少会感受到身心的愉悦与放松，就像很多心胸坦荡的人，尽管一辈子饱受挫折，但在晚年仍活得宽容自在。**当我们不以一般价值观所认定的苦乐标准来衡量当下的处境时，或许可以看到"自作自受"更深的意涵，那就是不被环境束缚，而更多地以善心**

去面对，反而能收获相应的善果。相反，如果我们的认知局促与狭隘，心里自然总是充满了贪婪与怀疑，就算衣食无忧，也是焦虑不安的。

再回到佛教对"业"的理解，我们会发现，只要有"我执"，就不可避免地有贪、嗔、痴，所谓的善恶也不过是在烦恼程度上有所差别而已，并无法真正解决人生因为善恶业报而带来的苦乐问题，尤其我们的善行或恶行很大程度上都受到环境的影响。比如在和乐的社会里，一般人自然习惯于行善助人，作恶反而变得困难；而在动乱不安的环境里，人人自危，往往需要通过伤害他人的利益来保全自我，此时，贪婪、谎言、残忍便容易滋生。

在大的时代浪潮中，"业力"则表现得更为复杂，人事变迁、山河改色，个人常常感受到自己的渺小与无助。别业与共业之间有着难以测度的关系，所以我们也常觉得自己有如一叶扁舟，在时代浪潮中颠簸。《起风了》中二郎不再像《风之谷》中那位单纯善良且充满正义感的公主，也不是那位机智无邪、幸运相伴的千寻，只不过是一位普通的专业职人。他有自己的梦想，却没有意愿、以至于没有能力改变人生的种种因缘，无论是大时代的残酷，还是夺走恋人的病魔。他顺着这样的时代"业风"认真地努力，依旧会喟叹战争的惨烈无情，更会痛惜恋人的离去，可一旦"起风了"，除了活下去，还能有更多的办法吗？

## 如何解决业的循环困境？

依佛教的角度，我们该如何摆脱这种"业"的不自主性呢？前面谈到，其实业果本无善恶之分，只有苦乐的差别。对当下人生处境之苦乐的判断，加上内在"我执"的错觉，就会产生贪乐离苦的心。这种心理往往是急迫的，自然会在心理、行为和语言上进行各种造作。对于这种"业"的循环困境，佛教提供的解决之道并非让我们压抑和禁锢身心，以为不造业或只造善业就能解决。

在《中阿含经》中，波罗牢伽弥尼询问佛陀如何才能超越这些关于业力因果的纷杂认知，佛陀教导说："伽弥尼！有法之定，名曰远离，汝因此定，可得正念，可得一心。如是，汝于现法便断疑惑，而得升进。"这里的"远离之定"，就是通过"八正道"的修行最终觉悟到这些沙门和梵志的看法不过是"不是不非"而已，也就是远离二元论的对错认知，内心便自然安止，断除疑惑，不再陷入无休止的不安。

最后我们可以看到，佛陀对业力因果的教导又回到了"四圣谛"的"八正道"，也就是说，之所以对业力因果有所迷惑，根本原因仍在于"无明"，也就是"我执"。有了"我执"，就会有对立的种种认知，也就会有无休止的争论。在今天这个社交媒体极为发达的社会，我们已经看到了太多对立的意见，在这些争论中，我们似乎永远无法找到自己的安心之道，而论其原因，不过是没有看到问题的根源而已。

第 17 讲

# 没有人是一座孤岛

## 从缘起看现代人的孤独感

前面介绍了佛教中的缘起观念，这是佛教与其他宗教与哲学思想最为不同的地方。那么，缘起的观念能否对当下社会的某些问题，比如现代人的疏离感和孤独感，作出佛学角度下的诊断？

### "孤独"是一种现代病？

人的生命角色与意义感，往往建立在所在社群的组织方式、文化形态、信息的传播方式，以及交通条件的基础之上。但互联网的兴起和信息虚拟技术的快速发展已经深刻地改变了这一切，许多隐藏在文化习俗中的观念或共识被彻底地颠覆。比如，许多需要真实世界接触的活动和交往现在只需借助互联网就可以完成，人们自然也就开始疏离传统的社群关系模式，比如家庭、宗族、社区，以及各种宗教组织，等等。

在《孤独传：一种现代情感的历史》（张畅译，译林出版社，2021）这本书中，作者费伊·邦德·艾伯蒂认为，"孤独"是一种现代社会特有的心理感受："孤独是一种意识和认知层面的疏离感，或是与有意义的他者相隔离的社会分离感。孤独是一种情感上的匮乏，关乎一个人在世界中的位置。"在这个定义当中，"孤独"牵涉两个关键词，一个是"疏离感"或"分离感"，另一个是"世界中的位置"，也就是个体对于自己在宇宙、世界、国家、社会、家庭关系中的自我定位。

那么古人会有现代人的"孤独症"吗？作者在《孤独传》中提到，在过去的西方世界，人选择独处可能是为了和上帝交流；而到了十八世纪，人们避开尘世则可能是为了和自然相处，所以他们虽然孤身一人，但从没有把这种情感定义为"孤独"。这就好比中国传统社会中的隐士，离群索居但心安自得，并无今日流行的"内耗"症状。就连以情感充沛为特色的士人群体，其笔下的怅寥之感也和孤独有所区别。

因为电影《长安三万里》而重新进入大众视野的诗人高适，于天宝九年，也就是公元 750 年，前往地处边塞的蓟州。此时的他，在前一年刚刚进士及第，被授封丘县尉。而在这一年除夕，他在荒凉的边塞写下了一首《除夜作》：

> 旅馆寒灯独不眠，客心何事转凄然。
> 故乡今夜思千里，愁鬓明朝又一年。

高适在除夕之夜所抒发的思乡之情，表面上是一种远离故土的寂寥，但也反衬出内心充沛的情感，那是一种家国难两全的无奈，也是一种与故土的深深羁绊。这样的孤独或许悲凉，但绝不空洞，反而构成了中国士人精神世界的重要底色。又比如苏轼，他写给亡妻王弗的《江城子》，称得上中国人对所谓孤独感最为极致的刻画。王弗的坟安葬在四川，离苏东坡所在的密州相隔甚远，因此才有"千里孤坟，无处话凄凉"的喟叹，背后所蕴含的对亡妻的深切眷恋，是情到深处的"求不得苦"。与其说这是孤独感，不如说是因为从熟悉的关系网络中被放逐而产生的失落与孤单。这类高浓度的孤单感凸显的反而是传统社会中关系的紧密性，当然，受限于社会流动及生活互助的需要，那时的人不得不保持与自然、神明、宗族、乡邻的联系，同时也给日常生活提供了一种多维度的、立体的意义感。

但是今天弥漫的孤独感似乎已和往日有所不同，它更像一种失去了和世界的深度连接和归宿感后的脱嵌与疏离。这首先和现代社会的某些特质有关，随着工业社会的兴起，农民开始脱离乡村与土地，进入都市，最终成为一个个碎片化的"打工人"。他或许也拥有邻居，但不再是传统意义上的乡邻；他或许更容易获得财富，但在人生困顿时，再无法获得宗族的集体支持，也无法感受到乡间神明的冥冥护佑。过去那种融入日常的意义感被单一化的市场逻辑掏空，人被简化为单纯的经济动物，如同马尔库塞所谈到的"单向度的人"。

当然，现代人的生活并非没有任何内在的联系，只是这种联系的主要逻辑是工具理性和消费主义。所谓工具理性，就是将任何关系都化约为功效化的计算，也就是如何满足我的最大利益；而消费主义，则是将他者视为通过利益交换而获得愉悦的对象，通俗地说，任何东西，包括人，都可以通过计价来交易。

工具理性和消费主义带来的后遗症往往是，任何非功利化的互助分享都不被鼓励，因为这违反了市场交易的基本原则。虽然我们也能看到所谓的"公益事业"，但那往往是被单独隔离开的领域，仅仅充当生命的点缀，而无法贯穿在生活的每个场景。另外，**消费主义的关系模式，会让我们过度沉溺在粗糙的感官欲望世界里，遗忘了思考、审美，乃至信仰的丰富内涵，那是与宇宙、自然及他人精神世界产生内在的紧密连接所生发出的深度体验。**

因此在现代社会里，任何事物都可以成为消费的对象，而非一种深度、多元和平等的交互关系。甚至这种单一的关系模式，不只局限在经济领域，还反向侵入了家庭、社区、宗教组织当中，因此当恋爱、婚姻沦为纯粹利益的考量，当子女教育异化为稳固和提升阶层的投资，当安抚人心的寺庙、道观被打造为与神明交易的场所时，我们变得无处可逃。

也正因为这种单一关系模式开始占据了主导，我们反而对多元、丰富的关系模式有了更深的渴求。比如近几年人们开始渴望回归乡村、自然，反思为何难以建立亲密关系，等等。这根本上是一种要与他人、与世界建立内在连接的本能冲动，所以即使在虚拟世界里看到一句温柔的留言，都足以让我们感动不已。

除了市场化带来的人际关系单一化的问题，互联网对现代社会的连接危机又带来了什么样的影响？社会学家曼纽尔·卡斯特尔曾在二十一世纪初，也就是互联网高速发展的初期，就带有前瞻性地提出一个问题：**互联网到底会促进社群的连接，还是会导致个人孤立、与社会分离，最终与现实世界分开？** 对此有一种观点认为，智能手机和社交媒体不仅没有解决现代社会的连接问题，反而让我们与世界的关系变得更为疏离与空洞，甚至认为"它（社交媒体）制造的孤独与它自身努力克服的孤独是一回事"。

毫无疑问，互联网在传统社会关系之外创造了"虚拟连接"的可能性，甚至部分取代了真实世界的交流。在互联网中，我们主要用意识层面去接触、建构想象中的他人和世界，不再有过去那种相对缓慢、复杂的过程与仪式，而是随着快速变动的偏好来切换想与之互动的对象。这样的人际交往看似扩宽了关系网络，形成的却是一种漂浮和悬置的"弱连接"。这就是为何看上去我们每天都在手机上忙于社交，浏览各种信息，却常常感受到更深的疏离。

处于传统社会的人因为各种现实条件的限制，不得不在相对狭窄的经验范围内与周边世界产生关联，但产生的情感也相对厚实，无论是对待亲人、朋谊，还是祖荫神明，往往情意绵绵，至诚恳切。一个成长在这种社会中的人，自然也容易在脱离熟悉的环境后感受到人生的苦感。而在现代社会，尤其是互联网社会，人们可以借助各种媒体和世界任何一个角落进行互动，甚至会产生一种"神游世界"的错觉，这背后就是一种对外在世界强烈的贪求心。人们想要认识、了解甚至占据更多的经验，但是这些漂浮的经验只能建构出空洞的连接，一旦个体的身心无法承受如此海量的关系，自然会产生空虚与倦怠，反而感到深深的孤独。

## 依缘起化解孤独

对佛教而言，缘起是这个世界的现实，也就是每个人，包括整个宇宙，都是互为条件、相互依存的。从这个角度来看，缘起反对那种认为世界万物可以独存和自洽的观点，因为我们都是互为条件而存在的，也就无法做到真正的自我隔绝。就算隐居在任何一个地方，其实都无法与他人、世界脱开关系。正如生活在十六至十七世纪的英国诗人约翰·多恩曾写下的一首诗：

没有人是一座孤岛，

可以自全。

每个人都是大陆的一片，

整体的一部分。

如果海水冲掉一块，

欧洲就减小，

如同一个海岬失掉一角，

如同你的朋友或者你自己的领地失掉一块。

任何人的死亡都是我的损失，

因为我是人类的一员，

因此不要问丧钟为谁而鸣，

它就为你而鸣。


多恩是一位天主教徒，后来改信了英国国教——圣公会。他写下这首诗的背景是 1623 年伦敦瘟疫暴发，当时他身患重病，写下了这首《丧钟为谁而鸣》。

"没有人是一座孤岛"，也恰好是缘起的观念想要表达的意涵。从佛学的角度来解释，孤独不过是对于关系或缘起的迷失。我们看上去当然是独立的个体，但我的存在哪里能够离开其他的人、事、物呢？就像哪怕住在一个绝对

人生解忧

的"小黑屋"里，也无法隔离于世界，而我们的五蕴身心更是依着各种缘起而不断地变化和运作，因此，哪里又会有一座不与他人和天地相往来的生命孤岛呢？

不过，尽管我们表面上都会承认人与世界的内在连接的必要，并且渴求彼此的关联，但为何往往陷入孤独的悖论之中？其实，这是因为一般认知中的关系或连接都建立在二元论和本质论的基础之上，因此才会导致前面所谈到的，要么情深不寿，要么虚无幻灭。

而缘起的观念则试图跳出这样的僵局，从根底处解决人与世界的连接困境。因为其思想最核心之处，就是指出无论个体生命、世间万物，或宇宙星辰都依条件而成。既然需要条件，那所有的人、事、物就无法自存和自有，也就是并没有一个不变的本质。因此，从缘起的角度看，我们彼此互为条件，这本就是世间的事实，为何还要从个体出发，向他人或外界索取，甚至建构本不存在的关系呢？

从缘起的角度出发，我们可以尝试重新正确地理解我们与世界的关系，有两个切入的角度：

一是认识到世间的一切都存在连接，也就是缘起，这是无法否定的。我们越想否定缘起的关系、试图将自己隔绝在他人和世界之外，最终就越容易发现这种努力是徒劳的，反而带来空洞和虚无感，甚至最后只能选择放弃生命这一极端方式。但按照佛教的看法，生命仍然会以缘起的方式，以及循着业力因果的逻辑继续流转，永不终止。

二是看到"我执"的悖谬。因为有了"我执"，就会将"我"看作实有的主体，因此面对他人或环境时都会持有一种二元对立感。要么贪着各种喜好的人、事、物，要么"求不得"后便烦恼丛生，感受到这个世界的冷酷与恶意。

## 以慈悲破我执

那么依佛教的看法，人如何不执而又不会陷入孤独之中呢？

在日本茶道文化中，有一句流传颇广的用语，也就是"一期一会"。其内涵来自禅宗，描述的是在茶会上人们彼此相遇而且相互珍惜的情感。我们与这个世界的每一次相遇都由不可思议的因缘促成，而且因缘往往转瞬即逝，既留不住，也无法重复。所以在当下，我们既了解世间无常的事实，也深知背后缘起的作用，自然会产生一种"相见如此不易"的珍重之情，便会在这一刻全身心地投入到彼此的交流中，绝不草草将这份因缘打发掉。**因此，佛教所理解的连接，是在不断变动的关系中的因缘聚散，如浮萍，如落花，如流水，如清风，既不粘着，也不轻率。**

禅宗语录中有一个著名的公案，庞居士曾经请教马祖道一："不与万物为侣者，是什么人？"马祖则回答道："待汝一口吸尽西江水，再向汝道！"这里的"不与万物为侣"，就是消融掉"我执"之后的境界。与万物并存而不对立，才是佛法最圆满的自在境界，也就是"自在"。在这样的状态下，哪里还有孤独的存身之处呢？

在这样的认知下，人的相遇自然就流露出佛教所包含的慈悲之意。所谓悲，重在"拔苦"，就是看到他人陷入烦恼而不能自拔时，产生的一种想要去救济的悲心。而慈，则重在"予乐"，就是通过种种方式让他人感到幸福。当消融掉"我执"后，你就会看到众生其实是无时无刻同在的。同时，当看到他人因错误的认知而陷入苦海泥淖，你就能更深刻地感同身受。虽然你不会再陷入"我执"的束缚中，但众生之苦却依然是不得不面对的问题，此时你反而会被激发出一种热情和愿望，这就是慈悲心的生成逻辑。而此时众生的问题又会回归到菩萨道的智慧层面，也就是要思考如何以更深的觉悟，应对更广阔的众生世界。

关于这些内容，下文讲述《金刚经》时还会涉及。

**因此，佛教中的"慈悲"并非是主体对客体的施舍与怜悯，而是感受到身处苍茫无垠的世界中，我们彼此连接、互相作用，并且依着因缘互相成就着对方。** 相反，一般意义上的慈悲都建立在得失心之上，如果一件事没有符合我的想象，没有收获我想要的利益，我的慈悲心就会减弱，甚至否定这件事的意义。而佛教中慈悲的不同之处关键在于"无我"和"无所得"。也就是说，我帮你时，并不是带着一个"我"来的，最终也并非要由"我"得到回报。

就像很多人常常纠结于和家人的关系，尽管可以从很多角度列出对方的问题来证明"我"是正确的，但还是会深陷种种不得已，甚至有时还想与其一刀两断，以求内心安宁。但事实上，如果我强烈地以"我"作为出发点去处理关系，自然会陷入到矛盾之中，时而与家人亲昵无比，时而则欲走之而后快。比如我自己和母亲通电话时，常常一谈就是很久，而我们谈话的内容往往就以她每天的生活为主题。我有时会问她在干什么，她如果回答在跳广场舞，我就会继续问："你有没有认识新朋友？那些朋友都是什么人呢？"我很少以个人的认知与立场去简单粗暴地否定她的生活方式，而是通过她对日常琐事的娓娓道来，了解她在当下的所思所想，我们自然也就建立起了有信任感的交流模式。之后如果她遇到某些生活中的重要问题，我若适当提出建议，母亲也往往容易接受。

这种交流方式的背后就带着重要的缘起观念。既然每个人的当下都依着各种我们无法主宰的因缘条件所成，那么，就不要简单粗暴地否定对方。就算当下他们的选择在你看来不够合理，也无需因此产生强烈的"我执"烦恼，而要看到，人往往都处在"无明"而不自知的巨大迷思之中。**既然我们在此刻介入到对方的生命中，一方面要尽自己的智慧和力量去帮助对方，但也要深知背后因缘的错综复杂，对于任何事，非一己之力就能在当下成功。如果能这样想，反而会更容易有一种更具包容度的互动关系。**

第 18 讲

# 红辣椒、尼奥与盗梦空间

什么是空？

　　回到这本书的初衷，我一直想分享的其实是这样一种生活态度：无论当下的人生多么不堪与糟糕，都有解决的途径与可能性。这并不仅仅需要通过改变外在环境来达成，而是更倾向于通过改变认知的角度与深度，来面对和解决当下的困境。比如对于佛陀而言，他连一般人所畏惧的贫乏的物质生活、亲人的生离死别这样的人生悲苦，都能坦然面对，还终身不知疲倦地将慈悲和智慧传达给世人，这背后其实就是佛教反复谈到的觉悟的力量。

　　当然，这些人生的智慧并非一朝一夕就能达成，佛教中有这样的说法，"理虽顿悟，事须渐修"。意思是说，**很多道理就算能理解，但要落实在行动上还需要长久的努**

力。禅宗语录中也记录过这样一个公案：白居易曾请教鸟窠道林禅师佛法的真谛，鸟窠禅师回答道："诸恶莫作，众善奉行。"白居易不以为然，认为这些道理三岁孩子都懂得，可鸟窠禅师却回道："三岁孩童虽道得，八十老翁行不得。"

当然，佛教的理也并非那么容易理解，比如人们耳熟能详的"空"，就是一个极其容易被误解的观念。

## 什么是空？

在一般人的认知里，"空"是一个带有负面意涵的词汇，比如，若你问人对佛教大概有什么印象？很多人都会脱口而出："四大皆空啊！"但是如果继续追问："四大皆空"到底是什么意思？大多数人都难以作答，或者勉强回道：那大概是说生命没有什么特别的意义和价值吧！这就如同许多人对"无常"的理解，都倾向于把这一类词汇视为遇到人生困境时的自我安慰与调剂，但这类理解其实都偏向于否定意义上的虚无感，而并非佛教的本意。

"空"无疑是佛教中最难理解的观念。自东汉年间佛教传入中国，"空"的思想大概历经了五百年才被中国人充分理解。在此之前，虽然先秦思想中也有像老子的"有无相生"等概念出现，但与佛教的"空"还是有所区别。另外，早期的译经僧的工作还停留在理解和转译的阶段，因此最初"空"常常被翻译为"本无"等带有玄学气息的词汇。直到魏晋时期，中国佛教史上最为伟大的翻译家之一鸠摩罗什，创造性地翻译出"色即是空，空即是色；色不异空，空不异色"，"空"从此逐渐成为佛教最为代表性的概念之一。

前面曾介绍过佛教中的几个重要观念，比如"无常""苦""无我"等，其内在逻辑是：因为"无常"，所以一切都会变化，所以一般人所感受到的苦与乐也都在变化之中，因此人会说"人生皆苦"，即人世间毫无安稳之处。又因为万事万物都在变化，所以并不存在不变的"我"，所以与"我"相对的一切外物，也就是"我所"，自然也就不存在了。如《杂阿含经》中，佛陀就这样对弟子说道："善哉！善哉！色是无常，无常故苦，苦即无我。若无有我，则无我所，如是知实正慧观察，受、想、行、识，亦复如是。""无我"也就是"无我所"，这其实就是佛教对"空"的另一种表达方式，所以经典有时会把"空"和这些概念放在一起介绍，如"无常、苦、空、无我"。

　　　　　　　　　　　　　人生解忧

需要说明的是，对"空"的阐释，在小乘佛教与大乘佛教的理论中，其内涵也有深浅的差别。虽然佛教界和学术界对这个问题依旧存在非常多争论，但下面我会尽量避开各种纷杂新奇的观点，而更多依照传统的说法来介绍。

"空"的哲学化的表达就是"无自性"，也就是"无本质"的意思。因为任何事物都因缘起而成，必须依赖条件，所以不是独存的实体。但我们的认知常常错把个体生命，甚至世间万物都看成实体化的存在，所以，比如《阿含经》就重在通过"无常"和"无我"去说明"空"，使用的方法多是"析空"，也就是将五蕴身心拆解开来，直到解剖到不可再分的"极微"，最终无法在其中找到"我"的本质，自然也就证明了"无我"。

但"析空"并不是理解"空"的唯一途径，而且对于大乘佛教而言，这还是一种相对笨拙的方法，被称为"拙度"。相反，大乘佛教采用的是"体空"的方法，被称为"巧度"。所谓"体空"，顾名思义，就是直接去体认。"当体即空"，即无需借助对理论的逐层拆解与化约，便可在当下直接洞察到"一切法皆无本质"。比如《心经》中的"色即是空"，意思就是"色法"的当下即是"空"，这是一种直观的结果，不需要通过繁琐的剖析达成。

不过要理解"体空"的内涵并不容易，比如《高僧传》中就记录了这样一个故事：鸠摩罗什早年跟随盘头达多学习小乘佛法，后离开其师，学习大乘佛法，并且在龟兹国大为弘扬。盘头达多听闻弟子于大乘佛法有成，便远赴龟兹，询问鸠摩罗什："你对于大乘佛法有什么特别体会，以至于如此推崇？"鸠摩罗什回答道："大乘深净，明'有法皆空'，小乘偏局，多诸漏失。"他认为小乘佛法相比而言比较狭促，不够圆满。盘头达多则打了一个比方，说曾有狂妄之人，想要织师给他织出极细的丝线，可是丝线的粗细始终无法让他满意。织师不满，遂指空的织机说："此是细线。"狂人问道："为何见不到？"织师回道："因为此线太细，织师自己都见不到。"狂人遂大喜。盘头达多以这个比喻来批评大乘的"空"无形无相，犹如狂人蹈空，难以信服。而鸠摩罗什对盘头达多往来讲说了一个月，才让其心悦诚服，接受大乘之"空"。

但无论是小乘还是大乘的"空"，其实都要说明一切事物皆无本质。在佛陀时期的印度，一些修行外道的人认为世界是由自在天神创造的，也就是存在一个造物主。还有人则认为万物的本质其实是非常细微、不可再分的物质；当然，还有观点和柏拉图的思想非常接近，认为万物

　　　　　　　　　　　　　　人生解忧

的背后其实都由一套理念法则所主宰。这些观点都具有一个共性，即认为万物存在一个可追溯的本质，无论那是某种基本的物质单位，还是某种基本法则。就像佛陀当年之所以反对婆罗门，不仅因为看到种姓制度的不平等，更因为他从根源处的真理层面发现了婆罗门及其他学说的缺陷。而当中最主要的问题，就是他们错认为世间万物存在某种本质。

但佛教认为，一切事物都没有不变的本质。对这一认知，佛教也有不同角度的命名，比如"无我""缘起""真如"等，而"空"就是其中最常见的说法。一般人会习惯将"空"理解为"无"，这或许是出于汉语翻译引起的误解，但深层的原因其实是我们习惯将"有"视为拥有，是一种不可抹杀的本质性存在。也就是说，我们肯定"有"的背后，其实是将这种存在实体化了。而佛教的"空"是在承认一切事物的存在基础之上，进一步告诉你，这个存在不是你心中所认知的那个恒常自洽的存在。

虽然"空"听上去如此简洁明了，但要把握这种与我们习惯的认知相悖的思想，其实是非常困难的，这也成为无数修行者毕生努力的方向。禅宗语录中众多精彩纷呈的公案，无非就想要去体证"空"的内涵。

除了直接去体验"空"之外，我们仍然可以在《般若经》中看到佛陀针对各种可能的错误认知，从各个角度来解释"空"，甚至将其展开为"十八空"。《大般若波罗蜜多经》中就列出了"十八空"的具体名字："般若波罗蜜多但有名；内空但有名，外空、内外空、空空、大空、胜义空、有为空、无为空、毕竟空、无际空、散空、无变异空、本性空、自相空、共相空、一切法空、不可得空、无性空、自性空、无性自性空但有名。"下面挑几个来简单介绍。

　　"内空"针对的是"六根"，即眼、耳、鼻、舌、身、意，皆无一物有本质的存在；而"外空"则是指在"六根"所对应的"六尘"处，也就是色、声、香、味、触、法，也没有自主的实体存在，这也被称为"境无我"，也就是说，在外境中也找不到"我"的存在。**如果说"内空"偏向于说明"人无我"，也就是五蕴身心中没有"我"的存在，那么"外空"则是大乘佛教特有的"法无我"观念，"境无我"则是其体现之一。**接下来是"内外空"，其实不过是"六根""六处"合为"十二入"，在这"十二入"中也找不到实有之"我"存在。

　　而"空空"，则是当我们理解了"内空"、"外空"和

"内外空"后，很容易就产生一种关于"空"的真实观念，并且认为可以用外在的方式"得到"这种关于"空"的认知。这时，就需要打破这种对"空"的错误执着。

接下来是"大空"，它是指十方世界也非实有的存在。因为我们的天空虽然看上去空无一物，但也并不等同于佛教的"空"。而"胜义空"则是说，有人听到"空"是至高无上的真理，便又将"空"执着为实有的法则，而这也是一种需要被破除的执着。

至于"有为空"和"无为空"，则说的是"有为法"和"无为法"皆是无本质的。"有为法"是指对世间一切依着因缘而显现这一生灭现象的归纳与总结，这也并非实有的。而"无为法"，也就是解脱与涅槃法，自然也非实有存在之法。

接下来是"毕竟空"，也可以被理解为"万法皆空"。当一旦宣示"一切绝对空"时，却又会留下了一个多余的"尾巴"。就像用扫帚打扫房间，扫得干干净净后，却将扫帚丢下。这就不算是真正的"空"，需要进一步将"尾巴"破除，方算彻底。

比如在《红楼梦》的第二十二回"听曲文宝玉悟禅机 制灯谜贾政悲谶语"里，宝玉同时得罪了湘云和黛玉后闷闷不乐，写下了一首偈子："你证我证，心证意证。是无有证，斯可云证。无可云证，是立足境。"此时黛玉进来看到这首偈子，对宝玉说道："你道：'无可云证，是立足境'，固然好了，只是据我看来，还未尽善。我还续两句云：'无立足境，方是干净。'"这段黛玉与宝玉的机锋对答，无疑是对"毕竟空"最好的诠释。

通过以上对部分"十八空"的简要介绍，我们可以初步了解到，出于思维的某种惯性，以至于我们虽然在谈"空"，却很容易又掉入"以为'空'是实有"的陷阱，所以要不断地反观审思，这也是佛教修行方法中非常重要的"思维修"。

## 何为真实，何为虚妄？

佛教的"空"针对的是我们一般理解的真实，从而通过"析空"或"体空"，将这种真实性加以解构。

这里我想提到一部电影，即《黑客帝国》。这是沃卓斯基兄弟（他们后又变性为姐妹）导演的名作，里面涉及包括佛教、印度教、基督教、犹太教等几乎所有主流宗教的内容，还涉及相当多的哲学议题，所以常常被从宗教和哲学的角度讨论。

《黑客帝国》主要描绘了一个由 Matrix（矩阵）程序控制的人类世界，在这个世界中，由于真实的地球已经濒临毁灭，资源短缺，因此人类都被人工智能掌控，并被集中浸泡在培养皿工厂中。Matrix 通过程序指令，让这些浸泡在营养液里的人类获得一种近似日常生活的体验。在这个通过程序编码所构建的虚幻世界中，他们也能体会到生、老、病、死，并将此视为唯一真实的世界。但事实上，他们却只不过是身处培养皿中的一个个依靠电子信号的躯壳而已。

主人公尼奥正是在这样的虚幻世界中逐渐感觉到生命的异样，从而展开了一场逃离 Matrix 控制的惊险历程。这里不再详细介绍电影的细节，只想撷取一个场景来重点讨论——当尼奥从培养皿中苏醒并逃离之后，墨菲斯为了让他了解曾经令他沉醉的虚拟世界的运作模式，通过人机输入接口，让他进入了程序所设定的虚拟情境，在这个程序所建构的世界里，墨菲斯问了尼奥一个令人困惑的问题：什么是真实？

所谓"真实"（Reality），在哲学意义上大概可以从两个角度切入去理解：一是认知者角度，二是认知对象角度。

前者为主，后者为客。从认知者的角度出发，我们通过感官或理性去认知世界，最终获得对世界本质的理解。当然也有人认为，比如大卫·休谟，人类的认知存在缺陷，因此无法了解普遍的真理；而如果从认知对象的角度出发，我们可能会认为被认知的对象具备超越认知主体的绝对真实性，不以认知主体的能力而改变。后者在哲学史上一般被称为形而上学，而前者则属于认识论的范畴。

从认知对象的角度来看，尽管认知主体能够确认自己的感官体验，但因为认知可能是不可靠的，从而无法准确把握对象的真实特质。那么，"真实"的问题在这里就转变成：被认知的对象的真实性到底是什么？认知者是否又有能力把握真实性？这里的真实性指的是存在的本质，而这种本质不以人类的有限感官和认知为标准，而另有其绝对性。也就是说，无论我们通过感官感受到的，或者是用抽象理性思维去认知的世界，都应具有恒常不变的真实本质，那就代表着世界的"真实"。这就是传统形而上学的思考方式。

比如按照柏拉图的说法，万物存在的背后其实有一个独立的"理念"或"理型"。这是什么意思？简单而言，桌子之所以为桌子，不是我们通过感官能够认知的，恰恰相反，感官是有缺陷的，无法认知其本质。所以我们要通过"灵魂之眼"去把握桌子背后那种纯粹的"理念"知识，那是桌子之所以为桌子的关键。所以柏拉图认为，万物皆有其本质，这个本质不依赖人的认知和其他条件而改变，人类只能通过提高自己的认知能力（灵魂之眼）才能去把握它。

回到认知者的角度，那我们是通过什么来确认真实性的呢？在《黑客帝国》中有这样一段台词，是墨菲斯对尼奥的回答："什么叫'真实'？你怎样给'真实'下定义？如果你说'真实'就是你能感觉到的东西，你能闻到的气味，你能尝到的味道，那么这个'真实'就是你大脑作出反应的电子信号。"这里的质疑直接针对的是感官的不可信问题。既然感官所获得的经验可以通过电子信号输入大脑对其进行模拟，那就说明感官的经验并没有绝对性，不是独一无二和不可复制的。

尼奥在未觉醒之前，对于"真实"的理解就是感官所感知的一切：看到、听到、闻到、尝到，乃至触碰到。但问题是，感官是否可信？在古希腊的哲学家中，如赫拉克利特就相信感官经验，但是巴门尼德、柏拉图则对其表示怀疑，认为感官世界是变动的，无法用以认知永恒和普遍的真理。就像墨菲斯在电影中质疑道，我们的感官经验表面上如此真实，但那只不过是电子信号的模拟而已。既然经验可以被无限复制且不必通过感官获得，显然它就并不真实。

不过《黑客帝国》里的讨论并没有这么复杂。在电影中，"真实"与"虚假"泾渭分明，荒芜贫瘠的地球是真实的，熟悉的繁荣城市却是虚假的，只是身处其中的人的感官认知系统无法辨别当下所处的环境到底是真是假，也就是说，其实是 Matrix——这个超越人类之上的程序，乃至"主宰者"——在决定人所感知的结果。

那么，基于认知者的角度来看，"真实"这一问题又究竟意味着什么呢？

如果我们认为"真实"是一种确定的状态、法则，或是一个具体的时空环境，那么其他的自然可以被归为"虚幻"。但悖论在于，在电影中，要想辨别一个对象是否真实，实则需要认识到何为虚幻，也就是要先从 Matrix 中醒过来。如同尼奥被从培养皿中拯救之后，才知道何者为真实，何者为虚幻。而且他还曾经历了一个半信半疑的阶段，最后才终于确认。否则，纵然墨菲斯告诉他什么是"真实世界"，他也无法辨别。也就是说，在单一的状态下，我们其实无法做出真实与否的判断。

比如有人告诉你，你现在的感受只不过是虚幻的体验，真实的你的躯体被泡在一个器皿里，脑部连接着各种电线。那么，你能否确定这是真还是假？当然不能。就算你能用理性推断感官的不可靠性，但从直接感受出发的你仍无法确认当下状态的真实与否，因为你所感觉到的是一种非常强烈的"真实感"，就你当下的认知能力而言，你根本无法辨别。在哲学史上，希拉里·普特南曾在《理性、真理与历史》（童世骏、李光程译，上海译文出版社，1997）中提出一个关于"钵中之脑"的哲学假设：

> 设想一个人（你可以设想这正是阁下本人）被一位邪恶的科学家作了一次手术。此人的大脑（阁下的大脑）被从身体上截下并放入一个营养钵，以使之存活。神经末梢同一台超科学的计算机相连接，这台计算机使这个大脑的主人具有一切如常的幻觉。人群，物体，天空，等等，似乎都存在着，但实际上此人（即阁下）所经验到的一切都是从那架计算机传输到神经末梢的电子脉冲的结果。这台计算机十分聪明，此人若要抬起手来，计算机发出的反馈就会使他"看到"

并"感到"手正被抬起。不仅如此，那位邪恶的科学家还可以通过变换程序使得受害者"经验到"（即幻觉到）这个邪恶科学家所希望的任何情境或环境。他还可以消除脑手术的痕迹，从而该受害者将觉得自己一直是处于这种环境的。这位受害者甚至还会以为他正坐着读书，读的就是这样一个有趣但荒唐之极的假定：一个邪恶的科学家把人脑从人体上截下并放入营养钵中使之存活。神经末梢据说接上了一台超科学的计算机，它使这个大脑的主人具有如此这般如果在一次关于知识论的讲演中提到这种可能事件，目的当然是要以现代的方式提出那个关于外部世界的经典的怀疑论问题。（你怎么知道你现在不处在这种困境之中？）

"钵中之脑"无法确认自己是否在真实地感受世界，抑或依赖外在的电子信号输入来获得各种所谓的"真实"体验。但问题是：当下的你要靠什么确认自己不在这种困境之中？

在诺兰导演的电影《盗梦空间》中，也谈到类似的问题。当主人公通过程序接口进入梦境后，就无法分辨何时在梦中,何时回到了真实世界,唯有借助每个人的图腾(如陀螺是否停转)来确认当下的处境。这再一次说明,在单一的处境中,我们无法完成对"真实"或"虚幻"的鉴别,既然无法判断,就需要一个更高阶的"造物主",如Matrix 的设计者;或是嵌入一个绝对的判断标准,如《盗梦空间》里的陀螺,来最终定论。

而在今敏的《红辣椒》,也就是让导演诺兰获得灵感的影片中,"梦境"和"现实"却呈现为更复杂的镜像与交涉关系。当二者不断来回切换,现实生活中的主人公千叶与梦境中的主人公红辣椒最终已经很难分别谁是真实,谁是虚幻。这种彼此都真实,彼此都虚幻的意象,其实更接近佛教中对真实性的表达,也就是《金刚经》中的著名偈子:"一切有为法,如梦幻泡影。如露亦如电,应作如是观。"也就是说,所有的"真实"都如梦如幻,而所有的"梦境"同时也真实不虚,所以人生其实就是"梦与梦的交际,成为众多梦的旋涡",而所谓的事实也不过就是虚构,虚构也成为了事实。

因此,在二元论的思想架构里,我们会依着某个认知基础来预设某种实有的存在,或感官的感受,或造物主的意志,等等。一旦感受到存在的脆弱与无常,往往就会掉入"有"的对立面，也就是"无"，从而感受到虚无或无意义。而佛教中"空"的概念，从消解世间的本质实有出发，反而跳出了需要借助某个不可能存在的基础所安立的认知陷阱，从而消融掉根深蒂固的"我执"，最终洞察到这个世界的"本来面目"——尽管这个"本来面目"也并非某个实有存在的境界或法则。

人生解忧

第 19 讲

# 不垢不净：善恶是绝对的吗？

前面简要介绍了佛学中关于"空"的基本内涵，也就是一切法皆"无本质""无自性"。虽然所有佛教经典的讨论都无法脱离"空"的前提，但《般若经》则更为集中地讨论了"般若"与"空"。

对于一般人而言，我们最为熟悉的般若经典毫无疑问是玄奘法师翻译的《般若波罗蜜多心经》，简称为《心经》。算上标题，这部短短 268 个字的经典虽然流传甚广，也被无数人虔诚抄写、诵读，但是《心经》到底要表达什么思想，可能多数人仍然不是特别清楚，当然，这也和"空"的思想较难理解有关。下面两讲就来谈谈这部大部分人熟悉又陌生的《心经》。

## 有关《心经》的版本

关于《心经》的翻译至今仍然是学界讨论的重要话题。比如收录在《大正藏》中、由鸠摩罗什翻译的《摩诃般若波罗蜜大明咒经》，按照年代而言，本应属于《心经》最早的版本，但是其出处是辽金时代的房山石经，学术界对这个版本是否为鸠摩罗什所译仍持有疑问。

而我们今天所熟悉的《心经》，其实是玄奘法师大约在649年所翻译的版本。根据《大慈恩寺三藏法师传》的记载，玄奘法师早年在四川曾遇一位病人，身患疮，玄奘法师怜悯施舍，这位病人为感恩回报，授予《心经》，玄奘常常诵读。等到他偷渡西域时，要穿过八百里的沙漠戈壁莫贺延碛，却在途中不慎打翻了水囊，又饥又渴，以至于产生了种种幻觉。于是他借着诵观音菩萨名号与《心经》来遣散种种妖魔幻境，最终经历千辛万苦寻到野马泉，度过了此难。正因这段经历，玄奘法师所译的《心经》也平添了一些"灵验护佑"的气息。

除了鸠摩罗什和玄奘法师所翻译的"略本"《心经》之外，目前在《大正藏》中收录的其他五个《心经》译本几乎都属于"广本"。二者差别在于，"略本"省去了经典原有的部分内容。比如一般佛经的内容结构可以分为三部分：序分、正宗分和流通分。序分一般以"如是我闻，一时佛在"开篇，交代佛陀讲法的时空因缘等。而正宗分主要是佛陀讲说的教理内容与修行方法等。流通分则总结了读诵修行这部经典的利益或功德，一般以"闻佛所说，皆大欢喜，信受奉行"结尾。因此，玄奘法师翻译的《心经》其实就省去了序分和流通分部分，只留下了中间的正宗分部分。

我们先来看一下印度僧人法月在大约八世纪所翻译的"广本"——《普遍智藏般若波罗蜜多心经》——的序分部分：

> 如是我闻：
>
> 一时佛在王舍大城灵鹫山中，与大比丘众满百千人，菩萨摩诃萨七万七千人俱，其名曰观世音菩萨、文殊师利菩萨、弥勒菩萨等，以为上首。皆得三昧总持，住不思议解脱。尔时观自在菩萨摩诃萨在彼敷坐，于其众中即从座起，诣世尊所。面向合掌，曲躬恭敬，瞻仰尊颜而白佛言："世尊！我欲于此会中，说诸菩萨普遍智藏般若波罗蜜多心。唯愿世尊听我所说，为

诸菩萨宣秘法要。"尔时，世尊以妙梵音告观自在菩萨摩诃萨言："善哉，善哉！具大悲者。听汝所说，与诸众生作大光明。于是观自在菩萨摩诃萨蒙佛听许，佛所护念，入于慧光三昧正受。入此定已，以三昧力行深般若波罗蜜多时，照见五蕴自性皆空。彼了知五蕴自性皆空，从彼三昧安详而起。即告慧命舍利弗言："善男子！菩萨有般若波罗蜜多心，名普遍智藏。汝今谛听，善思念之。吾当为汝分别解说。"作是语已。慧命舍利弗白观自在菩萨摩诃萨言："唯，大净者！愿为说之。今正是时。"

可以看到，以上序分部分交代了佛陀讲说《心经》的缘起，观自在菩萨（即观世音菩萨）在法会中，请求佛陀准许自己来为大众讲说"普遍智藏般若波罗蜜多心"，也就是让人能渡过彼岸的般若智慧，"波罗蜜多"就是能渡过彼岸的意思。佛陀听后，便称赞了观自在菩萨的大悲心，而观自在菩萨此时就"入慧光三昧正受"，并且用其三昧力"行深般若波罗蜜多时，照见五蕴自性皆空"。在佛经中，无论是佛亲自说法，还是像《心经》中观自在菩萨请求代佛说法，常常都会先入某种"三昧"，直接翻译过来就是"定

　　　　　　　　　　　　人生解忧

慧等持"的意思，也就是禅定与智慧共同作用而展现出来的深邃的菩萨境界。

接下来，观自在菩萨便告诉舍利弗："善男子！菩萨有般若波罗蜜多心，名普遍智藏。汝今谛听，善思念之。吾当为汝分别解说。"舍利弗是佛陀的一位重要弟子，观自在菩萨要为他讲说此般若智慧。序分结束，后面的正宗分也就接上玄奘法师所翻译的《心经》的开头："观自在菩萨，行深般若波罗蜜多时。"

## 照见五蕴皆空

**对大乘佛教而言，"般若"就是照见一切法皆空的智慧。** 前面说到，因为人类的认知天生带着一种根深蒂固的主客二元论和实有论的模式，也就是确立实有的"我"作为主体，而他人、世界、宇宙都只不过是被"我"认识、改造的客体。但"空"却从缘起的角度入手，看到任何事物都是条件性的，并无实体存在，我们所看到的一切，不过是缘起所成的种种表相。

那么，"空"到底是什么状态？上一讲提到"析空"和"体空"，二者的区别主要在于对"空"的理解的深浅不同："析空"只能通过拆解事物去领会无常意义上的空；而"体空"则不借助"存在"的基础去直接体认"空"。

从"析空"的角度出发，我们可以设想现在用一个能够俯瞰人类世界的超高倍电子显微镜来观察人自身，那么人的生命表现出来的，不过是不断湮灭而后又新生的各种粒子云，不断地和他人、环境产生复杂的互动与交换。用佛教的话来说，就是一切法都在生灭无常变化，修行者只不过体证到了这种境界而已。

而从"体空"的角度来看，由于其境界相较"析空"而言更难以描述，所以佛陀常常用比喻来描述所谓的"当体即空"。比如他在《维摩诘所说经》中就用这样的比喻来形容菩萨眼中的众生形象："譬如幻师，见所幻人，菩萨观众生为若此。如智者见水中月，如镜中见其面像，如热时焰，如呼声响，如空中云，如水聚沫，如水上泡，如芭蕉坚，如电久住，如第五大，如第六阴，如第七情，如十三入，如十九界，菩萨观众生为若此。"这里就用了幻人、水中月、镜中像等比喻来说明"空"的体验与意象。另外还有一些常被使用的比喻，比如"梦""乾闼婆城"，后者也就是海市蜃楼。这些类比其实是想表达"空"的那种虚**幻不实但却鲜活的境界。**

下面逐一来看《心经》的文句。

"观自在菩萨，行深般若波罗蜜多时，照见五蕴皆空，度一切苦厄。"开篇就交代了《心经》的主旨纲要，也就是观自在菩萨以甚深的般若智慧来观照五蕴身心时，洞察到构成生命的"五蕴"其实并没有所谓的主人，也就是说，五蕴身心并无"实有我"存在。此时观自在菩萨不仅能超越自己的人生苦厄，还看到众生在人生苦海中翻腾，并同时能借助这样的般若智慧超脱生命的苦难。

"菩萨"一词，其实是梵文音译"菩提萨埵"的简称，而"菩提"就是"觉悟"，"萨埵"就是"有情众生"，因此"菩提萨埵"就是"发心得到彻底觉悟的有情众生"。而与此对应的阿罗汉和辟支佛，前者因听闻佛陀讲"四圣谛"而悟道，后者则靠自己观察世间的缘起而觉悟，他们虽然都属于觉悟的圣者，但比较侧重于自利的解脱道，即想要迅速脱离轮回，不受六道流转的苦厄，所以也就很难具备像观自在菩萨这样想要救度众生的大悲心。另外，他们所觉悟的智慧也相对较浅，比如在《摩诃般若波罗蜜经》中，佛陀就如此形容阿罗汉、辟支佛的智慧："譬如萤火虫不作是念言：我光明照阎浮提普令大明，"也就是形容其智慧相比菩萨而言，如同萤火虫所发出的光亮一般微弱，无法照亮整个娑婆世界。

"照见五蕴皆空"，这里的"照见"也可被翻译为"观照"。这其中包含了佛教中修行的三种不同层次，也就是闻、思、修。"闻"是听闻佛法，了解其基本思想；"思"是用这样的道理来深入思维，并用以比对真实的生活经验，以勘验是否合乎佛陀所说，而且是否真的有减弱、降伏烦恼的作用。不过这仍然属于意识层面的反思性的方法，因为我们此时还并未真正认识到佛陀所宣称的真理，也就是还没有直接洞察到"无常"和"无我"。要真正地信服与接受，则必须通过"修"，也就是通过对身心的直接观照来获得和佛陀一样的觉悟。而"照见五蕴皆空"就是这种对般若智慧的直观洞察。当然，这并不能轻易达到，需要长久的修行努力，禅宗所追求的"明心见性"就属于这一类的观照实践。

如果能"照见五蕴皆空"，则自然能"度一切苦厄"。因为佛教的智慧最终针对的是人生之苦的问题，而苦的根本原因就是看不清"我执"的虚妄，所以"照见五蕴皆空"并非为纯粹的好奇心所驱动，而是因为看到了人生中不可回避的苦。

## 色与空

接下来是"舍利子！色不异空，空不异色，色即是空，空即是色；受、想、行、识，亦复如是。""舍利子"就是刚刚提到的佛陀的弟子舍利弗，据说在佛陀的众弟子里，他的智慧第一，在很多经典里也都能看到他问法的身影。而"色不异空，空不异色，色即是空，空即是色"其实就是《心经》的核心思想。

这四句偈子从两个方面讨论了"色法"与"空"的关系。首先是"色不异空，空不异色"。一方面，一般人往往通过观察"色法"的无常变化来理解"空"，就像我们平常觉得生命很安稳，一旦突然遇到某些不幸，就感觉人生无常，进而将这种变化的属性理解为"空"。而"色不异空"却强调"色法"本身与"空"没有差别，无需另外寻找一个"空"的属性来加之于"色法"上。

另一方面，很多人对"空"的理解又容易滑入"断灭""虚无化"的判断，认为这就意味着所执着的生命会最终消亡，人生因此毫无意义。比如在佛教内部，借助"析空"理解"空"的小乘修行者会把人世间的苦看为实有，因此想要远离人生之苦，而去觉悟所谓的"涅槃法"，其体验的"空"就会有偏于沉寂无为的特质，表现为无法产生度化众生的热情。所以"空不异色"就是要防止人落入这种对"空"的理解，指出"空"从来就不外在于"色法"，不是"离色断空"。**这个世界仍然显现出各种生机勃勃的缘起景象，只不过不是我们过去所理解的那种"硬邦邦"的存在而已。**

接下来是"色即是空，空即是色"。如果说"色不异空，空不异色"是用否定的方式去纠偏一般人所理解的"色"与"空"的关系，这一句则是用肯定的角度来对其进一步确认。也就是说，"色法"的当下就是"空"本身，而"空"的当下也就是"色法"本身。如此"色"与"空"就不再是所谓的"事物与属性"的关系。

"受、想、行、识，亦复如是"，其实是被简略处理后的翻译，展开的原文应该是："受不异空，空不异受。受即是空，空即是受；想不异空，空不异想。想即是空，空即是想；行不异受，受不异行。行即是空，空即是行；识不异空，空不异识。识即是空，空即是识。"结合前面的"色不异空"来理解，这其实就是在分别论述色、受、想、行、识，五蕴皆空的道理，以破除我们对生命实有存在的执着。

## 生与灭，垢与净

接下来是："舍利子！是诸法空相，不生不灭，不垢不净，不增不减。"观自在菩萨用"五蕴"与"空"的关系来讲解般若的内涵之后，自然有人还无法完全理解，甚至会认为"空"是远离垢浊的清净境界，这样无疑就会产生"垢浊"与"清净"的对立。因此这句话就要进一步描述"空"的境界。具体意思就是，一切法皆空，而此境界是不生不灭，不垢不净和不增不减的。初看这"三不"的说法，很多人第一感觉或许认为这大概是某种永恒的境界吧，似乎什么都没有变化，安然寂静。但如果是这样的话，那岂不就有了"常"吗？

事实上，"不生不灭"的意思是，没有实有的"生"，也没有实有的"灭"。举个例子，我们每天都会使用各种杯子，你会理所当然地承认这个杯子的存在，它被制造出来了，也就是"生"。当某天你不小心打碎了它，在你心目中，这个杯子此时就"坏灭"了。而"不生"是说，它的生起和存在并非"无中生有"，也就是说，并非似乎生出了某个实体。若用"析空"的方法，我们可以看出杯子是由泥土烧制而成，而泥土又由各种矿物质、空气、水，以及有机物所组成，如果将每一种成分继续分析下去，还可以推导到最根本的原子、粒子，但根本看不到杯子的原型。而我们看到的杯子，只不过是显现为杯子的外形，并非一个具备了本质的杯子。

如果再进一步思考，会发现其实一切法都没有本质，包括一般被视为绝对的时间、空间、运动，等等。但为何它们如同梦一样，明明都是真实显现的情境，却并无绝对的实体存在呢？就像屏幕上的投影，栩栩如生，但又如何在影像背后找到它的实有基础呢？就算是你说它是从投影机中产生的，但投影机中可没有屏幕上的那些人、事、物，后者如同镜中人一般，明明存在，但却无法被触碰和掌控。所以，**世界上的一切，从来就不是我们所想象的那样，存在一个真实事物的"生"或"灭"，而只是如梦如幻的"生"和"灭"，这才是"不生不灭"的真实含义。**如果将这个观念应用到人的生死问题上，我们又能否从中得到一些启发呢？

从这个角度来理解"不垢不净"的话，也就相对容易了。我们一般对"垢"和"净"的判定，其实都是某些条件下的认定而已，并不具备绝对的意义。比如，某些事物在三十年前被认为是干净和卫生的，而到了今天，可能就被认为是不可接受的。《孔子家语》这样说道:"与善人居,如入芝兰之室,久而不闻其香,即与之化矣。与不善人居,如入鲍鱼之肆,久而不闻其臭,亦与之化矣。"从儒家的立场看,这段话用来描述环境对人心善恶的影响作用,以凸显伦理教化的重要性。不过"香"和"臭"、"善"与"不善",虽然有语境下的共识,理应遵从,但它们难道是绝对的吗?榴莲和臭豆腐究竟是哪个臭,哪个香?想必这取决于每个人的感官偏好,自然就否定了绝对的香与臭。

但需要强调的是,当我们说"垢"与"净",或"恶"与"善"并非绝对时,许多人会顿时感受到某些价值标准正在崩塌,并认为佛教提倡的是一种道德和价值虚无主义。事实上,非绝对性的"善"与"恶"仍然了解和承认当下的道德共识,但区别在于,不会将所谓的"恶"绝对化。因为一旦将"恶"绝对化或本质化,就看不到"恶"的条件性,进而将那些"作恶之人"视为"绝对恶人",进而会产生一种强烈的对"善"的执着和冲动,欲除"恶"而后快。这在现实生活中的表现就是对于道德的极端偏执。

更关键的是,这种极端的善恶对立常常又表现为"严于律他,宽于待己"。如果是他人作恶,我们会以强烈的嗔恨心去斥责对方；而如果是自己犯下过错，我们又会举出很多理由来自我辩护。可见，我们并非依着道德原则来行事，而是依着"我执"不断变化立场而已。就算是极端的道德自律者，虽然能以苦行的方式完成个体的道德实践、坚持所谓"善"的绝对原则，但当他举目望去，只能感受到"众人皆醉而我独醒"，甚至会愤世嫉俗，最终要么觉得自己的生命毫无意义，要么对众生产生极大的失望与愤懑。

而佛学意义上的"不垢不净"或"不善不恶"，就是在提醒我们不要陷入以上二元化的对立中。**对于社会上的"恶"，我们可以批评，但要警惕批判背后是否带着偏执，因为这种偏执心，也同样会引导我们最终变成自己所仇恨的样子。**关于这种非二元论的"不二"思维，后面介绍龙树菩萨的《中论》时还会深入讨论，这也是佛学中极其重要的议题。可以这么说，如果不能理解这一点，就根本无法真正理解佛教。

回到当下，当我们每天打开社交媒体，看到的大多是种种激辩与对立，甚至还有互相抬杠与谩骂。将这些现象简单归因于教育水平的差异显然并不恰当，因为许多受过"良好教育"的人也同样表现出强烈的自我中心主义和好辩心。而根本原因是，人类的认知模式有绝对化的特质，看不到一切事物都只是因缘起而成。因此，《心经》想要展现出的认知图景是"诸法空相"，正因一切都不具备本质，而是如幻如化的存在，所以我们无需脱离当下的世界，也能怀着开放、包容的心态去积极面对和处理种种危机。这当然很不容易，但或许值得我们努力。

第 20 讲

# 以手指月：真理能否言说？

讲到"空"的部分，你或许已经开始觉得有点难以理解了。这当然很正常，我最初接触《金刚经》时，虽然经文的每个字我都认得，但对其逻辑完全不明就里，还一度怀疑佛陀是不是在故弄玄虚。甚至当深入学习后，有些逻辑细节也花了不少时间才消化，同样经历了很长的"怀疑"阶段。事实上，佛教经典中思想常常都以弟子提问表达"怀疑"为开端，随后佛陀与弟子展开对话，甚至互有辩驳交锋，当然，最终都以弟子"信受奉行"结尾。这多少也意味着，佛学是强调"讲理"的，是欢迎"怀疑"的，只是需要你有多一点点的耐心。

## 以手指月：真理能否言说？

上一讲提到，在佛教经典中，"空"和其他很多词汇一样，都被用来描述佛陀觉悟所体验到的境界。关于这样的境界，经典中还有很多不同的表达，比如"无生""无灭""无染""寂灭""涅槃""真如""法界""法性"，等等。但由于佛陀的悟境和我们的日常经验差别太大，以至于我们很难理解和想象，佛陀便不得不用其他的概念，乃至各种比喻来说明"空"的内涵。

我们知道，禅宗中有"以手指月"的比喻，是说用手指指向月亮时，应该顺着手指去看月亮，而不是看手指。正如禅师为了让弟子觉悟而使用各种手段，包括引导、诘问，乃至棒喝来帮助弟子明心见性。可后人往往只学到了禅师的言辞和动作，却不知道这样做究竟是为了什么。无论是看上去温和的说理，还是激烈的棒喝，其实都只是指引，并非目的。**就像佛陀用各种概念、比喻来指引我们理解和体验"空"的境界，而我们却把手指当作月，把概念当作真理。**

概念或言词为何不等于真理？或者说，真理是否根本上就无法被用概念表达出来呢？人类用语言符号表达所思所想，无论是具体的事物还是主观的情绪。在认识世界的过程中，意识会将感官经验抽象和归纳为一个个的符号，也就是言词或概念。但其实这些概念和事物本身并不能等同，比如我们在日常生活中谈到杯子时，"杯子"这个概念具有交流过程中的符号指向功能，但并不能被还原为杯子本身。但随着人类对真理问题的态度发生改变，现代人越来越不相信终极真理的存在，或者说，就算其存在，人类也无法认识。比如现代语言分析学派就认为，我们无需讨论语言和概念所指向的事物本质问题，只需要回到语言本身的功能即可。他们都认为传统的形而上学不过是个伪问题，因为那往往是不可证实的。

不过有的哲学家也有不同看法，比如著名哲学家维特根斯坦在《逻辑哲学论》中就在作这样一种努力：他想要发展出一种绝对纯粹的事实语言，而把那些不能用这种语言谈论的事情都放入沉默之中，也就是超越性的领域之中。在这一点上，他和著名的逻辑实证主义的学术群体——维也纳小组——非常不同，维特根斯坦对于海德格尔、克尔凯郭尔都给予同情性的理解。甚至著名的哲学家雅思贝尔斯把维特根斯坦看作是一位"神秘主义者"，在他看来，维特根斯坦与逻辑实证主义者的不同之处在

人生解忧

于："……他们（实证主义者）没有什么保持沉默的东西。"

维特根斯坦有一句名言，"凡是能够说的事情，都能够说清楚，而凡是不能说的事情，就应该沉默。"意思是，他认为存在一个语言无法表达的超越性含义，也就是真理。这似乎和佛陀的某些表达也非常接近，比如"一切法不可说相即是空，是空不可说"。意思是，"一切法不可说"的表现形态就是"空"，同时这个"空"又是不可描述的，并非另外有一个什么"相"，所以"空"的境界其实是无法用外在的语言去圆满表达的。

然而，维特根斯坦与佛陀关于沉默的理解的不同之处在于，维特根斯坦相信这个世界存在某种人类无法完全掌握，更无法用语言表达的真理；但对佛陀而言，真理已然呈现，也就是他在菩提树下体悟到的内容。用概念来表达的话，可以是"空"，可以是"涅槃"，也可以是"寂灭"。此时，语言文字仍能充当"指月的手"，所以佛陀才会不断地用语言从不同的角度来描述"空"。比如在前一讲中，当观自在菩萨对舍利弗说"舍利子！是诸法空相，不生不灭，不垢不净，不增不减"，就是为了说明"一切诸法"中没有真正的"生灭""垢净"与"增减"，这同样也是在描述"空"。

## 乘车时的执着陷阱

当然，我们很难马上顿悟到"空"，因此佛学中也会有深浅不一的道理以便于我们慢慢接近那个难以理解的"空"。比如只要留意一些日常生活中的感受，就能观察到各种本质化的认知标签。最近在网络上人们开始讨论各自遇到"熊孩子"的经历，还有媒体总结出一个心理趋势：今天的中国社会似乎开始出现"厌童心理"。尤其是年轻一代，对公共空间中小孩子的忍受阈值越来越低，而高铁就是这样一个集中爆发矛盾的地方。

记得在过去乘坐绿皮车的年代，火车除了有基本的交通属性之外，大家同时也会默认，车厢也是与各种不确定的人群相遇的社交空间。就像我读大学时，每当寒暑假回家，无论是乘坐硬座列车还是通宵卧铺车，身边常常都是一些同乡的外地务工者。他们往往不大注意公共卫生，也常常大声说话，甚至缺乏人际关系的边界，但我们这些同车的返乡大学生也并没有特别抵触，反而常常一起聊天、分享食物，甚至一起打打扑克。那时候的人对乘车环境的理解是相对开放的，也就是对这个空间里的群体的多元性有着充分的心理预期，因此人与人之间的差异所带来的烦恼自然也就少一些。

但是在今天，我们越来越只是把高铁看作交通工具，任何逾越这个标签所设定的情形，都会让我们感觉不适，甚至引发强烈的烦恼。可既然"车厢"是一个公共空间，就注定了它无法隔绝于社会，在这里人们会彼此交错，有时会发生冲突，也会在危难关头互助。"交通工具"这个单一属性，根本无法涵盖人生情境的复杂性，就像我们从来无法预判上下班高峰时的地铁里，站在你身边的是什么人，或让你感觉不适，或让你赏心悦目。如今高铁上不时发生的这类"熊孩子事件"，常常演变成乘客的彼此抱怨，以及乘务人员在维持秩序方面的无奈，似乎最终只能通过"网络曝光"施加来自社会舆论的压力。抛开某些极端的情况不论，我们是不是可以先审视一下，自己对"乘车"的理解是否已经陷入到较为强烈的执着陷阱中了呢？

**当这个社会越来越强调个体的感受和需求时，我们对环境变化的心理承受阈值也变得越来越低。**其深层的心理逻辑，就是我们对于"我"、对于"世界"的理解会习惯性地投射在依着个体执着而显现的"绝对性"标签上，而这背后，其实就是人的本质化思维。**对"本质化"的认定越固化，个体的"我执"程度也就越深，因为那代表我们**

对于他人或环境的一种不容更改的认知和要求。

## 般若空与秘密咒

下面回到《心经》经文，继续往下讲。

接下来是观自在菩萨对"诸法空相"的展开："是故，空中无色，无受、想、行、识；无眼、耳、鼻、舌、身、意；无色、声、香、味、触、法；无眼界，乃至无意识界；无无明亦无无明尽，乃至无老死亦无老死尽；无苦、集、灭、道；无智，亦无得。"

这一部分是从"空"的角度来看"五蕴"，色、受、想、行、识是"五蕴"；眼、耳、鼻、舌、身、意为"六根"；色、声、香、味、触、法是"六尘"；从眼界，耳界、鼻界、舌界、身界一直到意识界，就是"十八界"，这些都是对"五蕴"的不同表达。"空中无色"其实说的是，虽然"空不异色"，但"空"中所显现的"五蕴"却不是实有的存在，还是如影如幻地显现而已。如果用现代的语言来表达，或许可以说："空"中仍然有各种物质（色法）的存在，但这些物质不是我们认为的那样，是常有、常存、常在的；当然，精神（心法）同样也是如此。

接下来，很多人可能认为"五蕴""六根""六尘"等不过是未觉悟的人所观察到的世界，而佛菩萨的所觉悟之法和境界，总应该是真真实实存在的吧？但《心经》马上指出，"无无明亦无无明尽，乃至无老死亦无老死尽；无苦、集、灭、道；无智，亦无得"，将所谓凡夫与圣人之间的本质差别也加以否定了。

前面介绍过"十二因缘"，从生命流转的角度来说，"无明缘行，行缘识，识缘名色，名色缘六入，六入缘触，触缘受，受缘爱，爱缘取，取缘有，有缘生、老死"，这就是因为"无明"而引发"生老死"的无休止的轮回，这在佛教中被称为"流转门"；而如果从逆向的角度出发，也就是从"老死"开始追溯其原因，那么"老死尽"也就会"生尽"，"生尽"自然就会"有尽"，直到最后就是"无明尽"，这被称为"还灭门"，也就是说，灭除烦恼之因，则可以从生命轮回中解脱出来。

不过《心经》却认为，无论是"流转门"还是"还灭门"，都不是真实存在的，也就是既不存在实有的"凡夫法"（无无明，乃至无老死），也不存在实有的"圣人法"（无无明尽，乃至无老死尽）。包括后面提到的"无苦、集、灭、道"，也就是"四圣谛法"也并不真实存在。我们很容易以为存在真实的苦、集、灭、道，但试想一下，如果苦是实有的，那么如何还能"灭苦"呢？常存的事物是无法消失的。依此可知，苦的原因，也就是所谓的爱取执着，以及灭苦之道和苦灭之境，其实也都不是实有和永恒的。

接着是"无智，亦无得"，意思是说，"佛智"与"佛的境界"也通通不实有，也就自然无法真正有所得。否定了我们常常执着的"烦恼法"与"清净法"之后，便是《心经》所要呈现的"空"的境界。

需要注意的是，《心经》之所以反复解释"五蕴"与"空"的关系，是因为我们很容易将其理解为"五蕴本性为空"。但这种逻辑仍是先确立"五蕴"的"相"，然后再定义"五蕴"的特性（空）。而《心经》其实是说，二者本身就是实相，如同"以手指月"里的月，它们指向的都是无法用语言描述的存在状态。也就是说"五蕴"与"空"代表的都是终极的真理，而这个真理就是存在本身。

所以我们才能理解，为什么这里会说"空中无色、受、想、行、识"等，因为任何法都不具备实有的特性，所以不能用"空"的特性来描述"五蕴"等法，因为"空"并不是特性，而"五蕴"也并非实有的"相"。所以佛陀在《摩

　　　　　　　　　　　　　人生解忧

诃般若波罗蜜经》中谈到，"色离自性""亦离色相""相亦离相，性亦离性"，也就是在说明，我们不能按照一般的"相"与"性"的范畴来理解"五蕴"与"空"的关系。

接下来的经文是："以无所得故，菩提萨埵依般若波罗蜜多故，心无罣碍；无罣碍故，无有恐怖，远离颠倒梦想，究竟涅槃。"这里讲的是菩萨与佛依着般若智慧而圆满觉悟。"以无所得故"指的是前一段"空中无色"的内容，而菩萨依着这样的般若智慧，便不会陷入执着，也就是"心无罣碍"，如清空朗朗，因此自然不会产生烦恼，不会顾前盼后，也就从"迷"的梦中醒来，最终得证涅槃境界。前面提到，"涅槃"其实就是"空"，也就是"烦恼止息"的境界，是一种完全圆满自由的状态。

接下来的经文是："三世诸佛依般若波罗蜜多故，得阿耨多罗三藐三菩提。""三世诸佛"反映出佛教的时空观，"三世"就是过去世、现在世和未来世，这听上去类似于我们熟悉的时间观。佛教经典中，常常会把三世佛的名号都清楚地列出来，比如燃灯佛是过去佛。经典曾记载，燃灯佛曾预言释迦牟尼未来将成佛："善男子！汝于来世过无数劫，即于此界贤劫之中，当得作佛，号释迦牟尼如来、应、正等觉。"而作为现在佛的释迦牟尼佛，则又在《佛说弥勒下生成佛经》中预言弥勒未来将成佛，并且还下生到我们所在的娑婆世界，救度众生。

抛开这些预言是否真实的问题，我们会发现一个奇怪的现象，那就是对于佛教而言，过去和未来似乎都是已知的，而不像我们要通过各种文本和遗物去理解历史，而且历史的真实性还常常受到质疑；至于未来，那更是神秘不可知。那为何在佛教中，过去、现在与未来似乎同时展现在我们面前，一览无遗呢？

以"空"的思想来看，既然"时空"不是实有的存在，那么又如何在过去、现在和未来中确立绝对的标准呢？有没有这样一种可能，我们所理解的未来是另一个的参考系统中的过去或当下？比如《俱舍论》中就谈到，人间的五十年，不过是欲界天中的四天王天的一昼夜而已。因此在佛教经典中，到处充满着这一类相对的时空观，而这种"全知"视角其实就立足于"空"的观念之上。

在这里，观自在菩萨进一步强调，所有的佛都依着般若智慧，也就是"诸法皆空"，才能达到最圆满的智慧。"阿耨多罗三藐三菩提"属于音译，是"无上正等正觉"的意思，在经典中也会被翻译为"无上正真道"，指的是佛所达到的最圆满的境界。而菩萨的修行，也是为了最终成为佛陀那样圆满的觉悟者。贯穿在这条觉悟之路的核心，也就是"般若波罗蜜"，即"到彼岸的智慧"。

接下来，观自在菩萨说道："般若波罗蜜多是大神咒，大明咒，是无上咒、是无等等咒，能除一切苦，真实不虚。"这里的"咒"有不同的翻译，又可以叫"陀罗尼"，也被称为"真言"，即"真实不虚的秘密之语"的意思。因为其秘密的特征，所以一般咒语都采用音译的方式。这里的"大神咒""大明咒""无上咒""无等等咒"，都是从不同角度来说明般若智慧的真实不虚："大神咒"侧重于般若智慧的神妙作用；"大明咒"侧重于般若智慧的光明不昧的特性；"无上咒"是指般若智慧为最高；"无等等咒"是指般若智慧能让众生最终与佛没有差别。依着这样的般若智慧，自然就"能除一切苦，真实不虚"，这也回到了佛教"灭苦"的初衷。

经文的最后是："故说般若波罗蜜多咒。即说咒曰：'揭帝揭帝，般罗揭帝，般罗僧揭帝，菩提僧莎诃。'"值得一提的是，这里引用的咒语文字和通行版本有所不同，如结尾处的"菩提僧莎诃"，一般我们更熟悉的翻译是"菩提娑婆诃"。事实上，鸠摩罗什和玄奘法师的原文版本都是"僧莎诃"，但在后世流通的过程中被改写为"娑婆诃"。

如果按照佛教的修行观来看，这样的咒语都无需翻译，只需诵读，而且佛教文献里都记录了持验咒语的"灵验记"。这类流行的咒语，包括"大悲咒""楞严咒""往生咒"等，无论篇幅长短，都是音译，需要以梵音诵读，佛教的密宗修行尤其重视这类秘密咒语。

正因为《心经》结尾处的这段咒语，也有学者认为这部经典就是一部"咒经"，也就是以秘密咒语为核心，因此和一般的佛经有所差别。当然，这都无法得到确切的结论，只供大家了解和参考。

如果直译这段咒语，大概内容就是："去吧，去吧，渡过彼岸吧，一起到彼岸吧，去成就圆满的菩提觉悟。"即使从字面的意思来看，这句咒语也并没有什么值得隐藏的秘密。**但或许所谓的秘密，本就不是秘密，只是人心太过复杂，有着太多的分别计较，使得直白的道理已经难以让人生起信心并且加以实践。而只好借助这样的遮掩，让人生起神秘感和敬畏心吧。**

以上就是对《心经》的简要介绍。这部经典篇幅简要，但内容非常深邃。或许多数人不可能仅仅依靠一部经典就能理解"空"的思想，所以接下来我想通过更为系统、更有逻辑的一部佛学论典，也就是印度龙树菩萨的《中论》

来继续讨论"空"。这部论典是般若经典传入中国之后的重要注释书，我也曾花了两年的时间带着学生系统阅读，虽然颇有难度，但却能让人真真切切地感受佛教智慧的精妙之处，这也是踏过佛学门槛的重要一步。

第 21 讲

# 无自性：如何正确理解"空"？

　　前面讲到，从现象来看，我们对他人和世界有一种想要占有、控制的冲动，这使得我们无法摆脱得失之苦。这种本能的贪执，佛教认为来自根本的无知，也就是"无明"。而佛陀的所有教导不过是为了让人能够理解这一点，并亲身体验到他所觉悟的真相。

　　关于这个真相，佛教中有不同的表达，比如在本书第二章"观自我"中介绍的"无常"与"无我"同样也可被称为"空"，但和般若经典中所谈到的"空"有深浅程度上的差别。比如通过"析空"而认知的"无常"，就如同切割木头一样，切到最后，总有无法化约的"极微"，也就是最终不可再分的"有"；而通过"体空"所认知的"空"，

　　　　　　　　　　　　人生解忧

则不需要立足在"有"的基础上。

当然，一般人对于"空"，多少是心存疑问的，毕竟这和一般的认知相差太大。所以无论是在佛陀时期，还是后世佛教传播的过程中，佛教始终面对各种质疑，这些质疑不仅来自佛教之外，佛教内部持小乘见解的人对于"空"也有不同的理解。而这一讲将介绍的龙树菩萨的《中论》，其实就是一部通过回应各种质疑来澄清"空"的重要经典。

## 鸠摩罗什与般若经典的译介

许多人往往对"空"感到费解，殊不知这种感觉并非今人所独有，中国人为了准确地理解"空"，也曾经历了一个漫长的过程。

佛教自东汉明帝永平年间进入中国开始，如何理解其教理就成为一个首要的难题。比如为人熟知的《四十二章经》——据说是第一部被翻译为中文的佛教经典——主要是根据《阿含经》所编撰的一部佛教概论，用来解释一些基本的佛教观念，比如什么是出家修道，什么是供养三宝等。其中很多句子也很简明扼要，比如"佛言：'爱欲之于人，犹执炬火逆风而行'"，意思是说，人一生追求欲望，恋恋不舍，但在佛陀的眼里，却像手执火炬，逆风而行，看上去积极主动，却是在自我伤害。

从经典引入的时间顺序来看，讲述"空"的般若经典也是最早被翻译的佛典门类，比如《道行般若经》《放光般若经》《光赞般若经》等，这都只是《大般若经》的节译。为什么这类较为深邃的般若经典会这么快进入中国？魏晋时期的高僧释道安认为，这是因为中国本土流行老子、庄子的道家学说与般若经典的思想多有相似之处，这有利于后者的流行和传播。

魏晋之际，名僧辈出，他们在教理上多聚焦于"般若学"，也就是解释什么是"空"，甚至有"六家"关于"空"的不同理解，有讲"本无"的，有讲"即色"的，也有说"心无"的。

此时，来自西域的鸠摩罗什无疑成为一个为中土转译印度佛学思想的关键人物。鸠摩罗什出身龟兹，也就是今天的新疆库车。按照《高僧传》记载，他的父亲鸠摩罗炎本是印度贵族出身的僧侣，游方到西域龟兹国，却被龟兹王妹相中，非他不嫁。而关于这个王妹，当时还流传着一个传说，说她"体有赤黡，法生智子"，也就是身上长有红色的痣，所生育的子女理应聪明智慧，也引得各国王公贵族纷纷上门提亲。但王妹最终却嫁给游方僧人鸠摩罗炎，并怀上了鸠摩罗什。而就在怀孕期间，龟兹王妹突然能通梵语，并且在龟兹国的雀离大寺听经，一闻便悟，对于佛法产生极大的兴趣。等到鸠摩罗什出生之后，她反而带着小罗什出家修道去了。

鸠摩罗什天资聪慧，据说他学习说"一切有部"（简称为有部，别名说因部，是部派佛教之一，相传是佛陀圆寂后三百年左右从上座部分化出来的部派，主张"一切法实有"）的重要经典《阿毗达磨大毗婆沙论》时，每日能诵一千偈，每偈有三十二字，合起来大概三万二千字，因此被当时人称为"神童"。后来鸠摩罗什跟随母亲四处游方，在罽宾国学习，十三岁就在疏勒国登台讲法，闻名西域。也正是在这段时间，他开始转入大乘佛学，拜须利耶苏摩为师，跟随他研究中观派的著作。须利耶苏摩出家前是莎车国王子，以弘扬大乘佛学闻名，也是中观派的代表人物。所谓中观派，其实是印度佛学的两大学派之一，又被称为"空宗"，以龙树菩萨和提婆等人为代表，鸠摩罗什和后来流行于中国的三论宗都可以归在这类；而另外一个学派就是瑜伽行唯识学派，常被称为"有宗"，以无著、世亲为代表，在中国就体现为以玄奘法师为代表的法相唯识宗。

鸠摩罗什在西域声名鹊起，也被中原佛教所知晓。这时，名僧释道安就劝说前秦的苻坚以国主身份去礼请鸠摩罗什前来中土，却被龟兹国拒绝。苻坚最终在建元十八年，也就是 382 年，派出大将吕光统兵八万攻打龟兹。鸠摩罗什为了平息战乱，同意跟随吕光进入中原。可这时前秦已经灭国，鸠摩罗什只好跟随吕光滞留在姑臧，也就是今天的甘肃武威，长达十八年之久。在这段时间，吕光为鸠摩罗什修建寺庙，以便弘法，而这座寺庙，也就是今天我们所看到的鸠摩罗什寺。鸠摩罗什在武威开始学习汉语，也为后面进入长安进行大规模的译经埋下了伏笔。

后秦弘始三年，也就是 401 年，姚兴灭掉后凉，顺势将鸠摩罗什带入长安，也让汉传佛教的"般若学"得到了重要的推进。在鸠摩罗什所翻译的诸多经典中，除了二十七卷的《摩诃般若波罗蜜经》之外，他还重点翻译了龙树菩萨的《中论》《大智度论》《十二门论》，以及另外一位中观学的代表人物提婆的《百论》，这几部一般被称为"般若四论"，或"中观四论"。更为关键的是，鸠摩罗什在长安的弘法吸引了当时汉传佛教的各路才俊前来跟随。据说，鸠摩罗什的弟子总共有三千之多，有名可查者也有三十余人，最有名的八位弟子被称为"什门八俊"，其中最杰出的是僧叡与僧肇二人。前者是鸠摩罗什译经的重要助手，罗什翻译的经典多数都经过僧叡润饰和校对。而后者则被称为"秦人解空第一"，他撰写的《肇论》就是用龙树菩萨的中观思想去回应当时中国流行的各种关于般若的学说，因此他也常被看作中国三论宗的创宗者之一。

鸠摩罗什在长安期间，当时的名僧庐山慧远也对罗什非常仰慕，更为关键的是，他也急切地想向这位从西域来的高僧请教，以澄清许多当时仍然困扰着中国佛教界的教理问题。慧远作为名僧释道安的弟子，据说曾在登台说法时，征引《庄子》来说明般若性空之说，受到释道安的器重，并且特别允许他阅读儒道书籍，以便弘法。后来慧远长期隐居庐山，当听说鸠摩罗什来到长安后，便写信询问自己对于佛典还未完全理解的地方。这些往来书信，后来被辑为《鸠摩罗什法师大意》，又被称为《大乘大义章》。

在这些书信中，能看到慧远曾向鸠摩罗什请教关于"般若空"的问题。比如慧远询问《大智度论》中关于"析空"的问题时，鸠摩罗什的回答就涉及大小乘佛教对"空"

的不同理解："佛法中常有二门：无我门说五阴（五蕴）、十二入、十八性（十八界）、十二因缘，决定有法，但无有我；空法门说五阴（五蕴）、十二入、十八性（十八界）、十二因缘，从本以来无所有，毕竟空。"

这段回答清晰地梳理了两种对"空"的看法，一种被称为"人无我"，也就是从"五蕴、十二入、十八界、十二因缘"入手，观察到里面没有一个本质的"我"存在，这就是"无我门"。但此时由"无我"所表现的"空"并不彻底，因为这一般是从"析空"的角度理解到的"无常"，所以鸠摩罗什说，这还是属于"决定有法"，也就是最终仍旧有一个无法化约的存在，这在《大智度论》里被称为"极微"。

而"空法门"，也被称为"法无我"，也就是之前介绍过的大乘的"般若空"，认为一切法都不实有。比如当说"我"是无常的时，其实除了存在"极微"之外，还会安立一个绝对的"无常法"，并认为这个"无常法"是绝对存在的。而"法无我"则是说，连这个"无常法"也是无本质的，也就是"从本以来无所有，毕竟空。"所以我们在理解"空"的思想时，重点是何谓"毕竟空"，这才是需要反复思维的关键之处。

## 龙树菩萨与《中论》的宗旨

关于龙树菩萨的生平，可以参考鸠摩罗什翻译的《龙树菩萨传》。这部传记篇幅不长，简略介绍了他的出家修学与弘法的历程。据介绍，龙树菩萨大约是二至三世纪的南印度人，出身婆罗门，孩童时就显出其天赋异禀，当听到其他婆罗门诵出几万偈的吠陀经典，他便能立即背诵出来，而且年纪轻轻就精通天文地理、图谶咒术等。但因为年轻气盛，耽于娱乐，他便与其他三位年轻的婆罗门一起学习隐身之术，并且潜入宫中以隐身之术侵犯宫女，引得宫内骚动不安。国王知晓发生此等怪事后，在地上铺满细土来探查这几位登徒子的行迹，最终发现了这四位婆罗门，并且斩杀了其中三位，龙树则因躲在国王身后才幸免于难。经历此事后，龙树受到极大的刺激，真正领悟到人生之苦来自内心的贪欲，于是出家为沙门。由于他天资聪慧，不仅熟稔各类佛典，甚至还有他进入龙宫取得《华严经》的传说。

关于龙树菩萨的各种神妙故事，传记中也有所记载。当时南印度有一位国王不信佛法，龙树菩萨于是自荐入宫，并自称知道世间一切事。国王便问："你可知天人今日在做什么？"龙树答道："天人正与阿修罗作战。"国王便问："这件事如何验证呢？"龙树菩萨便施以神通，这时就看到天人的兵器和阿修罗的残肢纷纷落下。国王大惊，一改过去的辟佛立场。当然，这种神话般的记录不仅超越了人们一般的认知，也难以被现代科学的方法证实或证伪。不过，好在龙树菩萨的著作却是极其理性与充满逻辑的，我们甚至无需过多考虑龙树菩萨的生平。

前面已经谈到，鸠摩罗什将龙树菩萨的《中论》《十二门论》《大智度论》，以及龙树的弟子提婆的《百论》被译出后，不仅引发了魏晋南北朝时期对于"空性"的思考与大讨论，而且也是鸠摩罗什及其弟子对于中国佛学思想的一次整体回应。

从早期印度佛学的背景来看，在龙树菩萨之前，虽然大乘佛学已经流行，但仍缺乏较为严密的论述。而龙树菩萨以精密深邃的逻辑表达出大乘佛学的思想特色，并且在其著作中回应了当时流行的各种对于世间终极真理的认知，以此凸显佛法的真实见解，故此无疑是一位集大成者的论师，甚至被称为大乘佛学的鼻祖。而在汉传佛教中，龙树甚至还被誉为"八宗共祖"，"八宗"指的就是唯识宗、三论宗、天台宗、华严宗、禅宗、净土宗、律宗和密宗。

龙树菩萨所著的《中论》，又被称为《中观论》。所谓"中"，就是不掉入二元论，也就是前面提到的"毕竟空"的意思。前面还反复提到，之所以人会产生烦恼，是因"无明"引发了贪执，而"无明"就是认为一切事物都是有本质的，无论是外界的各种事物还是对"我"的认知，都会对其浮现一种"真实存在"的认知影像，这在佛学中被称为"自性见"。正因为这种基础认知出现了错误，所以依此产生的各种思维、推理都无不落在"自性见"的陷阱中。

"自性"有三个特征：自有、独一和常住。"自有"就是认为自身具备真实的本体；"独一"则认为事物可以单独存在，不依赖任何其他条件；而"常住"则是指事物没有时间维度上的变化。

对于"常住"，很多人或许会反驳道："这不一定吧！我们明明可以看到岁月的流转和生命的变化呀！"但若仔细思考，比如我们虽然能看到父母衰老的变化，但只觉得这是外相上的改变而已，内心深处还是认为父母的本质没有变化，还是我们的父母呀！这是因为，我们对外界的观察认知是一种瞬间完成的直觉认知，而这种直觉无法看到细微的无常变化，所以会在认知深处认为，一切事物的根本都是"常"。或许有人的认知相对细腻一点，要么是因为经历过某些剧烈的人生变故而对"无常"有了深切的体会，但这种无常之感又会和潜意识里关于"常"的认知产生矛盾，从而出现非常大的认知冲突。比如很多人在亲人去世后会产生某种缺失感和失落感，尤其当回到熟悉的环境中，发觉物是人非，于是不自觉地伤感、悲戚。这其实就是在内心深处执着的"常"，和在生命现象上观察到的"无常"之间的断裂而造成的感受。

至于"独一"，就如同当你打量一个人时，虽然看到对方的头、颈、四肢，但其实在内心将对方看作一个本质性的独存个体。正是因为有这种看法，所以其他人的出现自然就会和"我"产生对立，因为实体与实体之间，必然是不相容和对抗的。比如，以"自我感"为例，现代社会所弥漫的"个人主义"就很容易让我们陷入某种孤立的情绪中，有一种强烈地想摆脱家庭、社会等社会关系的冲动。"孤独症""社交恐惧症"的本质，都是我们把认知深层中关于一切事物都是"独一"的这种"自性见"推到了极致。但事实上，我们根本无处可逃，因为那个可以独存的"我"，根本就不存在。

所以"自性见"其实是从人的根本认知角度来说的，

这是一种难以察觉的、根深蒂固的错误认知。而佛教无论谈"空"还是谈缘起，都是在从不同的角度提醒我们，不要陷入这样的"自性见"当中，否则就会陷入执着，饱尝人生之苦。

但要如何理解"空"、认识"空"，乃至体验"空"呢？这就需要介绍佛教修行体系的不同层次。比如前面谈到的"闻思修"，就是从听闻"空"的观念开始，这时会有一定的理解与体会，被称为"闻所成慧"；接着进入"思"，也就是深入思维并剖析"空"的逻辑，同时结合现实生活去作相应的对照与体会，此时就会产生"思所成慧"。比如在这本书中对"自性见"和"空"的反复解说，就需要我们先去思维为何佛学会有这种看法，并且试着在生活中反观自己的认知，看自己是否存在这种"本质化"的问题，最终要在意识层面确认自己的这种认知错误。

这时，我们就不会在产生烦恼时盲目地去寻找其他的外部原因，而会先及时回到自己的认知层面，去观察到底在哪些地方落入了陷阱。熟悉了这种认知习惯后，就要进入"修"的层次。"修"就是要以直观的方式观察细微心识的造作，看到更深层的"自性见"，这时就会产生"修所成慧"，而最终就有机会亲身体验到"空"，也就是佛陀在菩提树下所觉悟到的内涵。

从以上对修行层次的介绍可以看出，我们一般人听到
"空"，多数还是在以非常粗糙的意识去分别它的内涵，最
容易犯的错误就是落入"断见"，认为"空"就是虚无主义。
恰恰相反，将"空"当作一种绝对的"无"，反而违背了
"空"的意涵，因为"空"的核心是"无本质"，也就是
"无自性"，而非"不存在"。所以，要理解"空"、体验
"空"，就要不断地进行"闻思修"，而龙树菩萨的《中
观论》，就旨在通过对世间一切法进行不断地观察、体悟，
最终理解"空"，这才是"中观"的根本含义。

这本书到这里，也进入了最关键的阶段，而在我看
来，**佛学所具备的解忧效用的前提，恰恰是你正确地理解
了"空"，只有如此，才能显发出它的独特力量。而如果
你的认知还停留在习以为常的二元论思维当中，就算道理
再通俗，言语再温柔，都可能只是暂时的"止痛药"，无
法真正解决烦恼和问题。**

下一讲将正式进入《中论》的正文，看看龙树菩萨是
如何回应各种对于"空"的质疑和错误理解的。

　　　　　　　　　　　　　　　人生解忧

第22讲

# 八不偈：抽掉二元论的跷跷板

我们现在看到的《中论》版本一般都是注释书的形式，比如下面介绍的青目论师的版本就属于最早的《中论》注释书。其他比如月称的《显句论》、清辨的《般若灯论》、安慧的《大乘中观释论》等，都是从不同的学派与阐释角度出发的版本，其中月称的《显句论》目前存在藏译本和梵文原本，清辨的《般若灯论》则有汉译和藏译两个版本，而安慧的《大乘中观释论》则只有汉译本在流传。

## 龙树菩萨为何作《中论》？

青目论师在《中论》的开篇以第三者的口吻提出了一

个问题：为什么龙树菩萨要作此论？青目的回答是，很多人对于世界的本质有着不同的看法。比如在当时的印度，有人认为世界是由自在天神创造的；有人认为世界是由不同事物合为一体而生；有人则认为生命就是父母所合而产生的；有人认为时间是绝对的存在，是万物之因，就好像我们有时在秋冬看到树叶开始飘零，有人或许会认为是时间主宰了这些变化；有人认为万事万物由世间某种本性所生，比如某种法则、规律，乃至道等；有人认为没有什么原因，世界是自然而生的；还有一种看法，认为世界是由某种微观物质所生成的，比如存在地、水、火、风等元素或某种"极微"。这和现代人认为世界是由基本粒子所构成的这一观点，是同样的逻辑。

在佛教看来，这些关于世界的看法可以被分为以下几类错误的观点，分别是"邪因生"、"无因生"和"断常见"。"邪因生"，就是错误地认为万物是由某种错误的原因所生，比如"是由造物主创造的"或"是由地、水、火、风，包括物质的微观粒子生成的"等。而"无因生"，就是错误地认为世界的生成不需要任何条件或原因。这两者其实都属于前面反复谈到的"常见"和"断见"。

而龙树菩萨之所以要作《中论》，就是因为人们常常无法正确理解"空",所以才有上述种种对世界和人生的错误看法。此外还有一个目的,就是龙树所在的时代,佛陀已经圆寂至少五百年了,不仅在佛教之外出现了各种与佛法的观点彼此针对的思想,佛教内部对"空"的理解仍存有许多偏颇,所以龙树菩萨以《中论》来回应与深化"空"的内涵,呈现大乘佛学的"即空即有"的中道。

前面提过,小乘佛学的"无常观"虽然在一定程度上也显现了"空"的思想,但并不圆满,其思路还有局限。而"空"就是要说明一切事物不过是缘起而成的现象,不是恒常自足的实体,但仍有其作用和功能。我们一般人容易认为,这个世界都是有"自性"的,所以要用"空"去破除执着。但本来"空"就是难以用概念去表达和言说的,一旦说"空",我们往往又会掉入"空"的陷阱,要么把它理解为"不存在",要么认为有一个"空"的真实存在。

那么,这种挥之不去的"自性见"到底从何而来?从佛教的角度,当然是"无明"而推动出的一种"自我爱",将由五蕴身心所表现出的生命现象视为绝对化的存在。从这个视角出发,外在世界就算看上去有无常变化,但我们的深层认知仍将其看作实有不变的。这是因为,我们的意识具备一种功能，会将所认识的对象进行抽象、化约和概念化，最终形成各种各样的语言符号，但殊不知，这反而建构起一层一层的认知牢笼。

比如当我们观看一幅壁画时，请问那到底是一堵墙，还是一幅画？你可能会发现，"墙"和"画"其实都是随你的认知重点切换而作出的不同命名而已。当你注意到墙时，画其实是不存在的；而当你一眼看到画时，墙就是不存在的。但问题是，这堵涂满画的墙到底是什么？是墙、画作，还是砖头、水泥？

当问出"那是什么"的时候，你会发现，我们的内心深处自然产生了一种要给出答案的冲动，也就是给认知加以命名，但是这个答案无非是一些概念符号，而这时，我们已经掉入了"自性见"的窠臼。所以在禅宗公案里，常常看到有弟子跑去询问禅师"什么是佛法的真实意涵"，禅师要么顾左右而言他，要么一顿呵斥怒骂或棒喝，这都是在对这种意识的惯有运作模式加以提醒。

正因这种思维模式是根深蒂固与难以察觉的，龙树菩萨在《中论》中对此逐一地检视，并破斥任何一种可能掉入"自性见"陷阱的认知。在整部《中论》中，除了前面两品是从正面总述"八不"的"缘起法"之外，后面二十五品都在破除对苦、集、灭、道的各种实有化的执着,从而呈现出佛陀想要传达给世人的"诸法性空如幻"的缘起观。

## "八不"的缘起观

在《中论》的开篇,龙树菩萨直接标示出全论的核心宗旨,也就是"八不",即"**不生亦不灭,不常亦不断,不一亦不异,不来亦不出(去)。**"生灭、常断、一异、来出(去)这四组概念描述了世间的基本现象,也就是存在、时间、空间和运动。在一般人看来,存在、时间、空间和运动都是绝对真实的,也就是有"自性"的。但为何《中论》一开始反而否定了有本质的生灭、常断、一异和来去的存在呢?

先看"不生不灭",或许有人从字面上理解,会认为这是一种完全静止和永恒的状态,即没有任何变化。但这显然和我们的经验相违背,大千世界中一切都在变化,生生灭灭,怎么会"不生不灭"?

所谓"生",有"生起"和"存续"这两层含义,也就是一般人所能观察到的存在现象。比如人从生到死就是一个生灭的过程。在这个过程中，我们感觉到有一个新的生命出生，经过岁月流逝，看到这个生命逐渐衰老，乃至最终消失，好像隐藏在黑暗之中，再也不见。一般而言，我们虽然能观察到外相上的变化，比如模样从婴儿到儿童再到少年，但我们内心深处会认为这背后有一个不变的"生命"贯穿其中，这构成了你对他的底层认知，也就是"常见"。正因为有这种看法，所以当你看到有人去世，便立即感受不到生命的延续性，这就是"断见"。

事实上，"生"，也就是一切事物的存在，不过是因缘条件变化过程中的现象。比如每分每秒的生命都在变化，**前一秒的我和后一秒的我到底是什么关系？如果"生"真有其本质可言的话，那么就不应该会有变化，那又怎么可能有"灭"呢？**所以按照佛教的看法，"不生不灭"其实是说，任何事物的存在都不是实有的，只是随着因缘变化而已。所以生命从一开始就不是"无中生有"，生命到了终点也并非掉入了黑洞。

在"八不"之后，还有这样几句偈颂："诸法不自生，亦不从他生。不共不无因，是故知无生。"这是在从四个方面来反驳那些认为有"生"的看法，从而论证所谓"不生不灭"就是"无生"，即并不具有本质的存在。

人生解忧

首先是"不自生"。比如我们在潜意识里都会认为咖啡杯是一个有"自性"的存在，也就是满足自有、常住、独一的前提。按照这个逻辑，咖啡杯之所以能出现在我们面前，就不应该依赖其他条件，而是靠"自性"生出自己，也就是咖啡杯生出咖啡杯。因为如果我们认定事物是有本质的话，那么它就应该不断地自我繁衍才符合逻辑，但显然现实经验并非如此，所以世间万物是无法"自生"的。有人或许会问，单细胞生物不是可以通过细胞分裂来繁衍吗？那不就是"自生"吗？但仔细思考就会发现，单细胞生物也需要条件而存在，至少我们还可以将细胞细分为细胞核和细胞质等，所以，所谓的单细胞其实也并非独一、常住和自有的存在。

那么，如果一个事物不能从自身生出来，自然也意味着不能通过"他生"。也就是说，咖啡杯不能从咖啡杯中生出来，当然也不能从麦克风中生出来，更不能从泥土中生出来，因为麦克风和泥土当中显然没有咖啡杯的本质。

至于"不共生"，我们一般感觉，有几个条件合起来就能生出一个事物。但《中论》的假设前提是，一般人认为一个事物有其不变的本质，那么这个具有本质的事物是怎么被生出来的呢？继续以咖啡杯为例，要生出一个具有本质的咖啡杯，所需要的条件必须也具备咖啡杯的本质才行，因为有因才有果，如果在相关的条件中没有对应的咖啡杯的本质，那合起来怎么能生出咖啡杯呢？

所以有的人会坚持，咖啡杯应该是从各种条件（因缘）中生出来的，也就是说"果"都是从因缘中生出来的。这很容易理解，因为一旦各种条件满足之后，似乎就能生出一个东西。但继续再想下去，假如咖啡杯作为一个结果——也就是一个具有"咖啡杯本质"的东西——可以从因缘中"生"出来的话，条件（因缘）之中肯定含有"果"的内容才行。但正如前面所说，假如"缘"中已经具有"果"的本质，那还需要生吗？不就已经存在了吗？

所以人是人，原材料是原材料，以及还有其他生产咖啡杯所需的因缘，这些条件之中并没有哪一个具备咖啡杯的本质，他们各自的属性都不同，那又如何最后能生出一个具有"咖啡杯本质"的东西呢？因此"不共生"的意思是，一个具有"自性"（即本质）的东西怎么可能从两个和其本质无关的东西中生出来呢？

接下来，"无因生"又是什么意思？当前面三个可能性被否定掉之后，有的人就干脆说，这个咖啡杯不需要原因就自己生出来了，这就叫无因而有果。这显然也和日常

　　　　　　　　　　　　　　　人生解忧

经验相违背，如果无因而有果，那么这个世界就会混乱，我们想要喝一杯咖啡，结果冲出来的可能是一杯红茶。显然，无因而有果是很难成立的。

既然不是自生、他生、共生和无因生，那么龙树菩萨给出结论就是"无生"，也就是"不生不灭"。

什么叫"无生"？难道是这个东西消失了吗？显然不是。我们虽然看到这个咖啡杯在那里，但是清楚地知道它其实"无自性"，只不过是因诸多条件成熟而表现为那样的形态。但在日常中所看到的一切都让我们会觉得，物有生有灭，人有生有死，喜爱的人与事一旦产生剧烈的变化，我们就执着不舍，似乎他们真正地消失不见了。我们看不到其实本来就没有一个真实的存在，而所谓的"灭"，也不过是因缘变化而已，并不是从有到无。只可惜我们的认知逻辑是：要么存在，要么不存在。

再回到"八不"中的"不常亦不断"。

"常"就是常住不变，"断"就是虚无断灭。"常"与"断"强调的是事物的时间层面，比如我们平常对世间万物的看法，要么认为其本质是不变的（即常），要么当其剧烈变动时，又觉得人世沧桑，产生了强烈的断裂感，以为人、事变化是断灭和虚无的（即断）。"不常亦不断"

就是指出这种认知的错误所在。

举个日常生活的例子，比如恋人或夫妻之间常常会出现倦怠感。恋爱初期和新婚之时，双方往往觉得对方可爱无比，巴不得时刻黏在一起。此时由于新鲜感与贪爱心的推动，我们会仔细观察对方的一举一动，一颦一笑，每天都感觉是崭新的经验。但随着时间流逝，贪爱心开始减弱，我们不会再认真地观察对方，内心只把对方当作一种习惯性的存在，甚至是"我"能够掌控的对象而已。这时候，本来是单独个体的"小我"，借着恋爱和婚姻的关系，慢慢建构起一个主宰控制范围更大的"大我"，而恋人或夫妻关系开始被理解为一种恒常不变的生命状态，甚至连每天显而易见的变化，彼此都会感觉枯燥、乏味，这也是出现倦怠感的深层原因。

所以，另寻新欢不过就是为了打破这种"常"的生命感受，靠着贪爱心所激发出的生命热情再一次去仔细地感受新欢的无常性，同时借助这种无常性来确认自我的存在感和主体性。但是，就算是老夫老妻，无论是个人还是双方相处的生活，又有哪两天是一模一样的呢？而有的人面临离婚或分手的境遇时，会感到生命产生强烈的缺失感，甚至觉得生命没有意义，这其实就是因为他们过去把这种关系视为一种恒常的状态，而没有看到其时时刻刻的无常性，所以遇到离婚和分手的极端情况，便会马上陷入"断见"，进而体会到虚无的生命感受。

进一步来说，为何我们的人生总是充满了进退失据的困境？因为我们一方面需要稳定，比如想要某份工作或某段感情能给我们提供值得依靠的感觉；一方面又不甘于稳定，因为这种稳定感被建构得如此强烈，以至于我们很难察觉到生命的无常变化，从而让感受力和思维能力都陷入一种麻木和钝感的状态。

比如在二十世纪八九十年代，中国拍摄了很多反映传统乡村社会或县城的影片，其基调都以所谓"改革开放"的"变"去批判旧秩序下的保守与麻木。这也让我们想当然地认为，在乡村和小城镇生活就注定是无趣和麻木的，而大都市则是充满变化和丰富多彩的。比如在贾樟柯所导演的《站台》结尾处，崔明亮靠在沙发上睡着了，尹瑞娟在旁边逗着怀里的小孩玩，炉灶上的水壶已经沸腾，冒着蒸汽。对于我们这一代人而言，透过这样的镜头看到的是那个时代的年轻人青春耗散过后的麻木与无奈。可是如果反过来去看日本森淳一所导演的《小森林》，同样是乡村，我们借助桥本环爱的视角看到的却是一棵树的枯荣，一只鸭子的生长，一栋房子的温度等，让人充满了对生命的热情。

抛开电影背后社会和政治层面的因素不谈，这其实也反映出不同的认知逻辑所呈现出的生命图景的差异性。所谓的稳定和不变到底是真相，还是不过是我们错认了？但太过多变的外在环境，时时刻刻让我们面对无常的现实，又容易让我们感到悬浮和割裂的状态，这其实是"常见"的崩塌所导致的"断见"而已。于是我们就在"常"和"断"的两端，永难安歇。

再看"八不"中的"不一亦不异"，这讨论的是一致性与差别性的问题。我们平常对集体与个体的关系的认知，就容易落入到类似的误区。比如在群体认同方面，我们会产生各种层次的认同，例如家族、宗族、学校、公司、民族、国家，等等。当我们在某个场景下被激发出集体认同时，我们会感受到一种无差别的"一体感"。拿日常的例子来说，我们都有过追星或看球赛的经验，有时候去现场去听演唱会，真的只是去听歌吗？或许是去感受那种"万人如同一人"的体验，因为一首歌，所有人被激发出青春时代的共同记忆，顿时似乎在场的观众彼此无间，全无隔阂。但当走出剧场或球场后，如果两个人在停车场不小心剐蹭到，言语几句不合，或许马上又变成彼此叫骂的敌人。

我们到底是一个统一的整体，还是彼此无关的独存个体？我们在某些时候会觉得融入了某个群体，如雨滴落入水池一般，融为一体。而在某些时候，我们却感觉与其他人彼此对立，产生强烈的孤立感和差异感。但事实上，如果我们是"一"，那就不会有个体之间的分裂与对峙；如果我们是"异"，就不会有群体联合互助的可能，因为我们彼此是绝对差别化的。所以"一"是不存在的，而绝对的"异"也根本不可能。

最后，"八不"中的"不来亦不出（去）"又是什么意思？

我们平常看到某个运动现象时，往往会产生一种真实的来去的感觉。但比如一个人在跑步，我们可以据此定义他到底是来还是去吗？运动有其本质吗？有的人看到他来了，有的人则看到他去了，不同的命名其实都证明了，运动现象没有所谓的真实本质，而是由人的认知角度所赋予的相应名称。所以，"不来亦不出（去）"不是说静止不动，而是说运动本不具备来去的本质属性。

这一点其实也非常容易理解。运动或静止需要参照系来判断，这是物理学的基本道理。但一旦来和去要依据参照系来确定，就说明其自身不具备自洽、自足的本质，而是要依其他条件来定义。

仍要提醒的是，佛教认为，"不来亦不出（去）"并不否定运动本身，而是要我们注意，我们会把运动看作某种具有本质属性的状态。一旦有如此的认定，我们就会执着，所以当我们感受到这种本质化的认知被打破时，就会感到烦恼和失落。因为从本质上来讲，来去其实也是生灭，只不过它更强调世间的动态，比如人生中的聚散分离，世间的利来利往。从生命的动态角度来看，我们就会感觉到这些人、事、物有来，也就是有得（即生）；但当这些离我而去时，就会感觉到有去，也就是失（即灭）。事实上，来去、得失、生灭都没有绝对的"自性"。

以上简要地介绍了《中论》的核心——"八不"，下一讲将再以《中论》中的两品为例展开更详细的分析，从中可以充分领略龙树菩萨的论证风格。如果你感觉有难度，也不必担心，毕竟多数人对佛学接触较少，一旦你熟悉了佛学的论述风格和逻辑，或许就会发现，这些看似枯燥的论证背后其实蕴含了对生命的深刻洞察力，以及随之所产生的强大的心灵解放的力量。

第23讲

# 无生亦无灭：不要执着觉悟之船

　　《中论》的"八不"谈到了佛学对于世界生成的看法，也就是"无生"，或"不生不灭"。值得注意的是，"无生"在佛教看来是觉悟者所窥探到的真实，但这和一般人的深层认知是对立的。我们往往认为一切人、事、物都是实有的，这种习以为常的潜意识，和平常的生活经验显然有较大的冲突，这就是产生烦恼的根本原因。

　　前面提到，这种隐藏至深的认知习惯就是"无明"，并且很难被观察到，因此需要一定的方法来培养观察意识运作的能力，也就是"思维修"。龙树菩萨在《中论》中就利用这种深细的思维过程，来对各种错误的执着一一驳斥。下面就以其中的两品为例，来简要介绍这种特别的思维方法，其目的就是让我们看到自身认知中的自相矛盾，从而对佛陀所揭示的"缘起性空"的道理产生深刻的信服。当然，这部分内容可能相对"烧脑"，如果你暂时无法完全明白也请勿灰心。另外，以下内容只能让读者粗略地体会印度佛学的特色，有心者也可以按图索骥，深入学习。

## "来去"真实吗？

前面简略谈到了"八不"中的"不来不出（去）"，也就是运动并非具有本质属性的状态，而龙树菩萨在《中论》里花了一品的篇幅来论证，为何我们平日所理解的"来去"是错误的？下面就展开讲讲。

在物理学意义上，判断运动的标准是参照系，不光是动静，还有来去，都需要某个参照标准。这其实已经暗示了，我们平常给运动所赋予的来去等概念，都不是绝对性的指涉。比如古希腊哲学家芝诺提出的"飞矢不动"的悖论：如果把时间切分到无数细微的单位，我们会发现，射出的箭在每一刻都有其对应的固定位置，应该是静止不动的。可每一刻都静止不动的飞矢又怎么可能运动呢？所以芝诺得出了一个极端的结论，那就是世界是静止的，而运动是虚假的。从佛学的角度来看，芝诺的结论当然不对，但和其他反驳芝诺的哲学观点相比，佛学不会在动和静这两端来抉择，而是认为"动静"都不是本质性的，世界其实是"不动不静""不来不去"的。

但在生活当中，我们似乎还是能够感受到这样的"来"和"去"。当你走在大街上，如果迎面走来一位路人，就算你没有任何言语，内心总是会有一种笃定的认知：有一个人向我走"来"了。就像很多人生中的瞬间一样，你心爱的人"来到"你的生活，ta又"离你而去"。生命中充满了这样的"来来去去"，有的让人欣喜甜蜜，有的让人黯然神伤。如果从物理学或一般哲学意义的角度而言，我们固然可以讨论"来去"需要怎样的参照标准才能界定其意义，但从佛学的角度，我们会进一步追问，**为何这样的"来去"会让我们的生命感受到苦乐交替，不得安宁？**

"来"和"去"之所以让我们感受到人生中的悲欢离合，无非是因为在时间的流动中，我们不仅看到了人生场景的来来往往，还随着对这些对象的好恶不同，产生了情绪的跌宕起伏。这又是因为，我们会以为这些"来去"的人、事、物真实地被我们拥有过，或又真实地消失了。正是这种真真切切的"得到"和"失去"的感受，让我们产生了人生之苦。所以龙树要解决这个问题，就要去驳斥那种认为"来去"真实存在的观点。

龙树首先给出一个结论："**已去无有去，未去亦无去。离已去、未去，去时亦无去。**"翻译过来意思就是：已经"去"的事物中是没有"去"的，还没"去"的事物中也没有"去"。离开"已去""未去"的"去时"，也就是正在进行的"去"中，也没有真实的"去"。

请注意，龙树所针对的观点是一般人的认知前提，也就是认为"来去"都是有本质的。这一句是从时间的角度来分析这个本质的"去"到底存于何处。一般来说，时间无非分为过去、现在和未来，也就是已去、去时和未去。所以按照常理，如果"去"存在，要么在过去，要么在未来，要么在现在。假如"去"既不在过去和未来，也不在现在，也就反过来说明了"去"并非真实的存在。

接下来，龙树菩萨开始针对不同的看法逐条进行反驳，首先是："云何于去时，而当有去法。若离于去法，去时不可得。"

有人认为，"已去"和"未去"分别代表过去和未来，所以可以认为这当中是没有"去"的，但是运动的时候是有"去"的，因为事情正在发生，物体正在运动当中，所以"去时"中是有"去"的。

可是龙树菩萨反驳道，如果认为"去时"中有"去"，也就是从时间的角度来定义"去"，认为物体运动的时候就是"去"，那么我们所安立的"去时"的概念，其实已经默认确立了"去"的存在。因为"去时"作为时间性的描述，必须要依附在"去"的基础上才可能成立。这就像我们在评价咖啡杯的时候，不可能离开"杯子"本身来讨论它的其他属性，比如对颜色、形状、美感等评价首先都需要一个"杯子"作为载体。因此，要确认运动的过程中有"去"，不能靠"去时"这个时间属性去论证。所以龙树菩萨说："若言去时去，是人则有咎。离去有去时，去时独去故。"意思是，如果你非要说"去时"中有"去"的话，就会有逻辑上的错谬。因为这意味着你离开了"去"的概念，事先安立了一个"去时"的概念，这显然无法成立。

接下来是："若去时有去，则有二种去。一谓为去时，二谓去时去。"也就是说，若有人仍然坚持认为，在运动的当下存在一个实在的"去"，那这样的理解就必然会推导出两种"去"的定义。第一种是"为去时"，即先有"去"，后有"去时"，也就是必须先有"去"的动作才能安立"去"；

第二种是"去时去"，也就是先有"去时"，后才有"去"。

这样会出现什么问题呢？"若有二去法，则有二去者。以离于去者，去法不可得。"这句的意思是说，如果存在两种"去"的概念，那势必就有两个"去"的主体，因为作为动作的"去"，肯定要有对应的运动的主体才能成立，所以，如果我们硬要认定事物运动时存在一个本质的"去"，那么就会推导出存在着两个运动主体，这显然和经验相悖。

以上的分析从时间的角度出发，接下来，龙树菩萨开始着手从运动的主体，也就是"去者"的角度来讨论。

"若离于去者，去法不可得。以无去法故，何得有去者。"这句偈子接着前面的逻辑继续分析，也就是说，"去法"和"去者"其实不能被分开来谈。这听上去很容易理解，但为什么龙树菩萨如此繁琐细密地反复陈说？这其实是因为，就我们的认知而言，当看到世界的动静、来去时，我们很容易把某个人、事、物的运动看作一个独立且实有的概念或法来安立。正如前面所说，我们会感觉似乎有一个被抽空的"动作"真实地存在于此，甚至可以和其他相关条件隔绝开来，比如脱离运动的主体。所以龙树只不过在提醒我们，"去""去者""去时"这些概念是无法独立存

人生解忧

在的，要确定"去者"，那么必然要先确立"去法"，可是"去法"又不能脱离"去者"来安立。这不就是缘起的意涵吗？互为条件，彼此依存，"去法"要依赖"去者"，反之也是如此。

接下来是："去者则不去，不去者不去。离去不去者，无第三去者。若言去者去，云何有此义。若离于去法，去者不可得。"

这几句言简意赅，但不容易理解。具体意思是，假如我们先安立"去者"的概念，但在时间线上，"去者"就是已经完成了"去"的主体，既然已经"去过"了，那么"去者"就不可能含有"去"。同理，还没有"去"的"不去者"，自然更不会含有"去"。但是有人却坚持说，"去"的时候不就有"去"吗？这也就是偈颂里所提到的"第三去者"，可是这真的能成立吗？可以设想一下，按照我们所预设的前提，"去"是一个独立而自足的实有概念，那么如果要有"去者"，肯定先要已经存在"去"，因为"若离于去法，去者不可得"。

然后，龙树菩萨进一步归纳了这种思路的问题所在："若去者有去，则有二种去。一谓去者去，二谓去法去。若谓去者去，是人则有咎。离去有去者，说去者有去。"

这段是说，如果我们非要认定"去"的当下有"去者"能"去"，那就和前面"去时"的情况一样，存在两种"去"了。第一个是因为安立了"去者"而成的"去"，即"去者去"；第二个是"去"本身所安立的"去法去"。也就是说，会有两种"去法"存在，显然这种思路也是有问题的。简单来说，这段其实就是从逻辑的角度推导出任何实有法都不可能成立。因为正如前面所讨论过的，一切法都是依缘起而成，所以"去法"依着"去者"和"去时"才能成立，所以并不存在一个自足、独立和自洽的"去法"。只是我们在日常中的认知会不自觉地掉入这种"自性见"的陷阱。

剩余的偈颂，则是针对有人仍然还认为运动的过程中有"去"，因此龙树再把这个过程继续拆分下去，然后加以驳斥，论证的逻辑也很接近，限于篇幅，这里就不再详述了。

## "四圣谛"真实吗？

说到底，龙树的《中论》还是在针对我们对世界的各种执着来分别加以剖析，然后指出逻辑的自相矛盾之处，从而破除掉的错误认知。所执着的不仅涵括世俗法，比如贪、嗔、痴、烦恼，而且连对应的解脱法，比如戒律、解脱、功德等，我们的看法也同样很容易落入"自性见"的陷阱中。

比如禅宗史上有一个著名的公案，初祖达摩见梁武帝时，梁武帝自恃护持佛教有功，便问达摩："朕一生造寺度僧、布施设斋，有何功德？"达摩回答："实无功德。"这里的"实无功德"，放在佛学的逻辑脉络里，其实指的是没有本质的功德，也就是不能对所谓的善人和善事持有某种"自性见"。但请注意，这并非在否定世间各种活泼泼的现象和功能。

又比如《金刚经》中提到"如筏喻者，法尚应舍，何况非法"，意思是说，觉悟之道就如同渡江之船，我们固然需要靠它到达彼岸，当到达后，也自然会舍弃这艘船，而不会带着它继续前行。因此，对于那些看上去神圣无比的解脱法，我们也要舍掉对它的执着，而不能死死抱住所谓的解脱或觉悟，认为有一个实有的解脱之道存在。

接下来就以《观四谛品》为例，来进一步介绍龙树是如何批判对于世俗法和解脱法的"自性见"的，并呈现佛教所特有的缘起的观点。这也是整个《中论》最为重要的一品，相信读完对这一品的介绍，你也就初步把握了这部经典的核心观点。

前面介绍过"四圣谛"的内容，也就是佛教从苦开始，思考造成苦的原因（集），进而寻找灭苦方法（道），实现对苦的超越（灭）。但一般人听到"四圣谛"，又容易将其看作实实在在的道理。比如听到苦谛，就认为苦有一种实有不灭的特性，就像在人生低迷期会产生一种满目疮痍、"人间不值得"的感受。关键在于，这种对苦的理解依旧是一种佛学意义上的"自性见"，它会给人带来一种似乎它永远无法被消除的感觉。如同我们常常会感到某些隐形的压力让人难以喘息，但这只不过是一种对于苦的本质化的认知所带来的心理作用。

同样，我们对集、灭、道也会产生类似的看法。就像很多人感受到人生之苦，便想从心理学、佛学中寻求解忧之道，但当他们听到了所谓的"解药"之后，又会将这些解忧的方法和出路看作一种可以获得和掌握的对象。殊不知，佛学针对的其实就是这种错误的底层逻辑，也就是将一切法都看作为实有，从而产生能够主宰、掌控自己的想法。因此，解脱之道固然需要寻觅，却不可执着，而不执着的核心就在于要看清道和灭也是如幻的"空"，也就是

"无自性"。

但是，人们当然很难一下就理解这样的观点，所以在这一品的开头，龙树菩萨就先列出了错误的看法："若一切皆空，无生亦无灭。如是则无有，四圣谛之法。以无四谛故，见苦与断集。证灭与修道，如是事皆无。以是事无故，则无四道果。无有四果故，得向者亦无。若无八贤圣，则无有僧宝。以无四谛故，亦无有法宝。以无法僧宝，亦无有佛宝。如是说空者，是则破三宝。"

这段偈颂较长，但核心意思相对简单，即若有人认为佛教说"空"，指的是"无生无灭"，那不就连"四圣谛"也没有了吗？那么所谓的见世间之苦、断苦之原因、修道，乃至体验所谓的涅槃寂灭，不就都成为虚无了吗？那么所谓成为圣人、辛辛苦苦修行、断烦恼、证得涅槃，不就是无稽之谈了吗？乃至最后连佛教最重要的佛、法、僧这"三宝"，岂不都没有意义了吗？

于是，这些认为佛教的"空"就是断灭论的实有论者，进一步地总结道："空法坏因果，亦坏与罪福。亦复悉毁坏，一切世俗法。"意思是说，佛教的"空"连因果都否定掉，那么世界上也就不存在"善有善报、恶有恶报"的说法，若是如此，世间的伦常道德岂不是都被摧毁了？

这种理解当然不是佛教对于"空"的准确看法，因此龙树菩萨立即驳斥道："汝今实不能，知空空因缘。及知于空义，是故自生恼。"意思是对方根本不了解"空"的内涵，所以才会杞人忧天，庸人自扰。因为正如前面介绍"空"时反复强调，佛教的"空"绝非一般二元论意义上的"无"，而是在经验的当下看清其无本质性，这不是抹杀和否定，而是一种透视与洞察。

接着龙树开始从正面陈述："诸佛依二谛，为众生说法。一以世俗谛，二第一义谛。若人不能知，分别于二谛。则于深佛法，不知真实义。若不依俗谛，不得第一义。不得第一义，则不得涅槃。"

这段偈颂阐明了佛教是如何为众生讲说佛法的，也就是要依靠世俗谛和第一义谛。所谓世俗谛，就是我们世间的种种现象，从根本上来说，都是因缘起而存在的虚幻之象，但我们却认为它是有"自性"的存在。虽然这个认知是错误的，我们却执以为真。世俗谛又被称为俗谛。而第一义谛则是从觉悟者的角度去看世间的种种现象，深切地了解一切都是"缘起性空"，从这个角度所体验到的当然和未觉悟的人所体验到的不同，而前者所觉悟到的真相就被称为第一义谛，一般又称真谛。

可是既然已经有了真相，为什么龙树不直接讲说第一义谛，还需要先讲说世俗谛呢？比如佛陀说法时，如果直接讲他所领悟到的境界和真理，不是更直接吗？这其实是因为，所谓第一义谛，也就是世间的真相，本是无法言说的，因为一旦用语言、文字等符号加以表达，就容易让人迷失在"自性见"的认知旋涡中。但如果不用语言、文字表达，就无法让人认识到自己的认知错误，所以佛陀要讲解本不可言说的真谛，就需要依着世间的各种符号表达来加以引导，最终让人觉悟，这就是所谓"若不依俗谛，不得第一义"的真实意涵。

下面的内容是："汝谓我著空，而为我生过。汝今所说过，于空则无有。以有空义故，一切法得成。若无空义者，一切则不成。"

这句偈颂继续回应了那些认为"空"就是"虚无"的论调，龙树正面阐述了"空"与世间万法的关系，也就是"以有空义故，一切法得成"。世间上万事万物的形成与消散，其实是因一切事物都无实体，所以依着缘起聚散离合。因此"无自性"或"空"非但不会否定世间的种种现象，而且恰恰是因为"一切皆空"，才会有缘起缘灭的世间万象。这无疑直接驳斥了那种认为佛法是虚无主义的观点。

龙树接着总结道："众因缘生法，我说即是空。亦为是假名，亦是中道义。未曾有一法，不从因缘生。是故一切法，无不是空者。"

这句偈颂非常有名，常被人引用，意思是说，世间的一切法无不依着因缘而生，而佛就说说这即是"空"，我们所给的定义和描述，都不过是假名安立，也就是用符号作权宜的指涉，所以是假名，而"空"也就是所谓的中道实相。所以一切法就是"空"，而"空"就是一切法。这不就是我们在《心经》中读到的"色即是空，空即是色"吗？

接下来龙树开始逐一分析"四圣谛"中的苦、集、灭、道各自为何不能有"自性"。比如下面这个偈颂："苦不从缘生，云何当有苦。无常是苦义，定性无无常。若苦有定性，何故从集生。是故无有集，以破空义故。苦若有定性，则不应有灭。汝著定性故，即破于灭谛。苦若有定性，则无有修道。若道可修习，即无有定性。"

意思是，从人世间的苦来说，假如苦不是因缘所成，而是有绝对"自性"的话，那么就不会变化；既然不变，我们自然就不会有得失的感受，又怎么会有苦呢？苦的核

　　　　　　　　　　　　　人生解忧

心内涵是"无常"，正是因为"无常"，所以我们想拥有的会逝去，想避开的却不得不遭遇。而且如果苦是实有不变的话，那怎么又会从苦的原因，也就是"集"中产生呢？而且这样苦也无法灭，更不需要什么灭苦之道了。

因此，佛法的"空"是遍一切处的，不管它是你理解的所谓神圣或卑贱，觉或迷，都不过是因缘所成，本身并不具有"自性"。而正因为"无自性"，所以才会展现出大千世界生动活泼的各种面向，当然，我们因为"无明"，也同样会在这些变化的景象中悲悲喜喜，沉沉浮浮。

因此龙树最后总结："若无有空者，未得不应得，亦无断烦恼，亦无苦尽事。是故经中说，若见因缘法，则为能见佛，见苦集灭道。"意思是，如果世界上的一切不是"空"，那么我们还没得到的东西就永远无法得到了，因为世界的一切是常住不变的，何来"得到"呢？因此我们也无法断烦恼、消除苦。所以佛经中说，如果你能看到一切都是因缘起所生的道理，才算是真正见到佛，真正见到苦、集、灭、道。

限于篇幅，余下的内容在这本入门的小书中无法继续细致地展开，但对我们来说，最重要的可能还是去继续深入理解佛学中的"空"的观念。从某种程度而言，"空"

是打开佛学之门的关键钥匙，只有正确理解这一点，才能看清佛法智慧和流俗的"心灵鸡汤"的区别所在。如同最近在网上讨论得沸沸扬扬的"身心灵骗局"一样，我们都想要在人生的困局中去寻找那扇所谓开启光明的大门，但在门口看到的却是琳琅满目的广告和标语，上面写着各种对幸福生活的允诺和保证。可是，如果我们自己没有从世界的现实出发，并且依循一套可以被怀疑、被审视并最终可以被验证的逻辑去实践，最后，我们不过是从一个火坑跳入另一个火坑，从一个黑洞走向另一个黑洞。

佛教的"空"虽然听上去玄妙无比，但是龙树的《中论》却给了我们一种理性思辨的方法去辨别各种思维陷阱，让我们看清那些身心灵的活动不过是利用了我们渴求某种确定性的潜在心理，从而心甘情愿地用金钱、感情去换取那种虚假的可靠。而"空"正是要打破那种被许诺的确定性，当我们有勇气，也有智慧去面对"空"的时候，反而才看见了自由光芒的开端。

"空"的思想非常重要，所以接下来将要介绍可能最为人熟知的一部经典——《金刚经》，继续探讨大乘"空"的观念。并且从这部经典开始，我们也会触及菩萨道的观念和实践。

人生解忧

第 24 讲

# 应如是住：何为如是法门？

不少人或许觉得龙树的《中论》内容过于烧脑，以至于学习时思维常常短路，甚至对佛学产生了一种畏惧感。其实不必过于担心，《中论》的思想虽然重要，但也不是"必修课"，毕竟佛教经典众多，所谓"无量法门"，就是为满足各类人的不同需求，因此会有不同的经典，乃至不同的学派和宗派出现，比如汉传佛教就有"八宗"的说法，而每个宗派所看重的经典，以及修行的方法都有所差异。

也有很多人可能很好奇，《中论》用如此缜密的逻辑推理来论证，究竟有什么用？这些推理和我们一般理解的打坐、诵经的修行方式又有什么关系？这还是要回到佛教的修行观才能理解。

正如前面谈到，我们之所以会有烦恼，不过是根深蒂固的"无明"在作祟。人类文明对于人类为何会受苦的问题给出了林林总总的分析和答案，而佛教认为，人之所以会感受到苦，其根源就在于我们"妄认有我"，用《中论》的表述，就是认为自己有"自性"，以为这个所谓的"我"是一个存在的实体。

因此，龙树的《中论》就针对那些坚信有"我"的观点，从对方的假设出发，推导出自相矛盾之处，然后从逻辑上证明：那个你以为存在的"我"，其实并不是真实存在的。此时，如果你是一个讲道理的人，至少会产生一种深刻的怀疑：明明这个"我"的感受如此真实和强烈，为什么从逻辑上却推导出相反的答案？到底是哪里出了问题？要想发现这种认知错误，你就需要培养心的定力和觉察力，从而观察意识到底玩了怎样一个魔术，最终欺骗了你。

当然，有的人并不需要如此繁琐的逻辑论证才能相信，被误认为存在的那个"我"其实是苦的根源。这就好比你在人生的某个阶段，随着生命经验的积累和人生阅历的丰富，很多认知都已经在无形中慢慢地改变，当某天听到一个人说出了一句平常的话，你会突然感受到强烈的共鸣与信服。在这个当下，其实你并没有经过反复的推理和论证，但是你的心就好像被一下子扫清了最后一层迷雾，从而对这句话产生强烈的信心和笃定感。其实这并不一定是所谓的感性或盲从，而是你的潜在认知借助某些条件在此时被诱发出来，它并不一定经过了层层的逻辑论证，而是似乎一下子就跳到了终点。这在佛教中，常常被称为"信"，它不一定指代"信佛菩萨"，而可能仅仅是对某个观点和结论的自然接受而已。

顺着这个思路，我们接下来就进入《金刚经》的世界。

### 如何理解《金刚经》？

《金刚经》大概是中国人最为熟悉的佛教经典之一，考虑到佛教经典无法像儒家和道家经典那样进入正式的课本读物中，因此很多人接触《金刚经》大概都是从主动找来诵读、抄写和研究开始的。

《金刚经》里的一些偈子朗朗上口，所以也流传较广，比如这一句："一切有为法，如梦幻泡影。如露亦如电，应作如是观。"它又被称为"六如偈"，意思是说，一切世间生灭法都如梦、如幻、如泡、如影、如露、如电，无常变动，我们应该如是观察思维。这几句偈颂不仅文字简要，而且内涵也值得反复回味。据说苏东坡的侍妾王朝云归心佛教，临终前就口诵"六如偈"，而她身后，苏东坡将她葬在了惠州栖禅寺的松林里，后在墓穴之上建了一座亭子，取名"六如亭"。元、明以来，惠州百姓在清明或是朝云的诞辰前往祭拜，甚至清代士人陈澧曾这样记录道："惠阳朝云墓，每岁清明，倾城士女，酹酒罗拜。"朝云墓，以及和《金刚经》密切相关的六如亭，几乎成为惠州百姓的"信仰之地"。

我们回到《金刚经》，这部经全名叫作《金刚般若波罗蜜经》，前面讲过，"般若"就是智慧，而"波罗蜜"就是"到彼岸"。"般若波罗蜜"也就是让人能够到达彼岸的智慧，这样的智慧就像金刚石一样坚硬锐利，可以摧毁各种错误的认知。

《金刚经》目前存在六种不同的中文译本，流传最广的是由鸠摩罗什大约在 404 年所译，也是最早流通的译本。我在这里讲解所采用的也是这个译本。不过由于这一译本经历了历代抄写和翻刻，所以会有一些细节和文句的差异。其他各个版本分别是菩提流支和真谛各自译的《金刚般若波罗蜜经》，达摩笈多所译的《金刚能断般若波罗蜜经》,玄奘所译的《大般若波罗蜜经·第九会能断金刚分》,以及义净所译的《佛说能断金刚般若波罗蜜多经》。

这些版本各有特色,比如玄奘除了翻译《大般若波罗蜜经·第九会能断金刚分》外,同时还翻译了一个版本,名叫《能断金刚般若波罗蜜多经》。《大慈恩寺三藏法师传》中记载了唐太宗曾询问玄奘法师,鸠摩罗什所翻译的这部经典有没有因翻译造成的文意问题,玄奘回答道:"此经功德实如圣旨,西方之人咸同爱敬。今观旧经,亦微有遗漏。"意思是鸠摩罗什的译本仍有一些细节上的瑕疵。玄奘接着举例说,鸠摩罗什翻译的经名为《金刚般若波罗蜜经》,意思是人的分别烦恼心如金刚一样坚固,难以消除;而这部经的核心其实是说智慧如金刚,能够断除"无明"。后来玄奘重译此经,取名《能断金刚般若波罗蜜多经》。

从《金刚经》的流传广度来看,人们多少对这部经典的文句都有所了解,但要真正理解这部经典其实并不容易。为什么?当然是因为它所讲的内容,在佛学的教理体系里比较深奥。比如汉传佛教天台宗就把佛教经典按照内容的深浅层次进行分类,分别为"藏教、通教、别教、圆教",你可以理解为,佛经的难度依次升高。"藏教"主要包括《阿含经》的思想，而"通教、别教和圆教"则包括林林总总的大乘经典思想。《金刚经》在这个分类规则下，同时具有"通教、别教和圆教"的思想，虽然是可深可浅，但其核心内容却不容易理解。加之市面上流传了太多有关《金刚经》的解读，多数在描绘某种说不清、道不明的玄妙境界，更不用说还有各种鸡汤化、普及性的阐释，而《金刚经》真正的深意反而少有人理解。

当我们去研究一部佛经时，有没有思考过，我们到底该如何理解它？自古以来，解经学就存在不同的思路，例如传统儒家中就有汉学和宋学之争。汉学较为注重文字的考证，认为文本是理解经典的根本依据。宋学则更强调对经典的精神有直接的契入和领悟。汉学极端化的表现就是清代的乾嘉之学，学者致力于繁琐地考证，认为考订古人的典章制度、文字音韵就能真正理解古书的意涵。而从宋代的陆象山，到后来的王阳明，则强调与古人在精神上的共鸣和直觉的洞见，并以此作为理解古代经典的方法。

在对经典的解读和阐释上，直到今天依然存在着这样的分歧。比如有很多学术研究对佛经进行语言、文字的考订、校勘，试图追溯佛法的思想源头。但事实上，佛陀圆寂以后，他的言论最初是靠口传结集下来，都是口说耳闻，并没有留下文字作为凭证。但是今天判断佛教经典正统性的依据，却变成了以南传佛教的巴利文经典和考古发现的梵文古经卷为标准，来对佛教经典的形成和意涵作出相应的考订、研究。这背后的假设是，要了解古人的思想，就要拿到更古老、第一手的文献。所以今天在佛学研究的领域有一种倾向，好像不了解梵文、巴利文，就似乎没有解读经典的资格。

与此相对的另一个极端，就是彻底反对和抛弃从文字入手去研习教理的方法。他们似乎认为只需要打坐、念佛，就可以在某一天突然开窍，达到觉悟，从而真正理解佛经和佛陀的智慧，也就是所谓的"顿悟"。但事实上，悉达多太子在菩提树下禅坐七七四十九天，也并非全程枯坐等待觉悟，而是利用禅坐的定力去观察心的缘起过程，从而最后看到这颗心是如何让我们相信存在一个实有的"我"的。

两千多年前的悉达多太子固然没有经典可读，却仍然可以依靠语言去交流，去思维，去辨析，去体悟。而著名的禅宗六祖惠能在出家之前也只是一个普通樵夫，并不识字，但某一天在街市上听到有人读《金刚经》，当下恍然有悟，就决心要去黄梅向五祖弘忍学习，于是从岭南一路走到黄梅，也就有了五祖弘忍半夜给惠能讲解《金刚经》的一幕，讲到"应无所住而生其心"之处，惠能大悟，弘忍便给惠能传授衣钵，并连夜护送他下山，直到九江驿，最后分别时，惠能对弘忍讲出《坛经》中的名句："迷时师度，悟了自度。"

在《坛经》的描述中，惠能受《金刚经》启发而大悟，的确符合禅宗所强调的"顿悟"，可是惠能当时到底是如何悟的，又悟了什么，对一般人来说仍然非常模糊，不知其门而入。又比如我们读《金刚经》时，会读到不要有"我相、人相，众生相、寿者相"，但这背后的意涵究竟是什么，大多数人还是无法一眼参透。这其实又回到那个重要的问题：如何理解经典？如何依着经典所阐释的内容体验它所讲述的真理？

接受现代知识教育的人由于过度依赖理性与逻辑，结果往往容易变成"摧毁"经典，而非理解经典。比如从现代学术研究立场出发的人，会更倾向于寻找新材料和新观点去驳斥前人的看法，而另一些人则会认为经典不过是隐藏在知识权力背后的话语而已，所以认为其不过都是骗人的把戏和麻痹人的工具。

事实上，当我们还没办法理解一部经典时，先要建构

　　　　　　　　　　　　人生解忧

起对它的信心，这也是人们常说的"兴趣"和"好奇心"。这种好奇心在于想要跟随经典去探索它到底要讲什么，而且更关键的是，它和我的生命有怎样的关联？**不过现代的教育体系往往以批判性思维为目标，非常强调怀疑的作用，但在现实的教育中，很多人只是获得了怀疑的态度，然后轻率地加以否定，并没有深入讨论的愿望。**

巧合的是，在《金刚经》的开篇，佛陀的弟子须菩提就向我们展示了，一位好学深思的学生是如何表现佛法学习中的怀疑思维的。

## 须菩提的疑惑

《金刚经》的开篇就是一幅活生生的画面："如是我闻：一时，佛在舍卫国祇树给孤独园，与大比丘众千二百五十人俱。尔时，世尊食时，着衣持钵，入舍卫大城乞食。于其城中，次第乞已，还至本处。饭食讫，收衣钵，洗足已，敷座而坐。"

佛陀在世时，他主要活动的范围基本是北印度的区域，西北可至舍卫城，东南则到王舍城，这两处都是佛陀常常驻锡、久居的地方。其中也都建有专门的精舍，好让僧团每年雨季时禁足不出，专心修行。《金刚经》中的"剧情场地"就在舍卫城的祇树给孤独园，又常被称作祇园。我们可以遥想两千多年前，佛陀率领僧团一行，搭上袈裟，手持钵盂，赤足进入舍卫城，依次接受施主供养的各种食物，然后一行回到祇园。受食结束后，佛陀及各位弟子收拾好衣物和钵盂，并洗净足底，将座具铺开，也就是一块用以垫在地上的布罩，然后端坐其上，准备聆听佛陀说法。

接下来："时，长老须菩提在大众中即从座起，偏袒右肩，右膝著地，合掌恭敬而白佛言：'希有世尊！如来善护念诸菩萨，善付嘱诸菩萨。世尊！善男子、善女人，发阿耨多罗三藐三菩提心，应云何住？云何降伏其心？'"

这时，佛陀的一位重要弟子须菩提起身，袒露右肩，并且右膝着地。按照当时印度的习俗，用袈裟覆盖左肩而袒露右肩是表达恭敬和尊重的礼仪，而右膝着地，竖左膝也是当时的礼敬之法。须菩提以此礼仪郑重其事地提出了一个重要的问题：他看到世尊对众生始终念兹在兹，无时无刻不在用各种方法将智慧全盘托出，并且勉励众生也能如佛陀这样去利益他人，于是产生了一个疑问：一个人如果想要像佛陀这般智慧和慈悲兼具，也就是"发阿耨多罗三藐三菩提心"，那这颗心要如何安住？又要如何降伏因为想要度化众生而产生的烦恼？

须菩提之所以会提出这个问题，当然是因为他内心充满疑惑。像他这样充分了解而且证得"无我"的人，似乎已经脱离轮回之苦，但为什么还无法像佛陀那样，对众生和这个世界展现出更为圆满的慈悲与智慧？或者说，于须菩提而言，他当然已经安顿好个人的生命去向，因为他所代表是所谓的声闻人（也就是一般意义上的小乘），已经不再畏惧死亡和无休止的生命流转，但他们还是无法将众生的解脱和自我的解脱放在同等的位置上。这使得他们在面对无尽的众生时，一旦想到何时才能够度尽，又如何能够达到佛陀那样圆满的境界，仍然会有不安，所以才会向佛陀提问："应云何住？云何降伏其心？"

我们可以将须菩提的疑惑类比为"救度自我"与"救度他人"的差异。举例来说，我们常常能看到一些人很善于安排自己的生活，将个人世界打理得井井有条，内心自足，也不大会为外界的事情干扰。可是一旦有人求助于他们，他们刚开始或许还能有耐心，若对方的问题越来越多，乃至求助他们的人也越来越多，就会产生畏难情绪。虽然他们也想帮助他人，但眼见这么多难以解决的人和问题，自然也会产生无力感。而这时非但帮不了别人，就连自己过去"躲进小楼成一统"的自洽自足也都难以维持。又比如当自己的家人、朋友陷入困境，我们常常需要咬牙坚持来陪伴、抚慰他们，但此时我们的内心往往还带着强烈的不安。这首先是因为我感觉到"我"在被消耗，失去了"自我"的安稳感；其次则是因为，就算面对的是家人和朋友，虽然也真心地希望帮助到他们，可当这种过程变得漫长，还是会产生一种"什么时候是个头"的感觉。就像很多陪伴长期卧床的病人的家属一样，他们未尝不爱护自己的家人，但当看到一眼望不到头的未来，依旧会产生无休止的煎熬感。

就拿当下国际上正在发生的战争和冲突来说，那么多悲惨的画面，单单通过手机观看，就已经让我们的情绪跌宕起伏，感受到不同程度的愤怒、沮丧、悲伤，此时就算我们想要帮助他们，真要身处那样的环境，相信大多数人也会崩溃和绝望。而想象一下，如果须菩提这类圣者身处这样的人间地狱，他或许对自己的性命安危能无所畏惧，但面对如此多的苦难，他想要投身却眼见苦难无休无止，难免会感到无力。

虽然须菩提的烦忧和我们不太相同，毕竟他已经了解"无我"和"死亡"的真相，但面对如繁星一般的众生世界，以及其中如此多的不同样态的烦恼，他虽然相信佛陀更为圆满的智慧，并想要效仿，但每每发起这样的心愿，却又产生剧烈的"众生密集恐惧症"，令心难安。

接下来："佛言：'善哉，善哉！须菩提！'如汝所说："如来善护念诸菩萨，善付嘱诸菩萨。"汝今谛听，当为汝说。善男子、善女人，发阿耨多罗三藐三菩提心，应如是住，如是降伏其心。'"

这段经文基本上是佛陀对于须菩提的问题的重复，唯一的区别在于最后一句："善男子、善女人，发阿耨多罗三藐三菩提心，应如是住，如是降伏其心。"一般读到此处，我们或许会认为，佛陀接下来要开始正式教导安住和降伏的妙法了。殊不知，"应如是住"和"如是降伏其心"已经是佛陀所透露的安心秘密了。

如是，也可以理解为"如实"，也就是如事物本来的因缘去面对和实践。而"事物本来"就是世界的真相，也就是缘起的生生灭灭。可是我们平常面对自己的人生，有没有做到如是呢？既然一切都因缘起而成，那么我就应该顺着当下的生命因缘而投入，同时也能接受诸多因缘而带来的结果。可我们往往因为错认有"我"，所以就想依着"我"的意愿去看待事情的结果，合我意则喜，不合则嗔，这不就已经"不如是"或"不如实"了吗?

有一点需要注意,佛家的"如是"和道家的"自然无为"有所区别。最重要的差别在于,道家的"自然无为"更强调顺于"道",而缺乏积极作为的面相。佛家则强调要常怀一种救度众生的慈悲,这使得他们总是在**创造因缘去帮助他人,而又努力不被因缘的无常变化所束缚**,就如同海洋一般,表面波涛汹涌,深处幽玄寂静。

因此,佛陀在这里其实已经用最为简短的语言回答了须菩提的疑惑,如同一则禅宗的机锋公案,电光石火之间,已然完成了一问一答。这就像曾经有僧人问大珠慧海禅师:"和尚修道,还用功否?"师曰:"用功。"曰:"如何用功?"师曰:"饥来吃饭,困来即眠。"曰:"一切人总如是,同师用功否?"师曰:"不同。"曰:"何故不同?"师曰:"他吃饭时不肯吃饭,百种须索。睡时不肯睡,千般计较。所以不同也。"

这位僧人问大珠慧海禅师"用功"的方法,可是他的回答却是:饿了就吃,困了就睡。僧人便疑惑,一般人就是"如是"呀!可是大珠慧海却回答道,你们的"如是"和我的"如是"是不同的,因为你们吃饭时从未好好吃饭,百般思索。而睡觉时也从不好好睡觉,千般计较。这个公案就像是大珠慧海禅师跨越千年给现代人的教导：我们无时无刻不被手机、网络和信息包围，我们的心忽而在山林，忽而在都市，忽而喜，忽而忧，我们何曾"如是坐车""如是吃饭""如是睡觉"？

须菩提接着回答道："唯然世尊，愿乐欲闻。"

虽然须菩提当下能够完全接受佛陀所说的道理，但多数人如我等，仍然无法马上顿悟如是法门，只能让须菩提代我们"狗尾续貂"，请求佛陀讲得更为详细一些。下一讲就来看看，佛陀到底是如何详细地回应须菩提的疑惑的。

第 25 讲

# 无四相：
# 佛陀为何能不知疲倦地度化众生？

在《金刚经》的开篇，须菩提直言不讳地向佛陀提出困惑：明明自己这样的声闻人已经了解"无我"的真相，也不再会经受轮回之苦，可是似乎与佛陀比起来，仍然显得智慧和慈悲不够。这到底是为什么？

须菩提的这个问题背后，其实反映出佛法修行的两条道路，用龙树在《大智度论》里的说法，就是："佛法皆是一种一味，所谓苦尽解脱味。此解脱味有二种：一者、但自为身，二者、兼为一切众生。虽俱求一解脱门，而有自利、利人之异，是故有大小乘差别。"也就是说，虽然从解脱的目标而言，佛法都是为了解决人生之苦，但当中也有差别，一个是小乘，只求自我解脱；另一个则是大乘，虽然同样追求自我解脱，但也会为众生的解脱而努力。

关于大乘与小乘，有人认为其实二者在智慧的认知层面上没有什么差别，都只是觉悟了缘起性空，只不过在利他的慈悲程度上有所不同。另外一种看法则是，二者的差异不仅在于慈悲的程度，更在于智慧的深广。比如从破除执着的层面来看，小乘佛教会聚焦于破"人我执"，也就是从观察个体的五蕴身心入手，体察到"我"的无常生灭，以断除"我执"。但其未破"法我执"，也就是认为佛教的解脱之道是某个本质性的规律，或是某个可以被掌握的理论，甚至认为存在一个可以真实获得的涅槃境界。对于"法我执"而言，要破除的执着更加深入和细微；而对于"人我执"而言，要破除的执着则较为粗重。

### 实无众生得度

回到《金刚经》，继续来看佛陀如何回答须菩提的疑惑：面对众生之苦，该如何安住其心，又要如何降伏其心？

"佛告须菩提：'诸菩萨摩诃萨应如是降伏其心："所有一切众生之类，若卵生、若胎生、若湿生、若化生，若有色、若无色，若有想、若无想、若非有想非无想，我皆令入无余涅槃而灭度之。"如是灭度无量、无数、无边众生，实无众生得灭度者。何以故？须菩提！若菩萨有我相、人相、众生相、寿者相，即非菩萨。'"

　　首先解释一下这里佛陀所见的各种众生。在佛教看来，生命形态相当多样，比如"卵生、胎生、湿生、化生，有色、无色，有想、无想、非有想非无想"就是佛教世界观里的"三界"的九类众生。前面讲过，"三界"分别是欲界、色界和无色界。欲界指的是以粗重感官欲望为基础的生命形态，比如我们所生活的这个世界，无非追逐男欢女爱、种种情欲、美味佳肴等；而色界的生命则远离了欲界的粗重欲望，其存在的形态相比欲界生命更加清净和细微，以精神的滋养（也就是禅定的喜悦）为食；无色界则是纯粹的意识存在形态，没有物质作为载体，以意识为食，也就是依靠精神获得满足和滋养。假如想要从欲界的生命形态提升至色界，乃至无色界，只能借助禅定的力量才能达到。而且"三界"的生命形态都在不自主地轮回流转，无法被人自主把握，因为就算达到了色界和无色界，也会有成、住、坏、空的一天，不可能永远稳定。

　　而佛陀在这里提到的众生，就是"三界"中不同的生命样态，比如卵生就是依卵壳而生；胎生是依胞胎而生，湿生是依湿气之地而生，化生则不需要任何依托。其他的样态，如"有色、无色，有想、无想、非有想非无想"则是色界和无色界的存在样态，比如其中的"有色"指的是色界天的众生，而"无色"指的是无色界天的众生。"有想"则指的是色界天中除了无想天之外的生命形态，也就是还有心意识的活动；而"无想"就是色界中的无想天，基本停止了意识活动。"非有想非无想"则指的是无色界天中的非想非非想处天，也是"三界"中最高的生命存在形态。

再回到佛陀的回复，针对须菩提的疑惑，他直截了当地给出了答案："我皆令入无余涅槃而灭度之。如是灭度无量、无数、无边众生，实无众生得灭度者。"涅槃，也就是烦恼的止息，可以分为"有余涅槃"和"无余涅槃"，简单来说二者的差别就是后者更为彻底和圆满。佛陀这句话直接转译过来的意思是：我救度了无量、无数、无边的众生，但没有一个众生真实地得到救度。

或许有人会感觉，这句话不是自相矛盾吗？这就好像在说"我爬了无数座山，却没有翻越一座山"，或"我走了一万步，却没有走出一步"。唐代的高僧黄檗希运禅师也曾说过："终日吃饭，未曾咬著一粒米。终日行，未曾踏着一片地。"听上去和佛陀的这句回答是不是很像？

我们一般人，每天早上一睁眼，当天的日程就排得满满的，"我要完成一个项目、读多少书，赚多少钱，写多少字、上几门课"……忙碌了一天，感到收获满满，于是晚上就可以心满意足地睡去。现代人多数都在追求这种每天过得很充实的状态：做了"无量"的事，得到"无量"的结果。一旦某天我们因为某些原因无法完成预期的目标，往往就会感到失落，觉得日子白过，甚至还会有种种懊悔、自责的心情。

但是在《金刚经》里，为什么佛陀要讲自己救度了无量、无数、无边的众生，却没有感到心满意足，还说其实没有一个众生得到救度？

## 我相、人相、众生相、寿者相

接着佛陀说出了最终的答案，这也是《金刚经》中非常重要的内容："何以故？须菩提！若菩萨有我相、人相、众生相、寿者相，即非菩萨。"

佛陀认为，之所以菩萨能够不知疲倦地帮助他人，是因为菩萨没有"我、人、众生、寿者"这四相，而这才是

　　　　　　　　　　　　　　　　　　人生解忧

菩萨的关键特征。

一般来说，我们都是在三维时空的背景下去认知这个世界，依靠时间、空间、运动来确定一个人的存在状态，然后将此存在认定为"我"，这就是"我相"。再以"我"为中心，就自然安立出你、ta的存在，而这就是"人相"。无数的"你""ta"聚集起来，如同水滴汇成海洋，树木聚为森林，由此建立起对人群的认知，这就是"众生相"。而无数由"你""ta"聚集起的众生世界生生灭灭，来来去去，构成了持续不断的世间相，永无止息，这就是"寿者相"。

对于佛教的觉悟而言，"无我"当然是最为重要的教导，前面几讲也曾反复介绍了要如何认识"无我"。不过对于一般人日常生活中的"我相"，其实需要在某些特定的场景之下才能被清楚地感受到。

我们时常在媒体上看到有人不顾自身安危去救助他人的新闻，很多人也会因此而感动，但当我们假设自己身处其中时，却未必能做到毫不迟疑地挺身而出。不过在某些紧急状态下，我们也会产生一种"忘我"的心理状态，也就是暂时不会考虑自己的安危而奋不顾身地去救助他人。这时的"忘我"，其实就是"我相"暂时隐藏起来的表现。大多数时候，我们在面对某些困境时所感到的畏惧、担忧，其实也都是"我相"的表现。我们会本能地产生一种保护自我的冲动，不让自己受到伤害。

这里再稍微展开一点对于"我相"的分析。对于佛教而言，之所以会产生"我相"，就是因为当我们一旦进行思维活动，就会产生二元的"能所"，通俗来讲，也就是主客体的思维结构。"我相"的产生，正是依靠"能所"的安立："我"是能观、能看、能做的主体，而一旦确定了主体，马上就有相对应的客体、境界产生。当你把能观的主体确立为实有的存在，所观看的境界自然也就被同时确立为实有的对象，这就是我们所看到的"能见相""境界相"。由此可知，"我相"就是因二元的认知模式而产生的结果，有"我"就有"你"和"ta"，也就有了众生和世界。而更为关键的是，这个"我相"会被我们错认为是实体性的、固化的存在，这使得相对应的境界也因此变得僵硬和死板。

比如我们在日常的交往中，我是我，你是你，他是他，彼此保持安全的距离，似乎没有什么特别的感觉。但是一旦对方说的话、做的事触犯到你的敏感点——无论是损害了你的利益，还是和你的认知、观念有了冲突——是不是常常会产生强烈的对立感？这就是某种意义上的"我相"。接下来，对方的形象在你心里挥之不去，走路想，吃饭想，晚上该睡觉了还在愤愤不平，这就是"人相"，即他者之相。你对那个人形成了某个固化的标签，感觉对方如同一个坚硬的存在物一样，横亘在你的心间。

但是仔细想一想，你心里想的这个人就是触怒你的那个人吗？那一瞬间早已过去，他还是那个他吗？从最简单的"无常"道理就可以推出，当然不是，但是你在脑海里构造出的鲜明的"人相"，已经变得牢不可破。

很多人一辈子都记恨着自己所构建的无数的"人相"，觉得那个人当时怎么如此之坏，并会为这个人过去犯下的过错而不断困扰现在的自己，让自己被过去的锁链牢牢套住，持续地烦恼、痛苦。其实那只是他在你的脑海中留下的模糊的形象而已，甚至很久以后，你都完全回忆不起他的名字与形象，心里却还保留着一种被曾经他伤害的感觉，这就是挥之不去的"人相"。一旦有了这种感觉，你当然会始终心有挂碍，因为你会永远背负着这个"人相"。

当然，这个固定的、本质化的人相，其实是被你的意识建构起来的，这来自"我相"所带来的与他人的对立，"我相"越坚固，"人相"自然也就越难以消除。

中国人常说，可敬之人不可亲，可亲之人不可敬。

一个人如果对自我有某种固化的角色认同，那也就相当于树立了一个强烈的"我相"，使得他可能在任何场合下，都要始终维持这样的"我相"。在正式场合，这样的"我相"可能会显得可敬，但如果切换到私下的场合，仍然以这样的"我相"出现，那就可能显得过分严谨、肃穆，难以让人亲近。

在很多年前，我的性格其实是非常"知识分子气"的，好恶分明，在交往朋友上也常有强烈的"精神洁癖"，但这使得自己在现实生活中感觉处处不如意，因为举目望去，符合要求的人寥寥无几，自然就会在生活中有一种难以排遣的孤寂感与失落感，甚至觉得整个世界都失去了光彩。但从佛学的视角看，那不过是因为我将对自己的某些精神要求加诸自身，形成了一个固化的"自我"的标签，然后以此去看待他人、社会和世界。凡不符合标准的，自然就与之形成对立，标准越高，就越能感受到无处不在的对立感，无数让人不舒服的"人相"，也犹如乌云一般，笼罩在我身上。

我们也常常会看到，年轻人在成长的过程中其实没有太明确的自我认同，因为这时他们往往还在摸索，有很强的可塑性。有时候可以很活泼，有时候也能严肃和庄重，

　　　　　　　　　　　　人生解忧

在不同场景里扮演好相应的角色。但是进入社会后，人往往会走向两个极端：要么越来越单一，在生活和工作中都是一个形象；要么越来越分裂，在生活和工作中是两个完全不同的样子。

而一些人的生活状态之所以单一、麻木，其实就是因为他们将职业的某些要求内化为自我认同，即使他本来并不接受这种身份认同，却也不能摆脱，最终只能无意识地成为"套子里的人"和"假面人"。而另外一个极端，就是以一种极度的反差来表现出自我认同，比如像日本的上班族，在公司和在居酒屋简直如同两个人，在公司里彬彬有礼，身处居酒屋却放荡不羁，这其实正印证了，现代社会的标准化和科层化，使每个人都被赋予某个模式化的"我相"要求。这当然会让我们感觉受到了极大的束缚，于是就需要在某些场合放飞自我，让自己得到极大的发泄，比如一些年轻人对极限运动的追求，对迷笛音乐节的迷恋，其实都是对日常生活中程式化的"我相"的各种抵抗。

从"我相"到"人相"，然后推至更多的人，就产生了群体性的"众生相"。我们在日常生活中能接触到的其实只是世界上的极少数人，但我们的思维却常常是以群体性的角度去理解世界的。比如当看到一则新闻里报道了非洲某个国家的某些负面讯息，我们可能就会武断地认为那里所有的人都很悲惨，也就是会产生一种整体性的标签化认知；反过来，一旦听到欧美社会的新闻，我们往往就会感觉那里的人生活得都非常幸福。

在信息不发达的时代，人固然容易有这样的"众生相"认知，但就算在今天这样一个信息高度发达的时代，人也常常会因为某条信息而对某个族群、某个国家，乃至某个宗教产生非常僵化的认知。当然，我们今天也可以同时看到很多截然相反的信息，这就会让心中的"众生相"处在不断被建构和被瓦解的过程。同时也会有很多人执着于自己的立场，对任何无法支撑自己观点的信息都持以否定的态度，从而守护着那个虚幻的"我相"。

不过互联网媒体的多元化的确可以让我们消解对于许多意识形态的执着，比如各种"主义"话语其实在大幅度地降低，转而看到的是无数的图片、视频和简短的文字在讲述一个个不同的故事。但我们仍然难以摆脱那种根深蒂固的"众生相"，仍然倾向于将其他群体理解为我愿意理解的样子，这其实就是人类认知的根本误区。**只要"我相"还是坚固的，那么我们所看到的世界，永远都会带有某种程度的偏见。**

关于"寿者相",这主要指随着时间的推移,从"我相"出发而产生的"人相"和"众生相"就这样不断地生生灭灭,我们对"我相、人相、众生相"的执取也绵延不断,就像锁链一样环环相扣,构成了无尽的时间迁移相,我们对于生命的认知与想象也就这样不断地演化。无论是人类的历史,还是当下正在发生的各种战争、杀戮,以及因此而产生的各种善意的互助,等等,都会不断地此起彼伏,在我们心中生出一幕幕人间的悲喜剧。

因此,"若菩萨有我相、人相、众生相、寿者相,即非菩萨"这句话其实建立起了大乘菩萨道的核心标准,就是"无四相"。而其中最为核心的就是"无我相",因为有了"我相","人相、众生相、寿者相"就会自然显现出来。

最后,回到最初的问题:佛陀为何能不知疲倦地度化众生?最表面的解释是,因为他根本不会产生和他人、众生,乃至无尽时空的对立感。而须菩提的"众生密集恐惧症"的症结不过在于,他虽然破除了"人我执",却没有深入去观察"法我执"。所以,以须菩提为代表的声闻人,对于无尽的众生虽然有心去救度,但因为无法彻底圆满"法无我"的智慧,故难以安住其心、降伏其心。

虽然"无四相"的内涵直截了当，但须菩提的理解也并非一蹴而就，接下来，他会和佛陀一起展开更加直接的问答，以此解决他的真实疑惑。我们也可以随着他的步伐，去进一步体会佛陀是如何深入阐释"无四相"的内涵的。

第 26 讲

# 不住相：如何才能见如来？

有关《金刚经》中非常重要的"无四相"，需要注意的一点是，"无四相"不等于"否定四相"。如果回顾一下前面所谈到的般若观念，**佛教一直强调的，其实是一切法皆无本质和实体，所以"无四相"的正确理解，应该是没有本质的"我相、人相、众生相、寿者相"。**

## 不住相的布施

当佛陀告诉须菩提，要想实践菩萨道度化众生，就不能执着"我相、人相、众生相、寿者相"，须菩提此时心中便产生疑惑：菩萨到底具体要如何做呢？毕竟救度众生不能靠纯粹的思辨，只停留在精神层面，而是要在具体的实践维度中进行。

佛陀于是回答道："复次，须菩提！菩萨于法应无所住行于布施，所谓不住色布施，不住声、香、味、触、法布施。须菩提！菩萨应如是布施，不住于相。"

在菩萨道的观念里，要救度众生就需要实践"六度"，或称为"六波罗蜜"，分别为布施、持戒、忍辱、精进、禅定、般若，也就是菩萨道所需的六种度化众生的修行方法与科目。其中般若，也就是空性的智慧，是主导其他"五度"的思想主轴，如果缺乏般若，即便这个人做了很多的善事，但都不是佛法意义上的菩萨道。

这里排在首位的布施，简单解释就是给予他人所需要之物，包括财布施、法布施和无畏布施这三项。财布施就是用世间财物之类去救济他人，比如在日常生活中为他人资助食物、钱财、生活用品等；法布施则是以佛法的观念去帮助他人，当然也包括类似佛教典籍的分享流通之类。就像我们一般人如果想要启发他人，就会送书给对方，还会开导对方，好让对方能够心开意解；而无畏布施则是指当看到众生陷入危难而害怕时，菩萨要以奋不顾身的精神让对方远离恐惧。当然，这三者并非是严格分开的，比如让人真正能够处变不惊、无所畏惧，最终还是需要觉悟的力量，方能泰山压顶而不变色，所以给人法布施当然也属于无畏布施。

既然布施是菩萨道的实践者去利益他人的行动，势必就要牵涉布施的主体、布施的行为和布施的对象这三部分。我们在日常生活中帮助他人时，会产生我真真切切地"帮助"了某人的感受。这使得在帮助他人的过程中，会自然地产生很多心理反应。比如最常见的一种，就是会首先考虑自身的利益，所以常常会有吝啬的心态，不愿意舍弃自己的东西。在世俗的法律层面，愿不愿意助人完全是个体的选择，而在现实生活中，我们会认为在某些情况下舍弃某些个人利益去帮助他人是合乎道德的，是值得鼓励的。但关于舍弃的"度"，就是一个因人而异的问题，有的人倾家荡产，不惜生命；有的人虽家财万贯，却只愿舍九牛一毛，这背后其实也是对"我相"执着的程度不同。

还有一种常见的心理反应是，我们会习惯性地在助人之后渴求得到对方的感恩与回报。比如一些新闻报道有人见义勇为，救了落水小孩之后，却"事了拂衣去，深藏功与名"。在这种突发情境下，多数人都只是出于一种自然流露的慈悲心去救助弱小，事毕之后，也往往并不在意对方是否特别地表达感激。但有趣的是，网民有时候却很激动，纷纷"指点"被救孩童的父母要如何上门答谢救命恩人等。这也反映出，我们一般理解的助人，其实包含期待对方报恩或感恩的心理，但这其实反而会经常让助人的自己陷入烦恼之中，因为当这样的期待一旦落空，就会心灰意冷，不愿再帮助他人。

所以佛陀说："菩萨于法应无所住行于布施。不住色布施，不住声、香、味、触、法布施。"这里的"无所住"，是说不能执着存在一个实有的布施的主体、布施的动作，以及布施的对象。但我们为何做不到"无所住"？因为感官，也就是眼、耳、鼻、舌、身、意这"六根"在面对色、声、香、味、触、法这"六尘"时，会被认知所浮现的种种"相"所迷惑。所以心中会产生"我拿了很珍贵的东西去帮助他"的想法，或者会不断权衡布施对象的身份地位、和自己的亲疏程度等。那都不算是菩萨的布施，因为你处处分别执着，处处落入陷阱。

这当然不容易做到，所以就连须菩提也会怀疑，甚至不断向佛陀发问，毕竟要深入体悟般若智慧的"毕竟空"，还需要一个过程。但《金刚经》至少在道理层面回答了这样一个问题：为何我们常常从助人出发，而最终以苦恼结束？如果有一天你帮助别人而没有得到回报，甚至还反受伤害，你要怎么看待？你还会继续坚持去帮助别人吗？这当然对我们是一个很大的考验。《金刚经》里的这个疑问，其实有非常深刻的现实性。

在这里，佛陀进一步地向须菩提确认："须菩提！菩萨应如是布施，不住于相。"佛陀所说的"无四相"，其实说的是"不住于四相"，也就是不执着"四相"。佛陀并不是在给须菩提灌鸡汤、打鸡血，不是在那里呐喊助威："加油！Nothing is impossible！你一定会成功！"佛陀的逻辑反而是，**人生中遇到任何的人、事、物，不管是恐怖的、可爱的，顺的、逆的，都只是一个"相"，只要你不在心里给它加上一个绝对化的标签和定义，那么就不会被众生的数量、样貌所困扰，自然就可以安住其心了。**

曾经有一部很有名的纪录片，名字叫作《含泪活着》，由旅日华人导演张丽玲所拍摄，记录了上海一位父亲为了送女儿出国留学，独自在日本打了十五年的黑工，不能回国，因此不得不和太太、女儿长年分居。直到女儿终于申请到国外的大学，在东京转机的那天，父女在相隔十五年之后终于再次相见，见证了一个父爱如山的人生故事。一般人可能本能地觉得，这对父母真是伟大，能够如此牺牲自己来成就女儿。不过，如果我们对他人的关爱只是建立在以"牺牲自我"来"成就他人"的叙事结构里，那大概只能让人感动，但无法让人愿意去实践。就像今天很多人对于种种宣称要"牺牲小我"来迎合父母、公司，乃至社会的观点嗤之以鼻，认为那不过是一种传统的道德叙事的绑架而已。

为什么我们会觉得这样的"牺牲"看似伟大，但却不可爱？当然是因为这种的利他行为都建立在对"相"的执着的基础之上，为了儿女，为了他人，为了集体，然后将自己部分地或者完全地舍弃。固然可能在这个过程中收获无数的赞美，让自己得到某些心理满足，但那仍然是一种"以相换相"的认知模式，像是要将自己作为崇高的祭品献供出去，悲壮有余，洒脱不足。而反观菩萨的逻辑，菩萨或许会作种种布施，但却不会那么辛苦地"含泪活着"；菩萨会充满对众生的慈悲，却不会有自怜的悲情。

为什么？因为菩萨不会执着"四相"。

不过，当我们听到"不住相布施"时，内心很容易升起一种空落落的感觉，似乎付出的一切都得不到任何回报，甚至进一步地产生无意义感，觉得一下子失去了动力。的确，我们很容易在生活中感到疲倦、受挫、沮丧。扪心自问，我们在人生中立了多少次 flag："我要努力，我要如何……"但过了一段时间，flag 无法持续，于是开始泄气、自责、懈怠，然后"躺平"、放纵，为自己找各种借口，沉沦到底。然后又在某个深夜突然觉醒，感觉不能再这样下去了，心里一激动，于是又立了一个 flag……我们大多数人心理都是这样运作的，一定需要立一个"相"，等那个"相"失去了吸引力，就开始感觉厌倦，失去做事的持续动力。

可是，我们真的只能如此吗？针对这个疑惑，佛陀接下来是这么回答的："若菩萨不住相布施，其福德不可思量。"佛陀还进一步打了一个比方，说东西南北各个方向的虚空世界无量无边，"不住相布施"的福德就像这样无穷无尽，无法度量。这个逻辑用通俗的话来解释就是：**你越不执着地去做事，结果反而会更加不可思议。**所以在经典里，常常会用下面这句话来形容这个逻辑——"无量珍宝，不求自得"。

## 如何才能见如来？

经文到了这里，佛陀其实已经把《金刚经》的主要教导都讲说完毕，接下来则是他对须菩提的个别疑惑进行层层厘清。

佛陀继续追问："'须菩提！于意云何？可以身相见如来不？''不也，世尊！不可以身相得见如来。何以故？如来所说身相，即非身相。'"

这里的意思是，佛陀问须菩提：你能从你这个"五蕴身心相"中见到真正的实相吗？这其实是在提醒须菩提，前面讲了要"不住相"，而我们平常最容易执着的就是这个"五蕴身心相"，将缘起的身心假相误认为一个真实的"我"。

须菩提当然明了佛陀的深意，当即给予了否定的回答，并且用了一个广为人知的《金刚经》句式："如来所说身相，即非身相。"意思是，当我们说"身相"时，不能掉入实实在在的"身相"认知中，然后产生种种执着。正如前面反复提到的，当我们说"杯子"时，会借助概念的思维而产生一个实有的杯子的感觉。你会认为你所看到的这个东西背后有一个本质性的存在——"这就是杯子"。

"相"是我们日常生活中所感知到的各种事物的基本形态。当我们看到一个对象时，会通过感官对它进行信息采集、分析、整理、分门别类、贴标签……最后通过概念符号把它们一个个分类完毕。所以当你走出房门，可以直觉地感到这是"门"，那是"窗"，走进电梯知道这是"电梯"，那是"按钮"，等等，这些"相"原本只是世界存在的样貌而已，但我们的认知却通过抽象化的概念将其视为实体化的存在。

因此佛陀进一步解释道："佛告须菩提：'凡所有相，皆是虚妄；若见诸相非相，则见如来。'"

"凡所有相，皆是虚妄"，通俗一点解释，就是说一切事物都不具备本质性的属性。在现代消费社会，这一点其实表现得尤其明显。比如现代人对品牌十分敏感，这其实就是执着"相"的最为极端的表达。为什么我们会趋之若鹜地买 LV？不过是因为消费社会通过各种方式，给品牌以尊贵性、稀缺性，甚至某种特殊地位的意义，让人相信它似乎具备了不变的真实价值。但稍微思考一下就知道，那不过是人们在特殊条件下赋予的价值共识而已，其本身并不具备不变和永恒的价值属性。而"**凡所有相，皆是虚妄**"**就是要告诉你，我们所立的一切概念、标签背后都是虚妄法，没有实质性，因此不能迷于其中，执着不舍。**

这让我想起来，小时候每到暑假时分，我就会被家人送到农村度过整个夏天，刚去的时候多少有一些不适应，比如如厕。在城市里长大的我，认为厕所至少是一个封闭的空间和相对规整的蹲坑，但在农村，厕所常常不过就是猪圈旁的两块木板而已。而每当和小伙伴去放牛时，如果突然想上厕所，问他们要去哪里，他们就会随手一指旁边的田垄："喏，这就是。"对他们而言，在野外大小便是很自然的事情，但对接受过所谓文明教育的人来说，厕所一定是某种标准样态，但这其实是一种对于"厕所相"的实有执取而已，似乎只有这样的空间才算是正确的厕所。而乡村孩童则不大会受到这样的认知束缚，因此可以"以天地为栋宇，屋室为裈衣"。

当然，佛教并非要像魏晋名士那样刻意突破社会公序良俗，而是要时刻提醒我们，**起心动念之处，都是各种执着，因此要看到"相"的虚妄性。**

比如，如果你把杯子看得过于实在，就会被"杯子相"所绑住，要是在野外，难道一定要有杯子才能喝水吗？当然不是，你可以用树叶喝水，可以以手掬水。对于世界上的每件事物，我们都只需要呈现出它在某种环境条件下的功用而已，而不该被其概念所约束。受过现代教育的人，因为被各种概念名相所淹没，常常缺乏认知的灵活性，导致认知僵硬、死板。**其实所有的概念和知识都只是符号而**

已，并不是世界的真相，因此佛陀才说："若见诸相非相，则见如来。"

日本著名导演是枝裕和曾经导演过一部电影，名字叫作《如父如子》，电影主要讲了这样一个故事：上班族野野宫良多和妻子野野宫绿结婚多年，有一个聪明乖巧的儿子，名字叫庆多，生活幸福而平静。可是有一天，庆多出生的医院来了一通电话，告知他们庆多其实是另外一对夫妇的孩子，当年两人在同一家医院生产，出于某些原因，两家人互相抱错了对方的孩子，而直到现在医院才发现，于是这两个家庭不得不卷入一场情感的旋涡中。

在我看来，这部电影提出了这样一个重要的问题：当你发现养了多年的"儿子"并不是亲生的"真儿子"，请问你会如何看待这份父子关系？

电影中，良多夫妇抚养了庆多六年，一直认为那就是他们的儿子，当医院的电话打来，无疑会产生极大的心理矛盾。那是一种又抗拒又不舍的心态，毕竟共同生活六年，已经情同父子，彼此感情的羁绊不可谓不深。但另一方面，他们又会认为有血缘的关系才算是"真正的儿子"，因为整个社会都以基因作为衡量父子关系的标准。于是摆在良多面前的问题是：一个是虽无血缘关系，却共同生活六年的"假儿子"，一个是有着血缘关系，但毫无情感连接的"真儿子"，到底该如何抉择与认定真正的父子关系呢？

虽然人类社会对父子关系的判断标准以血缘关系为基础，但假如我们把这个标准看成本质性的，就会难以理解现实生活中各种"不正常"的父子关系。比如许多被收养的孩子与养父之间，虽然没有血缘关系，却往往胜似亲生，难道这不算真正的"父子"？

而"若见诸相非相，即见如来"说的就是，我们如果理解了这个世界上的一切事物其实都不是绝对性的存在，而只是因缘起而成，那么才理解了何为真正的如来。《金刚经》中这样解释"如来"的真正内涵："无所从来，亦无所去，是名如来。"来不是绝对的来，去也不是绝对的去，但其来去的样貌仍然历历在目，所以称为"如来"。正如这部电影的中文翻译一样，哪里有所谓绝对的"父子"定义，不过"如父如子"而已。如果再套用《金刚经》的经典表达，那就是：佛说父子，即非父子，是名父子。

当两个家庭最终互换了彼此的孩子之后，庆多当然非常沮丧，始终不能接受父亲良多对他的"抛弃"，而良多其实在情感上也一直割舍不下作为儿子的庆多。在电影的结尾处，这对"父子"一起走了很长的一段路，回忆着过去六年中生活的点点滴滴，也让彼此开始明白，他们虽然并不是血缘意义上的父子，但这个无心之错却让他们之间形成了另外一种意义上的父子关系，两人也最终达成了和解。

因此，佛陀对须菩提不断地强调"不住相""凡所有相，皆是虚妄"，都只是为了说明般若"空"的内涵而已。"空"就是一切法无本质，但我们却常常会被"相"所迷惑，就连须菩提也要佛陀耳提面命地不断提醒，不要掉入到对"相"的执着陷阱之中。

讲到这里，《金刚经》的主旨思想基本已经介绍完毕，但我会再继续挑选一些段落来进一步说明，我们是如何在每一个念头生起时，就不自觉地进入"执着四相"的认知迷雾之中；而佛陀又是如何恳切地反复叮咛，好让我们能够在念头的生灭之间，看到一丝觉悟的光芒。

第 27 讲

# 应无所住：突破自我的精神牢笼

　　前面三讲介绍了在《金刚经》中，佛陀如何回答须菩提一个个的问题。虽然须菩提已经体验到"无我"，按照佛教的看法，他甚至已经不用再进入生命的轮回，受种种苦。可他仍然无法完全理解佛陀的内心世界，这其实是因为，须菩提所体证的"空"的智慧境界，相比佛陀而言，仍然显得偏狭与不够圆满。

　　这里的"不圆满"，也就是佛教中一般称呼的解脱道和菩萨道的区别。解脱道主要解决个体生命不再轮回的问题，而菩萨道则要进一步解决众生解脱的问题。我们往往会觉得，实践菩萨道的人，只是因为多了一些慈悲心，不忍看到众生在苦海中沉沦，所以才义无反顾地投入其中，救度众生。但是如果仅仅是这样，就势必会引出须菩提的问题:这么多众生，何时能度完？而且众生性情各不相同，缘分也各有深浅，因此教育的难度也是天差地别，虽然自己不会起"我执"所生的烦恼，但面对无边的众生模样，仍然会产生深层而细微的困惑。这类困惑在天台宗的思想里被称为"尘沙惑"，意思是说，行菩萨道的人要面对众生各种各样的因缘相貌，如果我们对其不够了解，也就无从下手，更谈不上度化他人。而须菩提所代表的这一类修行人，就是只断除了"见思惑"，却还没有断除"尘沙惑"，所以才会出现前面所提到的"法我执"的问题。

也正因此，在佛陀给须菩提解释了菩萨不应具"四相"后，马上就开始讲解布施的问题，也就是布施、持戒、忍辱、精进、禅定和般若这"六度"。你或许已经发现，"六度"其实更多是从实践层面来谈智慧如何融入到具体行动的问题。

所以在大乘佛学中，会将菩萨道分为"深观"与"广行"两个方面。"深观"就是像《中论》那般抽丝剥茧，深入观察心念运作的逻辑，最终亲身体证"空"的境界；而"广行"则是以这样的智慧去作种种的事业，不仅可以帮助他人，也可以在具体的事务上磨砺自己的见解，毕竟要想灵活运用"空",就要能在一饭一食、挑水担柴等日常事务中慢慢体悟。比如古代许多禅僧,如果有了一些修行心得,就会来到十字街头淬炼自己一番。因此从理论上来讲,菩萨道是要兼顾道理和实践的,只是具体落实到每一个人,则可能各有次第顺序的差异,或暂时隐居,或积极地作各种社会事业,那就无法一概而论了。

在对前三讲的内容简单总结后,接续上一讲谈到菩萨道"六度"中的布施,接下来再来展开解释一下"六度"中的持戒与忍辱。

## 持戒与忍辱

佛教的持戒,大家或许都有所耳闻,比如第 11 讲就谈过戒律的精神。戒律的目的就是让人远离容易滋生贪、嗔、痴、烦恼的环境,以免让自己意乱情迷,无法专注于对五蕴身心的观察,并且作种种恶行,让自己陷入恶心、恶行、恶语的循环中。不过,这种解释其实只涉及戒律的部分内容,也就是所谓的"摄律仪戒",顾名思义就是重在行为上的约束,让人不要作恶。接下来还有"摄善法戒",也就是要积极行善,这与"摄律仪戒"一样,都倾向于个

人生解忧

体层面的行为。

而到了菩萨道的层面，就有"摄众生戒"，又常被称为"饶益有情戒"。这个名词从字面上很容易理解，这一类戒律是针对如何利益众生而设置的。比如《瑜伽师地论》中记载的"瑜伽菩萨戒"，其中谈到菩萨戒中最为重要的四条戒，分别为"自赞毁他戒""悭啬财法戒""嗔不受他人忏戒"和"诽谤坏乱正法戒"。其中如"悭啬财法戒"，除了要说明面对众生不应悭啬财物之外，还特别强调了，如果当有人想要来寻求真正的佛法时，你因为悭惜自己所知道的内容而不讲给他人听，这也是犯了菩萨戒。

大家都知道著名的弘一法师在民国佛教界以学戒、持戒而闻名，甚至被誉为中兴汉传佛教律宗的代表人物。1937年，青岛湛山寺想请弘一法师北上讲法，于是派遣当时还很年轻的梦参法师前去请驾。可是弘一法师平日深居简出，而且当时因为身体不佳，长居闽南休养，于是拒绝了梦参法师的请求。梦参法师走之前特地向弘一法师辞行，并且表示想请教一个关于戒律方面的问题，那就是，菩萨戒里面有谈到，如果有人来请法而不说的话，这到底犯不犯戒？弘一法师听到此话，当然知道梦参法师所意为何，也正是这番对谈，促成了弘一北上青岛弘法的因缘。

因此，菩萨道中的持戒，是以利益他人为根本原则，这和解脱道里对于戒律的理解有着广狭深浅的差别。但我们也可以感觉到，一旦涉及利益他人的层面，便自然会对个体生命提出更高的要求，但或许更难的是，教化一位、两位，乃至上百位众生，尚可咬牙坚持一下，但举目望去，光这个可见的人类世界就有数十亿计的人，如果再加上佛教宇宙观中的"六道"，那就根本无法计算了，即使是须菩提也难免会产生畏难之心。

正因如此，经典中常常提到，那些发心修行菩萨道的人，就好像世上的珍宝一般，稀有难得。所以《华严经》这样描述菩萨的广大胸怀："除灭一切诸心毒，思惟修习最上智，不为自己求安乐，但愿众生得离苦。"这句话也是弘一大师常常为人书写的《华严经》联句，但这样的境界何其难矣！之所以难，其实就像《金刚经》中佛陀给须菩提所讲的，菩萨不能执着"四相"，一旦执着，就很难发起救度众生而无怨言的心愿。

再来谈"六度"中的忍辱。佛法中的忍辱是指面对外在逆境时能安忍不动，但这跟大多数人所能做到的忍辱不同。回想一下，我们平日在生活中遇到不顺心的人、事、物时，是不是常常感到不满并强忍怒火？这还是在情绪自

　　　　　　　　　　　　人生解忧

控的范围之内，而我听说如今越来越多的年轻人，比如对于职场霸凌常常拍案而起，似乎开始学着"不忍"了。可是问题在于，不管我们忍还是不忍，似乎都带着对立与苦。我们一般人总是感觉有什么对象或情绪需要去忍或不忍，多数都是靠着意志力在强行压制；而像须菩提这样智慧远超我们的人，他也因为"法我执"，所以在面对众生时，仍然带着不圆满的忍辱，所以并不归属于"六度"的范畴。

菩萨道中的忍辱其实是说，用大乘的智慧来看待逆境，即便在面对外界的各种逆境时，不起忿恨之心，不会嗔恨对方，等等。也就是说，要行菩萨道的人就要依着《金刚经》所说的"破四相"的道理，如果不理解"我相、人相、众生相、寿者相"的虚妄性，那就只能永远带着不得已的"强忍"之心。就连须菩提这样的圣者，如果只是破除了"人我执"而未破"法我执"，那么还是会带着对他者，也就是众生的细微的对立之心。

我们用一些的例子来理解这几种"忍"的差别。平常人在遇到不顺心的人、事、物时，会升起不舒服的情绪，随着这个情绪不断蔓延，你会觉得对方的形象似乎越来越坚固，甚至像一堵墙横亘在心中，又像有一口气哽咽在喉，不吐不快。比如很多人开车时遇到有人插队，就会咽不下那口气，不是骂骂咧咧，就是一脚油门，非要扳回一局。这就是在"人我执"的驱动下，身心被境界卷入其中，根本谈不上忍辱，连一般的忍耐都难以做到！

因为"我"和"对象"都被认知打造得坚固无比，这时候要忍下来，需要有多大的自制力！但如果我们想象一下，就在你斗气超车时，你降下了车窗，正准备破口大骂，突然发现对方竟然是你多日未见的朋友，此时你是不是转怒为喜，反而觉得，真是好有缘分呀！同样是遇到别车，如果是熟人，你可以一笑而过，但如果是陌生人，你往往怒不可遏，那到底是什么造成了某些时候你能"忍"，某些时候又无法"忍"的情况呢？

正如前面讲到"空"的观念时我们解释的那样，之所以会在某些环境之下被触发烦恼情绪，是因为我们不仅把自己，也把对方都认定为某种实有的存在，这就会让自己在这一环境下任由这种情绪不断升级，当然就谈不上忍辱，因为从一开始，我们的认知就出现了偏差。但如果我们真正体悟到一切事物都是如梦如幻的，虽然我们仍在这样的环境之中，却不会生出因执着而产生的坚固的对立感。碰到人家别了你的车，你也可以一笑而过，让对方先行；但如果对方以危险的方式驾驶，乃至可能伤害到公共安全时，你也能以冷静的心态加以处置。也就是**在内，我们的身心能够安稳，不会被境界扰乱；对外，我们能关注到他人的需要，并且给予力所能及的帮助。这样的菩萨道，哪里有半点消极的气息？**

从上面的辨析里，我们可以看出，在菩萨道的观念里，忍辱的关键仍然在对"空"的认知上，也就是般若智慧。因此在"六度"中，般若作为最后一度，实际上有如定海神针一般。我们的种种实践，就算看上去是在做各种善事，但如果缺乏般若的引导，其实都称不上是菩萨行，因为没有"无四相"的智慧，我们最终都注定心难安，意难平。

至于"六度"中其他的几度，比如精进，其实就是按照正确的方向持续努力，不要懈怠。对于佛教的修行而言，观念是否正确是至关重要的，就像我们如果不能正确理解"空"的内涵，仍以二元论的思想去理解修行，那么无论再如何地努力和精进，都不会抵达所谓解脱的目标，佛教会称这种错误的努力为"邪精进"。比如有的人非常努力地拜佛、念佛、打坐、诵经，但是他们却带着强烈的贪求心，甚至会想象一旦自己有了某些境界，就可以凌驾于他人之上，从而拥有了特别的地位与身份，这就完全与佛教说的"一切境界皆无本质""不可执着"的观点相违背了。我们越努力，境界越奇妙，而这个背后所滋养的"大我"反而越膨胀，越可怕。所以佛家常常说"走火入魔"，这并不是说有什么"魔"来侵扰，而是你那个"自我"因为错误的认知而极度扩张，显现出极端的自我中心主义与众生不平等的态度。这就是错误的精进而产生的"心魔"，就像悉达多太子在菩提树下遇到的那位魔王波旬一样。

## 应无所住而生其心

上一讲谈到"若见诸相非相，则见如来"，这句话其实是说一切"相"都没有本质。既然没有本质，那么我们本来就不应该贪爱、执取，因为贪爱的原动力来自我们错认为有一个实体的"我"，同时也把外在的对象本质化，认为我们似乎可以主宰、控制对方，从而不断地攀援和贪着。因此"诸相非相"的意思不过是，所有的一切，无论那个"相"在当下的时空环境下是如何被定义为"善"或"恶"的，"神圣"或"卑微"的，都不是我们所想当然的那样，具备某种绝对性的指涉。

所以接下来佛陀总结道："无法相，亦无非法相。何以故？是诸众生若心取相，则为著我、人、众生、寿者。

若取法相，即著我、人、众生、寿者。何以故？若取非法相，即著我、人、众生、寿者。是故不应取法，不应取非法。以是义故，如来常说：'汝等比丘，知我说法，如筏喻者，法尚应舍，何况非法。'"

这段经文的重点在于，一般人对"相"总会持有二元化的理解。比如我们认为一种行为是"善"的，就会给它贴上一个"善法"的标签，认为这一行为的"善"是绝对化的，不可撼动；同时，与"善"对应的"恶法"，也被我们视为绝对的"恶"，坚固不移。所以佛陀才说"无法相，亦无非法相"。这里，佛陀还向弟子打了一个很有名的譬喻——前面也曾提到——他说自己为大家说法，就像载人过河的船，渡河是目标，但最后你不能对船执着。无论是"佛法"还是"世俗法"，都不是实有的法，因此不能粘着在上面。"法尚应舍，何况非法"，无论"神圣"还是"卑微"，"善"还是"恶"，都不能将其执着为绝对的存在。

比如礼佛、拜佛，在佛教看来当然是值得鼓励的行为，它表达了对佛陀的礼敬，经典还提到这样的行为会带来种种的功德等。但如果你把这样的行为等同于绝对的"善"或功德，那么就是执着"法"。但假如你听到这样的解释，便反过来认为礼佛、拜佛没有任何正面的作用，甚至觉得进入佛寺后，不礼佛、不拜佛才是正确的修行，这就是又掉入执着"非法"的陷阱中。

比如前面提到的禅宗著名的梁武帝见达摩公案，当梁武帝问达摩自己一生建造寺庙以度化僧人等有无功德时，没想到被达摩一句话"怼"了回来："实无功德。"达摩之所以这么回答，不过是看到梁武帝执着在这些事情的"相"上，因此才会直接以绝对否定的方式去撞击梁武帝的执着心。只是梁武帝虽然看上去作如此广大的弘法事业，但却迷在有众生、有功德的各种"相"上，自然无法接受达摩这般"直指人心"的教导。

其实讲到这里，你或许已经感觉到，整部《金刚经》其实是通过佛陀对须菩提的谆谆解说，来破除我们对实有性的执着。一方面要防止人们对世界有执着不变和恒常的看法，另一方面也要防止人们陷入虚无的断灭见。所以在《金刚经》里，佛陀总是不断地提醒须菩提，不要在这两端之间摇摆。

比如佛陀问须菩提："如来昔在然灯佛所，于法有所得不？"意思是，我过去世曾经在燃灯佛那里听法，那你觉得我有没有真正得到燃灯佛所教导的法呢？须菩提当然明白佛陀这样提问的深意，马上回答道："不也。世尊。

如来在燃灯佛所。于法实无所得，"意思是佛陀其实并没有真正得到什么法。但须菩提虽然说出"于法实无所得"，心中难免有些疑惑，明明佛陀在燃灯佛那里听法，最终也因此成佛，怎么又没有得法呢？如果是这样，那么清净庄严的佛国净土到底真的存在吗？

佛陀显然预料到须菩提的这番心疑，马上追问："须菩提！于意云何？菩萨庄严佛土不？"须菩提言下立即醒悟，自己又落入了非此即彼的思维陷阱中，马上应答道："不也，世尊！何以故？庄严佛土者，则非庄严，是名庄严。"

在这里，须菩提使用了《金刚经》中的著名句式——所谓某某，则非某某，是名某某，虽然这种表达和前面的"无法相，亦无非法相"讲解的是同样的道理，也就是一切法无本质，但句式结构有所差异，因此表达的侧重点也有细微的不同。

"无法相，亦无非法相"同时否定绝对的"有"和绝对的"无"，这种分析方法常常会让人一下子陷入两端都空落落的状态，感觉似乎什么都抓不住，因为不能说"有"，也不能说"无"，这和我们习惯的二元论思维完全不同。所以有人听到这样的分析时会感到惊恐，甚至会认为一切都是虚无、没有意义的。

而"庄严佛土者，则非庄严，是名庄严"，则在先肯定、后否定之后，加入语言符号的指涉维度。如此一来，我们就没那么轻易因为二元论思维而掉入断灭论的模式中。我曾在第23讲中，引用过龙树菩萨的《中论》中的偈子："众因缘生法，我说即是空。亦为是假名，"其实这也是《金刚经》中"所谓某某，则非某某，是名某某"的同类表达。我们不得已要用语言、符号去指涉世间的事物，可一旦我们动用抽象化的概念去思维时，就会不自觉地陷入实有化的问题，把描述的对象理解为有"自性"。所以佛陀在这里不断地提醒须菩提：你不要掉入"有无"的两端，但即使不在两端，你也不要否定这世界上存在的一切哦！那个名称只是个指涉的符号，切莫当真。

按照这个思路去理解，你就会发觉我们在生活中的思维的确常常不是掉到这头，就是掉到那头。这也是为何现代社会的人或多或少会遇到各种心理问题，甚至对生命失去希望的主要原因之一。很多年轻人从小就被要求成为非常积极的人，执着于某个要追求的目标，比如成为学霸，努力工作，为美好的前程不断奋斗。但到了一定阶段，这种单一的刺激势必会碰到瓶颈，一旦无法满足那个想要追

人生解忧

求的"目标相",人的心态就会滑入另一端的"黑洞"。也就是当事情的发展不如我的期望,不能被我掌控,或者我的身心不再能承受这一切时,就会觉得虚无、断灭、没有意义,将自己的状态甚至人生全盘否定。

**因此,二元论思想本质上是一种现代性的精神牢笼,人们在其中拼命冲向一边,碰壁后又发疯似的撞向另一边。而佛陀既是在提醒须菩提,也是在提醒我们,为何非要掉入这种非此即彼的认知误区中呢?**

接下来佛陀说道:"是故须菩提,诸菩萨摩诃萨应如是生清净心,不应住色生心,不应住声、香、味、触、法生心,应无所住而生其心。"

关于最后一句"应无所住而生其心",前面还提到过一个典故:六祖惠能在黄梅时,因受五祖弘忍的赏识,指点他半夜进入方丈室,由五祖来亲自讲解《金刚经》,讲到"应无所住而生其心"这句,惠能大悟。因此五祖连夜送惠能下山,并且付予袈裟与衣钵,嘱咐他将此奥妙之法传布世间。惠能因此偈而悟,也可以看出"应无所住而生其心"的确体现了《金刚经》的重要思想。

这句偈子的意思是,我们不要在一切事物上,也就是所谓的"六尘"(色、声、香、味、触、法)上落入执着,不要生起那种本质化的实有认知。而此时的我们也不会如聋似哑，依然可以感知世界、认知世界，乃至改造世界，更不用说去度化众生了。**这就是所谓的"应无所住而生其心"，也就是当我们对一切"相"都了无执着时，我们的"心"就得到了极大的解放，反而能度化众生而没有任何挂碍与烦恼。这也就圆满地回答了须菩提开篇的提问："应云何住？云何降伏其心？"**

第 28 讲

# 禅的精神

前几讲介绍的《心经》《金刚经》都属于大乘般若经典，也是中国禅宗修行所依凭的重要教理依据。很多人对禅宗都有着一些想当然的误解，比如听到"不立文字"就以为禅宗的修行是"反智主义"；看到语录中各种看似无道理的"棒喝"，便认为禅宗的修行是天马行空、恣意而为；甚至以为表现得越癫狂，就越像禅宗，而忘记了既然禅宗属于佛教，就绝不可能违背佛典的教理范围。至于那些觉悟的禅师何等夸张的表现，都不过是一种教化的方式而已。

因此这一讲便来简要地谈谈我们到底该如何理解禅宗修行实践的内在逻辑，而不像某些观点认为的那样，禅宗的观念和实践已经违背了佛教的宗旨，甚至还会得出禅宗已然不是佛教的结论。

先来看看中国禅宗为何是这样的"禅宗"？

## 无言之教

在传统的禅宗史叙述中，禅宗的起源一般会追溯到这样一个场景：灵山法会上，佛陀准备说法，却没有任何言语，只是拈起花来，惹得众弟子面面相觑，不知为何佛陀有如此举动。这时迦叶尊者出列，回以微笑，佛陀开口说道："吾有正法眼藏涅槃妙心，分付于汝"，意味着他认可了迦叶尊者理解他拈花的真意。

抛开现代学术常常关注的历史真实性问题，这个公案的最大特色在于佛陀以"无言之教"的方式表达他所觉悟的境界。我们可以看到，在佛教经典里，佛陀大多以分析、解释，以及作各种譬喻的讲法者形象出现，也就是用种种"言说"来讲法。那么在灵山法会上，佛陀到底为何以拈花来"说法"，而迦叶又是如何领会这番"说法"的呢？

在《佛说维摩诘经》中，文殊菩萨代表佛陀去探望维摩诘菩萨，而在维摩诘和文殊的对话当中，少有地出现了以沉默来表达觉悟境界的场景。文殊问维摩诘：你说说什么是菩萨的不二法门？维摩诘以沉默应对，似乎没有回答。但文殊菩萨反而对此大为赞叹，认为维摩诘的"默然无言"是真正的不二法门。

维摩诘菩萨的"默然无言"无疑算得上是佛教的一个经典画面，后世禅宗常常提及的"渊默雷声"或"一默如雷"等词，都是形容《维摩诘经》中所描述的这种表面上无言寂静又同时轰然雷鸣的境界。

可没有文字、语言，如何又算得上说法？

在《金刚经》中，佛陀不断提醒须菩提，不要落在"有无"的两端。也就是不能执着"有"，也不能执着"无"。不过这种不落两边的状态，就算我们拼命去想象，暂时也没办法真正体验。因为，要想完全理解佛陀的境界，就需要我们自己去突破与生俱来的二元论思维，也就是"无明"，而在这之前，我们很难避免这种观念的困境。当然，这并不意味着什么都做不了，我们仍然可以在二元论结构的跷跷板上来回调整，平衡我们对"有无"两个极端的执着，而且这足以降伏生活中不少的烦恼情绪了。**当佛陀拈花微笑时，无非就是在对弟子表明，世界的真相不能困在文字、语言的陷阱里去苦苦寻求，而是要能跳脱出来，以**

直接的心性体验方式契入觉悟的境界。因此，迦叶尊者的微笑不语其实是想表达一种不执着语言文字的境界，也正因此，禅宗会认为这个公案如同一个符号，表达了迦叶尊者与佛陀之间不借助语言文字却能彼此"心心相印"的境界。

所以在禅宗看来，一旦利用语言文字来表达觉悟的境界，听者很容易被概念符号所迷惑，就会不自觉地掉入"佛陀有所说法"的认知陷阱。如同前面反复提到，当我们听到一个道理时，会出于直觉地认为这是一个实在的规律，会有一种"获得"某个东西的感觉，也就是一种获得感，这也就是佛教常讲的"法执"。那个所谓被你听到和理解的道理，不过是由声音所产生的因缘现象，不可捉摸，如梦如幻，怎么会被你真正地"获得"呢？

因此在很多经典中，佛陀会不断地强调"一切法不可说"，而这个不可说的法其实就是"空"。佛陀的意思是，用语言文字来讲说"空"是危险的，因为我们会以为"空"是一个可以捕捉与得到的境界。

可"不言"真的是不用任何语言文字吗？

在禅宗语录中，会看到历代禅僧不断重提这个关于禅宗起源的公案，一方面当然是要为禅宗源流谱系的合法性

　　　　　　　　　　　　　　　人生解忧

背书，但更重要原因的是，这个公案本身标示出禅宗对于"无言之教"的重视，也就是不强调研究经论文字，而更看重超越文字的修行体悟。

从历史的时间节点来看，禅宗初祖菩提达摩大约在南北朝时期进入中国，在这之前，中国佛教的主要任务都集中在翻译、理解这些外来的佛典，至于大乘佛教的修行实践，除了少数来自印度和西域的僧侣对此有一些介绍之外，中国僧人还没有足够的准备去吸收和实践。因此菩提达摩从广州登陆，一路北上，却与梁武帝话不投机，最后只能在嵩山少林寺面壁九年，最终等到慧可，也就是后来的禅宗二祖。

关于慧可与达摩的相遇，也是禅宗史上不断被回味的著名公案：

> 达摩面壁。二祖立雪断臂云："弟子心未安，乞师安心。"摩云："将心来，与汝安。"祖云："觅心了不可得。"摩云："为汝安心竟。"

达摩和慧可的相遇，标示着中国本土僧侣终于开始接受这种"直指人心"的教导，而在这之前还是倾向于从文字义理上理解佛法。比如更早的鸠摩罗什虽然在长安翻译出大量经典，包括讲解禅法的经典，也教导出不少精通义理的弟子，但是在禅法实践方面并没有太多地着墨。而慧可向达摩问法的公案，以一种后世非常熟悉的直接明了的风格，逐渐凸显出禅宗修行的样貌。

当达摩回答"将心来"时，其实就是在把问题抛给慧可：既然你觉得心未安，那么就把你认为的那颗实在的"心"拿出来给我们看看吧。这针对的不就是我们根深蒂固的"自性见"吗？当我们处在烦恼情绪漩涡中时，完全无法反观到自己的认知已经滑向了何等错误的地步。因此慧可听到达摩的这一问，马上反观自己，意识到"心"（其实也包括一切法）都是不实有的，不是一种本质性的存在。而我们所感觉的不安，不过是因对世上的各种人、事、物，包括对觉悟的执着而造成的，才会想要去掌控和获得。既然"心"没有实体，那么获得和主宰都是自己的幻想而已，因此达摩才会说："为汝安心竟。"这既是发问，也是结论。

这种对于深层认知模式的直接追问，如同直捣黄龙一般让问法之人真实地面对自己，去反观自我认知的迷思，从而自我解套。这正是禅宗"直指人心"的宗旨，而非在细节枝叶上纠缠不清。在这之后，慧可在弘法的过程中也不断强调，在心性上的体悟才是最关键的，并反对那种依靠语言文字去理解佛法的风气，"故学人依文字语言为道者，如风中灯，不能破暗，焰焰谢灭"，而且是"昼夜数他宝，自无半钱分"。意思是靠着语言文字来理解佛法，就如同风中的油灯一般，根本无法抵抗现实的各种逼迫境界，又像是日夜不停地讲说人家的珍宝如何稀有，而这和自己的生命没有一丝关系。这种对于内心觉悟体验的高度关注，使得达摩，乃至慧可虽然也会用《楞伽经》来检验觉悟的内涵是否符合佛理，但和早期汉传佛教那种强调文字义理的主流传统有所差别。

不过达摩对慧可的教导，从形式上看，仍是有问有答，这和灵山法会上的佛陀，以及维摩诘菩萨的"无言之教"显然有所不同，这是自相矛盾吗？

要真正理解禅宗的"不言"，就要理解"非不可言，也非不言"，体会那种"说"也不对，"不说"也不对的进退失据的绝望感，"死也死不了，活也活不下去"，这才是禅宗"不言说"的目的，也就是人类认知的二元论模式走到绝路后的"悟"的境界。**因此，所有的禅宗公案都是通过各种各样的手法让徒弟走向二元论的绝境，在昏天黑地的迷惑与绝望之后，才会死心塌地地放弃那种自我与他**

人、人与环境的对立，最终才可能理解何谓禅的"悟"。

因此，无论是佛陀的拈花微笑、维摩诘菩萨的默然，还是达摩对慧可的逼问，不过是通过不同的形式让对方意识到自己执在何处，进而看清自己的根本认知是何等荒谬，而禅宗则将这样的逻辑发挥到极致，也由此形成了对后世影响深远的修行传统。

## 直指人心的法门

为了帮助进一步理解禅宗教学背后的逻辑，我们来看看具体的禅宗公案。

德山宣鉴禅师是唐代高僧，俗姓周，早年因为研究《金刚经》颇有心得，被称为"周金刚"。当时他听说禅宗有"直指人心"的法门，但并不信服，于是挑着自己所著的《金刚经》注疏想要去参学禅门高僧。当他经过澧州时，正好在一个茶店打尖休息，卖点心的婆子问这位远道而来的和尚："你背的是什么呢？"德山回道："《金刚经》的注疏。"这位婆子便要德山回答她一个问题，并说如能答上，便送上点心。如答不上，有钱也不卖给他。德山虽然惊讶，但想着这不过是一个普通的婆子而已，于是接受了挑战。这位婆子问道:"《金刚经》说,过去心不可得,现在心不可得,未来心不可得。不知道您点的是哪颗心?"德山顿时哑然,无法作答。

后来他来到龙潭崇信禅师的道场,想去挑战一番龙潭禅师,于是在法堂前叫道:"久仰龙潭,为何来到这里,既不见潭,也不见龙?"龙潭崇信禅师回道:"你不是已经到了龙潭了吗?"德山又被龙潭问得哑口,才真正认识到,虽然自己能够撰写《金刚经》的注疏,却仍然无法真实体验到经典中所要表达的觉悟境界,因此将自己的著作付之一炬,留在龙潭禅师身边修行,长达三十年之久。

日本禅学者铃木大拙曾经用非常美丽的修辞来描述德山哑口的困境:"刚才好像在那里有什么动的东西,瞬间就已经变成了暗夜中不叫的乌鸦声。无法着手,无法着墨,无法加句点。"这句话表达的正是这种被高明的禅师指出思维盲区的进退失据感。因为假如你是德山禅师,无论面对的是那位婆子还是龙潭禅师的追问,头脑中大概也会涌现此起彼伏的答案,可心中一旦有了确定的答案,其实就掉入了"一切法皆不可得"的陷阱,于是自己只剩下哑然失措的无奈。

德山禅师起初作为一名精通教理的学问僧,对《金刚经》的理解自然是从概念名相的层面进入的，比如当谈到"过去心""现在心""未来心"时，他往往先安立一个实有的概念，然后再用佛法的道理否定和矫正前面的说法。显然，他没有在当下体悟到"心"本身只是一个无实体的符号，所以当那位婆子问"你点的是哪颗心"时，德山已然明白，自己早就掉入了和佛法相悖的思维陷阱中，才会哑然失言。

不过很多还无法理解的人或许会马上用言辞强辩回去，论证一番，其实那就已经不是禅宗的修行，而是教理层面的思维辨析了。

再来看另外一个著名的公案。唐朝的裴休曾在一座山寺里看见一幅画像，便问寺僧："这是哪位？"僧人回道："祖师画像。"裴休立刻追问："画像在此，高僧在何处？"众人哑然，此时回答在何处，都会陷入自相矛盾。因为如果说"在"，就有一个真实的存在处，那就意味着你认为有一个具体实有的处所；但如果说"不在"，那岂不是认为人的生命如油枯灯灭，陷入虚无的断灭论吗？这时，恰好黄檗希运禅师在寺内挂单，便被寺僧请出回答这位士大夫的刁难。裴休十分高兴，便问道："高僧在何处呢？"和尚此时朗声叫道："裴休相公。"裴休立即应诺："是。"

黄檗问道："（那个人）在什么处？"裴休当下立刻领悟。

为何裴休单靠一句"在什么处"就能领悟？这些对话中没有任何概念的推理和辨析，因为那只会让人继续落入思维的窠臼，而是通过日常的问答展现出最为深刻的真理。由此铃木大拙在《禅百题》中为这样的禅问答写下一段令人称绝的评论：

> 禅的独立性，可以说并不在于通过讲道理让对方屈服。道理一定是和道理对抗，从道理的性质看，一辩一驳一般都没有结果。即便明显输了，也会有好似并没输干净的感觉，愤愤不平按捺不住。但是"喂"地喊一声，"是"地允诺，亲见眼前事实，毫无办法，只能屈服。禅的优势就在这里。

因此禅的教学与问答，事实上需要师徒双方对于修行导向要有深刻的共识，否则就会在阅读禅宗公案时处处遇到障碍，完全不知这些禅僧所为何事，只能将其理解为装神弄鬼、故弄玄虚，或是把公案的焦点引到一些不重要的议题上。比如著名的南泉斩猫公案。

在禅宗公案当中，南泉禅师斩猫的故事或许是很容易被误解的一个案例。南泉禅师的座下有东西两位堂主，某一天他们发生争执，都认为寺内的一只猫是自己的猫。南泉见这番场景，便拎起那只可怜的猫对两位堂主说道："道得即不斩。"意思是，你们如果能够讲出领会佛法的真实心得，我就不斩了这只猫。结果两位僧人皆无法回答，于是南泉禅师把猫斩为两截，这的确听上去蛮"血腥"。后来赵州禅师来到寺内，南泉禅师便把这个问题也抛给赵州，只见赵州将鞋脱下，顶到头上。南泉禅师便说："你如果当时在，猫儿就不会冤死了！"

关于这个公案，禅宗史上有无数禅师不断地提举和评唱，也就是对其作出各种解释，但是它到底表达了什么，并没有所谓的标准答案，而是看我们如何切入自己的视角。而从现代人的角度来看，这个公案又无疑十分违背社会主流价值观，屠杀猪、牛、羊作为文明社会的默认事实，人们或许还没有那么敏感，而对于猫、狗这一类动物，社会公众往往会投射更多的关爱之情。所以这里需要我们先暂时搁置一下内心的不满，比如可以将这只猫想象为一个譬喻，才能把握这个公案的真实内涵。

如果带入东西两堂堂主的视角，当南泉拎起猫儿问"道得即不斩"时，我们或许马上想到的是"斩"或"不斩"，因为我们会疼惜猫儿，执着猫儿，所以起心动念的方向完全就是往"努力保住猫"或"害怕失去猫"的二元论思维模式去。因此一方面想要保住猫，但却没有能力回答南泉的问题；另一方面又因为挂念猫儿而生起害怕失去它的担忧，于是左右为难，无法作答。

北宋著名的圆悟克勤禅师在《碧岩录》中谈到这个公案时说道，天下谈论这个公案的人浩浩荡荡，但是似乎都走错了方向。当南泉说"道得即不斩"时，如果我们掉入"有人道得就可以不斩"的思路中，其实也是离题万里。因此圆悟克勤认为，这个公案的核心根本不在于"斩"或"不斩"，应该在于不能从意识的概念分别当中寻找答案，而要在问话的当下，能不被问题所束缚，才是南泉公案的解套之处。

因此，当赵州被问起同样的话时，电光石火之间，没有迟疑，做出了常人无法理解的怪异之举，将鞋子顶在头上。这似乎完全牛头不对马嘴，但反而证明赵州根本没有被南泉"斩"与"不斩"的问话所困住，他不仅没有哑口无言，而且能从问话中跳脱出来，该做什么就做什么。也就是说，他不仅思维没有落入陷阱，而且还能自然和洒脱地应对，因此才会得到南泉禅师的赞许和肯定。

因此，禅宗公案关注的是每一个具体的生命瞬间。在这些看似平常的生活场景中，禅僧专注于每一句言语和每一个动作背后的起心动念，好让自己不陷入被概念名相所编织的"无明网"之中。所以在禅宗的公案里，人类的生命被禅僧发挥为田间劳作的对话、丈室内的棍棒交加，以及溪边石桥上的自问自答。而那些禅问答看上去平实无华，却包含了深远的哲学内涵，饱含着深刻的人生观、幽玄和宏大的世界观。相比印度人偏向哲理的思维特性，汉文化中的禅则具备扎根于现实生活中通透的智慧和情绪，所以才能够直抵人心的深处。

## 禅到底是什么？

那么禅到底是什么？

禅其实就是将哲理化的佛教引入到中国人的具体生活中，以最为常见的形式，如市井问答或田间劳作，来诠释和表达佛陀所要讲述的觉悟经验。就像当年悉达多太子在菩提树下觉悟，他体验到世界的真相，然后再把这份经验以各种方式告诉世人，这里面除了有形的语言文字之外，还有很多"无言之教"。对于禅而言，**佛陀的微笑，或是**

**维摩诘的默然，有时或许才是点醒我们的"最大声"。**

在这一讲中，我只是以浮光掠影的方式来澄清某些对禅或中国禅宗的误解。关于上述那些对禅宗公案的解释，也请你也不要落入有规则可循的思维模式之中。因为禅永远是当下的，是生命最为直接的展现，不容你思量辩解，也不容你瞻前顾后。那应该是最为真实的生命，也需要我们以最真诚的态度去面对，否则，我们永远都体会不了禅的真正精神。

顺便提醒，当本书的介绍进入到大乘佛法部分后，你或许感觉其中的道理和境界都比较高远和深邃，从而产生畏难的情绪。那么最后就送给你一句惠能大师在《坛经》中所讲的偈子："前念迷即凡夫，后念悟即佛。前念著境即烦恼，后念离境即菩提。"其实，无论觉悟或烦恼，不过是一念之间而已。

第 29 讲

# 观音菩萨的慈悲法门

　　当谈到自己人生中曾经的"至暗时刻"，我首先想到的就是在人生困惑阶段遇到的一些师长，他们给了我很多启发——或许并不一定是知识层面上的——而是在交流过程中，他们所呈现出的生命状态让我体会到：往这个方向走下去，人生是有希望的。而且让我感受更为强烈的是，这些师长给予我以极大的包容与关爱，但事实上我们之间并没有任何可以交换的利益，不过是在某种因缘下的短暂相会，而他们却愿意拿出这么多的时间来给一个萍水相逢的年轻人如此耐心的指导。

　　如果依着佛教的观念，这些放下"小我"的得失而不厌其烦地帮助他人的生命存在，就是所谓的"菩萨"，因为他们不仅有着"放下自我"的智慧，还有一份对众生的慈爱与悲心。

那么，佛教眼中的慈悲究竟是什么？

## 观音菩萨的慈悲形象

在中国的语境里谈慈悲，我们自然会联想到佛教的一些特定符号，比如阿弥陀佛与观音菩萨的形象，以至于在东亚文化圈里有一种流行的说法，那就是"家家阿弥陀，户户观世音"。阿弥陀佛扮演的一般是生命终点处的引领者角色，也就是给予那些对此生感到绝望的人以前往极乐净土的希望。而与之相对应的观世音菩萨，似乎更多带有助人消灾免难、摆脱人生困境的符号色彩。而这也是为什么在漫长的历史变迁过程中，虽然多数佛教徒并不了解深奥的佛法义理，也不懂什么参禅打坐，但佛教却在东亚的文化土壤里深深地扎下根，成为普通民众的深层信仰心理。再看今天许多的年轻人，一旦对未来感到不确定，也会自然而然地进入寺庙祈求幸福，无论他们心目中的"幸福"是物质财富还是精神安宁，至少他们从直觉上认为，佛与菩萨至少代表着包容与无私，这当然与佛教这两千年来所建构起来的慈悲形象有密切关系。

从观音造像及绘画的流变史来看，我们可以发现在早期的敦煌绢帛画中，观世音菩萨其实是有胡须的男性形象，比如著名的引路观音菩萨。经过漫长的历史演变，比如民间宝卷文学的大量兴起，女性形象的观音开始成为主流，直到今天，一般人几乎都默认了观音的女性形象特质。

观音菩萨之所以转化为女相，学术界对此有过很多探讨。当然，一种最容易令人接受的解读是说，中国人对柔软的、女性化的形象向来较有好感，觉得更容易让人接近，这些因素都在潜移默化地影响着观世音菩萨的形象，于是菩萨的男性特征逐渐被弱化，变成易被百姓接受的慈悲、柔和的形象。如果你去过观音道场普陀山，或许会对那座矗立在海边的南海观音像印象深刻，这座1997年竣工的菩萨像，就是符合一般中国人心目中的典型女相观音形象。

那么观音菩萨的慈悲到底有什么特征呢？我们可以从一部重要的佛教经典《华严经》中看到观音菩萨的自白，善财童子前来参访求学，询问什么是"大悲法门"时，观音菩萨这样回答道：

善男子！我修行此大悲行门，愿常救护一切众生；愿一切众生，离险道怖，离热恼怖，离迷惑怖，离系缚怖，离杀害怖，离贫穷怖，离不活怖，离恶名怖，离于死怖，离大众怖，离恶趣怖，离黑暗怖，离迁移怖，离爱别怖，离怨会怖，离逼迫身怖，离逼迫心怖，离忧悲怖。复作是愿：愿诸众生，若念于我，若称我名，若见我身，皆得免离一切怖畏。

观音菩萨的大悲是愿意救护一切众生而永不歇息，众生所遇到的种种苦难，观音菩萨都愿意前来相助，使其免于恐怖畏惧。每每读到这段经文时，我都会不由自主地发自内心地感动，因为在今天，我们已经习惯了要为自己考虑，注重自己的感受，越来越少听到这一类彻底"无私利他"的表述。这当然和二十世纪种种理想主义乌托邦思潮的破灭有关，让很多人都不再相信某种高调的利他主义，加上市场经济和个人主义的思潮使我们的确在"利益交换"的逻辑下取得了前所未有的经济增长。但是另一方面，我们却感到精神上的孤单与无助。这一方面是因为缺乏社会性的互助机制，更重要的是，我们无论是在社交媒体上还是日常生活中，往往很难感受到利他的社会氛围，反而都在不断讨论如何防止被"碰瓷"、被欺诈。这种"防备性心理"只会使我们进一步退缩到个体的生活范围，怨叹社会的冷漠与他人的自私，从而演化为"只信神灵不信人"的心理怪圈。

而当我们谈起"大慈大悲"时，佛教的本意并不是要我们去祈求那些端坐寺庙莲台的佛菩萨的护佑，而是借助那样的形象，让我们去领会、去感受，乃至去学习经文中观音菩萨所表达的慈悲。但是一般人显然容易误解，因此民间通常对观音菩萨的赞美词汇都是"寻声救苦""千处祈求千处应"之类，也就是将我们自己视为被拯救的众生，期待菩萨的救度与抚慰，毕竟菩萨的"大悲心"与平常人的"同情心"存在巨大的差距。

比如我们平时遇到乞讨的人，或许会有一些恻隐之心，但如果这种现象见得多了，或是每天都在同一个地方碰到这位乞讨者，你还会保持这样的恻隐之心吗？恐怕很难。因此，一般人的悲心往往都是"露水悲心"，忽隐忽现，因为我们始终带着"我"与"众生"的对立与分别，虽有同情、恻隐的成分，但仍免不了计算得失，很难做到平等地对待一切生命，对于别人的善意往往也是有限度、有前提的。当我们看到他人陷入苦境，感觉他好可怜，想着还是帮一下吧。可是当对方提出一些过分的要求时，就会觉得不耐烦，甚至还会怨怪、嗔恨对方。

在一些极端情况下，很多平凡的人也能暂时做到忘我、舍我。比如看见有人落水，会马上跳河救助，甚至不惜牺牲自己的生命。但这往往是在某些因缘下被激发出来的无畏，多数时候都很难持续。所以我们常常看到一些"英雄沦落"的报道，他们曾经不顾一切救助他人，但是时过境迁，又因为因缘的改变转而用种种手段谋取私利，甚至有时为了维持过去的"英雄"形象，还落入虚伪与矫饰之中。

而菩萨的慈悲具体包含什么内容呢？这里先引用一段《大般若波罗蜜多经》的说法："若菩萨摩诃萨以无摄受、无悭吝心修布施时，持是布施与诸有情平等共有回向无上正等菩提，设有受者非理毁骂、加害、凌辱，菩萨于彼不起变异瞋毒害心，唯生怜愍慈悲之心。"主要意思是说，当菩萨给他人布施时，假如被帮助的人反过来毁谤、辱骂，甚至加害、凌辱自己，菩萨也不会生起嗔恨，反而只有怜悯和慈悲之心。很多人听到这里或许会感觉不可思议，因为要对一个可怜的人表达善意不难，但是面对"反噬"而不生嗔恼，对于一般人而言有如天方夜谭！

## 慈悲感应的原理

正是因为菩萨的慈悲如此难以想象，反而使得人们在身处绝境时，会把所有的希望投归到佛菩萨身上，虔诚祈求，以至于产生了大量"感应显灵"的故事。另一方面，中国人的信仰心理是高度实用主义的，可以虔诚，可以敬畏，但也需要某些回报，尤其是现实层面的效果。正因为这种心理，我们可以发现民间流传的"观音菩萨慈悲显灵"的故事非常之多。这也是中国人建立信仰的基本逻辑，既相信佛菩萨的慈悲，也希望得到护佑。

比如撰写《观音：菩萨中国化的演变》一书的于君方教授曾经讲过一个她小时候亲身经历的故事，这或许可以让人理解中国社会中观音信仰的强大生命力。于君方教授说，当初之所以会写这本关于观音信仰的学术著作，是因为抗战时期的一段经历。她的外祖母是一个传统意义上的佛教徒，每天早上起来，第一时间就是供奉家中的白瓷观音，并且还以诵持《大悲咒》为日课。每当人生遇到艰难事，外祖母都会向观音菩萨倾诉，将其视为自己的"慈悲女神"。抗战兵兴，全家人到内地避难。等到战争结束，一家人终于有希望回家了，但当时交通极度不便，船票紧

　　　　　　　　　　　　　　　　　人生解忧

缺，在武汉等了三个月，才终于买齐了一家人的船票。在出发前一晚，全家人特意露宿江边，生怕错过航班。可就当全家人准备上船的时候，外祖母突然告诉大家，她看到江面上有观音菩萨向她示意，不要靠近，她认为，这表示观音菩萨在提醒她这艘船有着某些看不到的危险。

于君方教授的母亲是当时少有的女性知识分子，不仅大学毕业，而且还是历史教师，怎么会相信外祖母这个看不见、摸不着的说法？但最终因为老人的坚持，母亲也不得不让步，全家只能放弃登上这艘好不容易才等到的回乡之船。可奇怪的是，这艘船驶出码头不久，就误触日军撤退时放置在长江中的水雷，最终沉没。正是这段经历让于君方教授对救苦救难的观音信仰传统产生了浓厚的兴趣，由此专门写下这本厚实的研究著作。

从精彩程度来讲，于君方教授的儿时经历，不过是千百年来东亚"观音信仰灵验记"中的一个非常普通的故事而已。因为历代都有非常多观音灵验的故事流传，借着这些记录，"大慈大悲观世音"的形象深入人心，流传至今。

比如在民国时期许止净编的《观世音菩萨本迹感应颂》中，就收录了从古到今的很多观音菩萨的感应故事，不过这些多数具有强烈的民间信仰特征，而不大被主流士大夫或现代知识分子群体所认同。但在东亚社会的佛教信仰中，观音的慈悲形象的流行一方面的确反映了人们对摆脱人生苦难的强烈渴望，但是观音菩萨"救苦救难"的形象与作用也有着佛教经典的依据。比如《妙法莲华经》中非常重要的一品，《观世音菩萨普门品》（简称《普门品》），就是东亚观音信仰的重要来源。

在《普门品》中，我们可以读到这样一段经文，因为重要，所以全文录入以方便你直接借助经文感受一下：

佛告无尽意菩萨："善男子！若有无量百千万亿众生受诸苦恼，闻是观世音菩萨，一心称名，观世音菩萨即时观其音声，皆得解脱。若有持是观世音菩萨名者，设入大火，火不能烧，由是菩萨威神力故。若为大水所漂，称其名号，即得浅处。若有百千万亿众生，为求金、银、琉璃、砗磲、玛瑙、珊瑚、琥珀、真珠等宝，入于大海。假使黑风吹其船舫，飘堕罗刹鬼国，其中若有，乃至一人，称观世音菩萨名者，是诸人等皆得解脱罗刹之难。以是因缘，名观世音。若复有人临当被害，称观世音菩萨名者，彼所执刀杖寻段段坏，而得解脱。若三千大千国土满中夜叉、罗刹欲来恼人，闻其称观世音菩萨名者，是诸恶鬼尚不能以恶眼视之，况复加害。设复有人，若有罪、若无罪，杻械、枷锁检系其身，称观世音菩萨名者，皆悉断坏，即得解脱。若三千大千国土满中怨贼，有一商主将诸商人，赍持重宝经过险路。其中一人作是唱言：'诸善男子！勿得恐怖！汝等应当一心称观世音菩萨名号，是菩萨能以无畏施于众生。汝等若称名者，于此怨贼当得解脱。'众商人闻，俱发声言：'南无观世音菩萨。'称其名故，即得解脱。"

简要概括一下，这段经文主要的意思是说，如果有人遇到险恶的处境，无论是火灾、船难、牢狱、盗贼，等等，只要称念"观世音菩萨"名号，就能脱离险难。而在佛教史上，因念诵观音菩萨名号而化险为夷的记载比比皆是，比如去印度求法的法显和尚在著名的《佛国记》中就记录了他的观音灵验经历。法显在印度驻留十四年之后搭乘商船启程回国，出发后三天却遭遇了大风浪，船体开始漏水，而船上的商人为了防止船只超重，纷纷丢弃各自的随身财物，法显和尚为了避免这些商人不会丢弃自己从印度带回的佛像和佛经，于是一心念诵观世音菩萨名号，结果虽然狂风吹了足足十三天，但他们乘坐的船只最终幸免于难。

我们可以在佛教史的记录中看到大量因为危难而念诵观音菩萨名号的感应故事，但这些故事中的直白逻辑常常让人怀疑：为什么简单地念一下观音菩萨的名号就能脱离危险？这是否只能用"信者方灵"的说法就轻易打发掉？还是说，我们或许还能给以某种解释？

前面曾介绍过佛教中关于因果业报的看法。人在不同时刻遭遇的不同处境无非各种因缘条件成熟的结果，落实到个体生命层面，就和每个人的善恶业力有关，善的业力会引发善的结果，恶的业力则会引发恶的结果。**而之所以有善恶业力的问题，推其根本，不过是因为有善恶的念头。而善、恶念的发起，我们常常会觉得是不自主的，是遇到境界后被自然触发出来的，这其实是因"无明"的根源而造成的结果。因为我们妄认有"我"，就会产生贪、嗔、痴的烦恼，就会自然生起善、恶念。**

有人或许对此感到疑惑，善念难道也和烦恼有关吗？其实我们无论行善还是行恶，一般都带着"我执"来运作，比如有时我们生起想要帮助他人的念头，这固然是一种难得的善念，但背后仍有对"行善"结果的贪执，也就是渴望获得对应的回报，这同样是某种意义上的烦恼。

当我们遇到危险状况时，多数时候都会产生惊恐、畏惧的情绪，甚至惊慌失措，不知如何是好。但如果此时能通过念诵观音菩萨的名号去忆念某个能产生安抚作用的对象，比如观音菩萨的形象，加上某种专注而至诚的信心配合，此时我们的心念至少能够安定下来，并且因为在危急之中被激发出的彻底的虔信心，使得此时的起心动念不会被烦恼情绪挟持。这就相当于，心念运作的模式在此时改换轨道，从而也让这件事情的诸多因缘条件悄然地改变，也就自然有可能让危难险境出现转机。但这也不意味着，但凡念诵观音菩萨的名号就一定会让人脱困，因为这还要看念诵者的状态如何，比如我们可能只是口念心不念；或就算是念，也带着强烈的怀疑和不安，这或许也不能让因缘得以马上转变。

我们来举个现实生活中的例子，比如很多人的性格十分刚强固执，因此在生活中可能常常会遇到不如意的人事纠葛，甚至到了非常严重的地步，导致身心疲惫，满腹委屈，不堪重负，所以有人会因此来到寺庙试图获得帮助。我曾在寺庙的殿堂中看见有人面带愁容，在观音菩萨像（或是其他佛菩萨像）前喃喃自语，似乎在诉说什么，历时长久。他们所面对的那一尊尊佛菩萨像，似乎就像一个个散发着慈悲气息的"树洞"，供人安静地诉说与祈祷，很多人都会在这样的过程中得到某种心灵疗愈的作用。但这并不是因为佛菩萨塑像给你摩顶安慰，只是因为当你无助的时候，会因为佛菩萨的慈悲形象而让心得以放松，暂时也就不会在过去的思维模式中恶性循环。虽然这种心灵疗愈的效果并不像前面所提到的感应故事那么夸张，但是通过改变心念运作的模式，从而改变事情演化的方向，这二者无疑分享着同样的佛学认知逻辑。

有时我们会遇到与他人冲突的场景，比如在地铁或公共汽车上拥挤推搡，不小心踩到了他人。按照一般的剧本，被踩的那方大多会埋怨怪罪，甚至还会口吐恶言："你有没有长眼睛呀！"听到这样的话，我们多数会心生不爽，理性一点的人或许还会和对方谈谈道理，脾气暴躁的人则会立马回击，乃至大打出手。

如果我们把时间点定位在对方口吐恶言的那一刻，其实这个时候，我们已经面临所谓的"危难险境"了。因为可以预料的是，假如我们顺着嗔怒的念头发展下去，就算最终只是以争吵收场，这个过程所带来的负面情绪也会让人元气大伤。假使这时，车厢里突然响起让人感觉温暖安宁的音乐，而且还特别契合你的偏好，你的暴躁情绪或许一下子就舒缓了过来，看着那位对你出言不逊的人，你或许不但不会生气，而且还会面带笑容地解释和应对，一般而言，对方也不会不依不饶。

这就像《普门品》说的那样："若三千大千国土满中夜叉、罗刹欲来恼人，闻其称观世音菩萨名者，是诸恶鬼尚不能以恶眼视之，况复加害。"这里的"夜叉、罗刹"或许并不特别指代某个人，而是指每个人都常常会生起的那种"恼人之心"，我们常被这些烦恼情绪带跑，然后做出很多错误的行为，最终让自己陷入不利的境地。而"观世音菩萨的名号"是不是可以被替换为那一段车厢里的温暖音乐，或是旁人充满善意而智慧的调停，使双方能够平息嗔怒之心，从而转危为安呢？

## 菩萨在何处？

所以，尽管在很多观音感应故事中都出现了各种具体的观音形象，但也同样有许多因为诵经持咒进而消灾免难的故事，其中并没有出现具象化的观音形象。比如前面讲过，玄奘法师在穿越沙漠戈壁莫贺延碛时不小心打翻了水囊，因为口渴而产生了幻觉，但他仍然一直念诵《心经》和观世音菩萨名号，虽然五天滴水未进，随行的老马却鬼使神差地将他驮到了沙漠中的一汪清泉旁，从而得救。在这个感应故事里，玄奘法师依靠身下的这匹老马幸运地找到了水源，并没有所谓的观音菩萨天降甘露，或是送来水囊，而是以一种可以理解的方式渡过难关。

《普门品》在谈到观音菩萨如何度化众生时，说菩萨会以三十二种化身去度化不同背景的人。比如里面说到，观音菩萨会以各种形象去度化，除了佛菩萨的形象，还会以普通人的身份出现，比如"长者身，居士身，宰官身，婆罗门身"，甚至还有"童男童女身"等。因此经典中谈到观音菩萨所谓的显灵时，其实并不是说当我们需要帮助时，便有一位"白衣观音"从天上下落凡间，施以援手；而是说，观音菩萨会以种种不同的"相"显现而救助众生，甚至还包括以"无情物"的形象出现，也就是一般所说的自然界，比如"山林川原、河池泉井"。

沿着这样的思路，你或许可以发现，过去一般人所理解的"观音慈悲显灵"，仍然认为存在某一种具象的观音，但这岂不是又落入对"相"的执着？在《金刚经》里，我们已经知道"若见诸相非相，即见如来"，而**观音菩萨之**

人生解忧

所以能以慈悲度化众生，也不过是因为我们在某些时刻能够暂时遏制或淡化"我执"，使得自己的业力因缘不会继续恶化，事情的走向从而发生转变。这背后其实是缘起的法则。

而观音菩萨又在何处？其实还是在我们自己的心中，通过转变认知、改变心念，从而让事情的因缘得以转化。那么，这到底又是谁度化谁呢？我记起曾在某个寺庙的山门处看到过一副对联，上联是"若不回头，谁替你救苦救难"，下联是"如能转念，何须我大慈大悲"。

在下一讲，我们继续来讨论佛学中般若智慧与菩萨的慈悲之间的关系，从而进一步理解慈悲背后所蕴含的智慧。

第 30 讲

# 般若智慧与大慈大悲

一般人对于佛教所说的慈悲的理解，往往是从仰望、崇敬和祈求庇护的角度去看待。这种现象当然是可以理解的，因为人类历史本身就是一部苦难史，因此很多人在感到绝望无助的时候，自然就会去祈求佛菩萨的慈悲庇佑。抛开是否真的有感应或灵验的效果不论，至少很多人会从中获得某种程度的心理疗愈。

可是，佛教本质上并不是祭祀祈福式的宗教，也并不认为人的幸福是通过简单的磕头祭拜就能解决的，而是需要**观念的转变**才能达成。那么，我们该如何从佛教强调的般若智慧的层面去理解佛教所说的慈悲呢？

## 从般若入慈悲

除了《中论》,龙树菩萨还有一本著作叫《大智度论》,是他为《摩诃般若波罗蜜经》所作的注解。"摩诃"的意思是"大","般若"则是"智",而"波罗蜜"就是"度"。在《大智度论》中,他这样谈到我们如何才能具有菩萨的慈悲:"大慈大悲,当习行般若波罗蜜。"

意思是说,要获得真正的大慈大悲,就需要理解和实践般若智慧。如果不学般若,所谓的慈悲也只是世俗的善心而已。

首先,何谓菩萨的大慈与大悲呢?其实对于佛教而言,慈与悲还有一些区别:

> 大慈与一切众生乐,大悲拔一切众生苦;大慈以喜乐因缘与众生,大悲以离苦因缘与众生。譬如有人,诸子系在牢狱,当受大罪;其父慈恻,以若干方便,令得免苦,是大悲;得离苦已,以五所欲给与诸子,是大慈。

这段话用譬喻的方式解释了大慈与大悲的差别:比如

父亲救出遭受牢狱之灾的儿子，使他免于苦难，可以称为大悲。出狱后，让他食饱穿暖，感受愉悦，就是大慈。也就是说，大慈是要创造各种因缘让他人感到喜乐；而大悲则是看见众生受苦，想让他们离开苦的境界。前者偏向于正面的给予，而后者则侧重于帮助其从逆境中脱困。就好比很多人去寺庙祈福，心中想的不过是家庭、事业更上一层楼，而有的人则想要解决当下所面对的种种不顺心，比如家人之间的矛盾，职场发展的挫折，乃至自己或亲友的意外疾病等。前者更像是在祈求锦上添花，后者则等同于期望得到雪中送炭。

那为什么我们会说菩萨是"大慈大悲"？难道只是因为菩萨给人布施的财富特别多？下面这段来自《大智度论》文字很有意思，值得细细品味：

> 小慈，但心念与众生乐，实无乐事；小悲，名观众生种种身苦心苦，怜悯而已，不能令脱。大慈者，念令众生得乐，亦与乐事；大悲，怜悯众生苦，亦能令脱苦。

佛教所认知的"大慈大悲"与"小慈小悲"之间的差

别在于，"小慈小悲"无法真正给予众生以乐，也无法真正让他们离苦。相反，"大慈大悲"则能真正解决众生的离苦得乐问题。这就涉及到佛教对于"离苦得乐"的深层看法。

前面谈到，佛教的最终目标无非就是觉悟，因为这是解决人生之苦的根源。一般人总认为苦的原因是外在的人、事、物，所以穷人会认为赚到钱就能解决苦，人际关系糟糕的人会认为所讨厌的人消失得无影无踪，就能得到解放。可稍有生活阅历的人就会知道，人生的苦如同"按住葫芦起了瓢"，无穷无尽。比如刚刚生活得到温饱，欲望便又生起，又想买房买车，陷入焦虑之中。又好比看不顺眼的人刚刚离开，转头又遇见一位更让人生厌的对象，等等。因此从佛教的视角来看，众生是否彻底离苦得乐才是衡量"大慈大悲"与"小慈小悲"的重要区别。

我们常常在媒体上看到类似的报道，比如路人看见有人站在桥边想要自杀，于是想尽办法救下那些欲寻短见的人，可是当想尽办法救下当事人之后，他们是否能真正走出人生的阴霾，我们其实并没有把握，因为**救助一时或许相对容易，但是如何面对生活中那些无尽的苦难，才是对所有人的真正考验。**

日本导演山田和也曾拍摄过一部纪录片叫作《蒙古草原，天气晴》，让我们看到一个非常真实的人间苦难故事。日本探险家关野吉晴在蒙古草原上遇到一位正在骑马放牧的小女孩，名叫普洁，虽然她只有六岁，却承担起家里放养牲畜的重任，只因为外婆外公年迈体衰，父亲外出打工多年，杳无音信。母亲则出门在外，只是为了寻找丢失的马匹。在短暂的相处过程中，关野吉晴与这家人结下深厚的情谊，也得知小普洁的最大愿望是去上学读书，未来想成为一名老师。半年之后，关野为了履行送给小普洁游戏机的诺言，再度来到草原上，却发现小普洁的母亲已经因为意外受伤，无钱救治而去世。虽然小普洁终于有了上学的机会，但更让人悲伤的是，五年之后关野再度回到草原时，才知道小普洁因为车祸已经去世。这个纪录片让许多观众为之泪下，可是无论是我们这些局外人，还是那位日本探险家关野，似乎都没有能力去拯救这个小女孩的苦难命运，因为那不仅仅是贫穷这么简单，而是包含了人世间许多无法理解的生命运行轨迹，我们尽管同情，但常常无能为力。

　　或许可以假设一下，假如我们给小普洁的家庭捐助一笔钱，让他们暂时渡过眼前的难关，可他们的生活仍和草原密切相关，他们仍会面对牲畜被偷的威胁，会有牛羊在冬天被冻死的可能，甚至还有各种人生的意外，谁又能真正将另外一个人保护得万无一失？

就像净饭王让悉达多太子深居宫中，表面上是在保护他，但老、病、死的人生之苦难道就能被屏蔽在宫外，而不能靠近太子之身吗？事实上，反而是当悉达多太子走出王宫，开始彻底地面对人生之苦时，他才真正走上了离苦得乐的人生道路。**因为无论在什么时空，当我们举目望去，其实到处都充满着苦，仔细推究下去，只有觉悟才能让人无论身处何种境遇都不会被苦束缚，包括面对生死。**佛陀通过自己的体验告诉世人，苦的原因来自我们错认有一个实有"我"的存在，进而将所有人生幸福的答案建立在满足这个虚幻的"我"之上，就像希腊神话里的西西弗斯一样，无论如何努力，都没办法将石头安稳地推到山顶。

所以，真正的大慈大悲一定与觉悟相关，而且其最终导向的是让被救助的人自己明白苦的根源所在，从而真正地永离苦海。所以龙树菩萨说："大慈者，念令众生得乐，亦与乐事；大悲，怜悯众生苦，亦能令脱苦。"意思是大慈大悲的前提不仅仅是面对众生的慈悲心，而且还要有足够的能力帮助人，而这个能力则是让人觉悟的智慧。

为什么智慧最为重要？因为对于佛教而言，所谓的帮助他人其实有时候还会增加他人的苦难。就拿一些身边能见到的例子来说，有的人赌博上瘾，当他来找你借钱，就算你好心给了他钱财，大概率也变为了赌资而已。从动机来看，我们有时的确是从善心出发，想帮人一把，但结果却可能不仅没有让对方脱困，反而越陷越深。

因此从佛陀的视角来看，所谓的慈悲助人，从动机到助人行为的过程与结果都牵涉了太多复杂的因缘条件。助人者善良，未必会让被救助者真正得利，就算能一时让人得到抚慰，未来他也注定会面临生活的各种艰辛。而且所谓的助人者，其实也是情境转换后的被救助者，因为从本质上来讲，我们都在苦海中沉浮，虽然能够彼此相互慰藉和救济，却都无法真正脱离险境。

而一旦谈到菩萨利益他人的智慧，我们会很自然地回想起《金刚经》开篇须菩提的发问："应云何住？云何降伏其心？"须菩提作为小乘声闻的圣者，已经断除了"我执"，不再会畏惧自己的生死，但面对众生的苦难时仍然心有不安。因此，**慈悲的"大小"其实来自智慧的"深浅"**。这也是我们在前面提到的，破除执着分为两种，一是"人我执"，二是"法我执"。前者对"空"的理解较浅，因此只能安顿个体的生命，而后者则要面对更广大的众生与时空。要展现出菩萨道的大慈大悲，就需要破除"法我执"，而这正是《金刚经》所要表达的核心内容。

## 从慈悲出发

佛法意义上的慈悲，关键在于智慧，所以龙树菩萨才会说："大慈大悲，当习行般若波罗蜜"，也就是"无我"和"无所得"。比如有人因为某些生活中的困惑来求助于我，假如我这么想："我如果能解决对方的问题，或许会获得对方的好评和赞扬，甚至他还会在别人那里说我几句好话。"结果就算我的确帮了对方，对方也很满意，看上去皆大欢喜，但从智慧的角度，这其实都是在巩固"我执"。这时我表现出来的温和与包容顶多算是善意，而不是佛教所说的慈悲。比如有的人热衷行善，甚至倾家荡产、抛妻弃子，让人"钦佩"。不过从佛教的角度来看，如果这位行善者的思维方式是想通过舍弃某些东西以换得社会的赞美与好评，那也不是真正的大慈大悲。因为他的心中仍然有"有所得"的想法，等到未来假如有人误解他，乃至拒绝他的善意，触碰到他的执着处，他仍然会生起烦恼，甚至会放弃这条行善的道路。

但假如一个人拥有佛法的智慧，就不会觉得这些东西真正属于自己，那么当别人有需求的时候，你不过是顺水推舟，把东西"转让"给他。在这个过程中你没有丝毫的勉强，因为你知道你从来就没有占据过它，也不觉得它被你舍弃了。

当然，"成为菩萨"从来不是一蹴而就的，而要经历渐进的学习和实践过程。在佛教看来，从一个普通人开始，要最终达到像佛陀那样的觉悟，在心态上会经历几次重要的转折和突破。比如前面谈到，很多人因为生命中的苦，无法安顿自己，进而探寻离苦的道路，但此时多数人都更为关注一己身心的安宁自在，较少关注他人的痛苦不安，或许也会有不忍之心，但更害怕自己没有能力、无心照顾他人，只好暂时搁置不理。就算我们能像须菩提那样解决个人的解脱问题，但如何在此基础之上提升自己的智慧，乃至像佛陀那样圆满？那就需要抛开个体与众生的界限，不再执着于林泉水下、桃花源式的修行模式，而要进入到各种时空环境中，与众生在一起，去实践菩萨道，才能破除"法我执"，获得更为彻底的觉悟。

不过在这个过程中，我们的智慧当然常常是不够的，那么要靠什么来支撑我们持续实践菩萨道呢？在《大智度论》中，龙树菩萨就谈到"慈悲心"对于智慧的觉悟至关重要：

> 慈悲是佛道之根本。所以者何？菩萨见众生老病死苦、身苦心苦、今世后世苦等诸苦所恼，生大慈悲，救如是苦，然后发心求阿耨多罗三藐三菩提。亦以大慈悲力故，于无量阿僧祇世生死中，心不厌没；以大慈悲力故，久应得涅槃而不取证。以是故，一切诸佛法中，慈悲为大；若无大慈大悲，便早入涅槃。

在佛教的解脱路线图中，破除了"人我执"的修行者，会证得所谓"阿罗汉"的圣者果位，可以不再入轮回，也就是不以六道生命的形态循环往复。关于这部分内容，我会在最后一章"观生死"的部分详细介绍。但按照大乘佛法，这样的解脱并不彻底，仍不圆满，就像是通过了"觉悟"的期中考试，却想躲掉更为棘手的期末考试。但是对于很多人来说，"马上逃离轮回的苦海"其实非常具有诱惑力，也就自然会忘记众生之苦，这就是龙树菩萨所讲的"若无大慈大悲，便早入涅槃"。

因此，修行菩萨道的人，需要"见众生老病死苦、身苦心苦、今世后世苦等诸苦所恼，生大慈悲，救如是苦，然后发心求阿耨多罗三藐三菩提"。"阿耨多罗三藐三菩提"就是圆满彻底的觉悟，因此这句话的意思是，要始终将众生之苦放在我们心中，去体会他人生命中的无助与苦恼，就会产生想要救度的心。此时我们的智慧仍然不足，会有种种"法我执"，那就自然会发起宏大的心愿，去追求圆满的智慧，以便能够救度受苦的众生。关于这一点，经典中到处都有相似的表达，比如《华严经》的《普贤行愿品》中也提到："（菩萨）因于众生而起大悲，因于大悲发菩提心，"这都是在强调我们需要从观察人生之苦开始，从观自身的苦直至观众生的苦，进而通过慈悲心的发起，产生想要彻底觉悟的愿望。

　　前些年媒体曾报道这样一个故事，一位儿子得了某种罕见病，目前医学界还没有有效的治疗方法，只能靠一种名叫组氨酸铜的药物来缓解，但是因为疫情，导致无法持续稳定地购买药物。他的父亲虽然只有高中学历，为了挽救自己的儿子，建了一座实验室来试制组氨酸铜，并且还学习分子生物学，阅读大量的外文文献来自学基因编辑，想要彻底治愈儿子的疾病。这不就是对于菩萨道的完美比

　　　　　　　　　　　　　　　　　人生解忧

喻吗？因为看到他人的苦痛而投入常人难以想象的精力，实现一般人认为不可能达到的目标。

**因此，菩萨道的修行，其实是智慧与慈悲并进，相互支撑，犹如车的双轮和飞鸟的双翼。**可在现实生活中，我们会发现一般人对慈悲更为渴求，而对所谓的智慧则没有太强烈的感觉。龙树菩萨也打过一个比方："大慈大悲，一切众生所爱乐；譬如美药，人所乐服。智慧如服苦药，人多不乐；人多乐故，称慈悲为大。"意思是说，智慧虽好，但人们多忍受不了其苦味，而慈悲则如同染上糖衣一般，人们更愿意相信和接受。

这就好比我们陷入某些困境时，想要寻求别人的帮助，如果对方拼命跟你说道理，多数人大概听不进去，觉得这些道理根本无法解决当下迫切的问题。而如果对方只是听你倾诉、陪伴着你，或是一句话不说就出手相助，解决你的难题，你就会觉得对方何其慈悲，何其伟大！殊不知，前者谈到的那些认知层面的道理其实才是你需要反思和学习的地方。但人遇到困难时总是第一时间寻求抚慰，而不是反过来追问自己为何会被这些境界带动得心绪不宁。

因此，在菩萨道的实践中，慈悲的形象往往比智慧更受人欢迎，如同寺庙中所供奉的诸多菩萨中，代表大慈大悲的观音菩萨往往受到更多人的供奉，而代表智慧的文殊师利菩萨，往往只有在每年的中考、高考等时节，才迎来一波波的学生和家长。

这当然很容易理解，毕竟"若见诸相非相，则见如来"的般若智慧何其难矣！而我们眼见佛菩萨低眉垂眼，听见他人柔声细语时，肯定更容易受到感动，甚至由此会对佛法的智慧产生兴趣和信心。因此，从慈悲的生起和表现方面，佛教将其分为三种慈悲心的类型，分别为：众生缘慈、法缘慈、无缘慈。

所谓"众生缘慈"，就像我们必须要看到众生的苦相，见到对应的境界才能生出慈悲心。比如看到社交媒体上各种记录人生不幸的视频时，我们很容易产生同情心，这就是因为某个具体的境界相而生起的慈悲。

而"法缘慈"是依据佛法的某些道理而产生慈悲心。比如当看见花开花落，这本来只是花草荣枯的自然现象，但有时也会触发我们内心的某些观念，比如世间无常之法，看见众生忙忙碌碌，不知人生尽头将至，因而产生深切的慈悲心。因为当你越深刻地体会到"无常"，你见到世间的一切事物，哪怕是看到一朵美丽的花绽开，就越容易产生一种因"无常"而起的悲凉感，那并不是浪漫的想象，而是因为想到某些真实的道理而自然产生的感受。一般人或许也有这样的感受，比如有时莫名其妙因为一件极其平常的小事而触发某些人生感悟，甚至还会伤春悲秋，黯然喟叹。这固然不是"法缘慈"，但可以帮助我们去作近似的理解。

最后是"无缘慈"。在佛教中有一句流行的偈子，那就是"无缘大慈，同体大悲"。意思是说不需要一个对应的境界来引发内心的慈悲，而是随时随地都能自然流露。之所以佛菩萨可以如此，无非因为他们洞晓了般若的智慧，也就是"非二元"的觉悟境界。关于这种境界，在经典或禅宗语录中，一般都被认为"非以文字语言所能表达"，只有自己亲身体验才能准确地理解和体会。

当然，大慈大悲也有修行的次第方法，比如最初我们可以依着众生的"苦相"而去体会和滋养对他人的慈悲心，随着对智慧的理解变得深入，就会慢慢地进入到"法缘慈"，也就是借助某些道理而看到世界上各种人、事、物背后的不得已，继而会对当事者有更大的包容心与关爱心。当然，至于最后的"无缘慈"，我们目前只能想象一下如此美妙的境界。不过就算只是前两种慈悲心，也足以我们去耐心体会和学习了。

最近听说某饮品品牌推出了一款"我佛持杯"的饮品，因为杯子上印制了佛、菩萨、罗汉的头像，也引起了很多争议。个人来说，我不想从主观动机方面去猜测开发者的意图，因为或许从事产品开发的人会觉得佛、菩萨的形象能带给人一些安宁或愉悦的心情。不过从现实的运作来看，这毕竟是一款日常消费饮品，因此消费者最后肯定会将这些杯子丢弃。这么大规模的行为，最终结果就是反而让佛教的某些符号逐渐丧失了正面的影响和作用。如同在传统社会中，很多人很久才能来一次寺庙来礼佛烧香，因此很容易因为看到庄严的佛像而产生敬畏与抚慰的心情，而如果一种形象被过度地展现，甚至被漫不经心地丢弃，这会使得本可以安定人心的慈悲形象，慢慢丧失疗愈和启发的作用。从这个角度来说，开发这样的产品其实是不够妥当和欠考虑的。**尤其是在现代消费主义社会，慈悲已然是一种非常稀缺的品质，任何能够诱发慈悲心的环境或形象，或许都应该得到我们的珍视与爱护。**

　　　　　　　　　　　　　　　　　人生解忧

第 31 讲

# 菩萨道的方便善巧

对于大乘菩萨道而言，"慈悲"并不简单等同于世俗意义上的"善良""温和"等这些类似的美好品质，而是要与智慧和觉悟紧密联系在一起。但虽然有了般若智慧，也有对于众生的慈悲心，也还不足以完成度化众生的使命，因为每个生命都有其各自的人生背景和性格特质，要想让他们理解佛陀所觉悟的智慧，并不是一厢情愿就能达成的。正是在这个背景下，大乘佛法中就出现了非常重要的"方便"思想，这也为菩萨道的度化观念创造了更广阔的空间和更多的可能性。

## 为何需要"方便"？

为了解释"方便"的意涵，我们可以先以熟悉的家庭教育和学校教育作个类比。家长或老师在教育过程中常常会面对一个棘手的问题，那就是不知道如何教导才是正确的，比如态度是要严厉些，还是温柔点呢？其实，用什么样的方法教导并没有统一的答案，因为我们面对的是一个个非常不同的个体，他们有着不同的知识基础、性格、禀赋，乃至身心条件，等等，就算是彼此长久相处，也很难准确了解对方。因此在这种情况下，家长和老师会常常觉得投入了很多精力，却无法获得应有的效果，所以充斥着无力感，情绪也会随之起起伏伏。

佛教的度化众生，说到底不过是关于觉悟的教育而已，那么自然也要面对同样的问题。众生的天赋、秉性不一，不同的人对于佛教、佛法的需求也大相径庭。比如有的人想要了解更深的佛法，乃至获得一些关于修行的具体指导。但多数人进入寺庙，往往来自现实生活的逼迫，所以想要通过祈福获得一点心理慰藉，或依着虔敬的祈祷让人生能够顺遂一些。这时如果有人给他们讲"无常、苦、空"的道理，可能效果适得其反，因为他们

人生解忧

的人生原本就已经不如意，现在又听到"人间皆苦"的道理，更会感觉生命充满灰暗，无法安顿自己。

比如冬至将近，很多人都会依循旧俗进入寺庙，立各种牌位、参加法会，以求超度亡灵。"超度"在很多人的心目中，似乎就是依着诵经、牌位等神秘的符号或力量，对异度空间中的受苦亡灵进行某种救拔。可如果仔细阅读经典就会发现，"超度"这个词语从根本上并非一般大众所了解的内涵。《大宝积经》中是这样谈菩萨的使命的："（菩萨）能以大慈慰喻众生言：'我授汝广大法药，破灭汝等无明黑暗，拔除汝等无始无终生死烦恼忧苦毒箭，亦令汝等爱缚当解，超度一切生死瀑流。'"

这段经文的意思是说，菩萨的目标应该是用各种方式让人们远离认知上的"无明"，祛除烦恼和贪爱执着，最终超越对于生死的恐惧，让其不再是盲目和被动的生命流转，从而获得圆满的生命自主性。因此，"超度"其实就是借助内心的觉醒来让自己不再陷入生命之苦的困境，就如同《心经》中所说："心无挂碍，无挂碍故，无有恐怖，远离颠倒梦想，究竟涅槃。"

多数人的理解当然无法马上到达这样的程度，那么一个想要实践菩萨道的人，到底该如何面对这么多不同情况的众生？

在佛教的经典中，常常会看到"方便"与"真实"的说法。所谓"方便"，其实就是"权宜之计"的意思，而"真实"就是指佛陀所觉悟的真实境界。"方便"观念的出现，其实和大乘佛教思考教化众生的逻辑有关。

在经典中谈到，当佛陀在菩提树下觉悟之后，他的心中涌现出两种似乎相互对立的想法。一方面他认为，每个众生本身其实都是圆满无缺的，并不需要从外面获得什么智慧或知识来让自己更加完美，得到所谓的解脱。众生之所以有种种苦，不过是"无明"遮蔽了真相而已；另一方面，佛陀又觉得自己所领悟的真相过于深邃，很难给众生讲解。这里说的"深邃"并不是我们一般意义上理解的"复杂""深奥"，反而是因为真相极其简单和直接，难以让人相信。

因此佛陀此时觉得，让众生醒悟简直是一个不可能完成的任务，于是想要涅槃而去。在这个关键时刻，各路的"神仙"，也就是各位天人现身，拼命劝说佛陀不要涅槃，因为众生深陷苦海，无法凭借自己的力量获得解脱，迫切需要佛陀将离苦之道告诉众生。当然，我们可以将佛陀和这些天人之间的对话当作是他们表演的一场戏码，以凸显

　　　　　　　　　　　　　　　人生解忧

佛法之可贵，度化众生之艰难。最关键的是，这也引出了佛陀在度化众生过程中非常重要的观念，也就是"方便法门"。其实就是当人们暂时无法理解佛陀所领悟的最彻底的真理时，不得不用各种权宜之计以帮助众生往觉悟的方向继续前进，直至最终达到目标。

前面介绍过菩萨道的"六度"观念，也就是布施、持戒、忍辱、精进、禅定、般若，事实上在《华严经》中，还提出了"十度"的说法，也就是在"六度"的基础上增加了方便、愿、力、智这"四度"，其中"方便"就属于菩萨道里非常重要的实践方法。《妙法莲华经》（又简称为《法华经》）中有专门的一品谈到"方便法门"，标题就是"方便品"。当中谈到佛陀觉得自己领悟的境界实在难以表达，并且和众人所想象的大相径庭，如果贸然讲出来，反而会引起众人的怀疑和惊恐，于是迟迟不愿说法。但是弟子舍利弗偏不信邪，反而一再劝说佛陀要把他所领悟的境界开诚布公地讲出来，可正当佛陀准备开口时，座下的五千弟子居然集体退席离开，因为他们认为自己过去听到的佛法已经是彻底的，而且很多人因此证得了阿罗汉，脱离了生死轮回。可是如今佛陀却又说那还不是最圆满的佛法，顿时让这些人无所适从，甚至产生深深的怀疑。

当这些弟子离开后，佛陀接着对其他人解释，他不过是想将自己所领悟的最圆满的真相告诉众生，但是奈何众生根机不同，不能接受最真实的佛法，所以佛陀只能使用各种不同的方法来度化，无法一蹴而就。这些权宜的方法就是所谓的"方便"。

## "方便"与"真实"

在这些权宜的方法中，以佛陀说法为例，就有非常多的灵活方式，比如以譬喻的方式讲法。在《法华经》中，佛陀这样对舍利弗说道："舍利弗，过去诸佛，以无量无数方便，种种因缘、譬喻言辞、而为众生演说诸法，是法皆为一佛乘故。"佛陀说，过去所有的佛都以无量的"方便"来为众生说法，好让他们最终能领悟所谓的"一佛乘"，也就是最圆满的真理。而"方便"就是依着众生的情况差别，用不同的方式来为他们说法，比如可以用譬喻的方式来说明，所以譬喻就是一种"方便法门"。

还有一部著名的佛经叫作《百喻经》，里面记载了很多譬喻故事，非常生动。比如其中有一个名为"奴守门喻"的故事，说某户人家的主人要出门远行，便吩咐仆人说：

　　　　　　　　　　　　人生解忧

"你要好好地守门，尤其是要看好系驴的绳索。"主人走后，邻居有户人家在演戏奏乐，这个仆人蠢蠢欲动，抑制不住地想去听。但是想到主人的嘱托，难免心中不安，于是就用绳索把门绑在驴背上，背着去了奏乐的地方。当仆人离开后，屋里的财物都被窃贼偷走。主人回来后，问仆人家里东西都去哪里了，仆人则回答说："主人先前嘱咐我看好门、驴、绳子，我都看好了，其他的东西我不知道呀。"主人说："留你在家守门，正是为了家中的财物。财物丢失了，还要门干什么？"

这个故事其实是想说明，我们就如同这位愚痴的奴仆一样，背着大门，守着驴，手执绳索。"大门"比喻的是负责感受和认知的"六根"，即眼、耳、鼻、舌、身、意，"驴"类比的是每个人的"无明"，而那根"绳索"指的就是我们的贪爱心和执着心。

佛陀接着就批评道："诸比丘不奉佛教，贪求利养，诈现清白，静处而坐，心意流驰，贪着五欲，为色声香味之所惑乱，无明覆心，爱索缠缚，正念觉意、道品财宝悉皆散失。"意思是说，修行人如果不奉行真实的佛法，虽然看上去坐在那里如如不动，非常有修行的样子，却心猿意马地想着外面的声色繁华，各种好看的、好听的、好吃的……这反而失去了自己最珍贵的珍宝，也就是内心的觉醒。

佛陀讲述这个故事，当然是想让人们领会觉悟的内涵与真实价值，只不过他并没有直接讲出道理，而是利用譬喻故事来说明，后者非常形象，也容易理解和传播。顺便说一句，《百喻经》的文字浅白和譬喻生动，也引得鲁迅的喜爱。1914年，鲁迅还重新将《百喻经》断句点校，委托南京金陵刻经处刻版印刷，作为献给母亲六十大寿的贺礼。

"奴守门喻"所隐喻的内容，只能算是比较初级的指导。在《法华经》中，佛陀也讲了很多譬喻故事用来说明在教化过程中，如何才能让众生慢慢地觉悟到最为真实和彻底的智慧。其中有一个名为"穷子喻"的故事大概是这样的：城中一位大户人家的儿子从小离家流浪长达数十年之久，混迹得十分落魄。他的父亲寻子多年，但年岁渐老，苦于家产无人继承，甚是忧虑。某天，穷子流落到他父亲所居住的城市，看见宅院中有一位气势不凡的长者，慑于豪门大户的威严，便想离开。谁知被父亲一眼认出，于是急忙叫身边随从前去相认。怎奈穷子见有人来追，心中慌乱，以为豪门大户要来兴师问罪，于是一路逃窜。父亲见状，知道儿子心志羸弱，惧怕豪门气势，于是让随从装扮为普通人，雇穷子来清扫粪便。其子大喜，便留下来安心劳作。而父亲为了接近儿子，于是脱下华服，卸下璎珞装饰，穿上粗布衣裳，手拿除粪的工具，上前勉励穷子说：要好好加油干，把这个地方当作自己的家，如果需要什么也只管开口，不用拘束。

这位豪门父亲就靠着这样的乔装打扮，自降身份，开始与儿子熟悉起来。而穷子也因为身处大户人家，耳濡目染后眼界渐开，不再像当初那样对豪贵人家有那么多的畏惧。终于，父亲在临终之前将穷子唤到身边，告诉他自己真实的身份，并且将所有家产悉数交付给他。此时穷子已有能力和心志来承担家业，于是欣然大喜，认为自己本来没有对这些财富有所觊觎，但没想到现在却不求自得。

在这个故事中，豪贵长者代表佛陀，而穷子则代表凡夫众生。佛陀领会到的真相是人人皆具佛性，圆满无缺，但是我们要么认为自己永远无法解决人生之苦的问题，带有无法逃避的原罪，根本不敢踏上修行之路；要么就认为觉悟之路过于艰辛困苦，虽然也能实践，但却不相信自己能够和佛陀一样体会到最为圆满的境界。所以佛陀面对这样的人，不仅需要俯下身段，还要变换各种形象，让人能够不至于因心力羸弱而止步不前。

比如有人生活窘迫，在寺庙祈福只为消灾，那么佛陀就可以劝慰他们要多多行善止恶，并且要积极努力，先改变自己的现实处境，进而安顿身心。虽然这看上去不是什么深奥的道理，但是对于这些人的当下而言，无疑是最有效，也最合适的教导。相反，有的人虽然已经衣食无忧，却有了老、病、死的危机感，佛陀或许就可以告诉他们要认识到生命流转之苦，以及通过修行能获得什么好处；有的人虽然在积极地修行，却只追求个人的解脱，这时佛陀则会用大乘的菩萨道去教导他们要去利益众生。

因此，佛陀并不会因为众生暂时无法觉悟而却步，而是会利用各种"方便法门"去教化，也就是根据每个人的认知程度和所处的时空环境给以相应的指导，有时会浅，有时会深，有时会严肃，有时会活泼。对佛陀而言，他不过是根据众生的情况来改变不同的话语和策略，但他最终的目的还是让众生能够获得最圆满的智慧。

就像我们在教育小孩子的时候，可以部分体会到佛菩萨在面对众生时运用"方便法门"的特色。比如当孩子淘气时，我们有时会故作嗔怒，孩子感到家长的严肃后自然就有所收敛，但我们的内心其实并没有真正的生气。当孩子厌学懈怠时，我们有时又会以各种礼物作为奖赏和激

452                                                              人生解忧

励，好让他们能有所振奋，专注学习。此时的我们其实也知道这不过是一种策略而已，而不是故意的宠溺。只不过我们有时会在手段失效时生起烦恼情绪，此时这种教导已经变成了为情绪所推动的行为，既没有了智慧，也更失去了慈悲，而这时无论使用什么样的手段，都再不能被称为"方便"了，因为我们自己也已经"迷失"了。

## 维摩诘的"方便"

因此，"方便法门"的前提是我们要拥有般若智慧和对众生的慈悲心，佛菩萨正是因为具备这样的前提，所以才能展开各种灵活多变的度化众生的方式，甚至不会局限于某种我们所认为的佛菩萨形象，而是显现出千变万化的样貌，这也是更为灵活和广阔的"方便法门"。

比如《佛说维摩诘经》里讲述了毗耶离城里有一位维摩诘居士，家财万贯，珍宝无数，妻眷围绕，平日不仅会去讲学之地，还会前往孩童读书的学堂，甚至还光顾赌场、酒楼、各种风月场所，完全是世俗中人的形象。但是维摩诘其实是一位大菩萨，之所以表现出种种世俗的形象，其实是为了度化众生的"方便"，也就是以某种让人容易接受的形象出现在众人面前，然后加以教化。

这位维摩诘居士虽然也从事营利性的事业，但是"虽获俗利，不以为喜"，也就是赚到了钱，却不会沾沾自喜；"虽入淫舍，示欲之过"，就算进入风月场所，也只是为了提醒他人沉溺欲望的种种问题；"虽入酒肆，能立其志"，进入酒吧，也不会酩酊大醉、昏昧愚痴，反而会劝导他人振奋心志。这些都说明，维摩诘居士虽然出入于声色犬马的场所，但却因为有般若智慧，所以不会在这些境界中迷失，沉溺其中，这和缺乏智慧的凡人显然大有不同。

因此，所谓"方便"的背后其实有真实的智慧作为支撑，否则不过是和世俗同流而已。因此还有一句广为流传的话："方便出下流"，这里的"下流"并非指道德品质的败坏，而是说如果没有真实的智慧，许多方法根本无法起到导引众生直达觉悟的作用，只不过是流俗的迎合而已。就比如我们一般人因为智慧不足，而在各种境界上产生贪、嗔、痴的烦恼，执着不舍，此时自己都无法安顿身心，何谈教导他人？对于维摩诘而言，他拥有觉悟的智慧，能够体悟到世间万法都无本质，不可执着，所以才不会行走于红尘而迷失其中。此时的他，虽以世俗的形象出现在众人面前，却能让人看到凡人形象背后的觉悟智慧。

试想一下，假如一位僧侣出现在赌场、戏院、风月场所，或许更多时候只能招来众人的讥讽与质疑，还没等他开口讲法，估计众人早就对其戒律行持是否合格有了怀疑，更谈不上听其讲法受教了。所以，尽管佛教史上常有许多"疯僧"形象出现，比如济公、布袋和尚等，他们衣衫不整，行为放荡不羁，让一般人感到匪夷所思，不可理喻。直到这些"疯僧"表现出一些神通变化，甚至还能治病救人等，才让一般百姓得以信服。但这类"疯僧"的形象在历史上不仅数量极少，而且也只能算是特殊条件下的"方便法门"而已。

因此，维摩诘居士以世俗中人的形象出现，行走在十字街头，随缘度化红尘众生，体现出佛教中不拘束于外相的灵活和多变，也就是所谓的"方便"。之所以能有这样的"方便法门"，其背后则是所谓"般若空性"的智慧。因为一切事物都无绝对的本质，所以佛菩萨其实也并没有绝对的形象设定，就如《金刚经》中所说的"如来不应以具足色身见"，也就是我们不能依着可见的"五蕴"来指涉佛的本质。正因如此，佛菩萨才能以不同的形象出现，就如同观音菩萨的三十二种化身一般，随着众生的因缘而显现出不同的面貌去度化。

在大乘佛法中，因为涉及菩萨道层面，我们会发现佛菩萨会以极为多变的形象、手段来展示救度众生的灵活与巧妙。而在《华严经》中，有一个极为著名的人物形象，也就是善财童子，他四处参学，想要学习各种菩萨的法门，而这些菩萨，就是以各自迥异的面目出现，甚至有的还会超出我们的想象。下一讲就从善财童子入手，继续介绍菩萨道的"方便法门"。

人生解忧

第 32 讲

# 善财童子的奇迹之旅

从这一讲开始，我们就进入到第三章"观众生"的末尾，在这里或许可以对前面的内容稍作回顾和总结。

在佛陀看来，"无明"不过是我们认知的错谬所导致的，而我们心性的本体本就是清净圆满的。佛法中所谓的"觉悟"，不过是要脱落掉我们的认知障碍，也就是转"无明"为"智慧"。

但要转变我们习惯的认知，也就是执着，是十分不容易的。粗粗来分，"无明"可以分为"人我执"与"法我执"，二者区别在于所破除的认知迷雾的深浅。"人我执"强调从自己的五蕴身心入手，以较为简单的"析空"方法，也就是逐层拆解观察，看到个体身心的无常生灭，从而破除

"人我执"。但这不能回应如何救度众生的问题，更没有回答山川河流、宇宙星辰这些自然世界究竟与我们的"心"是怎样的关系。因此，大乘菩萨道以破"法我执"为契入点，以对众生的慈悲心为驱动，以"方便善巧"作为度化的灵活手段，当然还以后面会讨论到的"愿力"作为勉励，展开了一条庄严恢弘，但同时朴素天真的成佛之路。

## 方便度化与佛菩萨的境界

上一讲简单地介绍了菩萨道中的"方便法门"，宽泛地说，所谓"方便"就是在般若智慧的基础上所展现出的各种度化众生的权宜之计。既然是"权宜"，那么就说明"真实"还隐藏在背后，尚未被揭晓，或者众生暂时还无法领悟。值得注意的是，在大乘佛法里，基于"般若空性"的智慧，也就是《金刚经》中所说的"凡所有相，皆是虚妄"，正因为"相"是如梦如幻的，并不是实体化的存在，佛菩萨也就可以随着因缘展现出万千变化的形象。

在大乘经典里，佛与菩萨要么表现出极为不可思议的神通变化，比如释迦牟尼佛可能会同时显现出千万亿化身，而菩萨也会显现出种种不同的形象，除了有情生命之外，甚至还会以山林河池等无情物的形态显现出来，这也是为何很多佛教经典常被视为"神话"的原因，因为它完全超乎了一般的认知。金庸先生早年接触佛学，首先读到的是《法华经》等大乘经典，完全无法理解，认为这里面描述的内容几乎如同神话故事一般，难以让人相信，后来他辗转接触到《阿含经》，才开始逐渐理解佛法的主旨。其实，这只不过是因为金庸先生当时还未理解般若思想，对"空"的内涵缺乏了解。

对于大乘经典的各种奇妙境界，我们仍然需要回到佛法的"空"才能准确理解。世界上的一切法都没有本质，但随各种因缘显现出各种"相"，佛菩萨则因为拥有圆满彻底的"空"的智慧，所以能展现出一般人难以理解的各种形态和样貌，也就展现出千变万化的"方便法门"。

听到这里，你可能会误以为存在一个实体化的佛菩萨，如同孙悟空一样千变万化，救度众生。这还是先认为存在一个所谓本体意义的佛菩萨，然后佛菩萨从这个本体出发去做种种度化众生的事情。但这显然不符合"缘起性空"的教导，因为**我们的生命，乃至整个宇宙都因缘起而成，任何一个单独的"相"其实都不是孤立的存在，而是互为条件的显现。**

那么，这到底是怎样的一种存在形态？我们或许可以用《华严经》中的"华藏世界"作一点初步的解释。

《华严经》，全名为《大方广佛华严经》，是大乘佛教中篇幅极为浩瀚，内容十分丰富的一部经典。在汉传佛教内部，甚至流传着这样一种说法，"不读《华严》，不知佛门富贵"，意思是《华严经》所展现出来的观念和境界，足以表明佛法智慧的丰厚价值。

在汉译佛典里，《华严经》共有两个全译本，分别被称为"八十华严""六十华严"，其中的数字指的是经典的卷数。"六十华严"是北天竺佛陀跋陀罗于东晋所翻译出来的版本，被称为旧译《华严经》。"八十华严"则是唐代于阗国实叉难陀所翻译的版本，被称为新译本。除了这两个全译本之外，还有一个节译本也非常有名，也就是"四十华严"，它只选译了整部《华严经》的最后一品，也就是前面提到的《普贤行愿品》，全名叫《大方广佛华严经入不思议解脱境界普贤行愿品》。

谈起《华严经》，就不得不想起近代赫赫有名的弘一法师。弘一对《华严经》非常钟爱，他出家之后，还用其擅长的笔墨写下大量《华严经》中的文句，赠与有缘之人。关于他与《华严经》的因缘，有这样一段有趣的故事：

1933年正月初八，弘一法师移居厦门妙释禅寺，在寺内住宿的这一夜他做了一个梦，在梦中，他化身为翩翩少年，在路上遇见有人诵《华严经》，感人至深，不舍离去。诵经者为一长髯老人，周围有十余人围绕，座前有几案，上有纸张，写有《华严经》之经名。正当弘一法师准备脱鞋入座时，梦醒了。醒来后，弘一法师深受梦境的触动，认为自己注定与《华严经》有很深的缘分，便发心要终生弘扬《华严经》。

那么，《华严经》的主要内容究竟是什么？又表达了什么样的佛法智慧？我们可以拿《金刚经》来作一下对比。我们在《金刚经》中所看到的佛陀，不过是一位和弟子一同托钵乞食、洗足敷坐的老比丘。他给弟子讲法，也是从逻辑角度去破斥众人的迷执，至于他所领会的境界，除了有常见的"圆满""清净""自在"等抽象的描述之外，其真实境界旁人难以窥探。以至于在《佛说维摩诘经》中，舍利弗都不禁怀疑，**为何智慧圆满如佛陀，还和娑婆世界的众生一样，要面对荆棘满地、坑洼不平的污浊恶世？**佛陀最后用"神力"让舍利弗看到了清净琉璃世界，而不像一般人所见的污秽之地，舍利弗这才知道，佛陀体验到的境界其实和众生并不一样。

举个容易理解的例子，我们一般人的认知能力其实差异不大，但随着各人的境遇不同，喜怒哀乐也有所不同。当我们人生顺遂时，看到周围的一切也都是相对安宁祥和的，有如净土一般；但当人生受到极大挫折而心情灰暗时，所看到的一切则是阴冷压抑的，犹如地狱一般。

我们虽然已经初步了解《心经》《金刚经》里所讲的"般若空性"，但这仅停留在抽象的道理层面，并不涉及佛菩萨所觉悟的具体境界。这使得很多人虽然知道佛法讲"空"，但还是习惯性地把"空"看作是"断灭虚无"的境界，觉得"觉悟"要么是心如死灰，要么是平淡如水。而《华严经》呈现出来的则是佛陀的圆满觉悟境界，不再是抽象的描述，而是以佛陀所感受到的广阔无垠的样貌来具体呈现。这是佛与大菩萨所感知的清净庄严的世界，又被称为"华藏世界"。关于这个所谓的"华藏世界"，经典中有类似的描述：

摩尼为网，众宝铃铎，诸世界海所有庄严悉于中现；摩尼宝云以覆其上，其云普现华藏世界毗卢遮那十方化佛，及一切佛神通之事；复出妙音，称扬三世佛菩萨名；其香水中，常出一切宝焰光云，相续不绝。

"华藏世界"中不仅有各种珍贵的摩尼珠网和宝石装饰的铃铎，还有各种奇妙的云彩与妙音，不胜枚举。仅仅是文字描述，就已经令人十分向往了。如此美妙而不可思议的世界，一般人当然很难准确体会。比如武则天曾经就很好奇，询问精通华严教理的贤首法藏国师，让他解释一下什么是"华藏世界"。法藏国师于是命人取来十面铜镜，围绕佛像四方安置，然后用烛火照亮佛像，于是，十面铜镜之中彼此映射其中，重重无尽。

"华藏世界"又被称为"因陀罗网境界"："如天帝殿珠网覆上，一明珠内万像，俱现诸珠尽然。又互相现影，影复现影，重重无尽故。千光万色虽重重交映，而历历区分，亦如两镜互照，重重涉入，传曜相写，递出无穷。"这段话也是用两面镜子互照的例子来解释佛菩萨以"空"的智慧所能体验到的境界。

因此，佛教在谈到佛菩萨的"方便度化"时，并不是认为有一个度化的实体，比如一个实实在在的佛菩萨去救度某个实实在在的众生，这也是为什么在《金刚经》中，佛陀会说"如是灭度无量、无数、无边众生，实无众生得灭度者"。因为觉悟者不可能认为有实体的"我"去度化实体的"众生"。但很多人听到佛菩萨能以百千万亿化身去度化众生时，就想当然地认为这是某种特异功能。事实上，就如同十面镜子中所映现的佛菩萨一样，这个世界其实是彼此映射，层层嵌套的，根本找不到那个所谓原初的本体，而这才是佛菩萨方便度化众生时能显现出百千形象的原因所在。

在《华严经》中有一首著名的偈子："心如工画师，能画诸世间，五蕴悉从生，无法而不造。"意思是说，**所有一切的"相"，也就是各种境界，无不是依着我们的"心"，也就是相应的认知，所显现出来不同的样貌互相含摄和影现的。你中有我，我中有你，一中有多，多中有一。**

因此，佛菩萨的"方便法门"背后，其实是般若智慧和在此基础上所展开的不可思议的时空图景。

## 善财童子与善知识的方便法门

《华严经》的最后一品，也就是《普贤行愿品》，讲述了善财童子为了学习菩萨度化众生的"方便法门"从而四处求法的故事。

根据经典的说法，这位善财童子刚入母胎的时候，家里就涌现出七层楼阁，阁楼中则有各种百宝箱。当他出生时，这些宝箱自然打开，里面各种宝藏令人目不暇接。家中还同时涌现出五百件珍贵的器皿，盛满美玉、琉璃、摩尼、玛瑙、赤珠等。因为这种自带财富的属性，父母和家人于是就称呼他"善财"。

善财童子天资聪颖，好学敏思，颇得文殊菩萨青睐。文殊菩萨于是为他讲法，并且用各种方便善巧去勉励善财童子，让其智慧迅速增长。而善财童子也因此生起了想要成佛度化众生的宏大心愿，也就是不满足于目前所得，而是想要和佛陀一样获得最为圆满的智慧。

文殊菩萨此时劝诫善财童子，想要成就圆满觉悟，需要四处参访善知识、寻师问道，并且还殷切地嘱咐他："求善知识勿生疲懈，见善知识勿生厌足，于善知识所有教诲，当念随顺不应违逆，于善知识善巧方便，但应恭敬勿见过失。"意思是求法不能轻易懈怠，也不能有傲慢之心，而且对于这些善知识的"方便法门"要存有恭敬之心，不能盯着表面上的过失。接下来，也就展开了著名的"善财童子五十三参"的奇迹之旅，善财童子一共参学了五十三位的善知识，以学习各种各样的菩萨法门。在这五十三位善知识中，有比丘、比丘尼，也有外道仙人、居士、长者、婆罗门，还有童子、童女，以及弥勒菩萨，等等，身份各异。

为何文殊菩萨在这里提醒善财童子,要对善知识的"方便法门"心存恭敬?下面就以几个善财童子所参学的善知识为例来说明。

比如善财童子在解脱长者的指引之下,去参访一位名为海幢的比丘。只见海幢比丘在林泉水下盘腿而坐,入了禅定三昧。此时不可思议的事情发生了,海幢比丘的身体的各个部分突然显现出各种各样的奇妙境界。

比如海幢比丘的脚下现出了无数的长者、居士和婆罗门,个个衣着庄严,身旁还有童子围绕,他们前往一切需要的地方去救助贫苦的众生,去安慰苦恼的众生,去启发想要觉醒的众生。而海幢比丘的两膝之间现出了无数的刹帝利和婆罗门;他的肚脐中则显现出很多外道仙人;他的两肋之中则有龙王、龙子、龙女涌现出来;而海幢比丘的背部则出现声闻、缘觉的修行人。海幢比丘身体的其他部位则涌现出夜叉、紧那罗王、迦楼罗、紧那罗等天龙八部,也就是佛教中的各种护法神祇,还有转轮圣王、帝释天、梵天王和无数的菩萨等。

看到这里,估计很多人开始心生疑窦,因为这里所谈到的各种神祇、菩萨对我们而言本身就是陌生的存在,一般我们都会认为这是佛教内部想象出来的形象。再加上无数的神祇、菩萨还是从海幢比丘的身体各个部位涌现出来的，那更是闻所未闻，难以置信。

不过，依大乘佛法来看，海幢比丘因为通晓"空"的智慧，就没有一和多、大和小的分别，所以就会自然展现出"一叶一如来，一沙一世界"的奇妙境界。如同前面所举的镜子相互映射的例子，如果将个体的"心"比作其中一面镜子，我们从这面镜子中，其实看到的是无穷无尽的世界。镜子虽小，但其含摄的景象却无远弗届。由此我们或许可以理解，为什么海幢比丘的身上可以现出如此海量壮阔的景象。

更为有趣的是，海幢比丘虽然是一位出家人，但是他却能显现出在家俗众、各种护法神祇，以及出家沙门和菩萨的各种形象，从而随着各种形象的方便来度化相应的众生。比如，他显现的帝释天是欲界天的天主，有极高的威信与福德，他可以借着这样的身份来激励各位天众舍弃欲望，追求觉悟。而转轮圣王是世俗君王，则可以利用他的权力让那些从事屠宰、捕猎的人远离杀戮心，生起慈悲心，也能让那些贫苦之人不去做各种偷盗之事，而是常作各种布施等，也就是以君王的身份来作表率，让民众可以见善心喜，甚至最终能够深入佛法，最终觉悟。

正如观音菩萨的三十二化身一样，海幢比丘也能展现出各种不同的"相"。因为众生各式各样，所偏好的、所相信的、所能接受的都不相同，如果只有一种"相"，那势必不能广度众生。就像很多人喜欢进入寺庙，很容易接受出家人的生活方式，但也有人对此完全无感，甚至还有许多先入之见，不愿意亲近。这样的人如果要了解佛法的智慧，可能会通过个人在生活中的感悟，也可能经由家人、朋友，以及自己所尊敬的某些人的启发。**可以说，如果这些能为人所接受和亲近的"形象"能让我们在智慧层面上觉醒，那就可以被看作是佛菩萨的化身。**

不过，很多时候我们愿意接受的教导都来自我们信任、欣赏的对象，而他们表现出的基本上都是慈眉善目的样子。在善财童子的旅行中，我们却看到这样一类不同的善知识。

在普眼长者的指引下，善财童子来到了甘露火王的城池，准备参学菩萨法门。他在城门口遇见一位婆罗门，便向其打听甘露火王的施政理念与度化风格，婆罗门告知善财，甘露火王"治罚恶人，销其过犯，犹如烈火；安摄善人，与其快乐，譬如甘露。以是慈悲平等教化，增其寿命，心无厌足"。从这段描述可以看出，甘露火王至少不是那

人生解忧

种一味展现出慈眉善目的"老好人"，他对于恶人的治罚手段如同烈火一般刚猛峻烈。单单这一点，就已经击破了很多人对于佛教形象的单一想象。

当婆罗门给善财童子详细地介绍了甘露火王的德行威望与施政方式之后，善财童子便被引入正殿，参拜甘露火王。只见国王衣着华丽，威武庄严，百千大臣四周围绕，更有凶猛士卒左右布阵，面貌可怖，如阎罗使者一般。而国内触犯王法的人，则被五花大绑，或用火烧，或用水煮，或被投入到热灰坑中，或被灌注沸油，如此残酷刑罚，不一而足。只见这些受到刑罚的众生无不哀号求救，"或呼父母，或呼眷属，声如雷震，酸切人心"，如同生在无间地狱之中。

看到这里，我猜想不仅是我们这些凡夫俗子，就连这位善财童子想必已是目瞪口呆，这哪能算善知识？这分明是一位极其暴虐的国王！果然，善财童子上前质疑道：我是为要救度一切众生而来，想要寻求无上圆满的智慧，但国王你却犯下如此恶业，让众生受到极大的痛苦，难道不怕未来堕落地狱吗？这样的行为，又怎么算得上是大悲救护众生的行为呢？

还没等到甘露火王开口，便听到虚空中有天人提醒善财：不要忘记是普眼长者嘱托你来到这里参学菩萨法门，不要为这些表面现象所迷惑，而产生了怀疑和恐惧之心。要知道，菩萨度化众生的法门实在超出我们一般人的想象，需要先耐心倾听这位甘露火王的教导。

此时，甘露火王携手善财，坐在宝座之上，耐心对他讲解道：这个国家的众生恶心炽盛，作种种的恶极难教导，我只能先以"恶法"加以惩治，让那些准备作恶之人产生畏惧之心，暂时不再作恶、犯下恶业。甘露火王又补充道，善财童子刚刚看到的那些血流成河的恐怖画面，都是他用种种菩萨的神通变化给众人显现出的虚幻景象而已，以此调教顽固不化的众生。

我们今天所广泛利用的影像媒体每天能制作出无数的视频片段，除开一些真实的新闻报道外，许多短视频的背后其实都有所谓的剧本和制作团队。我们常常难以分辨是真是假，但这些视频仍然可以传达出某些讯息，让我们感受到愉悦、恐惧，甚至沉沦，这不就相当于甘露火王这里所讲的"神通变化"吗？用种种如幻的恶境界去让那些常怀恶心的众生感到惧怕，以至于不去作恶，甚至还可以用各种善的如幻画面进一步引导众人行善，乃至最终得到解脱，不也是我们可以理解的"方便法门"吗？

在传统社会中，人们多用口传和耳闻的民间戏曲，或是粗陋但生动的善书彩画去传播社会的道德伦理和佛法的觉悟观。比如佛教中的"俗讲"就是将佛经中许多劝善止恶的故事加以口语化，讲给一般的百姓。另外还有民间流传的皮影戏或歌仔戏，不都是这一类以虚幻影像来教化众生的形态吗？今天的信息技术让真实和虚幻的界限变得越来越模糊，或许最终，是否存在所谓的"绝对真实"并不重要，至少佛法认为一切法都是如梦如幻的，但最重要的是要**看清这些如幻的影像到底将我们导引到何处**，而这也是"方便法门"的关键所在。

回到甘露火王所表现的这些令人产生怖畏的形象，其实佛教中的密宗就广泛使用了这种方便度化的思维与方法。比如从中国传到日本的真言宗，就会供奉面目极其可怖、令人望而生畏的不动明王，他手持宝剑，口露獠牙，完全不是一般人想象中的佛菩萨形象。但在密宗的观念体系里，不动明王不过是毗卢遮那佛的化身显现，而以忿怒的形态出现，也不过也是一种为了对治邪魔的"方便法门"而已。

讲到这里，如果仔细想一想，不是又回到金刚经的那句著名的偈子上了吗？"若见诸相非相，即见如来。"**假**

如我们迷失在"相"上，自然就会随着各种"相"去造作；但如果我们能够看清"相"的虚妄，不就可以如同佛菩萨那样，游戏人间，利益他人了吗？

下一讲将迎来"观众生"的最后部分，也就是大乘佛法中的"发愿"，谈谈作为菩萨道的修行者该如何确立利益众生的目标，而又如何不会掉入执着的陷阱。

第 33 讲

# 菩萨的目标：我愿无穷

前不久，我和张钊维导演一起作了一次关于纪录片《本来面目》的对谈。这是一部关于台湾法鼓山圣严法师的纪录片，但和一般的佛教题材的影片风格不大一样，这部片子更多带有一种非宗教化的视角，有兴趣的朋友或许可以在网上搜寻相关的资源看看。纪录片的主人公圣严法师讲过很多精彩的法语，对人启发良多，让我印象比较深刻的是在南通狼山圣严法师纪念馆的入口处，写有两句偈子，由圣严法师亲笔所写，内容是"虚空有尽，我愿无穷"。每次读到这句偈子，我多少都会有所触动，而这句话的背后其实反映的就是大乘佛教的重要精神，也就是菩萨的大愿。

## 为何菩萨需要发愿？

大概许多人都很容易被佛教中的一些说法迷惑，比如"放下执着""空"等，似乎以为这代表"放弃""否定"或"逃离"，而以为"放下"就是要远离当下的生活，逃入一个桃花源中，青灯古佛，淡泊寡欲。可是通过之前的讲解，你应该已经了解了，假如佛教的"解脱"指的是这样的生命状态，那么悉达多太子觉悟之后就完全没有必要赤足行走在北印度的大地上，不厌其烦地讲法弘化，甚至还通过种种方式去化导社会，改善世间。

佛教所追求的"解脱"显然不是想象中的萧瑟枯寂，即使很多人不由自主地认为"修行"就一定是缺乏对生命的热情与目标。在佛教内部，一般谈到的声闻修行者，的确大多都强调远离世俗生活的环境，寻求个人的生命解脱；但对于大乘佛教而言，真正圆满的觉悟是要众生最终也一样得到解脱。

不过，众生得到解脱的关键，其实是行菩萨道的人心中不能存在实有的"众生相"，也就是《金刚经》中所强调的，一切"相"宛如存在，却非实体，无本质，也就是所谓的"空"。试想，佛菩萨在面对众生时，不会像一般人那样存有"人我"之间的对立感。正如前面反复谈到的，这来自对于"我"和"他人"的一种实有认知，比如我们在帮助他人时，无时无刻不带着一种由"我"来帮助"你"的感觉，无论是对主体还是被帮助的对象，以及相关的行为动作，都有一种实实在在的感觉，这些就是所谓的执着。因此，我们要么在助人之前渴望回报，要么事后嗔怪对方没有回馈自己的好意，等等。

但"空"的智慧却是要消融掉这种"人我"的对立，但这并不意味着我们的生命空空荡荡，无所依托。相反，在大乘佛法看来，正是因为生命与法界之间的界限被打破，所以才会生出一种与众生一体的感受。**此时，众生的喜怒哀乐都历历在目，与我也是彼此交融的，而我因为有般若智慧而不会被裹挟在烦恼的旋涡中，反而自然会流露出对于苦难众生的慈悲心，想要发心去救度。这样的心情，就是菩萨的愿心。**

"发愿"又被称为"誓愿"，也就是怀抱一种强烈的热情，以及心存未来想要成佛的目标。我们常在经典中看到一个概念，就是"阿耨多罗三藐三菩提"，前面讲到，这就是"无上正等正觉"，也就是最圆满的觉悟。在大乘佛教经典里，不断强调修行菩萨道的人应该"发阿耨多罗三藐三菩提心"，也就是"发菩提心"，也就是发起跟佛一样圆满觉悟的心愿。因此，"发菩提心"可以被简单总结为"上求佛道，下化众生"，这也是菩萨道修行的宗旨与根本大愿。

很多人或许马上会怀疑,佛教不是说要"不执着"吗？怎么还会执着成佛的目标呢？这还是受到我们习惯的思维模式影响，比如当听到佛教说"空"或"不执着"时，便想当然地认为我们马上就能达到圆满觉悟的状态，甚至认为罗汉、菩萨等圣人也已经彻底"不执着"了。但一方面，我们其实根本还不清楚什么叫作"不执着"，就开始拿自己想象的状态去衡量他们;另一方面，凡夫的执着和罗汉、菩萨的执着之间，其实还有广泛的光谱差异和深浅不同的内涵。

比如一般人热衷美食购物，娱乐游戏，这是执着于粗浅的感官欲望，纵情声色之中，虽然也能获得许多世俗层面的快乐，但也容易放纵身心，反受其害。有的人则不满足于此，想要追寻更为丰富的精神享受，那么可能就会进入文学、艺术、哲学等领域，以此为乐。但许多人沉浸在较为纯粹的精神生活之中时，反过来又开始鄙薄和否定世俗生活的意义，这显然也是一种执着的表现。

而当进入佛教的修行中，有的人认为生命的轮回流转令人畏惧，于是想要寻找解脱的方法，拼命努力地想要觉悟。尽管他们的修行或许已经破除了"人我执"，却没有破除"法我执"。所以就算是阿罗汉圣者，虽然已经不再受轮回之苦，但仍然有所执，并没有获得圆满的智慧。

　　而菩萨的修行，则是为了像佛陀一般更为深刻地觉悟到彻底的真理，那就不得不去了解众生的各种性情特质，还要学习万千方便度化的法门。在这个过程中，菩萨仍然有各种执着，尽管这和凡夫的执着已经有本质上的差别。比如前面讲到天台宗会把烦恼细分为"见思惑""尘沙惑"和"无明惑"，阿罗汉断除了"见思惑"，安顿好了自己，不再轮回；但是菩萨却因为要去度化众生，就要去了解无量众生的烦恼，并且要随着众生不同的背景而展开相应的方便度化。一旦无法做到，自然也会有烦恼执着。比如在《金刚经》中，须菩提之所以无法发起度化众生的心，就是因为看到众生无边无量就已经生起在度化众生方面的烦恼执着。

　　因此，要生起度化众生的心愿，实在不是一般人能做到的。龙树菩萨的《大智度论》中就解释了何为"摩诃萨埵"，也就是大菩萨的意思。龙树菩萨回答道："此人心能为大事，不退不还，大勇心故，名为摩诃萨埵。"这里的"大事"即是成佛与度化众生的目标，真正的大菩萨有"大勇心"，而且不会退缩，得少为足。

那么菩萨的"大勇心"究竟如何体现出来？《大智度论》中引用了这样一段关于佛陀与诸位菩萨之间的对话：佛对无尽意菩萨讲解道，整个法界的众生数量之多，难以让人想象。他打了一个比方：假如把整个宇宙合为一池水，无数众生共同持一根头发取走一滴，又有另外无数的众生共同持同一根头发取走一滴，才能最终取完池水，由此说明众生无边、无量、不可数。而菩萨面对如此无边无量的众生，仍然发心要去度化，所以叫作真正的"摩诃萨埵"，也就是大菩萨。

当然，菩萨虽然需要具备"大勇心"，也需要方向正确才行。也就是说，菩萨要能破除众生甚或自己的错误见解，另外也要对众生产生大慈大悲心，这才是真正的菩萨。

因此在大乘佛教体系中，"大愿"之所以至关重要，是因为成佛之道，路长且阻，且多有岔路，容易让人迷失。所以想要修行菩萨道的人，需要以奋勇积极的心态面对自己和众生的烦恼执着，并且更要以广阔的包容心和慈悲心不厌其烦地度化众生。正因为菩萨道如此艰辛，所以才需

　　　　　　　　　　　　　人生解忧

要不断地发愿，这也构成了修行者的重要动力来源，而这也和凡夫众生只是随着自己的贪染执着随波逐流，形成了鲜明的对比。

## 大愿的内涵与实践

在大乘佛教体系中，我们可以看到大量经典都在讨论"发愿"，比如《地藏菩萨本愿经》《药师琉璃光如来本愿功德经》《无量寿经》，其中记录了菩萨在成佛之前如何发愿，以及发愿的相关内容等。

就拿民间非常熟悉的《地藏菩萨本愿经》（简称《地藏经》）为例，这部经讲述了地藏菩萨在过去世所发的种种大愿，其中较为人知的就是"光目女发愿救度母亲"的故事。

地藏菩萨在过去某一世曾经是女子，名字叫作光目。有次光目女遇到一位阿罗汉，便加以虔诚供养，这位阿罗汉于是询问光目女为何前来供养，光目女回答道，她想知道其母死后去往何处。于是这位阿罗汉进入禅定加以观察，却看到光目女的母亲沦落恶道，饱受众苦。他询问光目女才知道，其母生前好吃鱼鳖，常犯杀生之业，因此才会生在恶道。阿罗汉于是告诉光目女，可以诵念清净莲华目如来的名号，并且绘制、塑造佛像以作供养，这样的善心善业可以让母亲出离恶道。她的母亲后来虽得以顺利转世，并且还降生在光目女的家中，但其母告知光目女，虽然她暂时能够脱离恶道，可还是因为累世所犯下的深重恶业，这一世只能活到十三岁就会夭折，而再次进入地狱，继续受苦。光目女出于对母亲遭遇的深刻悲悯，于是发起大愿：

> 愿我之母，永脱地狱，毕十三岁，更无重罪，及历恶道。十方诸佛慈哀悯我，听我为母所发广大誓愿。若得我母永离三途及斯下贱，乃至女人之身永劫不受者。愿我自今日后，对清净莲华目如来像前，却后百千万亿劫中，应有世界，所有地狱及三恶道诸罪苦众生，誓愿救拔，令离地狱恶趣，畜生饿鬼等，如是罪报等人，尽成佛竟，我然后方成正觉。

光目女这段至诚恳切的发愿文，其实也让我们能够理解为何汉传佛教，乃至整个东亚社会中会存在如此深厚的地藏菩萨信仰，无论是清明、冬至，人们都习惯性地去供养地藏菩萨，这其实就是孝亲思想在东亚佛教信仰中的具体表现。在华夏文化中，孝道思想占据主流，如果看到亲人遭受苦难，自然很容易激发起极大的悲悯与决心。光目女所立下的如此深重的誓愿，我们也相对容易共情。而光目女的大愿的具体内容是，要让所有的恶道受苦众生能够得到救度，并且等到这些众生成佛之后，她才成佛。到了这里，大家或许也已经明白，这正是地藏菩萨的著名誓愿："地狱不空，誓不成佛"。

而关于菩萨的发愿，有一部经典非常重要，但可能并不像《地藏经》那样有名，即"四十华严"中的最后一品，《普贤菩萨行愿品》。这篇简要的经文内容讲的是当善财童子参学完五十三位善知识之后，最后遇见了普贤菩萨，这时普贤菩萨便给善财童子和其他菩萨讲解道，要真正地成佛，必须要实践十种行愿。什么叫"行愿"呢？如果说"发愿"强调的是某种心意识层面的动机，"行愿"则是把动机和实践结合在一起，也就是将"愿"落实。

普贤菩萨所解释的十种行愿，分别为礼敬诸佛、称赞如来、广修供养、忏悔业障、随喜功德、请转法轮、请佛住世、常随佛学、恒顺众生、普皆回向。下面我们挑选几个来加以解释。

以"礼敬诸佛"为例，我们一般人或许认为，这不就是磕头表示恭敬吗？甚至还可能认为这或多或少带有陈腐的迷信气息。唐代著名的华严宗高僧澄观大师就对"礼敬诸佛"作出非常扼要而深刻的解释。他认为，所谓的"礼敬"可以分为深浅不一的层次。比如有的人拜佛就像舂米的石碓一样上下点头，但心里全无恭敬，只是敷衍了事，甚至口是心非。澄观法师称呼这种为"我慢礼"，也就是虽然有礼敬的动作，但心中却充斥着骄慢。

另外有一类人或许存有一些恭敬心，一面拜佛，还一面口念南无阿弥陀佛，可是口虽念，但是内心还是散乱纷飞，这叫"唱和礼"，意思是形式勉强到位，内涵仍不具足。而有的人在礼敬佛菩萨时，能够做到五体投地，头面接足，而且对于佛像有极强的恭敬心，我们就常在寺庙中看到一些香客一旦跨入殿堂，便马上整容肃穆，拜佛也一丝不苟，虔诚至极，这就可以称为"恭敬礼"。

如果说前面几种"礼敬"我们还比较容易理解，接下来就是"无相礼"。所谓"无相"，正是般若的"空"，这时我们礼拜佛菩萨，便要贯穿"空"的智慧。比如当我们礼敬佛菩萨时，一般都会有一种实实在在的"我"在"礼拜"某个对象，也就是在礼拜佛菩萨的感觉，因为我们没有"空"的智慧，所以"我""礼拜""佛菩萨"三者都是坚硬无比的实体。甚至在此基础上，我们随着"我执"生出了各种贪、嗔、痴烦恼，还想通过礼敬佛菩萨像来获得某些现实的利益。事实上，我们的礼拜动作，不过是大千世界中缘起而成的一个现象而已，虽然我们通过礼敬的动作表达对佛菩萨的尊敬，但同时也明白，这一切不过是如梦如幻，不可随着自己的欲望和执着去进行各种造作。套用《金刚经》中的句式，就是"所谓礼敬，即非礼敬，是名礼敬。"**当我们不落在对于礼敬之相的执着时，反而是真正的礼敬，也就开始真正接近菩萨的"礼敬诸佛"了。**

接下来看看"供养诸佛"。"供养"其实和前面讲解《金刚经》时谈到的"布施"比较接近，可以粗分为"财供养"和"法供养"。在《普贤菩萨行愿品》中，菩萨先以种种珍贵奇妙的事物来作供养，比如"华云、鬘云、天音乐云、天伞盖云、天衣服云、天种种香、涂香、烧香、末香，如是等云，一一量如须弥山王；然种种灯，酥灯、油灯、诸香油灯"，这些云、香、灯当然并不是娑婆世界所见到的供养物，而是菩萨所感知到的境界，但这些至少是具体可见的供养。

接着普贤菩萨就说道："善男子，诸供养中，法供养最。"因此，所谓的"供养"，其实仍要回到佛法最根本的觉悟上，也就是要理解佛陀所说的法，并且还能依之实践，才是最为珍贵的"法供养"。

下面再来看"常随佛学"这一个行愿。这指的是菩萨发愿生生世世以佛为榜样，精进修行。菩萨的发愿不仅至诚恳切，甚至有一种极强的震撼力量。比如经文中说道："从初发心精进不退，以不可说不可说身命而为布施；剥皮为纸，析骨为笔，刺血为墨，书写经典，积如须弥，为重法故，不惜身命，何况王位、城邑、聚落、宫殿、园林一切所有。"这样的大舍之心说明的是，要破除"我执"所带来的贪着心，就不仅要舍掉自己的身心，而且还要舍弃名位、财富，乃至一切。当然，我们现在了解了佛教的般若观念，自然就知道菩萨之所以能够如此舍弃，是因为知道这一切不过是如梦如幻，因此并不像一般人那样带着某种决绝的牺牲心态。对于菩萨而言，反而云淡风轻。

真正让我们感觉痛苦的，其实是我们的智慧不足，以至于在种种事物上执着不舍，让自己苦恼不堪，缺乏佛菩萨的勇猛精神，因此就需要不断发愿、不断勉励自己。所以从另外一个层面看，在我们的日常生活中，**如果能时时反观自己的烦恼，知道自己为什么烦恼，并且能用方法来**

**修正自己的观念**，才是更加平实而可行的"常随佛学"。

接着来看"恒顺众生"，经文中是这样描述的："（对于所有众生）我皆于彼，随顺而转，种种承事，种种供养，如敬父母，如奉师长，及阿罗汉，乃至如来，等无有异。于诸病苦，为作良医，于失道者，示其正路，于暗夜中，为作光明，于贫穷者，令得伏藏，菩萨如是平等饶益一切众生。"

这段经文的意思是说，对于任何众生都要平等对待，没有尊卑差异，而且还要应众生之需求给予相应的帮助。但我们仔细思考一下，就会发觉这样的行愿实践起来非常困难，因为我们首先很难对一切众生心怀平等的态度，恰恰相反，总是充满着各种好恶分别，偏爱某一类，鄙弃另外一类。因此，"恒顺众生"的关键其实是如何获得"平等"的智慧，而这又不得不回到"般若空性"，只有理解了一切"众生相"都没有所谓的本质和"自性"，才能理解为何一切法在根本意义上的平等，也才能让我们在真实的生活中学着平等地"恒顺众生"。从这个意义上来看，所谓"恒顺众生"不过是"恒顺智慧"而已。

最后来看一下"普皆回向"。《普贤行愿品》中是这样描述"回向大愿"的：

从初礼拜，乃至随顺，所有功德皆悉回向尽法界、虚空界一切众生，愿令众生常得安乐，无诸病苦；欲行恶法，皆悉不成，所修善业，皆速成就；关闭一切诸恶趣门，开示人天涅槃正路；若诸众生因其积集诸恶业故，所感一切极重苦果，我皆代受，令彼众生悉得解脱，究竟成就无上菩提。

所谓"回向"，就是将自己修行所得的利益无条件地回馈给众生，而让他们得以离苦得乐，并且最终获得圆满觉悟。这段经文中所描述的大愿，其特色在于完全看不到"我要积攒功德""我是不是要保留一点功德"的起心动念痕迹，而完全是将"自我"奉献给众生，而且还会以深切的慈悲心代众生受苦，以种种的慈悲与"方便法门"，最终让众生得以解脱。

但是如同前面的行愿一样，我们要能做到如此不保留地回向，心中除了要包含对于众生的悲悯与慈悲之外，也要清楚知道我们最终要把众生导向何处。就如同最近在美国发生的某位物理学博士流浪街头的新闻一样，很多人对其伸出援手，足可见众人的善意，但是这样的援助，目的不过就是让其安居乐业，而不关涉更深层的目标，也就是菩萨心中念兹在兹的觉悟。**对于佛菩萨而言，众生的觉悟才是解决人生之苦的根本方案，暂时的身心安顿不过是权宜之计而已。**因此，菩萨的种种发愿和实践都围绕觉悟的智慧而展开，否则我们就无法理解，为何菩萨能够面对这么多难行、苦行之事，还能拥有如此的热情与希望。

至此，"观众生"的部分就结束了，关于大乘佛学，由于涉及内容庞杂且丰富，在汉传佛教的教理体系中，一般就要进入相关的教理论典之中继续深入学习，比如天台宗、华严宗，乃至法相唯识宗的相关教理体系，而这就不是这本佛学入门的小书所能承担的任务了。接下来，我们将进入本书的最后一个部分，也就是佛学的生死观问题。

死可能是一道门。逝去并不是终结，而是超越，走向下一程，正如门一样。

——《入殓师》

第四章
观生死

第 34 讲

# 死亡为何令人畏惧？

　　其实，我有意把"观生死"放在最后一章，以此来象征这个世界上所有的事物都会经历萌生、成长、茁壮、衰老，乃至死亡的过程，就如同这本书一样。对我们而言，所谓的死亡代表的是一个终点，可是从佛学的角度来看，这并不必然推导出一个令人悲伤的结论。相反，佛陀以他的觉悟体验呈现出某种超越生死的可能性，尽管这种对于死亡的认知在传统的佛教习俗中，已经被简化为粗糙的"因果业报"与"六道轮回"等说法，而掩盖了其中所蕴含的智慧。或许，我们可以借着当代中国人的种种关于死亡的问题与迷思，来重新理解佛学对此可能给予的启发。

## 死亡何以成为问题？

记得我很小的时候，因为家中房顶漏雨，孩童的好奇心使然，我赤足去帮父母舀水，因此得了一场重病，几乎丧命。在患病的过程中，我持续高烧，甚至产生了种种幻觉，看见金色的鲤鱼在身边游来游去。不过当时的我似乎并没有产生任何对死亡的恐惧，只是感觉在医院里，抽血的针头刺进血管时会很痛，而居高不下的体温让人感到眩晕，等等。除此之外，我并没有想到死亡，当然更不会对一个还不理解的概念感到畏惧，只是每当看到母亲焦灼的表情时，才会想到自己是不是患上一种无法医治的重病，至于这究竟意味着什么，我一无所知。回想一下，假使那个时候的我因病夭折，家人或许会因此而痛苦，而我自己，却可能只是感觉像玩了一次人生的"快闪"而已。

还记得小时候有一次被父亲送回老家，恰逢家族中的老人去世，我因此完整地经历了葬礼的全过程。我仍然能记得，老人的脸上盖着白布，躺在堂屋中，吊唁的亲人络绎不绝，我和小伙伴则在旁边嬉戏打闹，完全没有感受到死者和堂屋中摆的那口黑漆漆的棺材所带来的恐惧。现在回想起来，那时候的我所感受到的葬礼，就如同春节时的亲族聚会一样，热闹而平常。这样的经验不止这一例，小学读书时，邻班的一位认识的同学不小心翻过栏杆，从楼上坠落而死，虽然所有同学都在讲述这个本应"悲伤"的故事，但是回想起来，这件事就如同一颗小石头被丢入池塘，"咚"的一声溅起了一丝涟漪，又很快地消失在我们的日常生活中，极少有人谈及，更没有后来常听说的"心理干预"，至少对于我而言，就像日出日落那样平凡。

这并不是成年人的麻木，也不能简单地以"幼稚"来定义，在我看来，这反而体现出一种生命最初的直观认知特色：这个世界就是这样运作而已。难怪对于道家而言，这种天真自然的生命状态令人向往，老子才会在《道德经》中说："常德不离，复归于婴儿。"

但老子毕竟讲的是"复归"，这就意味着人们其实会慢慢远离所谓的"常德"，也就是世界运作的真相。比如随着我慢慢长大，大概十几岁时，有一天我的脑海里突然冒出了一个充满哲学意味的疑问：为什么我没有生在过去，也没有生在未来？这岂不意味着我永远无法感受到过去与未来的世界，而只能感受当下这短短一生而已？这个突如其来的念头让当时的我感受到，生命是如此有限，随之产生了一种难以描述的缺憾感。正是在那次之后，"死亡"的观念登堂入室，而它所挟持的那种虚无感也正式进入我的内心，总是在某些特别的时刻跳出来，袭扰我的情绪。就好像舒伯特的著名弦乐四重奏《死神与少女》所描述的意象一样，青春活泼的少女代表着"生"的美好，但始终被"死神"的阴影所笼罩，无论在什么时候，当少女扭过头来，"死神"都如影相随。又如同庄子在《齐物论》中所讲述的"罔两问景"的故事，"死"不过是"生"的影子，无论什么时候回头，都会看到那个挥之不去的同伴。而正是我十几岁那天不期而遇的自问自答，让我看见了那个影子。

还记得悉达多太子游历城门的故事吗？当他被圈养在迦毗罗卫城的宫殿时，他的身边围绕着的只有妙龄的少男少女，享用着锦衣玉食，此时悉达多连老、病、死的样子都无从了解，何况是去感受和理解？直到他在三个城门分别看见老人、病患、死者，起初他也并没有意识到他们分别代表什么，当他逐一询问身边的侍者，老、病、死究竟为何时，侍者一一作答，而当问到"死为何"时，侍者则回答道："死者，尽也。风先火次，诸根坏败，存亡异趣，室家离别，故谓之死。""尽也"这一词意味着，过去被认为永恒的事物突然显露出其终点，让人感受到生命的脆弱性和有限性，而这无疑激发出悉达多对于"死亡意识"的觉醒。

其实在佛陀讲法的过程中，"死亡"经常会被拿出来解释生命的有限性，也就是佛法中重要的"无常"观念。比如在《长阿含经》中，佛陀给阿难讲述了一个故事：曾经有一个国王名为善见，居住的都城叫作拘舍婆提。善见王不仅拥有无量财富，而且德行深远，所到之处，风行草偃。善见王福德深厚，而且并不满足于娑婆世界的世俗幸福，想要修行禅定，升入天道。可就当他修行略有所成时，身边的善宝贤女见到善见王面色祥和，有异常人，便询问善见王是不是要舍寿而去。善见王于是告诉善宝贤女："王命未几当就后世，夫生有死，合会有离，何有生此而永寿者？"善宝贤女听后悲泣啼哭，泪流不止，因为她也突然明白，就连善见王这样豪贵尊严的人，也有生命的尽头。

其实，这种经验是普遍性的，比如作家迟子建就曾经这样描述过她小时候的体验：

> 当然，我们的童年，也有忧伤，也有对死亡的恐惧，也有离愁。那时有老人的人家，几乎家家院子都备下一口棺材。月光幽幽的晚上，我经过这样的棺材

前时，就会头皮发麻。最恐怖的是那些英年早逝的人，他们未备棺材，这时寂静的山村，就会回荡起打棺材的声音，那种声音听起来像鬼在叫。而所有的棺材，总是带着我们熟悉的人，去了山上的墓园，不再回来。这让我自小就知道，原来生命在某一年不是四季，而是永无尽头的冬天。进了这样的冬天，就是与春天永别了。

迟子建笔下"永无尽头的冬天"，其实就是悉达多太子听到的那一句"死者，尽也"，也是我在少年时所感受到的那一种"有限的当下"，从此之后，我们似乎就永远失去了无忧无虑的童年。

按照一般的心理学解释，较为年幼的儿童最初对于死亡现象并没有特别的认知，就如同我小时候生病所感受到的那样，死亡更像是一次普通的旅行，并不会带来恐惧。但是随着年龄的增长和认知的变化，人们开始害怕死亡，具体表现为对于不可知的未来会产生一种持续的焦虑感，在哲学上，这也常常被称作"存在的焦虑"，也就是所谓虚无主义的挑战。

当然，很多人的"死亡焦虑"并不是随着年龄的增长自然生长出来的，也就是说，虽然我们的周边会不断地出现死亡，但这并不一定会让我们产生明显的焦虑感。因为这样的死亡现象所触发的苦感或生命有限感还不足以颠覆心理层面的某些自我保护，从而我们可以选择忽略或者回避。所以，很多人反而会在中年或老年阶段才会出现明确的"死亡焦虑"，这要么是因为经历了至亲的去世，要么是因为受到了某些集体性灾难的刺激。比如在某些群体性的哀悼现场，除了现场人流不断之外，我还会看到不同的人以不同的方式表达对于死亡的复杂情绪。有人鞠躬，献上鲜花，有人并非遇难者的亲属，却也忍不住地磕头祭拜，有人则合掌默哀，还有人在现场演奏音乐寄托哀思。有时候，只有当群体被强制性地卷入一场面对死亡的灾难时，有的人才会被逼迫着去思考死亡的意义。

一旦"死亡焦虑"开始萌生，我们就很难再摆脱这种终极意义上的不安感，死亡就成为需要被克服的对象，就像悉达多太子感受到老苦、病苦、死苦后，自然就会对沙门的出家修行生活产生明确与坚定的向往。因为他已经知道，那个过去被认知的面纱暂时遮掩的"死神"，在不经意间已经被窥探到背后的面容，这注定会让他终生难安。而他接下来的人生道路，就是要追问这样一种对于生命衰朽，乃至消逝的恐惧，究竟是源于何处。

## 如何面对"死亡焦虑"？

可是，生活在俗世里的我们又是如何面对这种"死亡焦虑"的呢？

我在大学所教授的一门通识课程中，有一个专题就是关于佛教的生死观，除了介绍一些佛教对于死亡的看法，也会涉及其他宗教或哲学对这一议题的讨论。在和同学的交流过程中我常常会感觉到，尽管这些年轻人已经开始触碰和思考死亡的问题，但是每当他们试图去和父母、长辈讨论时，多数得到的回应都是抗拒，有的家长甚至还会质疑子女为什么要提及这个问题，因为那代表着不吉利和晦气，或是认为这个问题没有讨论的必要。这当然首先是因为，在主流文化中，大家极少主动谈论死亡，而且还会主动地排斥所有关于死亡的符号，比如墓地。

以中国的墓葬文化为例，虽然墓葬的习俗和文化经历了漫长的演变，但是中国人长期以来都有"事死如生"的观念，也就是以生来想象死，而且还相信死者会以鬼魂的形式继续存在，形成了"阳间"与"阴间"相互依存的关系。

尽管如此，在很多中国人的观念里，"阴间"毕竟还是充斥着不洁的邪气，需要祖先的庇佑，乃至各种丧葬仪式和风水等习俗来加以应对，从而消除个体对于死亡的恐惧。

为什么会这样呢？简单而言，传统中国人的生活世界因祖先崇拜或宗族制度而被牢牢地联系在一起，所以一般而言，较少会出现个体性的"死亡焦虑"。因为个人的死亡总是和一个更大的群体联系在一起的，因此个人的死亡可以通过家族来获得某种生命的延续性，从而短暂的个体的死，转化为漫长的共同体中的生，这也是为什么中国传统社会如此强调祖先庇佑和香火延续的问题。其实，这也和中国人应对"死亡焦虑"的信仰需求有关，把个体的问题转化为群体的问题，而集体主义的观念往往能满足这样的需求。

当然，在这个过程中，佛教的观念也会参与其中，比如为了顺应中国本土的孝亲思想，佛教逐渐放大了在超度亡灵方面的宗教功能，因此在一般民众的生活里，佛教更多作为一种祭祀性的功能存在。每当清明和冬至时节，或是盂兰盆节（也就是道教意义上的中元节），佛教寺庙就会成为中国人祭祀和超度亲人的重要场所。而佛教所特有的"六道轮回"与"因果业报"思想，也进一步丰富和细化了儒家对死后世界的理解，却并没有真正撼动和改变中国人以子孙传承来缓解"死亡焦虑"的基本前提。

可是，今天的我们所面对的"死亡逼迫性"变得越来越强烈，这当然来自各种原因，比如现代社会普遍面临的文明病，像环境污染、食品安全、传染性疾病，乃至心理问题等，由它们所带来的"非正常死亡"现象也越发明显，使得我们不得不更加频繁地面对各种死亡的议题。当然，这也和互联网的信息传播特征有关，它让我们能够很容易接触到关于死亡的信息。而相比我所成长的二十世纪八九十年代，那时人们看到或听到的死亡常常只是与家族、社区等熟人社会有关，这也让我们能够在较长的时间段里去消化死亡带来的心理冲击。

而且，今天越来越松散的家族关系，加上互联网社会带来的人际关系的碎片化，使得我们其实又被抛到一个需要独自面对死亡的处境，失去了某些传统的生命价值意义的屏障。就如同今天年轻一代和父母辈在婚姻和生育问题的巨大分歧，年轻人虽然可以拥有更大的生命自主权，但也会在意义危机来临时变得更加脆弱，这种脆弱并不单单指涉经济层面，更多指的是人类根源性的生命意义维度。

在过去几十年的经济发展过程中，我们靠着财富的积累与消费的愉悦暂时地回避了"人生有尽"的问题，但这并非一劳永逸的解答。而且这种困境也并非单单中国所需要面对的，而是现代社会的普遍心灵危机。就如同《西藏生死书》的作者谈到他观察到的上世纪西方所弥漫的社会氛围一样："我发现今日教育否定死亡，认为死亡就是毁灭和失掉一切。换句话说，大多数人不是否定死亡，就是恐惧死亡。连提到死亡都是一种忌讳，甚至相信一谈到死亡就会招来不幸。其他人则以天真、懵懂的心情看待死亡，认为有某种不知名的理由会让死亡解决他们的一切问题，因此死亡就无可担忧了。"这种对于死亡的禁忌与天真的二元心态，其实也是当下中国人的主流看法。正是这种心态使我们尽量逃避相关的讨论，而且还利用现代消费社会所提供的便利，不断地通过感官欲望的满足来转移这种深层的存在焦虑，也就是所谓的"娱乐至死"。但越是想用欲望的伸张来证明自己存在，也就是所谓的生，其背面就越是显现出对死的畏惧。

常常听到人说，当生活变得周而复始，趋于平淡的时候，就会慢慢感受不到自己存在的意义，于是就会开始要"做"点特别的事情，好让自己恢复起生命的存在感。这种不断的自我平衡，其实是因为人无法克服走向死亡背后所隐藏的巨大虚无感，那是隐藏在内心中的黑暗力量。而我们之所以需要如此丰富多元的生活方式，本质上而言，都可以回到克服"死亡恐惧"的角度上理解。这就好比在面对一个令人生畏的对象时，我们常常高声叫阵，却是色厉内荏。

但如果进一步思考，"生命存在"究竟代表什么？按照一般人习惯性的理解，无非就是对"我"的感知确认。可有意思的地方在于，"存在"本身就是存在的，并不需要第三方加以背书和确认，但正如前面反复提到的，人类有一种根深蒂固的错误认知，那就是将"存在"认定为某个绝对的"我"。一旦设定了这个前提，这个绝对的"我"就会面对一个逻辑的悖论，也就是"我"不应消亡，而现实却恰恰相反。

因此，要真正解决"死亡恐惧"的问题，就需要回到恐惧发生的起点：我在恐惧什么？我为何恐惧？

所谓生命的尽头，无非就是"我"的终点，而"我"究竟又是什么？兜兜转转又回到了佛学的根本问题："我是谁？"如果你对前面的内容已经比较熟悉，那么此时或许会脱口而出："我"没有实体，也无本质，不过是缘起而成的现象。那么"我"到底又会如何走向生命的终点？

人生解忧

或者说，在依靠各种条件而表现出的生命现象中，我们要从什么意义上来断定 ta 的死亡？就如同花开花落，云卷云舒，我们该如何确认一朵花的凋谢，一朵云的逝去？

继续回到前面的分析思路，假如从时间、空间的前提来看，我们其实永远找不到一朵花凋谢的具体时间，因为那完全依赖于我们如何定义"凋谢"。我们也无法判断那朵云的变幻，何时才算是它的终点。它本来就如梦似幻，变幻莫测，来自天地之间，最终也消失于其间，何时生，何时灭？

因此，对于现代人而言，如果说佛学能对"死亡恐惧"或"死亡焦虑"提出什么样的解决思路，那么就是它从根源上看到"死亡"这一概念的荒谬，而这种荒谬来自人的巨大的"无明"。在真实的生命图景上，我们用"我"的概念切割出和宇宙、自然，乃至其他生命的界限，从而塑造出一种独立和自洽的生命自我想象，这就是"自我意识"的确立。而一旦这种"我执"形成，就一定会触碰到一个无法自洽的难题，也就是，它作为一种变化的生命现象，必定将会有成、住、坏、空的一天，而这个被建构起来的"我"则会立刻抗拒这个赤裸裸的真相，但这种抗拒显然是徒劳的，这自然又会带来生命的缺憾感，也就是所谓的

"死亡焦虑"。

而在今天这个充斥着消费主义、社交媒体、AI 智能的社会，无论它如何向前发展，只要它不去反思"自我主体"的虚假性问题，那么所有的人类文明进步其实都不过是在作徒劳的抵抗。就如同最近媒体所报道的消息，脸书（Facebook）的创办人扎克伯格在夏威夷群岛上用 2.7 亿美金打造了一座末日地堡，整体规模居然高达 8500 亩，而且安防设计的规格相当之高，足以抵抗核攻击。这样一种极端的"末日心理"不就是强烈的"死亡焦虑"的表现吗？明知人寿有限，生死无常，但那种强烈的"自体爱"推动着我们以一种非常夸张的方式，去尽力维护"我"的永恒性。从佛学的角度看，这种强烈的"死亡焦虑"本质上不过是认知问题而已。

第35讲

# 生命的轮回与困境

上一讲谈到人类的终极意义问题不过是对于死亡的恐惧，正是在这种"死亡焦虑"的催逼下，我们才会不断地造作攀援，试图证明自己存在的意义。这一讲就从一般人对于生死的理解出发，看看佛教的轮回观是怎样的。

## 仪式背后的生死观

人类虽然始终面对"死亡焦虑"的威胁，但也并非完全束手无策，而是会用各种日常生活的实践形态去回应这种困境，即使这些回应并不一定以某种完整的理论体系或缜密的思辨逻辑来表现，而可能只是一种集体的生活习俗而已。比如葬礼，我们常常通过葬礼等仪式学习如何理解死亡对于生命的意义，然后再把这种理解带入自己的人生，这有点像是把孔子的结论颠倒过来："未知死，焉知生？"

如果稍微回顾就会发现，其实我们今天所参加的葬礼的形式是相对单一的。尤其城市里的人一般都交给殡葬公司的"一条龙"服务，司仪说着千篇一律的套话，仪式也多流于肤浅或官样的赞美，唯一能彰显亲友对亡者的思念的往往是葬礼用品的价格——似乎花钱越多，才越能表现出生者对死者的怀念与追忆。参与这样的葬礼，除了在殡仪馆再次感受强大的消费主义价值观之外，我们几乎很难从中得到什么生命的教育，不过流于一声叹息，觉得自己侥幸继续生存而已，而对于生死的理解，很难再有更多的体会。

好几年前我在日本名古屋旅行，在一个综合百货商场的四楼，突然发现了一个专卖葬礼服饰的柜台，这让我既好奇又惊讶。一是因为今天的中国似乎并没有商家会专门提供给吊唁者穿着的葬礼服饰，因此参加类似仪式的人穿着大多随性，这当然是"礼仪"传统的衰落。不过更让我惊讶的是，让葬礼的相关商品进入百货大楼，至少表明死亡在形式上是被平等对待的，它构成了我们生命的一部分，而不是成为在公共空间中尽力被排挤的符号。因为越不去正视死亡，反而让我们越恐惧死亡，甚至会把和死亡相关的人、事、物都视为一种心理禁忌。

这让我想到多年前，家中亲戚因病去世，我随母亲赶往位处深山的家中奔丧。走入堂屋，就随着当地习俗对棺材磕头祭拜。本以为接下来会进入到电视里常见的乡间丧礼流程，却遭遇了这一生从未体验过的丧礼。堂屋里歌声缭绕，甚是热闹，村民手执圆盆，绕着棺材载歌载舞，一派喜乐气氛，如同庄子"鼓盆而歌"的重现。尽管西南山民性格乐观豪爽，但像这样在丧礼上歌唱、舞蹈，我也是第一次见。在通宵守灵的过程中，负责法事的道士不仅在一堆柴火上跳着令人眼花缭乱的舞蹈，也与亡者家属有着各种轻松幽默的对白。第二天清晨，亲属围聚棺木前，打开棺盖，勉强哭出两声，紧接着上山入殓。

后来查阅资料才知道，这种葬礼仪式是土家族的特有习俗，名叫"撒尔嗬"。其中让我印象最为深刻的"鼓盆而歌"其实也和道家的观念有关：**生命来源于自然，复归于自然，生生不息，为何悲苦？**或许这些山民从未读过老庄，但是他们一代代通过这样的葬礼，也拥有了面对死亡的超脱态度。

因此，仪式和观念之间并不是截然分离的，**观念会影响到仪式，仪式反过来也会慢慢影响我们的观念**。我们现在熟悉的死亡观念和仪式，都在暗示死亡是一个悲伤的过程，是一段走向深渊的不归路。因此我们对死亡感到恐惧，并认为只有对死者表现出哀伤才是对他们最好的纪念——我们的生命中也只有这样的观念。但是人类的宗教、文化思想如此丰富，怎么可能只有一种解释系统呢？人类对于死亡的困惑并不因为今天进入了科学时代就烟消云散，对于"灵魂"的存在也仍保有一定的信心。这或许才是我们今天要讨论死亡观念的原因。

关于生命的定义，有一种看法是机械论，即认为我们的身体如同由各种生理器官组成的精密仪器，这尤其以笛卡尔的观念为代表。整个世界就像一台巨大的机器，人类也不例外。按照这个观点，我们的精神作用不过是由生理组织组合起来的一种作用、功能而已，而非另有灵魂和精神的主体存在。死亡就意味着这个机器毁坏，生命将不复存在。

另一种看法则是二元论，比如古希腊的柏拉图就持有这样的观点，认为生命是由肉体和灵魂和合而成的复合体。

肉体虽然会毁败，但灵魂是不灭的，灵魂的最终目的就是要突破肉体的禁锢，从现实世界回归到纯粹的理念世界。

虽然基督教内部对灵魂的解释也非常复杂，但基本上有一个共同点，那就是灵魂独立存在，它与肉体虽有关系，但在死亡之后会开启另一段生命的旅程，或因救赎而上天堂，或因罪而下地狱，甚至还有灵魂毁灭的说法。但是无论如何，死亡都不意味生命的结束。

还有一种比较常见的看法是怀疑论。有人认为，死亡是一个黑暗的深渊，我们无法窥探它。但真的如此吗？关于死亡体验的探索，虽然靠现有的科学手段仍然无法直接探测，但是我们似乎可以触碰到一些死亡的分界线，比如对濒死体验的研究就是这样的领域。

由于现代都市建立了比较系统的医疗卫生体系，围绕死者的遗体处理与殡葬都严格按照相关规约去解释和操作，这让人很难有机会观察一个人被判定为死亡之后的过程。相反，死亡在传统社会的乡村中却是一个比较漫长的过程，人们不仅能观察到遗体的各种变化，而且还常常能听到各种超自然的故事，从而形成了一套关于生命的自洽叙事。但在现代都市里，由于医疗、殡葬体系的高度发达，生者其实会很快地和死者分开，因此面对死亡的经验也越来越匮乏，就算有一些在现代科学解释体系之外的经验，我们也快速将其归于"迷信"之列，但是这些经验也可能是一些未知经验和领域的入口。

关于这类经验，当然我们可以从各种角度去理解，但在民俗文化里，这往往就会变成"祖先托梦"之类的说法，也随之被视为所谓的"迷信"。现代科学对于此类经验的解释常常也只停留在基于自然科学的基本原则，作出相应的推论和质疑而已。因此，如何审视、解释这些脱离常轨的生命经验，仍然是一个尚未定论的领域。

1975 年，美国心理学家雷蒙德·穆迪出版了一本热门书籍，名字叫作《死后的世界》，其中记录了 150 个濒死体验案例。在这些濒死体验的案例里，当事人在心脏和呼吸停止之后仍然还有意识认知的功能，他们被抢救过来后，将这段不寻常的经验以口述的形式还原出来。其中，"脱体经验"较为常见，比如一名发生车祸的女子，感受到自己似乎作为一个旁观者在观察自己、救护车，以及围观的人群；而且如果想要观察一个人，不管 ta 的距离有多远，自己的意识可以瞬间抵达 ta 身边。

另外一位荷兰心脏病学家皮姆·凡·隆美尔教授，对欧洲的 10 家医院成功复苏的心脏骤停患者进行了濒死体验研究，其中也发现，有的患者在心脏、呼吸停止之后，意识似乎飘浮在天花板上，俯视着急救的一切，他们能够感知到抢救现场的所有细节，包括护士取下自己的假牙，放在什么地方。隆美尔教授的相关研究，也发表在著名医学杂志《柳叶刀》上，尽管他一再强调这个研究并没有对灵魂是否真的存在给出确切的答案，但是至少这些现象都表明，死亡之后，或许还有另外一个未知的世界，或者确切地说，生命的意识功能似乎可以在死后继续存在。

尽管我们还无法马上得出结论，人存在所谓的灵魂或佛教意义上的"神识"，但至少这些经验可以让我们不要太过武断地认定，生命只是一个可见的肉体而已。

当然，多数人的生命观往往都只是一种质朴的信仰，并不需要多么严密的逻辑论证。比如前面提到的土家族的丧礼，就是一种浸润在道家自然生命观中的生活态度。他们认为，死亡不过是一段旅程，从自然之中来，回到自然中去，生生不息，循环往复。因此，对待葬礼这样一场生命的仪式，人们就没有现代都市人失亲的那种痛苦与绝望，甚至还体现出一丝幽默与诙谐。这样的生命体验，不身处其中的人是很难深切体会的。

在我的生命中，也曾遭遇过朋友的死亡，其中有些在面对病痛时非常挣扎，有强烈的求生欲望，也试图寻找其他的解释来让自己接受这样的现实。可是那其实非常困难，**因为接受一种过去从未思考的说法并不容易，它的背后除了理论之外，还需要真正的生命实践，才能真真切切地接受。**所以，尽管许多宗教对于死亡的解释都非常清晰和确定，但并不是每个信仰者都能以如此的态度对待死亡。可见，了解死亡，并不等于你就能真正坦然地面对死亡。

总体而言，在今天的社会里，对于死亡的看法仍然非常复杂且有分歧，尽管我们更倾向于持有唯物主义的观念，但是仍会不由自主地对精神或者灵魂是否存在的问题表现出一种天然的兴趣与好奇，这也是各个宗教学说仍能吸引公众的重要原因之一。因为，关于生命的问题，现代科学仍没有给出终极且有说服力的解释。

## 轮回与佛教的生命观

每当谈到佛教的"解脱"，很多人都会习惯性地认为，所谓的觉悟就是当下的领悟，不过是为了解决活着的时候所面对的各种人生之苦，而无论是佛陀还是凡夫，都将走

　　　　　　　　人生解忧

向死亡。也就是说，人的生命只有一次。

这种看法显然并不完全符合佛教的观点，因为这种从生的"有"走向死的"无"，是一种典型的二元论思维。佛教认为，所谓"生"，并非一个实体无中生有，而所谓"灭"，也不意味着生命灰飞烟灭，荡然无存。就算是没有觉悟的凡夫，他们所畏惧的死亡只不过是未知而已，而并非一条通往黑暗和虚无的道路。

因此，对于佛教而言，生命并不是短暂而有限的一生，而是一个无尽流转的历程。在前面第16、17讲中，谈到了"十二因缘"的内容，里面就涉及了生命流转的内在逻辑。因为"无明"，我们对自己生命的流转无法自主，无法把握自己的命运，这个不能自我主宰的生命流转，就是轮回。

尽管轮回的思想并非佛教所独有，比如早在《奥义书》中就已经有了类似的观念，"因善业而成为善人，因恶业而成为恶人"，讲的就是生命依着善恶业力而不断地轮回流转。而在古希腊思想中也有类似的生命无限轮转的说法。这些说法都指向了一个重要的结论，就是生命并不是短暂而有限的，而是无休止的流转，但是被困在了某个不自由的"牢笼"里。这个"牢笼"对柏拉图而言，则是"肉体束缚",它使灵魂无法脱离现实世界,回到纯粹的理念世界;对佛教、耆那教、印度教而言,这个"牢笼"就是"业力因果"。在佛教看来,我们因为"无明"而不断地造作贪、嗔、痴,就会引导生命进入善恶业力的循环之中。

从轮回的底层逻辑来说,佛教的核心观点认为,我们的生命就如同一条业力之河,时而平静和缓,时而波涛汹涌,时而暗流涌动,但永不停歇。关于这个问题,在《那先比丘经》中有一段非常精彩的对话,国王问那先比丘:你说人死后"神识"会在善恶道中继续流转,那么新的生命是不一样的"神识"吗?那先比丘回答道:"亦非故身神,亦不离故身神。"意思是说,轮回的下一生和前一生既不完全一样,但也不是没有联系。

接着那先比丘举例,比如嗷嗷待哺的婴儿和长大后的 ta 到底是同一个人,还是完全不同的两个人呢?又比如晚上所点的油灯,至半夜时,这盏油灯和之前的是同一盏吗?还是完全不同的两盏灯呢?这时我们如果往里面添油,然后让它继续燃烧到清晨,请问此时的和前面的油灯又是同一盏吗?

那先比丘总结道:"人精神展转相续亦譬如是,一者去、二者来,从精神至老死,后精神趣所生,展转相续,是非故精神，亦不离故精神。人死以后，精神乃有所趣向生。"意思是，人的生命其实是"精神"的相续迁流，来来去去，片刻不息；而人死之后，"精神"则依着善恶业力而显现为不同的生命样态，就如同用一盏灯点燃另外一盏灯，新的生命和过去的生命既不相同，也非毫无关系。

**因此，所谓的轮回，其实指的是生命的无尽流转，但并不是有一个恒常不变的生命体在延续，不管我们称它为"灵魂"还是"神识"。** 因为从逻辑上我们可以知道，假如存在一个恒常的灵魂，那么就无法解释生命其实是无常变化的现实。因此佛教认为，生命轮回不息，但每一刻其实都"相续而不同"。

除了生命现象的无尽流转之外，轮回还有另外一层含义，那就是生命的无法自主性。所以对于没有觉悟的人，他们无法自己把握生命的未来去向，只是随着自己的业力而飘荡，在六道中沉沉浮浮。也正因此，佛教展开了所谓"三界六道"的时空观。

所谓"三界"，前面讲过，就是欲界、色界和无色界。而所谓"六道"，就是六种不同的生命存在形态，分别是天道、阿修罗道、人道、畜生道、饿鬼道与地狱道。其中前三道就是一般所说的"三善道"，当然，有一种看法把阿修罗道也归入恶道，后三道则是一般所说的"三恶道"。众生由于轮回而进入不同的时空，因此，"三界六道"不仅描述了不同层次的生命存在样态，也勾勒出一个广阔的佛教时空世界。

或许有人疑问，为什么佛教认为会存在这些一般人根本无法观察到的世界？简单解释的话，因为在佛教的角度看，我们所观察到的世界不过是某种心识的投射，也就是说，不同的生命，业力各有不同，所看到的世界也各不相同。比如对于同一样东西，人道和畜生道的感知就大有不同，人以粪便为污秽之物，而蛆虫则甘之若饴。至于佛、菩萨这些觉悟者，则因为有了觉悟的智慧，因此所感知的世界也和六道众生不同。比如前面提到的一个例子，在《佛说维摩诘经》里，舍利弗就曾问佛陀：您这么神通广大，为什么还和我们一样，身处这个污浊恶世？佛陀于是就用神通显现出净土庄严，这也让舍利弗了解到，佛陀所感受到的世界和一般凡夫所感受到的不同，这就是佛学中常常谈到的"唯心净土"的观念。也就是说，心识一旦转变，有了觉悟的智慧，所感知到的娑婆世界也随着转换为净土境界。

至于"三界六道"的具体内容，这里作一些简要介绍，

　　　　　　　　　　　人生解忧

供大家初步了解。

首先从空间的角度来看，在"三界"的中央有一座高耸的须弥山，从最下面的四大洲开始往山上伸展，乃至超越须弥山顶之上，依次是欲界众生到色界众生，以及无色界众生所居住的范围。在须弥山山脚的四周分布着四洲，也就是四块陆地，分别为东胜神洲、南赡部洲、西牛贺洲和北俱卢洲，都是人道众生所居住之地。东胜神洲的人道众生寿命达到二百五十岁；而我们所在的南赡部洲会随着世界的安稳与衰败变化而影响众生的寿命，这里的生命最短寿时只有十岁，最长寿时可达八万余岁。而如今，此时此刻此地的我们最多只有百岁左右而已，因此这个世界又被称为"堪忍世界"，因为苦多乐少，人容易生起想要解脱的意愿。西牛贺洲的众生寿命可达五百岁，而北俱卢洲的众生寿命可达千岁，因为此地多福，所以众生只会感受到乐欲，不会体会到轮回之苦，因而佛法也就无法于此地传播。很多寺庙的韦陀菩萨像前竖立的牌匾上写的是"威震三洲"，其实就是说这位护持佛法的菩萨对北俱卢洲的众生也无能为力。

"三恶道"中的畜生道，又被称为"旁生"，也就是依傍人道而存在的各种动物。饿鬼道则属于鬼道，主要特征是永远贪求各种食物，但却又因为喉咙尖细，无法进食，所以苦不堪言。佛陀的弟子目犍连，就是因为用神通观察到自己的母亲沦落到饿鬼道，于是想要给母亲施食，母亲却因为身处饿鬼道，明明到嘴边的食物马上就化为火炭。目犍连不忍于心，于是找到佛陀请求帮助，这也才有了佛陀讲说《佛说盂兰盆经》的因缘。如今每年的农历七月十五，也就是出家人结束夏安居的日子，人们会来到寺庙供养精进修行的僧人，以求将这些功德回向给自己的亲人，以此来报父母之恩。

至于地狱道，其实就是"三恶道"中最为痛苦的地方。地狱也分很多种类，其中最可怖的就是"无间地狱"，又被称为"阿鼻地狱"。在这里，除非自己业报偿尽，否则永远无法停止受苦。《无间道》中的那句经典台词——"杀人放火金腰带，铺路修桥无尸骸"——其实就是在否定人世间有因果业报，因为这种观念而造作恶业，则会堕入"无间地狱"，这也是这部电影取名为《无间道》的佛学意涵。

而天道众生，就涵括了欲界、色界和无色界，其中天道中的欲界众生，他们虽然还没有升入色界和无色界的天道，但是已经比一般的人道众生幸福许多了，无论是寿命、财富还是衣食住行，大概就是我们常常在"小红书"上刷到的那些完美人生模板那样吧。当然，天道中的欲界众生满足欲望的对象和方式和人道众生有所不同，比如欲界天中的第三层"天夜摩天"的天人满足男女欲望的形式只是互相拥抱而已，而第四层"兜率天"的天人只需相视一笑就可以获得欲望满足。

而至于色界天和无色界天，前面讨论禅定时已有所涉及，也就是只有通过禅定的修行，才能升入色界和无色界。也因为禅定，色界天和无色界天的众生越来越远离粗糙的欲望执着，乃至几乎能到达意识活动停息的境界，从而烦恼受到定力的抑制，暂时就无法显现出来。但此时众生其实并没有真正解脱，只是依靠禅定在暂时压制而已，"无明"的根源问题也并没有得到解决。所以，三界的众生其实最终都难逃轮回之苦。

总体而言，佛教的生死观认为生命是无限延续的，但因为智慧的缺乏，导致这样的生命流转无法为自我所把控，只能随着业力来往于六道之间，苦不堪言。而佛教的生死解脱，都是建立在对于轮回的认知基础之上，正是因为轮回的过程充满了各种苦，佛陀才会尽力地教化众生、最终觉悟，从而真正掌握自己的生命。

那么，佛陀自己究竟又是如何面对生死问题的？在生命的最后时刻，他又是如何教导弟子，走向最后的生死觉悟的？下一讲就根据《大般涅槃经》和其他一些经典，来谈谈这些问题。

第 36 讲

# 佛陀的生死与涅槃

上一讲介绍了佛教的轮回观念，虽然我们能从逻辑上理解生命具有无限性，但轮回是否真的存在，以及以什么样的方式存在，我们大概仍然很难确认。不过，为什么轮回观念至今仍然拥有相当强的生命力，甚至在佛教内部，也似乎很少有人试图去挑战它？其中的重要原因之一，或许是这个观念中存在着某种我们不太熟悉的宗教体验或意识体验，比如濒死体验或佛教修行中的禅定体验等，让很多人仍然坚信轮回的存在。正是这些经验支撑着轮回观念在两千多年的历史演变中不被淘汰，而且还成为佛教修行解脱的主要动力。

## 解脱道的生死观

我们已经了解，悉达多太子出家修行的一个重要诱因，就是他在迦毗罗卫城的三个城门分别看到了老、病、死，产生了"人生皆苦"的深切体会，因此想要通过出家来寻找生命的终极答案。

这个答案是什么？前面反复谈到，其实他觉悟到的就是一切皆无本质，也就是"无常"或"空"。但是为什么这种认知能让悉达多太子无惧生死？设想一下，我们普通人对于死亡的恐惧往往来自某种不确定性，也就是不知道死亡究竟会通向何处，正是这种不确定感使我们不自觉地留恋此生，想要维持和延续所谓的"存在"。但是悉达多太子所觉悟的核心内容其实是，这个"存在"不过是一条永无止息的生命之河，它并不是从有走向无，而是随着我们的业力不断地流转循环，也就是所谓的轮回。而在这个无限的循环过程中，我们的生命具有一种强烈的不自主性，就算我们知道生命会永远延续下去，却无法自主掌握，尤其当生命陷入困境时，我们痛苦万分，却又无能为力。正是因为这种不自主性，所以佛陀才不断地教导众生，要通过觉悟来掌握自己的生命，而不是在轮回中随波逐流。

佛陀给弟子的教导，多数是从讲述轮回之苦开始，然后再劝导他们修习佛法，证得涅槃。比如在《中阿含经》的"王相应品天使经"中，佛陀以神通力观察到众生因为造作各种恶业而进入地狱，此时掌管地狱的阎王询问这些人，你们见过天使吗？这些刚进入地狱的众生一脸懵懂，完全无法理解阎王所说，然后阎王就告诉这些人：你们在村庄里所看到的那些初生婴儿、耄耋老人、恹恹病患、死去的众生，以及被捉拿刑罚的罪犯，就是你们曾经见到的五位天使，因为他们会让你们认识到"无常"的道理，而今天你们所遭受的苦，都是过去所行的恶业导致的。

　　这些众生随其依着各自的业报进入地狱，受到种种苦难折磨，而阎王见到这样的情形，自然也生起了对未来生命的自我期许，内容是这样的：当我此生结束，我要生在人道之中，并要生在极为富足和尊贵之家，有无尽财富。但投生到这样的家中时，我希望有足够的慧根能够相信佛法，并且能够因此而剃发出家，乃至修行学道，最终能够获得"生已尽，梵行已立，所作已办，不更受有"的境界，意思是不再轮回投生，也就是证得涅槃。

　　或许有人会问，不入轮回到底是一种什么样的状态？是完全消失了吗？就以阿罗汉为例，经典中的解释是"不更受有",也就是不再以"三界存在"的形态继续在生死轮回中流转。那么,此时阿罗汉又存在于何处呢?按照一般的解释,阿罗汉这一类四果圣人会进入无色界的"无想天"中,而初果到三果的圣人则会进入到色界天之中,也就是所谓的"五不还天"。所谓"不还",就是永远不会回到欲界,虽然名字属于色界天,但是"无想天""五不还天",和凡夫通过禅定所到达的色界与无色界的存在有所差异:这些圣者永远不会向欲界沉沦,而那些借助禅定进入色界和无色界的众生则仍会因为禅定力量的消失,而随着自己的业力继续在六道中流转。

对于佛陀自己而言,他在一生中也经历过很多生离死别的场景,比如他的母亲摩耶夫人在他出生后不久就去世了,但是他并没有将其遗忘。在《摩诃摩耶经》中记载了悉达多太子觉悟之后,借助禅定上升到"忉利天"为母亲说法。所谓"忉利天",又名"三十三天",在佛教的宇宙观中,它位于须弥山的山顶,属于欲界的天道。虽然摩耶夫人生在"忉利天",但毕竟还是在六道轮回之中,一旦寿命结束,还会继续流转生死。摩耶夫人向佛陀讲述了她眼中的轮回之苦:那就好像猛火所煅烧过的生铁一样,一旦触碰到就会被其灼伤,而且轮回的速度之快,如同疾风刮过，又像是在拍打皮球一样反弹迅速。

至于六道的状况，摩耶夫人描述道，那些生为天道的众生，虽然能轻易满足各种欲乐，但是在临终时却看到自己的衰败模样，也就是所谓的"天人五衰"：所穿着的华丽衣裳开始变得污秽不堪，头顶的宝冠同时黯然失色，过往洁净的身体开始流汗，变得臭秽难闻，对自己的宝座也开始生起嫌弃之心。看到这样的场面，这些天人一方面当然会留恋过往的美好时光，另一方面又对未来产生强烈的恐惧与不安。如果轮回到人道，当贫穷时，就会被人驱使奴役，而一旦身居高位，又会因为权力而互相残害，斗争不已。其他如地狱、恶鬼、畜生道，其所受的苦更是难以穷尽了。

佛陀因此这样教导摩耶夫人："身所经处与苦乐俱，当修涅槃永离苦乐。"意思是说，我们的生命无论在何处都是苦乐夹杂的，应该通过修行觉悟，证得涅槃，才能永远离开这种苦乐杂染的处境。摩耶夫人听到佛陀的教导之后，顿然有悟，证得了须陀洹果，也就是一般所说的初果圣人。她当下便对佛陀说道："生死牢狱已证解脱。"也就是已经从无尽的生死轮回中摆脱，而不再无休止地面对死亡的威胁，痛苦难安。

前面提到，对于佛教而言，那些想要通过修行立刻脱离轮回的修行者，一般都属于所谓的"解脱道"，依据觉悟的深浅，他们可被分为四种层次的觉悟者，分别为须陀洹、斯陀含、阿那含和阿罗汉，也分别称之为初果、二果、三果和四果圣人。其中初果圣人还会往来于人间和天道七次，然后彻底证得阿罗汉，便不再进入六道轮回。其实这里重点强调的是，已经初步获得觉悟的圣者都不会再滑落至恶道之中，而只可能在人道和天道的善道中受生。相应地，二果圣人则要往来于人间和天道一次，然后便不再入轮回；三果和四果圣人则彻底不再进入六道轮回。因此，解脱道的目标就是不再以六道的生命形态继续存在，也就是通过断除贪、嗔、痴，不再造作业力而不入生死轮回。因为对于修行解脱道的人而言，生死是最为可怖的现象，因此想要迫切地远离。

这里需要解释的是，对于涅槃的认知，以声闻和缘觉修行者所代表的解脱道，与菩萨道是有区别的。其中最大的差异是，解脱道的目标是要尽快摆脱生死轮回而证得涅槃，但这样的涅槃只是进入无色界的"无想天"，虽然不会沦落至生死，但也没有度化众生的因缘。**而菩萨道意义上的涅槃则认为，生死轮回也不过是空花水月，何惧之**

有？所以一旦拥有般若的空性智慧，六道即是净土，净土即是六道。

《佛说净饭王般涅槃经》中记载了佛陀的父亲净饭王临终前的景象。当净饭王知道自己命不久矣，辗转反侧，忧恼不安，他最担忧的其实还不是死亡本身，而是见不到自己的亲人，比如悉达多太子，也就是佛陀，还有次子难陀、侄子阿难，以及孙子罗睺罗等人，这些人都已跟随佛陀出家修行，离家甚远。

此时佛陀以天眼观察到净饭王行将去世，而且还思亲心切，于是和难陀等人以神通力回到迦毗罗卫城。国人见到佛陀一行回来，欣喜万分，欢呼雀跃，而净饭王本人的精神也为之振奋。当佛陀看见病榻上的净饭王时，便对难陀说道："观王本时形体巍巍，颜色端正，名声远闻，今得重病，乃不可识；端正形容、勇健之名，今何所在？"他以净饭王从昔日巍巍、勇健的形象到如今衰朽、脆弱的转变，来给弟子讲解人生无常的道理。

净饭王见到亲人回来，欢喜不已，最终也是带着喜乐的心情去世的。佛陀为表达对父亲的感恩，于是与二弟难陀和堂弟阿难一起为净饭王抬棺入殓，以表现自己虽然出家，却仍然不忘世间孝恩之心。

当净饭王的遗体火化之时，佛陀对众人教导道："世皆无常，苦空非身，无有坚固，如幻如化，如热时炎，如水中月，命不久居。汝等诸人！勿见此火便以为热，诸欲之火极复过此。是故，汝等当自劝勉，永离生死，乃得大安。"这里仍然讲的是世间欲望让人迷失、不知人生无常，而畏惧生死的道理，从而引导众人能远离轮回，得到真正的安乐。

此时众人好奇，询问佛陀，净饭王死后究竟去向何处？佛陀回答道："父王净饭是清净人，生净居天。"也就是说，净饭王证到了初果，投生在"净居天"，不会再沉沦至欲界，受轮回之苦。

## 佛陀的涅槃

介绍了这么多佛陀对其他人的教诲，很多人大概都很好奇，佛陀究竟是如何面对自己的生死的？

佛陀在圆寂前，与僧团一起来到了位于摩揭陀国王舍城外的竹林精舍，为婆罗门说法。但此时王舍城并无多余粮食供养僧团，佛陀便召集大众，让大部分弟子离开王舍城，前往越祇国和毗舍离国托钵乞食，而佛陀则和阿难等人留在竹林精舍，度过每年三个月集体禁足修行的夏安居。

某日，佛陀感觉全身疼痛，自知命不长久，但又想到，弟子们都不在身边，此时圆寂，并不合适。阿难此时见到佛陀患病，心中大为不安，自己尚未真正成就觉悟，未来该如何是好？而佛陀则教导阿难说，该说的法我都已经讲说完毕，如今我已年满八十，垂垂老矣，虽然我个人能够借助修行从而免除一切苦痛烦忧，但是你们这些弟子要时刻忆念佛法，不忘修持，只有这样的人，才称得上是我的弟子。

随后，佛陀面对着众多弟子公开宣称，他将于三个月后在拘尸那迦城的娑罗双树之间涅槃，勉励弟子未来要和谐相处，精进修学。弟子们听到消息，大为震惊，捶胸顿足，哀痛不已。而佛陀则教导众弟子："汝等且止，勿怀忧悲。天地人物，无生不终，欲使有为不变易者，无有是处。我亦先说恩爱无常，合会有离，身非己有，命不久存。"佛陀在这里给弟子讲的仍然是人生无常的道理。

此时魔王波旬立刻现身，劝说佛陀早入涅槃。如果从隐喻的角度来理解，佛陀如此不厌其烦地给众生讲说觉悟之道，无非是要让众生远离欲望贪执。而那些依靠贪欲而获利之人，在这个时候当然不喜欢这样的教导，就如同诈骗犯会讨厌那些戳穿谎言的人一样。所以魔王现身，可以将其理解成为了阻止佛陀继续讲法。

在接下来的三个月里，佛陀与阿难等弟子赤足前行，朝着拘尸那迦城的方向慢慢前进。一路上，佛陀不断地给随行的弟子或遇到的求法者讲说佛法。比如在波婆城，佛陀一行遇到一位工匠，名叫周那（又译为纯陀）。他见到佛陀前来，非常恭敬，佛陀便为他讲法。周那听法之后欢喜雀跃，于是给佛陀供养旃檀树耳，也就是旃檀树上生长的一种菌类，但就如同云南的见手青一般，味道虽然鲜美，却含有毒素。佛陀或许预知到旃檀树耳的毒性，因此还特别嘱咐不要供养给其他出家人。当佛陀吃下之后，病情变得更为严重，阿难看到这样的情况，对佛陀说道：周那的供养让您病情加重，所以他将无法获得任何福德。佛陀马上便斥责阿难说：周那是用虔敬之心来供养的，无论我是否中毒，他都将因此得福。

佛陀之所以如此斥责阿难，当然是他的慈悲心使然，宁愿自己中毒，也不想破坏周那的虔诚供养心。在佛教看来，供养出家人，乃至供养佛陀，都可以获得相应的福报。如果从缘起法的角度来理解，其实就是因为佛陀或众出家人的人生目标就是求得觉悟，解脱生死，而那些供养者也将因此和"觉悟"产生因缘的连接。由于供养者此时的心念谦逊虔诚，因此依照"善业必将导致善果"的逻辑，供养者必将获得相应的福德，这和那种以祭祀牺牲来供奉神祇的观念显然不同。而旃檀树耳虽然有毒，但周那却是以至诚不虚假的心来供养的，所以他也将因此得福。

此后，佛陀拖着病躯终于抵达拘尸那迦城，静静躺卧在娑罗双树之间，对阿难说：你可以入城告知所有人，佛陀今晚将入涅槃，如果还有佛法方面的疑问，可速速前往请教，莫要错过。当阿难入拘尸那迦城准备宣告佛陀最后的嘱托时，城中正好有五百多名百姓聚集在一起，见到阿难，连忙礼敬，并且询问为何深夜入城。阿难于是告知众人佛陀将入涅槃的消息，众人连忙赶往佛陀处请教，而佛陀便为大家讲说无常之道。

此时有一位修行人名叫须陀跋罗，已有近一百二十岁高龄。他博学多闻，但并不是佛陀的弟子。当他听说佛陀即将于娑罗树下涅槃，便想利用最后的机会去探究佛陀的智慧，请佛陀为他解疑。当他来到佛陀涅槃处，侍者阿难因为担忧佛陀的身体情况，再三拒绝了须陀跋罗的请求。但是佛陀却用他的神通力知晓了须陀跋罗的到来，便让阿难引至面前，回答他的疑问。

一番问答后，须陀跋罗"心身欢喜，举身毛竖"，请求佛陀为他讲解更深的法义。直到最后，他要求佛陀为其剃度出家，而就在剃度当下，佛陀为他讲解佛法中的"四圣谛"，这位刚出家的比丘当即证得解脱，成为圣者阿罗汉。就是这位须陀跋罗，在证得阿罗汉之后反而对佛陀说，"不忍见天人尊入般涅槃，而我于今日，欲先世尊入般涅槃"，佛陀反而称许道，"善哉"。须陀跋罗当即涅槃。

这简直是一出精彩的戏剧桥段！"涅槃"的主角与配角瞬时互换位置。佛陀度化的最后一位阿罗汉，与佛陀一起诠释出真正的"涅槃大戏"，充满着对真理的追求热情与对死亡真相的洞彻智慧，而没有一般所谓殉道者的悲壮之意。

此时佛陀已经到了他生命的尽头，而阿难眼见佛陀即将涅槃，不知道未来的众生如何修学佛法，感到苦恼悲戚，涕泪俱下。而佛陀告诉阿难，对于一般的求法者，要让他们去佛陀出生、觉悟、弘法，乃至涅槃的地方礼敬，产生欢喜的心情，便可因此而升入天道。而对于那些想要解脱的修行者，则要让他们出家修道，以戒律作为僧团共处的规则，这就是所谓的"以戒为师"，也是佛陀对僧团的最后教导。

此时佛陀在圆寂之前，伸出手臂，告知众弟子"汝等当观如来时时出世，如优昙钵花时一现耳"，也就是说，佛陀能够来到娑婆世界讲法，因缘就如同昙花一现那样难得。因此佛陀在圆寂之前，还不断地询问众弟子是否还有佛法上的疑问，殷殷苦心，可见一斑。

《大般涅槃经》中还记载了佛陀对阿难和其他的比丘作出最后的嘱托与告诫后，说出的他最后的法偈："诸行无常，是生灭法。生灭灭已，寂灭为乐。"

这就是涅槃最为深层的佛法内涵：**死亡不过是世间的一个生灭现象而已，所谓的生与死不过是我们的幻觉，一切事物说到底只是缘起缘灭，并没有一个崭新的生，也没有一个老旧的死。**一朵花从什么时候生过？当它谢掉，又是什么时候死的？明明就是现象的迁流变化，哪里有一个特别的实体在生生死死呢？一旦体会到这一点，我们就会和佛陀，乃至那些解脱的圣者一样，体会到"寂灭为乐"，也就是涅槃之乐，因为一切都只是因缘变化的现象而已。

因此，对于佛陀而言，死亡并非一件令人怖畏的事情。他临终前始终在给所遇到的弟子讲述人生无常的道理，表面看来，"无常"不过是一个极为简单的道理，为何佛陀要如此苦口婆心地来回劝导？因为"无常"虽然看似简单，但我们要真正深切地体会和信服"无常"，又何其难矣！就如同当我们自己或亲人走向生命的终点时，我们要么心存留恋，要么苦闷担忧，无非想要维持"常"的虚假希望，哪里能够真的接受"无常"？

很多人会认为，佛陀的涅槃不就是虚无吗？接受"无常"难道就是接受生命的断灭？前面谈到，有一种说法认为，阿罗汉涅槃之后将进入无色界的"无想天"，而对于大乘佛教而言，佛与菩萨还会在净土世界继续度化众生，比如西方极乐世界等，这则开启了一个更为宏大的佛国净土世界的视野。涅槃完全是一个新世界的开启，哪里是一场悲剧式的谢幕？下一讲就来介绍一下佛教中庄严恢弘的净土世界。

第 37 讲

# 如何理解净土世界？

上一讲介绍了佛陀的最后时光，他虽然知道自己时日无多，但是并没有给弟子嘱托各种俗事，而是不断地提醒大家，要依着佛法修行，以洞穿生死的秘密。不过，修行的目的究竟为何？觉悟到"空"难道只是让自己在临终时能安详地离开吗？许多福德深厚之人，似乎同样可以做到安养天年，无疾而终。那么佛陀在圆寂之前苦口婆心的教导，到底还隐藏了什么更深的秘密？

## 净土的内在逻辑

前面讲解"空"的部分曾经强调过，佛教并不是哲学意义上的实体论，而是认为一切事物都无法具备独立、自存和自洽的特质，因为所有的世间万物，包括我们的生命，都是缘起而成，彼此依赖，无法独立自存。但在我们的经验里，生命之间的连接，比如爱情、亲情、友情等，都会让我们感受到人与人之间，乃至人与动物之间的情感关联。但是我们与那些无情之物的关系又是如何呢？我们常常感觉自己似乎是被抛入到这个世界中，这里充满各种危险，需要利用文明的力量去对抗，乃至征服自然。而今天文明社会的快速发展，对于环境的无节制的掠夺和污染，其实都证明了在我们的认知里，人类和自然世界是对立的。这也可以解释为何如今人类中心主义越来越激进，但人类在征服自然时的挫折感也同样越来越频繁，就像我们时常遭遇到的极端恶劣天气一样。

因此，从佛教的角度出发，势必要回应一个问题，那就是**作为生命体的人类，和外在的自然世界究竟存在什么样的内在关联**？

佛学理论把世间万法分为"色心"二法。除了我们的生理组织之外，山川大地，一草一木等皆属"色法"之列。而"心法"在前面的介绍中，被解释为五蕴身心中的认知功能，如受、想、行、识。在解脱道的修行观念里，修行

人生解忧

者利用禅定的力量去观察五蕴身心，体验到原来"色心"无时无刻不在迁流变化，也就是确认了世间"无常"，包括这个五蕴身心所代表的"我"，也都是生灭无常的。

但是，这仍然没有解释身心之外的世界万物和"我"有什么关系，作为世界的组成部分，"我"显然无法与山河大地隔绝而独立存在，从佛教的角度，它们之间存在着"缘起性"，也就是内在的关联性。但这种缘起究竟是如何运作的？

前面谈到，我们平常用眼根、耳根、鼻根、舌根、身根这"五根"去感知世界，而"意根"则将这些感知内容进行抽象化和概念化，这种模式仍然设定了一个认知主体和认知客体的关系结构。如果从般若空性思想去看，认知主体和认知客体都并不具备实有的特质，而是**互为缘起的非二元关系**。如果套用物理学的说法，在微观层面，我们所观察到的对象其实是由观察主体的认知所决定的。也就是说，我们所看到的宇宙、山河、芸芸众生，不过是因认知而显现出的境界而已，认知不同，所观察到的世界众相也不同。在佛学理论中，常常会用"万法唯识"来解释这种认知逻辑。

或许有人会说，前面在谈般若思想的时候，不是讲"万法皆空"吗？也就是世间一切"相"都没有本质。的确，这是从否定的逻辑角度来讲解缘起法。而为了说明万法虽然皆空，但同时也是如梦如幻的存在，所以又会从"万法唯识"的角度去阐述，万法不过都是随着认知而显现出的不同的"相"而已。

既然"万法唯识"，那么就会有所谓圣凡的差别。通俗而言，六道众生因为无明烦恼的污染，所以看到的是六道各自对应的境界。我们可以设想一下，就算是与我们生活在一起的动物，它们眼中的和人类眼中的世界差别显然何其之大，比如蚂蚁，它几乎是以二维的视角去感知这个世界的；而就算猫、狗这些与人类亲近的动物，它们对于世界的认知偏好显然也是不同的。在佛教看来，这是因为每一类生命都有其主导性的业力光谱，而这就会导致认知的差异。比如《摄大乘论释》这部经典里谈到了著名的"一水四见"的例子：因为各自的业力不同，所以同样是水，饿鬼看到的江河之水，都是脓血等物；而鱼类则视水如家，自然而然；天道众生看见水，如同庄严琉璃之地；而人见到水，则是熟悉的溪流江河，奔腾不绝；而那些深入到无色界禅定境界的修行者，水对于他们而言，则如同虚空。那么对于佛与菩萨而言，他们眼中的世界自然也与凡夫眼中的不同，他们看到的也就是所谓的净土世界。

在中国人的佛教信仰中，"家家阿弥陀，户户观世音"的说法就足以说明，以阿弥陀佛为代表的西方极乐净土思想具有非常深远的影响力，甚至一个普通的中国人都会在某些场合下自然地脱口说出"阿弥陀佛"。不过一般人对佛教的认知，也往往停留在某个标签化的印象：一群人聚集在一起口念"阿弥陀佛"，以求死后前往西方极乐世界。

其实，很多人对于净土信仰的理解也只停留在这样的层面：只要心诚口念"阿弥陀佛"，就可以生往净土。如果这个逻辑链条成立，那么这和"因信称义"的天国信仰似乎没有区别，而前面所讲的种种佛教智慧，似乎也都可以忽略不计。因此，要正确理解佛教的"净土"，就仍要基于前面谈到的般若智慧，也就是知晓**净土背后的逻辑究竟是什么**。

在《佛说维摩诘经》中，佛陀首先给大家展现了他所领略到的庄严的净土世界，令人目不暇接，叹为观止。这时，毗舍离城的一位大户长者的儿子宝积询问道：如何才能生此净土，度化众生？于是佛陀便给宝积种种教导："随智慧净，则其心净；随其心净，则一切功德净。是故，宝积！若菩萨欲得净土，当净其心；随其心净，则佛土净。"

佛陀的弟子舍利弗听到之后非常疑惑，难道佛陀曾经还是菩萨的时候，内心还不够清净，以至于今天还和我们一起待在这个荆棘遍地、道路凹凸不平的污秽世界？佛陀当然知道他的疑惑，于是问舍利弗："盲人见不到日月，是日月的问题还是盲人的问题？"舍利弗说，当然是盲人自身的问题。佛陀进一步解释：净土明明就在你面前，你却因为智慧不够，无法看到，反而认为佛陀和你一样都待在同样污浊的娑婆世界？而我之所以要表现为和大家一起生活在这个"污秽世界"，只是度化众生的方便而已。

接着佛陀便以脚趾触地，顿时在舍利弗面前现出了种种珍宝装饰的庄严净土，大众一片惊叹，而舍利弗也不得不感叹："世尊！本所不见，本所不闻，今佛国土严净悉现。"

这段佛陀的讲解包含几个层面，一，虽然同处一个环境，但佛陀与舍利弗因为各自智慧不同，因此所体验到的境界显然也不同；二，虽然佛陀能"随其心净，则佛土净"，但是他却并不是封闭在"净土世界"，就如同富豪身居豪宅，不能体会人间悲苦那样，而是能随众生的需求而化现在任何时空，对众生的悲苦也都一一了知。更为关键的是，**他不会受制于狭隘的"清净"和"污秽"的概念牢笼，而是无论在何时何地都不会迷失在那些境界里。因此，娑婆**

世界对于佛陀而言也是净土，因为他不会被凡夫所认知的"恶相"和"污秽相"所束缚。

当然，这样的境界非常深奥，已经远远超越一般人的认知范围，在佛教经典中会常看到这样的说法，那就是佛陀与菩萨所觉悟的境界，非自己亲身体验而难理解，也就更难以相信。不过就算如此，我们或多或少也能感受到，我们常常会因为认知、心情的不同而对这个世界有不同的感受和体会。比如当我们陷入比较低迷的情绪漩涡时，会觉得世界上的一切都是灰暗无光的，而当我们神清气爽时，路人的一个眼神我们都会觉得温暖无比。这些都是在告诉我们，虽然世界看上去是同一个，但在我们每个人的心里，分明有无数个的模样。

当然，《佛说维摩诘经》中谈到的"心净"并不指一般的情绪起伏和表层感受，而是大乘佛法对于世界真相的觉悟，也就是涅槃或寂灭的境界。"涅槃"和"寂灭"也是佛陀所体悟到的终极实相，但这两个名词常常被人误解为是人生终点与一种虚无的状态，事实上，它们都指的是超越二元对立的"空"的境界。一旦觉悟了深刻的空性智慧，就能如同佛陀那样体验到无比庄严的净土世界，而这就是"心净则佛土净"的内在逻辑。

## 净土世界是什么模样?

佛教经典中涉及净土的内容非常多,但是集中讲述净土的,则有"净土三经""净土四经",乃至"净土五经一论"等说法。所谓的"三经",指的就是《佛说阿弥陀经》《佛说无量寿经》和《佛说观无量寿经》,而在晚清,那位"开眼看世界的"著名士大夫,同样也是佛教徒的魏源,则将《大方广佛华严经》中的《普贤行愿品》单独拎出来,和前面三部净土经典一起,集合为"净土四经"。清末由著名居士杨文会创办的金陵刻经处,所刻印的第一部经典就是魏源编订的《净土四经》。

在这几部经典中,一般人较为熟悉的是《佛说阿弥陀经》,这部由鸠摩罗什翻译的经典描述了西方极乐净土的庄严景象,很多经文朗朗上口,易于诵读。

为何"净土"又被称为"极乐世界"?经典中的解释是,因为在极乐世界里的众生只会感受到乐,而不会有种种苦。不过,如果这个世界存在一种恒常的乐且不存在苦,那么这岂不意味着这种乐其实是不变的?那不变的感受又如何显现出它的乐呢?我们又怎么理解净土世界的丰富多彩和佛菩萨的千变万化呢?显然,《佛说阿弥陀经》中对于极乐世界的"无有众苦，但有诸乐"的描述，并不是我们平常所理解的意思。其实，**这里谈的"无有众苦"，也就是不被对苦与乐的执着所束缚，此时也便有了无限的自由**。而这种自由的境界，佛教经典对其有各种各样的描述，比如"涅槃"，又比如"极乐"。

对于佛教而言，净土绝非只有一个西方阿弥陀佛净土，而是无穷无尽，难以计数的。比如于东汉年间翻译的《阿閦佛国经》中所介绍的"阿閦佛净土"，又称为"妙喜世界"。还有"药师琉璃净土"，则是药师琉璃光如来所教化的净土。又比如我们耳熟能详的弥勒菩萨，他虽然尚未成佛，但却居住在欲界兜率天宫的内院，又称"弥勒净土"。虽然这个净土处在欲界之内，但要往生"弥勒净土"并非那么容易，同样需要非常精进的修行。一旦能够进入，按照佛经的说法，未来就会随弥勒菩萨下生到娑婆世界，度化众生，将娑婆世界转换为"人间净土"。这里值得一提的是，正是因为佛教经典中记载的弥勒的下生因缘，也让弥勒信仰常常被许多民间宗教所利用，转换为各种自称弥勒化身的异端信仰，也因此在有唐一代受到武则天的禁绝，但仍不绝如缕，后期的白莲教信仰也同样利用了弥勒下生的净土信仰观念，影响巨大。

而在《华严经》中，则展现出一个更为宏大而庄严的净土世界，也就是第32讲中谈到的"华藏世界"。简单而言，"华藏世界"是一个由世界嵌套无穷世界的多重结构，所谓"一沙一世界，一叶一如来"描述的就是这样的净土画面。可以说，佛教的净土观展现出的，其实是我们普通人难以想象的层层无尽的时空图景，这种时空观与人类所观察到的宇宙并不相同，而是更加丰富和璀璨。有学者认为，我们在所观察到的宇宙中完全看不到须弥山或净土世界的存在，于是将佛经中的净土视为虚构的神话。这其实是不理解佛经中所描绘的净土世界与现有的宇宙并非在同一层面，套用现在流行的话来说，净土或许是更高维世界的展现。那么，净土世界到底是怎样的模样？以《佛说阿弥陀经》为例，我们从中可以看到这样的描绘：

> 极乐国土有七宝池，八功德水充满其中，池底纯以金沙布地。四边阶道，金、银、琉璃、颇梨合成；上有楼阁，亦以金、银、琉璃、颇梨、砗磲、赤珠、玛瑙而严饰之。池中莲花，大如车轮，青色青光，黄色黄光，赤色赤光，白色白光，微妙香洁。

人生解忧

粗看这样的文字，我们或许会觉得，这不过就是人类豪富之家的升级版吗？需要提醒的是，这些文字不过都是借助人类的既定符号而作的描述，主要是为了表达净土的庄严。比如敦煌莫高窟第 220 窟南壁的"阿弥陀经变"，描述的就是阿弥陀佛的极乐世界景象：阿弥陀佛居中，左右两尊胁侍菩萨坐于莲台之上，周围围绕三十三位菩萨，其他如经文中所描述的七宝池与莲花中化生的童子，皆表现得栩栩如生。而在整个莫高窟的壁画中，关于净土的经变图数量不少，这足以说明早期佛教传入中国后，一方面，关注教理的僧侣学习和消化般若思想方面的经典，如《佛说维摩诘经》《般若经》等，以理解深奥的空性思想；另一方面，净土的意象则通过类似的经变图或者佛教造像深入普通百姓之中，激发起强烈且持久的宗教情感。但这二者并不是矛盾的，而是恰好表达了佛教的"理事不二"的特征。也就是一方面"万法皆空"，但另一方面净土也时时"如幻现前"。这就好比当我们身处眼花缭乱的虚拟世界影像之中，我们既能感受到这些影像的丰富变化，但同时也不会迷于其中，将其当作真实世界。

## 如何求生净土?

　　那么，我们怎样才能体验到净土世界呢？这就涉及净土的修行观问题。如果稍微了解净土宗的修行方式就会发现，除了一般的口念佛号、礼佛、拜佛之外，还有非常丰富的实践方法论。比如，以龙树菩萨的《十住毗婆沙论》为例，龙树菩萨教导修行者，首先要观想佛的相貌，比如佛具有的"三十二相"，分别是手足柔软相、大直身相、臂长过膝相、金色相、肉髻相等，但这么观想的目的是什么？其实就是通过佛陀的庄严相貌逐渐凝聚身心，也就是"如是正心忆念诸佛"，并且是在僻静的地方专心致志地进行，由此可以慢慢除掉贪心、嗔心、疑心，乃至轻率心，身心慢慢安定，直至深入禅定。

　　紧接着，龙树菩萨提醒，这时要思维"不应以色身观佛，当以法观"。这是什么意思？不妨回忆一下《金刚经》的内容：

　　　　"须菩提！于意云何？可以三十二相观如来不？"
　　　　须菩提言："如是！如是！以三十二相观如来。"佛言："须菩提！若以三十二相观如来者，转轮圣王即是如来。"须菩提白佛言:"世尊!如我解佛所说义,不应以三十二相观如来。"尔时,世尊而说偈言:"若以色见我,以音声求我,是人行邪道,不能见如来。"

因此,所谓的净土修行方法,虽然表面上是从佛的名号和相貌上入手,但仍然有从"有相"慢慢转到"无相"的过程。这里的"无相"并不是虚无,而是以"空"的智慧去思维"凡所有相,皆为虚妄"。如果能够领悟空性,此时修行者自然会体会到"净土庄严",也就是《佛说维摩诘经》中所谈到的"心净则佛土净"。

当然,要领悟"空"的智慧何其难矣,那么,对于无法在有限生命中彻底觉悟的人而言,如何能在生死之际,不仅能坦然面对,还能达到往生净土的目标?

佛陀在《佛说观无量寿经》中就讲解了不同根机的人要往生净土,各自需要什么样的条件。其中谈到九类人分别因为各自的因缘而能生到净土,而最让人难以理解的,就是所谓的"恶人往生净土"。那些常行恶事的人,本来会因此沦入恶道而受苦,但临终时却因遇人讲法,被劝说念佛,结果因此回心转念,发愿往生极乐世界。这样的人也有因缘往生净土,尽管所生的品级为最低,也就是"下品下生"。

　　我们初听这样的说法，当然会觉得不可思议，因为很多常年行善、福德深厚的人，也不过进入六道中的善道，而这些行恶之人居然只是借着临终前的机遇就能往生净土，何其不公！但我们深入思考一下就会发现，所谓的"恶人"如能在临终前转念，那此时他还是"恶人"吗？我们如果继续沿用某种实质性的"恶人"观念，岂不是自己反而迷失在"无明"之中？

　　因此，无论是民间常常谈的"放下屠刀，立地成佛"，还是六祖在《坛经》中所说的"前念迷，即凡夫；后念悟，即佛"，讲的其实都是，我们不过是在念念之间行善作恶，哪有绝对的善恶念？只不过我们常常随着念头的习惯而行动，因此难以扭转根深蒂固的认知模式。但也不排除我们会因为某些特殊的机缘而认识到自己的认知错误，从而洗心革面，回头是岸。

　　因此，虽然一般人很难在当下体验到"心净则佛土净"的境界，但是佛陀也介绍了人即便在生死之际，如能回心转念，对佛法的智慧和净土的庄严清净产生信心与愿望，同样有机会生入净土，脱离六道轮回之苦。而这也是为什么在汉传佛教中，强调"明心见性"的禅宗虽然看上去风

　　　　　　　　　　　　　　　　　　　人生解忧

光无限，但是却极易衰败，流于"口头禅"之类。而强调以"信、愿、行"求生极乐世界的净土宗，却拥有更多的信众和拥趸。虽然从佛法教理的根源而言，它们并无二致，但在众生的现实需求与根机差异方面，就展现出了不同的修行取向。

下一讲，我会根据一些佛教文献记录介绍历史上的僧侣与居士究竟是如何面对各自的生死，或许我们可以从中感受到面对生死的力量与信心，而这也是佛陀在涅槃之前苦口婆心地教导众生的目的。

# 第 38 讲

# 超越生死的修行者

在前面有关佛教的生死观的内容中，我们介绍了佛教是如何理解生死现象的，也就是以解脱的智慧超越生死轮回，而且这种超越并不是空洞的，而是有着极为广阔的佛教时空观作为背景，比如苦海无边的六道，以及庄严璀璨的净土。这也使得佛教不再是一种虚无的哲学反思，而是与我们现实的生命紧密地结合在一起。就如同在佛教进入华夏的两千年历史中，无数普通人从中获得莫大的安慰，而且那并不仅仅是所谓的"精神催眠"，而是通过智慧的洞见与虔诚的信心窥探到了另外一种关于生命的可能性。

因此，在这一讲中，我们就来看看古往今来的僧侣与居士，他们是如何在自己的人生旅程的最后时光面对死亡的。

人生解忧

## 禅者的风光

很多人看了佛学的相关内容之后，或许会产生一个疑问，修行真的能让我们超越举目所见的老苦、病苦、死苦吗？如同我们每天在生活中和网络上看到的人间悲苦相，那些半夜的默默叹息，ICU病房前的焦急等待，以及飞来横祸时的无助不安，我们真的能在面对生死时做到云淡风轻吗？若非如此，这无疑又会生出另一个问题，佛教传入华夏两千年，到底是什么支撑了这么多僧侣与居士持续地学习和实践？佛法的修行是否真的能让人觉悟，并远离对于生死的恐惧？

从传播史来看，佛教最早从印度和西域传入华夏，当时多以译经僧为主，因为那时的国人不了解佛法的要义，也不知神、佛的差别，所以最早来到中土的域外僧侣多携带经卷和佛像，对佛法进行"开疆拓土"。他们的生平、行迹也大多不为人所知晓，等到南朝时的慧皎在编撰《高僧传》时，发现这些人物的生平和事迹多数也都难以考证。比如中国佛教史上著名的"白马驮经"的两位主人公——摄摩腾与竺法兰，《高僧传》中的最后记载只是说二者圆寂在洛阳，别无其他信息。另外，比如支娄迦谶、昙柯迦罗等早期西域译经僧，关于他们的描述也大多都是"不知所终"。

经过东汉永平年间佛法最初传入，到了魏晋时期，门阀子弟借玄学清谈之风开始积极拥抱佛教，比如支遁、支道林等人都是出身名门而出家，并且精通佛学义理。而龟兹僧人鸠摩罗什进入长安后，不仅广泛翻译经文，还吸引了大量佛门才俊前来学习大乘佛法。另外，像佛陀跋陀罗这样的天竺高僧也开始在这时弘扬禅法，使得中土佛教界越来越深入了解佛法的教理内涵与修行实践。

《高僧传》中记录了一些以修行禅法而闻名的僧侣事迹，"死亡"对这些人来说，毫无疑问就像一张修行的期末答卷。在一个僧团里，不同的僧人有不同的特长，有的擅长译经，有的擅长讲经，有的关注戒律行持，虽然他们都会关注生命的解脱，但是禅僧则更加直接，他们是用自己的全部生命去检验佛陀所讲的觉悟是否真实可信，并不依靠简单的信仰和思维去消除疑惑，而是要赤裸裸地去亲身验证。

比如两晋之间有一位僧人名叫竺僧显，他不仅持戒严谨，而且常年在山林中修行禅定，有很深的境界与体悟。他曾在病重时见到阿弥陀佛现身，有大光明洒在他的身上，然后竟然因此痊愈。于是他起身沐浴，并给侍者讲说自己的感应境界。次日清晨，他端坐床上，悄然圆寂，室内还留有香气，十几天才散去。还有一位北朝时期的禅僧名叫法常，虽然他曾为北齐国师，但淡泊名利，常年隐居山林。他曾在墙壁上题书，将于某年某月某日远行。到了当天，他告诉门人："吾今日作一觉长眠。"然后便进入僧寮休息。第二天，其他僧人发现法常没有起床，前来查看，才知道他早已圆寂，原来昨晚他所说的"一觉长眠"，其实是和众人的告别。

在佛教的实践体系中，有"信、解、行、证"的说法。"信"指对于佛陀所教导的内容是否具备基本的信心；而"解"则指对于佛法正见的理解；"行"则指具体的修行落实；而"证"则指自己亲身去体验佛陀所觉悟的内涵。只有我们自己达到了觉悟，才能真正消除疑惑，对真理有无条件的信任与依归。**真理就是"如是"而已，因为真相就在眼前，容不得丝毫的怀疑与诡辩。**这其实也从另外一个方面说明，佛教并不是所谓的"神秘主义"，也不是通过某种权威去恐吓或诱导的宗教，因为**你是否愿意相信，其实最终仰仗你自己的真实体验和判断。**

也正因此，比如对于僧团而言，无论各自扮演什么样的角色，比如方丈需要主持寺庙日常事务，典座要负责僧团的饮食起居，首座则肩负起讲经说法的职责，但出家修行的本质，从佛陀的本意而言，都是试图以个人的觉悟最终来引导众生的觉悟，而个人的觉悟，则是修行者能在生死关头洒脱自在的关键。

这些禅僧的记载中，有很多对他们临终状态的描述，常见的场景都是禅僧预先告知身边人自己将要离去，等到圆寂当日，要么合掌端坐，要么无疾而终，潇洒至极。

比如六祖慧能，《坛经》中记载了他在713年的七月间，召集徒众并对他们说道："吾至八月，欲离世间。汝等有疑，早须相问，为汝破疑，令汝迷尽。吾若去后，无人教汝。"这时众弟子涕泣，只有一位弟子神会像平常一样坦然。六祖于是赞扬神会，而批评其他弟子道：你们这些人到底为什么哭泣？如果是担心我，那完全是多余的，因为我自知死后去向，如果我没有把握，自然不会提前预告我离开的日子。

等到八月初三那日，六祖在国恩寺用完斋饭，便对各位门人说道："汝等各依位坐，吾与汝别。"又对弟子谆谆教导，作最后的说法，并说出自己的临终偈语："兀兀不修善，腾腾不造恶，寂寂断见闻，荡荡心无著。"之后便端坐到三更，突然说道："吾行矣！"然后奄然坐化。

从对六祖辞世的过程描述看，我们可以感受到修行人在面对生死时的那种极度自信、从容，乃至自在。其中有几个细节很值得讨论，比如六祖能够提前一个多月就对弟子宣告自己的圆寂日，这也是佛教常说的"预知时至"。其实在自然界里我们也会观察到，无论是野生动物还是家养的宠物，在生命的后期，它们也能预感到自己生命的终点，所以往往会离开兽群或者饲养的主人，寻找一个偏远的地方，独自迎接死亡。**或许生命从来就拥有预见生死的本能，只是文明发展让人类逐渐蒙蔽了对生命的直觉感知能力，最终只能面对"生死两茫茫"的彷徨与不安。**禅僧的修行，只不过恢复了这种生命的本来功能而已，因此在很多关于禅僧圆寂的记载中，不约而同都会谈到他们能准确预知生命的大限之日，并且还能从容应对。

另外一个细节则是，《坛经》中虽然也提到六祖慧能圆寂之后"异香满室，白虹属地，林木变白，禽兽哀鸣"，但这明显有比拟佛涅槃之后情景的痕迹，而且也只是一笔带过。更重要的一个细节则是，慧能在临终前留下最后的偈语："兀兀不修善，腾腾不造恶，寂寂断见闻，荡荡心无著。"这既是对众弟子的最后教导，同样也是对自己一生修持佛法的最后总结。这种书写遗偈的形式，此后也成为禅宗高僧的"标配"，蔚为成风。

比如那位因斩猫而闻名的南泉禅师，他对待生死的表现更是超乎常人。当南泉禅师将要圆寂之时，寺内的首座和尚问南泉：和尚圆寂后，将去往何处？南泉竟然回答："山下作一头水牯牛去。"首座和尚也是禅僧，当然知道南泉回答中的机锋所在，便继续说："我愿意跟随和尚而去。"南泉便回答道："你如果跟我而去，那就需要衔草而来。"

为什么南泉禅师说自己来生要作水牯牛？而当首座和尚表示自己也要跟随而来的时候，为什么南泉却说他真的会成为"畜生"呢？这番对话当然要从禅宗的角度去理解。

其实当问南泉去往何处时，按照一般人的理解，大概都会认为这样的大禅师不是去东方净土，就是去西方净土。但这种理解的背后，其实掺杂着未觉悟之人对于"净土"与"娑婆"的分别执着，认为净土是绝对的美好，而娑婆则是绝对的污秽。因此，南泉说自己要作山下水牯牛时，不过是以此来提醒对方，要**以空性来理解"法法平等"的意涵**。可是首座和尚却执迷不悟，或许想的是跟着南泉禅师总没错，师父入畜生道，弟子跟着也没关系。可是对于没有真正明心见性的人，一旦进入轮回，势必就会随着自己业力而飘荡，无法主宰自己的生命，那就果真实实在在地作一头山间吃草的水牯牛了。而正是这位禅风峻烈的禅师，在临终之前对门人说道："星翳灯幻亦久矣，勿谓吾有去来也。"而这不就是"不生不灭，不来不去"的佛法要义吗？

类似的回答，也可以在石头希迁禅师的弟子五洩灵默那里看到，当五洩灵默圆寂前，弟子也问他："和尚向什么处去？"灵默回答道："无处去。"弟子继续问道："我怎么看不到呢？"灵默则回答道："非眼所能见。"说罢奄然坐化。

因此，对于这些禅师而言，生死之际其实是自己毕生修行的一次重要显现，是对"生从何处来，死往何处去"的最终回答，也是借机教导弟子的最后机缘。

进入宋代，随着士大夫与禅宗的关系越来越密切，禅宗也开始流行以诗偈来表达佛法的时代风气，包括禅僧临终前，遗偈的文句也越来越华丽。比如南宋时期著名的曹洞禅僧宏智正觉，在临终前沐浴更衣，端坐桌前，给大慧宗杲禅师留下一封遗书，请求他主持自己的身后事。并且还亲笔写下遗偈："梦幻空花，六十七年。白鸟烟没，秋水连天。"生死之际写下的文句如此悠远，而且其内涵的觉悟境界之深邃，可谓是宋代禅僧遗偈中的代表之作。

幸运的是，由于当时入宋学习禅宗的日本僧人非常崇敬中国高僧，也借此保留了大量宋代高僧亲笔书写的遗偈，而这也形成了后世日本禅宗僧人的一个重要传统，乃至日本还专门出版《遗偈之书》，收录了从宋代到近代的许多禅僧的遗偈，这里选取几幅略作介绍。

首先是宋代僧人清拙正澄，他五十二岁时东渡日本，主持建长寺、建仁寺等大禅林，1339 年正月十日感觉身体有恙，十七日则自行沐浴更衣，然后对众人哈哈大笑道："今天是百丈禅师的忌日，我可以走了。"于是提笔写下遗偈："毘岚卷空海水立，三十三天星斗湿。地神怒把铁牛鞭，石火电光追莫及。"抛开偈子的佛法意涵，就单从清拙禅师临终前的书写气势来看，我们就可感受到他在面对生死时所透露出来的迥异常人的坚毅与通透。

另外一幅著名的遗偈，则是圆尔辨圆禅师所留下的墨迹。圆尔禅师于 1235 年入宋，在径山跟随无准师范禅师学习，后得法回国，开创京都东福寺，影响极大。圆尔禅师在临终前也同样是预知时至，然后提笔写下最后的嘱托："利生方便，七十九年。欲知端的，佛祖不传。"完全是活脱脱的禅门风范，潇洒至极。从遗偈的书写痕

　　　　　　　　　　　　人生解忧

迹来看，一方面能够体会到圆尔禅师临终前腕力衰弱的状态，但另一方面，在一笔一划之间，又透露出极为稳定的心志与气息。

正是因为禅僧这种大破大立的风格，所以在他们所书写的遗偈中，也常常会出现诃佛骂祖之语，比如我们非常熟悉的一休禅师，他的遗偈是："须弥南畔，谁会我禅。虚堂来也，不值半钱。"要知道，虚堂智愚禅师乃一休禅师的径山师祖，平日一休禅师多称呼自己为"虚堂七世孙"，崇敬之意溢于言表。而在遗偈中，他却以峻烈的方式来表现出**"圣凡平等"**的最为真实的佛法内涵，这也是禅僧最为迥异的特色，看似狂狷，却仍有佛法的智慧在其后。

通过对这些禅僧在生死关头的表现的描述，我们或许可以清晰感受到觉悟对于生死所具备的极大的超越性的力量，而这种力量又经由禅僧洒脱自在的表达，刻画出禅宗史上精彩的一出出落幕大戏。


### 净土的瑞相


与强调洒脱自在的禅宗相比，净土宗的修行风格则显得平实朴素。从修行的目标而言，禅僧最看重的是觉悟，也就是明心见性，而净土宗的修行虽然也不离开佛法的智慧，但个体往往会觉得禅宗的开悟太难达到，所以更相信要以至诚的信心和愿望去求生净土，这也使得净土宗的修行者在生死之际的态度与禅宗有所差异。

比如弘一法师就是弘扬戒律和修行净土法门的高僧典范。1942年初，弘一法师在泉州的温陵养老院静修闭关。八月，弘一法师的身体更加衰弱，他一方面写信给相识之人交代后事，另一方面也叮嘱妙莲法师助念和毗荼的相关事宜。九月初一，也就是他圆寂前三天，他写下了那幅著名的遗偈"悲欣交集"，旁边还注有三字"见观经"。

历来，很多人对于弘一的"悲欣交集"有各式各样的阐释和解说，但多流于世俗的猜测与臆度，而不是从佛教内部视角去看待弘一遗偈的内涵。"悲欣交集"四个字，出自于重要的佛教经典《楞严经》，当佛陀给阿难开示完毕后，阿难当下领悟："心迹圆明，悲欣交集。"所谓"欣"，指的是阿难因为领悟如此深妙的法义而雀跃欣然；所谓"悲"，一方面是为过去的无明烦恼而惭愧，另一方面则是由此深感众生迷在其中无法自拔，从而生出极大的悲心，也就是"欣今所悟，悲后行人"，与所谓的世俗情感没有任何关系。

而更为重要的是，旁边的"见观经"三字更显露出弘一法师作为净土修行者的本色。"观经"其实是"净土四经"中的《佛说观无量寿经》，也就是佛陀为韦提希夫人讲说西方极乐世界奇妙庄严的经典。弘一法师为什么会写"见观经"三个字？或许是因为笃信净土法门的弘一在临终前已经感受到净土境界的迹象，以至于自然生起强烈的信心与悲心。在三天后的九月初四日，弘一法师以吉祥卧姿，留下那一幅令人动容的涅槃相的照片，也向世人证明了通过修行最终无惧生死的可能性。

对于禅僧圆寂过程的记载，大多重点不在描述奇异境界，但在很多描述净土修行者往生过程的文献里，有关临终前见到种种奇妙景象的记录则层出不穷。之所以如此，是因为念佛求生净土的修行者，大多需要这些奇妙境界作为增长信心的动力，因此对于净土宗高僧的临终过程，重点多描述往生的种种瑞相。

比如公认为净土宗初祖的庐山慧远，他最为人称道的就是两晋之际在庐山建立东林寺，数年不出庐山虎溪一步，潜心修行，并与一百多位僧侣居士一起，组成以求生净土为目标的莲社，成为后世结社念佛的典范。416 年 7 月，慧远刚出禅定，便见阿弥陀佛显现在眼前，左右还有观世音菩萨与大势至菩萨相伴，还见到光明水流，犹如净土境界。这时阿弥陀佛告知慧远，七日后慧远将往生净土，后来果然应验，慧远端坐圆寂，享年八十三岁。

又比如净土宗的五祖，也就是唐代的少康大师，他自小笃信净土法门，后来在新定城中以施钱来引导孩童念佛，每念一声佛号，他便给予一钱，如是长久，城中男女老少皆口称"南无阿弥陀佛"。甚至当他念佛时，每念一声佛号，众人还可见到他口中有佛像出，连为一串，让众人惊叹。而他圆寂之前，召集弟子，劝告他们要精进修行，不可荒废，然后身上放出数道光明，奄然坐化。

如果说慧远、少康等仍属于高僧之列，对于汉传佛教而言，净土宗最为广大的根基其实是大量的念佛信众。因为佛教自明、清以来，教理的学修与传播逐渐衰微，无论僧侣与居士，大多不知佛法的深奥教理，仅仅凭着单纯的净土信仰投入念佛的实践中。而在很多关于往生净土的记载中，我们其实还可以看到大量的平凡老百姓以某种至诚的修行实践，在生命的最后一刻，同样也展现出难得的安宁与从容。

先以晚清著名的士大夫魏源为例，魏源虽一直于宦海沉浮，专注于经世之业，但在咸丰三年（1853年），魏源辞官回归新化，寄宿在杜庆寺，终日念佛，并且受菩萨戒，着手会集《净土四经》。咸丰七年（1857年）二月，魏源感到身体不适，便对侄子魏彦说道："我大概命不久矣。到我临终时，你们不要号哭干扰我，要静静地等待我咽气后，再入殓。"过了几日，魏源的身体与神志清醒如常。二月末，魏源沐浴洗净，换好衣服。次日是三月初一，友人金安清来访，魏源与之畅谈甚欢，但在交谈过程中，魏源突然对友人说道："我们谈话到此为止，而我将要往生净土。希望您告诉何子敬，要好好地进修德业，我来不及和他告别了！"说完就入卧室内静坐念佛，溘然而逝。

虽然对魏源的临终过程的描述中，并无种种所谓的奇妙境界，但他在生死之际，将身后事安排得如此井井有条，并能安然平和地走向生命的终点，也足以让多数人羡慕赞叹了。

而对于中国的念佛者而言，女性恐怕是一个非常庞大但又沉默的群体。因为在传统的信仰生活中，许多妇女受制于礼法的约束而不能走出家庭，自然会经受一般人难以想象的身心之苦。而正因此，净土信仰也常常能给予这些女性以莫大的安慰和力量，乃至能够给予其对未来的希望。所以在很多文献中，我们也可以看到很多平凡的女性念佛者在生命的最终阶段展现出超越生死的境界。

比如文献中记载了一位于姓老妇人，她的丈夫是一位鱼贩，但因为儿子惹上官司，家破人亡。受此打击，老妇人便想要沉河自尽，殊不知遇见净照寺的一位出家人，提醒她与其沉江自尽，不如安心念佛。于是她发愿终生吃斋念佛，十年不断。某一天，她请出家人诵《佛说观无量寿经》，她自己则一边称诵佛名，念到某处，老人竟安然坐化。

另外《净土圣贤录》中还记载了一位名为郑氏的普通妇人，平日勤于念佛，某天患病，却听到空中有声音告诉她：你不久会生往西方，切莫懈怠。并且她的面前突然现出金色的阿弥陀佛像。于是她召来儿子为其诵读《阿弥陀经》，然后安详坐化。据说她的女儿梦见母亲告知自己已经得生净土。

像以上这类有关念佛者在临终之际的记载，无论旁观者把它们视为臆说，还是某种想象或神话，在 ta 们自身的生命过程中，净土信仰的确给予了 ta 们莫大的抚慰与力量，以至于让 ta 们能在被大多数人视为畏途的生命终点处，表现出极为难得的安宁与淡然。反观今天的现代社会，人类中心主义盛行，自我膨胀，我们似乎无所不能，以致用尽心机，却往往在生命终点处颏相毕露，苦不堪言。

从这个角度来看，这些怀抱往生净土信念的念佛人，或许能够给予现代人一些面对生死的另外的启发吧。

这一讲的内容主要来自经典的佛教文献和记载，属于间接的历史经验，自然会让很多人怀疑其真实性。而在下一讲，我会借助自己的一些经历，来谈谈面对家人生死之际的一些观察和体验，由此来和你分享，作为一个普通的现代人，在面对亲友，乃至自己的生死逼迫境界时，我们能够做什么，以及是否有可能真正坦然面对这个生命的大哉问。

第 39 讲

# 最后一堂生死课

前一讲介绍了历史上的一些僧侣与居士在生死之际所表现出来的超然状态，让人很是羡慕。但是很多人读到这样的事迹，或许也只将其当作"别人"的故事，而没有去思考，这同样也是我们自己的生命困境，是有待解决的真问题。

## 如何为"死亡"作准备？

在现代社会里，我们一方面享受着过于充裕的知识和信息，但另一方面，我们在面对真实的生活时，每当运用一种观念，同时也会拾起另外一种看法来作思想上的博

　　　　　　　　　人生解忧

弈，似乎没有任何一种观点是真正自洽、自足的。这就使得我们很难形成一贯的生命价值观，要么只能随着当下的本能而反应，要么面对事情总是过度思考，犹疑不定，难以决断。

十几年前，当我最初接触佛学之前，也多少了解过中西思想史上的一些重要思想观念，但常常感觉它们都无法提供给我一个较为一贯的生命价值观，让我愿意去实践和贯彻这些观念。而当我遇见佛教思想之后，发觉佛教不仅在思想上有其特别的洞见，更难得的是，它还特别强调践行和检验的层面，使得悬空的观念能够具备行动的可能性，这让我感受到非常大的安顿力量。

在深入佛学的过程中，我始终对于佛教的生死观抱有浓厚的兴趣，这大概源自前面所提到的我童年时期的疑惑，也就是为何我没有生在过去，也不在未来，而是恰好在现在？这让我萌生了强烈的"死亡焦虑"。

直至我后来在大学里开设了佛学课程，我意外地发现，每当讲到佛教生死观的主题时，总会有不少同学在课后来找我分享或者寻求心理上的帮助，他们往往都遭遇过亲人和朋友的离去，因而存在不同程度的焦虑，并且这种情绪长期以来总是被隐藏和压抑，得不到正常的疏泄和排解。这当然主要是因为，我们在成长过程中极少有机会接受生死观方面的教育。这些内容在传统社会中，往往是由稳定的宗族、社群组织与各种日常仪式来提供的，但在现代社会，传统社群的瓦解和仪式的被遗忘，使得人们更多由个体独自去面对不可承受的"死亡之重"。

正是在教学的过程中感受到"死亡教育"的缺失，我开始面向社会作一些关于佛教生死观的公益讲座，也因此接触到一些因失亲而饱受困扰的群体。他们对"死亡教育"的需求是如此迫切，而当时的我，无论在知识还是心志积累方面，其实都不足以帮助这些哀伤而沉重的心灵。

2016年，我在台湾认识了长期研究、实践和推广"生死学"的两位资深老师，也就是林其贤老师与郭惠芯老师，随后邀请他们来到上海季风书园，与仁济医院的陆钦池教授一起，合作举办了两期"生死学课程"，内容涉及儒释道的生死观，以及大陆当时还比较陌生的安宁疗护与临终关怀，还专门组织参观了上海的社区安宁疗护病房。在这个过程中，我开始了解到佛教的生死观如何在真实的社会环境下得以落实，而给临终者提供尽可能的帮助。

但是没想到的是，这些学习似乎是在冥冥中为我即将面对的考验作某种全面的准备。

## 猝不及防的老、病、死

2016 年，在我去台湾访学之前，和我们一起生活的岳父被诊断出肾脏衰竭的问题。经过半年的保守治疗，他大体上能够维持着较为稳定的肌酐水平。但是在 2017 年的春节，老人回到家乡，失去自律，与老友相聚时瞒着我们小酌了几杯，这使得他的肾脏功能进一步恶化。此时我还未意识到，一个人的生命滑落速度会如此之快，毕竟在我的成长经历中，祖父辈的老、病、死几乎是由父母去面对、承担，我自己很少直面这个过程。比如在我的印象中，爷爷奶奶的衰老、生病，乃至最后的死亡，大部分都只是父母口中的"故事"而已，我并没有参与其中。

2017 年 6 月某日的半夜，岳母"咚咚咚"地敲醒房门，说岳父半夜突然呕吐，陷入昏迷。我们赶忙拨打 120，将老人送往附近的医院进行急救。医生经过初步诊断，认为岳父是脑部出血，需要进行颅部手术。对于当时的我们而言，除了配合医院的医疗流程之外，几乎没有任何可以选择的余地。

其实，这只不过是很多人曾经或者未来将会遇到的生命情景之一，也是悉达多太子当年在城门处遇见衰病之人的灵魂发问，而侍从的回答则是："众痛迫切，存亡无期，故曰病也。"我能清楚记得当时在ICU病房前所体会到的巨大未知感。从病情来看，尽管颅部手术尚算成功，但由于脏腑原有的功能问题，老人还是只能在ICU中依靠设备勉强维持生命。

从现实层面来看，虽然老人享有医保，但是ICU每天的费用大约仍有一半是无法被纳入保险范围的，这也就意味着我们要持续承担较高的治疗费用，而且根本不知道何时结束。当时我与家人每天除了去医院和医生讨论病情进展之外，也开始讨论起未来是否需要卖掉一套公寓来支付遥遥无期的治疗费用。更糟糕的是，医生告诉我们，由于老人的肾脏本身就有严重的问题，就算脑出血的问题能勉强恢复，但行动功能也将严重受损，之后周期性的洗肾，肯定还需要额外的照护。

当关于病情的描述从医生口中被一点点地讲出来后，我才逐渐意识到自己的人生道路或许会因此发生重要的转变，无论是个人的事业规划，还是过去所习惯的家庭生活形态。在那之前，由于我的个人兴趣和学术研究所需，除了基本的教学任务之外，我每年的大部分时间都是在中国和日本各地的寺庙进行参访，寻古探幽，过着闲云野鹤

去。只要保持安定，未来自然有好的去处，不要挂念此世的一切。"

为了让我们能够把握这段话的核心内涵，法师还专门用手机录音，发给我和家人。可现在最大的难题是，由于医院的规定，我们几乎无法进入 ICU 探望病人，这一切暂时陷入了僵局。可是似乎冥冥中自有安排一般，此时和我一起合开"生死学课程"的陆医生知道我的情况后，热心地帮忙联系了医院，准许我们在做好消毒防护的条件下，进入 ICU 探望老人。

终于，我们穿着防护服，在十几天后见到了老人。这也是我这么多年第一次看到垂危的病人是什么模样。老人的身上连接着各种仪器，昏迷不醒。我和家人按照法师所教导的那样，在老人耳边轻声地安慰，嘱托他放松、安心，如身体无法好转，那就安心离去，甚至会有美好的净土，等等，并且还给老人戴上耳机，播放比较轻柔的阿弥陀佛的佛号。

其实，当时的我们只是觉得在等待所有的医疗措施之外，必须要找一个方法去给老人一些精神方面的指引，至于有无作用，也并未考虑太多，毕竟做一点什么，总是比焦虑、惶惶不安要好一些。

奇怪的是，第二天上午我照例前往医院和医生沟通，得知体征指标一切正常，然后返回家中。正准备吃饭，这时突然接到医院电话，告诉我们老人刚刚去世了。

　　我们急忙赶到医院，除了要配合医院走相关的程序流程之外，我还迅速通知了之前认识的几位出家人，想请她们来医院帮忙处理一下后续事宜。她们并不是以法事为生的经忏僧，而都是常年持戒修行的本分僧侣，因此我之前就曾考虑过，一旦老人过世，会请这些出家人前来为亡者助念。所谓"助念"，其实来自佛教对于死亡的不同认知。按照一般医学的看法，死亡将呼吸和心脏停止的瞬间作为一个判断的标准；而佛教则认为，人的死亡其实是一个过程。在所谓的"医学死亡"之后，亡者并不一定马上进入下一期生命，而可能有一段时间的过渡期，此时的亡者虽然看上去已经失去了感官认知功能，但仍然可以听到生者的声音，感受到在场者的情绪变化等。因此在这个时候，可以用旁人的念佛声帮助亡者提起觉察，不陷入恐慌与畏惧的情绪，从而让亡者在生命流转的过程中能够得到相应的帮助。

　　幸运的是，ICU的病房旁有一个长条形的封闭走廊，这常常是用来给亡者更换衣物的空间，但是由于上海这些年一直在推行临终关怀的项目，所以在这个走廊里，居然还有一个可以切换内景图片的电动橱窗，这些图片包含一些主流宗教的各种图画符号，显然是针对不同人群的信仰偏好。

于是，我们破天荒地征得医院的默许，在这个走廊给老人做身后的助念。尽管我从来没有相关的经验，但因为参加过林其贤与郭惠芯老师的"生死学课程"，所以也大概知道相关的方法与流程。我一边俯在老人耳边不断安慰说"安心走，不要挂念儿女和家人"，一边则与那几位相识的出家人一起，用比较低沉安定的语调诵念阿弥陀佛的佛号，持续了七个多小时。

事后回想，我们之所以能够如此顺利地在医院进行助念，和许多特殊的条件有关，比如这个临终关怀的空间在一个封闭的角落处，和医院的诊疗空间相隔甚远，不会影响其他人。另外在诊疗过程中，我们和医生与护工都建立起了非常良性的互动，其中的一位医生甚至觉得，我们对待生死的态度与多数病人家属完全不同，还主动加了我们的联系方式。因此，在我们决定进行助念时，他们都提供了很多方便。甚至有一位护工在事后还拉着我表示，这几个小时的助念，她在旁边看得非常感动，感觉亡者被认真地对待，是非常幸运的。

我在这里并不想太过详细描述助念的过程，但对于第一次这么真实地面对他人死亡的我而言，全程感觉非常安定。我只是根据自己所了解的理念与方法，一步步地去进行，并且还会将亡者当作可以沟通的对象，不时地对其进行言语上的抚慰。让我很惊讶的是，老人的面容也从刚开始较为紧张的表情，慢慢变得舒缓，犹如沉沉睡着一般，这也让家人感觉到很安心。

等到晚上八点许，根据规定，遗体要被推入太平间，此时先要为亡者更换衣服。首先，我一直坚持不要遵循过去那种旧习俗，专门买一些颜色灰暗的唐装丧服，而是让老人身着他平日习惯的衣物。另外，由于死亡时间已经过了八个多小时，此时更换衣物是否会出现困难？在场的人谁也没把握。因此，除了护工之外，我亲自参与了这个过程，并由此清楚地感受到老人的身体还是温热的，并且非常柔软，更换衣物的过程非常顺利自然，这也让在场的护工非常惊讶。

另外的一个插曲是，当太平间的工作人员得知我是老人的女婿时，还啧啧称奇，说在医院这么久，从未见到作为女婿，还能如此不惧地帮老人换衣等。我想，这并不是因为我有一般人所认为的个人品性上的孝顺、善良，而是因为我受到佛教的某些启发，能够正视死亡背后的恐惧和不安，从而将老人当作一个平等的生命去看待，因此在接触亡者的过程中，不会有任何的害怕与忌讳。

在这之后，就是殡仪馆的丧葬仪式环节了。在殡仪馆中，我们都会遇到工作人员提供的各种"菜单式"的选择，比如灵车的规格，棺木、骨灰盒等相关物品的档次等，而我一律都选择了基本款。很多人在亲人去世之后，多少会有失落与愧疚的心情，这些负面情绪并不一定是因为生者没有对其尽心照料，而是某种生者对于亡者的天然亏欠感，似乎亡者的离去和生者的存在某种关联。因此整个殡葬行业无不利用生者的这种心理来设置消费主义陷阱，这是很常见的经营模式。

而在追悼会上，我也并没有采纳惯常由"丧葬一条龙"主导的形式，而是请了几位相识出家人前来念诵《心经》、往生咒，并且邀请参与者一起念诵佛号，为亡者祝福。随后我与内子也分别给前来参加的亲友分享了我们对于死亡的看法，看得出来，很多参加者大概是第一次听到类似的观念，很是惊奇，但也觉得这样的追悼仪式庄重又轻松。

追悼会结束后，我和家人跟随灵车前往火葬场，进行遗体火化的环节。我也是第一次如此近距离地接触到火葬的全过程，看着棺木缓缓进入火化炉，在等待了数十分钟后，负责火葬的操作员过来询问我们是否要参与捡骨，我们表示愿意，于是就在传送带上开始听从操作员的意见，进行遗体的捡骨。

很多人或许会问，当时我和家人的心情到底如何？事实上，我们都非常安定，虽然有一点沉重，却没有常见的悲伤。我并不知道这样的镇定到底来源于何处，只是用上了若干年一直练习的方法，也就是当事情来临的时候，"**面对它，接受它，处理它，放下它**"。因此，当我只是纯然地关注当下需要处理的问题本身时，那些所谓的悲伤回忆和对未来的失落不安，似乎都不会占据心头。

我们捡完骨，交给工作人员，由他对遗骨进行碎化、装箱。因为我们并没有购买好墓地，便决定将骨灰暂时带回家中存放，等到合适的时候再进行安葬。当我们手捧骨灰盒走出来，用手机叫了一辆出租车，此时天气似乎还都比较正常，但我们刚坐上车，一阵大雨就滂沱而下。在这场大雨中，我也终于完成了一场庄重而安定的告别仪式。

　　　　　　　　　　　　　　　　人生解忧

## 再度的考验

送别老人之后，我的生活又恢复到过去的节奏，但是你永远不知道，人生的无常会以何种的形式出现。

2018 年的 6 月 5 日，对，又是六月，我正在家中电脑前工作，突然接到母亲的电话，电话那头的声音低沉但又带点慌张："爸爸快不行了。"我心头一紧，连忙问母亲怎么回事。原来前一天，父亲还正常如故地走了七千多步，但是家人发觉父亲的腿部有点水肿。鉴于老人这几年都会不定期地入院调养，而他并不喜欢住院的感受，因此执意要推到第二天再去医院。

当天晚上，母亲帮父亲洗漱干净。等到第二天一大早，家人便将他送到医院，但他一入院便开始呕吐，只能等待医生的处理。母亲隐隐感到父亲的情况不佳，便给我打来电话，我一边在电话里安慰父亲，一边提醒他，可以念"观世音菩萨"和"阿弥陀佛"来安顿身心，可以听到电话那头的父亲非常微弱的"嗯嗯"声。

电话放下没有多久，母亲又打来电话，告诉我父亲已经病危，医生询问是否进行急救，而母亲决定不进行抢救。这主要是因为父亲生前曾多次嘱咐母亲，一旦发生类似的情况，不要进行插管等急救措施。我并不知道他为何非常强调这一点，或许是因为他作为那个时代的老派干部，非常注意外在形象的尊严与体面，比如他数十年如一日地坚持要穿上正装才会出门。大多数人的最后时光，都是在病床上被过度的治疗摧毁得支离破碎、羸弱不堪，而父亲本人，显然对他自己要如何离开这个世界，有着非常强的自我坚持。

我在电话里叮嘱母亲，趁父亲还没去世，将他带回家中，好让家人可以陪在身边，度过生命的最后一段时光。很幸运的是，母亲和长兄，以及二姐都同意了这个建议，并且迅速签字，将父亲带回家中。而当他们返回病房时，父亲已然安详去世。

我远在上海，当然先要考虑如何赶回老家。订好当晚的机票之后，我便开始诵《佛说阿弥陀经》为父亲祈福。我并不知道诵经究竟能产生多少作用，只是对于父子因缘的暂告一段落，表示我的一份至诚的祝愿。我所熟识的一座寺庙的出家人此时也得知家父离世的消息，于是组织起来，在寺庙为家父点灯念佛，这让我深受感动。抛开宗教的内部说法，当遭遇这般的人生关卡时，**无论是亡者还是亡者的家人，能够被如此郑重地对待与祝福，都会感受到**

　　　　　　　　　　　　人生解忧

**那背后的慈悲与温情。**

当晚我赶回老家，进门便觉得家人情绪较为低落，我于是用轻松的语气一边和他们交谈，一边靠在父亲身边，低声地安慰，并开始为他念佛诵经。间或也安慰母亲不必悲伤，告诉她生死其实不过是暂时的离别而已，未来自然还会有相见的因缘。当晚，不少亲友得知消息后，也都从各地赶回，陆续来家中告别，我尽力地和亲人正常交流，好让房间保持安定的气氛。

次日，我们联系好殡仪馆，准备举办追悼仪式。在现场的布置方面，我也提议尽量以简素为主，取消常见的殡仪馆鼓乐齐鸣的乐队，还专门挑选了李叔同的《送别》来替代殡仪馆中的哀乐。

亲友陆续到场，很神奇的是，由于我和家人的情绪都比较安定，甚至我与多年未见的亲朋好友相见时，还能很开心地一起叙旧，再加上温暖的《送别》隐隐地铺陈，现场的气氛不仅没有过分的哀伤，而且还带着一种久别重逢的温馨。大概是因为我的情绪"过分"轻松，以至于事后很多长辈都对母亲提起我，半是称赞，半是疑惑：难道父亲最疼爱的幼子，对父亲的离去就没有悲伤了吗？

其实，对我而言，**死亡不过是无尽的人生长河中一个**

小小的驿站，有人下车，有人再度上车，我们彼此相遇，又暂时分离。只要我们在共同的时光里彼此郑重对待，生有何喜，死又何忧？

经过一夜的守灵，6月7日凌晨，父亲的遗体被推入火化炉，完成了最后的火化，工作人员处理完毕后，由我捧着骨灰盒走出殡仪馆。清晨的阳光，洒满一地，也洒在我手捧的骨灰盒上。在如何安葬的问题上，母亲和长兄听取了我的建议，暂时将骨灰带回家中，等墓地事宜安排妥当后再进行安葬。而在这半年的寻找墓地过程中，也发生了一个有意思的插曲。

父亲生前曾经和母亲多次去寻找合适的墓地，可要么是地理位置不合适，要么是价格太贵，均未办妥。而每次寻找墓地时，父亲都特别要听听我的意见，大概是觉得我既研究佛教，也很顺利地处理过岳父的后事，也就非常看重我的想法。

当父亲去世后，家人们再次四处寻找合适安葬之地，均未成功。而我眼看冬至渐至，于是赶回老家，提出要去网上搜索一个离家很近的公墓。家人告诉我们，他们虽然曾路过那个公墓，但当时的道路入口泥泞不堪，便放弃了，也没有再去过。而当我们再度前往时，却很顺利地抵达，并且去了才知，这个公墓虽然离城区很近，但还在继续扩充墓穴，并且墓园管理得非常有序，干净整洁。从墓园处，可见远山幽幽，让人感觉安定舒畅。于是我们很顺利地安排好墓穴，镌刻墓碑，撰写碑文，准备最后的安葬仪式。

在我撰写的碑文结尾处，我特地提到了父亲的最后时光："**先父早年听闻佛理，得结出世之缘。戊戌年四月，先父临终闻子劝念阿弥陀佛、观世音菩萨圣号，无疾往生，可谓善终矣。**"

其实，关于这两次的人生告别故事，还有很多细节我都来不及在这里一一分享，有的甚至涉及佛教内部所常见的感应现象。不过我更愿意与你分享的是，在面对亲人的死亡时，我曾学习的佛教生死观，以及相关的一些面对临终者与亡者的具体方法，让我和家人能够比较顺利地度过这段常人觉得痛苦的时光。这说明佛教对于生死的看法，至少从心理抚慰的层面，也有其正面的作用和功效，我的经历无疑也是某种有力的佐证。

第 40 讲

# 融入生命的佛学

几乎持续一年的节目更新，终于迎来了最后一讲。在这一年里，我除了日常的教学科研工作之外，其余的空闲时间几乎都在围绕这个节目来构思和写作。记得有一次在上海遇见钱永祥老师，他好奇地问我，这个节目是全部完成稿件之后再录播，还是边写边更新？我说是后者。他表示很惊讶，因为感觉这么紧凑的时间，要按时更新似乎相当不容易。或许有人也会问，我为什么要以这样的方式来安排这个节目？

事实上，这个节目涵括了过去十来年我在大学和在寺庙里所开设的佛学基础，以及佛教史课程的相关内容。而我并不想在"看理想"作一档按部就班的佛学知识课，因为我感觉，今天的中国社会其实更需要某种观念上的刺激与启发，才能摆脱过去的那种思想成见与惯性。因此，我更愿意根据听众的即时反馈来适当调整节目的重点，而不是按照某个固定俗套的知识框架平铺直叙下去。或者说，**我真正想做的其实是一门和这个时代紧密互动，和个人生命密切联系的佛学节目。**

## 我的佛学研究之路

说起来，我接触佛学的动机和路径其实和一般人有所不同，因为虽然我如今投身于明清禅宗的研究，但在学术训练期间，我和佛学其实只有很浅的关联度。之所以关注到佛学，其实和我的个人精神成长经历有关。从很早开始，我就对于精神体验方面有着浓厚的兴趣。我曾经是很狂热的古典音乐爱好者，常在聆听音乐的过程中获得很多丰富的体验，尤其像前面谈过的，我在一次巴赫作品室内音乐会上，偶遇了一种难以形容的神秘体验，于是对这种体验背后的认知逻辑产生了强烈的好奇心。我开始怀疑，过去所依靠的理性认知模式，是不是存在很大的局限？便试图去寻找另外的理解模式与认知逻辑，那就自然会关注到宗教。

在那之后，我前往美国波士顿访学。毫无疑问，波士顿是一座古典音乐之城，不仅有着各种大大小小的演出组织，而且演出的曲目从早期圣咏一直跨度到现代音乐。因为对于宗教的兴趣，所以主要关注各种宗教题材的作品，比如巴赫的《马太受难曲》《B 小调弥撒》，以及不少中世纪和巴洛克时期的曲目。可是当我全身心地投入后，先前的那种神秘体验反而一去不回。当时我也读了一些犹太教思想家的著作，包括阿夫拉姆·约书亚·赫舍尔（Abraham Joshua Heschel）、马丁·布伯（Martin Buber）的著作，虽然他们也给了我很大的启发，但是仍然觉得那并不是我最渴望了解的。

就在这时，我因为各种原因产生了轻度的心理抑郁问题，正好也无意中接触到缅甸的上座部佛教，对其简洁明了的教理说明与直截了当的禅修形式产生了浓厚兴趣，于是便一边开始阅读佛教经典，一边进行禅修的练习。

当我开始密集地学习禅修之后，才慢慢意识到，佛教修行中所产生的各种意识体验其实都有其逻辑所在，而并不是所谓主观的臆想。更关键的是，禅修也让我也解决了持续一段时间的心理抑郁问题，这让我对禅修和它背后的佛学理论，产生了强烈的好奇心。也就是在那之后，我开始密集地学习汉传佛学及相关的实践方法，这也让我有机会从"心性体验"的角度直接切入到佛学，而不是像很多人那样，是通过理论和概念去接触佛教的。

这些经历，也让我开始反思过去那种以纯粹的理性知识为路径的学习方向，更让我对现代知识体系下的学习方式产生深深的质疑。因为我模糊地感觉到，那种探索方式并不足以让我获得的关于生命的真正答案。

这个时候，我正处于写作博士论文的阶段，虽然论文主题和晚清的儒佛关系有关，而我过去虽然有心想要深入理解佛教思想，但是一直不得其门而入。记得好多次我曾将《金刚经》从头看到尾，虽然字字认识，但是却完全把握不住其核心主旨，这也让我产生非常大的挫败感。而直到我开始密集地坐禅之后，很惊奇地发现，当再去阅读佛典时，突然感觉能够把握佛学的内在逻辑了，这让我感到非常开心。

后来才慢慢了解，这种理解其实是一种心性上的直接体悟，而不是像过去习惯的那种依靠知识的积累所获得的概念层面的理解。所以当我有了一些坐禅体验后，再去阅读佛典，相对来说也就变得容易一些。如果要说我和一般经院的传统佛学研究者有些不一样的话，那是因为传统学者多数是从语言、哲学、文献进入佛学领域，但我则因为特殊的个人原因，直接从生命实践的层面接触到了佛学。

## 现代佛学与生命关切

2012年，我前往台湾旅行，参观的第一站就是位于新北市的法鼓山，因为我此时非常想要了解，这座以结合传统佛教与现代教育而闻名的禅宗道场，是如何进行佛法教育的。在这次参访行程中，我有幸认识到法鼓文理学院的校长和其他几位老师，也因此有了第二年来到此地进行三个月学术访问的机缘。

在访学过程中，我也强烈地感受到，相对而言，从传统文化中生长出来的台湾学者往往并不是以"对抗"的态度去看待传统和现代的关系。比如我在法鼓山接触到的一些佛教学者，一方面他们经历过现代思想的洗礼，但是对佛教也有一种同情性的理解，乃至信仰，因此也就很容易形成一种特别的气质：既有知识分子的清明与理性，同时也有对待不同宗教、文化的包容与谦逊。

现在我们其实已经很难在日常生活里接触和体会到传

　　　　　　　　　　　　人生解忧

统文化的真实价值，更多只是游移在某些表面的民俗文化层面。以佛教而论，明清以来，佛教在士大夫群体中迅速失去影响力，直到晚清至民国，才有部分士大夫开始重新关注佛教的价值，比如晚清的龚自珍、魏源，乃至曾国藩幕府的幕僚群体，如赵烈文、杨文会，还包括晚清的许多维新变革之士，像康有为、谭嗣同、梁启超等。而到了民国时期，吕澂、周叔迦、汤用彤、陈垣等人，从教理至佛教史方面开启了现代中国佛学研究的端倪。不过那一代佛学研究者，多少对佛教都有同情性的理解，如吕澂和周叔迦本身就是佛门居士，而汤用彤则对中国佛学在华夏文化中的角色，也持积极肯定的态度。

但是这一传统因历史情势的转变而中断。直到今天，一个受过高等教育的人文知识分子，或者一个宽泛意义上的知识分子，他们的思想结构里很少能见到佛学的部分。而学院内的佛学研究直到二十世纪八十年代才勉强恢复，但不少学者研究佛学的风格，多是以现代西方的学术视角进入，对于佛教在自身文化传统中的内生角色缺乏自觉意识，也就更不会理解，佛教本身作为一种古老文明，在生命层面所起到的安顿作用，而只是将其视为学术研究体系中的知识主题而已。这种倾向也自然造成了一种普遍的现象："研究佛教"的人反而不大具备"传统智慧的气质"。

这背后当然有其时代原因，除了传统思想的断裂之外，我们在二十世纪八十年代，又经历了一场剧烈的思想转变，随着市场经济的崛起，在社会思潮方面，人们更加强调个人权利、个人自由，以及利益优先。一方面，这对个人思想的解放当然有正面作用，但是反过来，这也让我们会对看上去具有集体属性的传统文化形态持有强烈的不信任感。传统的宗教和文化，多数会被归为这类文化形态之列，当然就不大会引起知识群体的信任和关注。

但我更关心的是，**一种文明，或者一种思想，它到底是着眼于什么样的人生问题而产生的？** 这样我们就可以理解，跨越时空的界限，能够从中获取什么样的精神资源。因此，尽管我认为具有批判性和反思性的现代佛学研究也同样重要，但却更希望体会到，佛陀和无数的高僧、居士的言语之间所蕴含的那种对生命的关切，以及他们所展现出来的智慧与洞见，并且能将其融入到自己的生命之中，形成自我的精神养分。

在台湾访问期间，让我最吃惊的是，无论遇到的是一般义工还是学者，他们大多都有着良好的教育背景，但也同时具备清明且平和的信仰气息。比如我认识的一位设计公司的负责人，他每周日都会来法鼓山做义工。跟他交谈的时候，会感受到他对佛教有一定的深入了解，虽然他并不是天天打坐、参禅、念佛，但是他待人接物的态度，以及经营公司的方式，却无不透露出佛法智慧给他带来的从容与豁达。另外，我还拜访了不少出家人与居士，比如圣严法师的第一位出家弟子果如法师、因翻译《西藏生死书》而闻名的郑振煌老师，以及为圣严法师撰写过四册厚厚年谱的林其贤教授等，他们在我看来，都是能把佛法智慧融入到自己生命的人生典范。

因此，在本书中，我并没有引用汗牛充栋的学术研究成果来作脚注说明，因为从源头而言，**佛陀的觉悟显然是一种心性的直接体证，而不是概念名相的无穷论证**。虽然佛教历史上也出现了大量分析性的论典，但这些著作撰述的动机显然都植根于追求生命的觉悟和解脱。而现代的佛学研究，尽管提供了很多不同的视野，但其前提大多都是对佛教所宣称的心灵解放的功能与作用的怀疑，并试图站在一个现代人所谓客观中立的位置，来对两千多年的佛教思想、历史的演变，作出全盘式的重新评判。

假如只有这样的视角，佛学就不再具备安顿生命的作用，而顶多成为一种炫技性的知识表演。这也是为什么今天我们在这么多的佛学研究中，很少能看到对于生命本身的深层追问，而佛陀所讲的那些直击人心的经文，最终只成为了学术实验室的话语标本。

2016年，我再度前往台湾访学，待的时间越久，也就慢慢理解，为何很多的佛学研究虽然也具有很高的专业性，但也同时具备一种强烈的对生命的关怀，对社会责任的承担。比如法鼓山的开创者圣严法师，出家之初不过是经忏僧，后来在上海静安佛学院接触系统佛理后，便想要深入佛学，但却因时代变迁，改换戎装，来到台湾，后又二度出家，并且闭关数年，不仅在心性修行上有所领会，而且还意识到佛教的教育与弘化也应要符合现代社会的需求。于是在出关之后，前往日本东京立正大学，获得博士学位。

有趣的是，在日本攻读学位期间，圣严法师的剃度师父，也就是曾担任过焦山定慧寺主持的东初老人，给他专门写下一句话，以作告诫："当作大宗教家，勿作宗教学者。"这句话一方面是在提醒圣严法师，切勿像当时许多赴日读书的出家僧侣一样，受日本佛教界之影响，还俗娶妻；另一方面也是在说明，在宗教的研究过程中很可能失去宗教本身的初衷，也就是对于自我生命的安顿，以及对

　　　　　　　　　　　　　人生解忧

于众生苦难的真实承担。

因此，在法鼓山的入口处，并不是写的"某某寺"，而是取名为"法鼓山世界佛教教育园区"，彰显着这座道场对于佛教与佛法的理解。

当下，除了一般的佛教学者外，我们还可以看到大量新生代的僧侣不仅拥有较高的学历背景，乃至进入学术体制内进行科研教学。但是我很担忧的是，佛教本身的"生命教育"功能可能会在纯粹学术研究的名义下，反而被不断淡化。

因此，在"看理想"的这档佛学入门节目，以及基于此修订出版的本书中，我刻意回避了从现代学术的视角的讲解，而是更想从个人生命角度出发，还原佛学的初衷，以帮助读者从内部了解其内在的逻辑与思路。因为只有当你从内部角度理解了它，或许才有进一步讨论的前提。


## 精神消费主义迷思

今天很多人一旦听到"修行"二字，脑中就会立刻浮现出市面上各种"灵修课程"的印象。的确，在今天，"修行"这个词已经逐渐成为了"精神消费主义"的绝佳IP，成为很多人想要获得心灵疗愈的救命稻草，似乎一旦开始"修行"，就可以让自己云淡风轻，而且还好运连连，所愿皆得。

身心灵的社会运动，其实在上个世纪就开始在欧美社会广泛传播，有着广泛的受众。这些所谓的"身心灵运动"，往往是以新兴宗教、精神治疗或灵修课程的形态出现。所以上世纪的中国也曾引进过大量的欧美身心灵书籍，但那时的国人还沉浸在经济快速成长的阶段，物质消费主义方兴未艾，"身心灵消费"还难成气候。

随着经济发展的平稳与社会心理的转变，我们越来越感受到无止境的物质消费主义所带来的精神层面的空洞与贫乏，对于心灵疗愈的需求也开始呈指数级地上升。在各大媒体平台，各种以心灵疗愈为名的书籍、课程层出不穷，让人眼花缭乱。乃至很多对佛教有兴趣的人，也会四处询问有哪些寺庙可以长住修行，等等。

如何在如此错综复杂的局面下作出正确的选择，对于每个试图获得心灵安顿的人来说，都是一门难度颇大的功课。之所以难，是因为在现有的各种各样的精神疗愈"产品"中，我们其实很难分辨它们的内在逻辑，以及对于自己的适用性如何。比如一个在现实生活中饱尝白眼和挫折

人生解忧

的人，他可能会容易接受那种充满爱与关怀的群体氛围，想要在困顿的生活之外寻找一个美好的乌托邦。但这样的群体，其背后的观念逻辑到底是什么、是否真的能让自己获得自由，而不是蒙蔽与欺骗，其实更需要智识上的辨析能力才可以判断。或者就如同很多人一样，只是单纯地"紧紧跟随，不需多想"，似乎只要将希望托付在某个人或某个团体上，生命就会变得圆满。

可是就如同佛陀所反复教导的，要依止于"法"，而不是所谓的"人"。这句话的核心是，所有的外在现象都是缘起而成，是无实质的，也都无法成为所谓的依靠，因为其自身都是生灭无常的。恰恰相反，佛教认为，当了解到一切都无法作为真实的依靠时，我们的心灵才会获得绝对的自由，因而才能得到最终的安顿，即"应无所住而生其心"，也就是六祖慧能与五祖弘忍在临别前所说："迷时师度，悟了自度。"

正因为这样，佛陀和僧团的教导都着眼于佛法本身，而不是让众生迷执于佛陀肉身的永恒性或各种神通变化，更不是让众生脱离对滚滚红尘的欲望贪执之后，掉过头又对佛陀产生种种的偶像式崇拜。佛教从一开始，其组织形态模式就内含了反对组织化的逻辑，比如禁止在僧团内部建立所谓的个人崇拜与权威等级，这也是佛教戒律反复强调的内容。

从这个角度来看，无论是各种让人眼花缭乱的新兴宗教，还是以灵修为噱头的各种身心灵课程，**一旦这种教导试图让人通过精神上的依附来获取各种利益时，就可能会背离我们当初寻找心灵疗愈的初衷，而让自己进入到另外的精神迷思之中。**

因此，佛陀反复强调要弟子们学会"正思惟"。乃至在佛陀的最后时刻，都有外道前来向佛陀问法，而佛陀也都耐心地一一回答。**他的教导，是以生命的不自由为出发点，然后解释为何我们会陷入到这样的困境当中，然后通过观念的修正与转变，恢复本应有的心灵自由状态。**佛陀并不认为这种自由是由他施舍给众生的，而只是众生自己跳出了自我遮蔽的心灵迷雾而已。

因此，佛陀的教育并不是"由它提供精神产品，从众生那里获取利益"的消费主义模式，而是既看到每个生命个体所蕴含的自足和圆满，也看到这个世界彼此之间互相依存的缘起性，因此才会以深厚的慈悲和多样的方便善巧去启发众生，让他们不再迷失在声色幻象之中，无论他们面对的是多么昂贵炫目的珠宝，还是充满道德圣洁光环的人。

　　因此，在本书的最后我特别想提醒的是，**获得精神的安宁与自由是一个具有吸引力的人生目标，但也是一次危机四伏的心灵冒险，需要我们谨慎前行。**如何能不误入歧途？或许重要的还是要一次次地重温《金刚经》中的教导："若以色见我，以音声求我，是人行邪道，不能见如来。"

访谈

口头禅

如果这个世界上
真的有魔法，
那一定是在试图理解
某人、分享某事的
过程中。

——《爱在黎明破晓前》

# 成庆 × 梁文道：
# 如何安顿个体化的生命？[*]

**梁**

一直有朋友希望"看理想"能做一个关于佛学的节目，也有一些朋友建议不如我来做，我说："我哪行啊？"虽然我是佛弟子，但是个特别"不成气"的佛弟子，很惭愧。而且我也不是一个学者，无法非常系统地、深入浅出地讲佛学这么浩瀚的主题，但是，好在有一位我十多年没见的老朋友，他出手了，也就是成庆老师。他现在在上海大学的文学院任教，近些年专门研究明清的中国佛教思想史，尤其是和禅宗相关的部分。我十几年前认识成庆的时候，

---

* 本篇内容整理自 2023 年 5 月梁文道主讲的音频节目《八分》。

他还在做政治思想史相关的研究，但那时我已经知道他对佛学特别感兴趣，而且花了很大的工夫，并且不只是做研究，还自己亲身实修，非常难得。

最近听说成庆老师终于做了这个节目，我觉得这再适合不过，所以今天我就想和他聊聊，但不是为了宣传节目这么简单，还有一个很重要的原因，你知道吗？最近在中国有一件事特别火，我说的不是"去淄博烧烤"，而是"去寺庙烧香"。我听说各大景区、或大大小小的寺庙里都有好多人进去拜佛，尤其让我惊讶的是，其中年轻人的数量反而特别多。以往一般人认为，去寺院烧香拜佛好像都是中老年人的事情，但怎么如今在年轻人之间也忽然流行起来了呢？

成庆兄，我知道您近些年基本上沉浸在佛教思想史的研究中，同时我看到您也常在上海一座寺庙作一些讲座，是哪一座寺庙呢？

**成**

我其实只是作一些介绍佛学基础的普及性讲座。之所以在上海，也是很巧的一件事情，这座小寺庙就在上海大学的旁边，叫永福庵。

**梁**

那您有没有注意到这种情况？比如现在参加您的讲座的观众都是些什么人？

**成**

的确，我发现最早期的观众大概是一些比较传统的居士，中年人为主。但这几年年轻人越来越多，包括社会上的白领和一些大学生。大学生群体还不是一个很明确的指标，因为永福庵本来就靠近大学，所以不好判断；但年轻白领增加了，这是一个非常明显的趋势。所以我也感觉到，这些年好像突然有大量年轻人涌入佛教寺庙的空间，当然也有各种各样的类型，比如也有网红打卡一类的人。

**梁**

那您当初遇到这个现象会不会很好奇？您有和这些年轻人聊一聊他们来寺庙的原因或者动机吗？

**成**

其实我一直在关注这个现象。早些年"佛系"这个词流行时，我就探讨过这个问题，当时我主要的观点是想把"佛系"和"佛教"区分开。后来，这个思潮的转变也让我反思了一个更深层的问题，那就是为什么大众会对佛教这类带有一种内敛、保守性的文化符号感兴趣？我前些年也发表了一篇文章来探讨年轻人关于"内卷"的讨论，我个人的看法是，"佛系"这个词的出现其实和我们当下年轻一代的思潮的转变有关。

像我们七十年代的人和我们的前辈，所关注的主题往往更大，或是更多从集体主义的角度出发，比如家国的情怀，社会的关切等。对我们这一代人来说，人生意义的依托就是家国的问题。但我认为，相比之下，现代年轻人面临的是一个更大的社会，他们更加个体化，这也和互联网的兴起有很大关系。但互联网并不是才开始的，在整个社交媒体大规模地发展之前，我就已经关注到年轻一代中某些极端的个人主义的情况。总的来说，他们对生命意义的问题更为关注，而对老一代所探讨的家国的、社会的问题，兴趣越来越弱。所以我在大学里教课时也发现，用我们这代读书时的知识背景和阅读谱系与他们沟通，很难产生共鸣，他们更关注个体的生命问题，或是流行文化和娱乐的议题。但其实，几乎没有可以人告诉他们，如何安顿这种个体性生命的意义。这就是互联网社会给新一代年轻人带来的挑战：他要重新去寻找个体生命的意义。

但个体生命意义是很多元的，它一定会有一个主流的线索，这个主流线索未来在中国怎么呈现？举个例子，它到底会不会意味着传统文化的回潮？或者说，当下的思想语境里，西方文化和思想到底会起什么作用？你会看到，传统文化与西方文化思潮的争论，在现在的舆论场域里其实越来越被激化，而这里面到底哪些是可以和解的，甚至可以从中构造出某种新的思想形态？这也是我在观察中的问题。

**梁**

这些现象的出现的背后似乎都有个假设，那就是大家都出现了一种生命中的问题，从而会去关心个体的生命如何安放。可我们知道，并不是所有人去寺庙都出于真正对佛学感兴趣，有时候其实是因为他对未来处于一种不确定的状态。比如我的工作有没有着落？我的情感会不会有触礁的可能？我明年是不是还能保持今年的薪资和生活水平？将来又会怎样？好像现在大家越来越不那么感到踏实，这或许是因为很多人觉得自己的经济生活遇到问题了，很容易失业，或正在失业中，或正在求职等，各方面的事情使得他们现在需要一些解决的方案和寄托，而这种解决方案之一，说得难听点，其实是要找一个超自然的东西，或所谓玄学的东西来给他答案。而这时候，佛寺就往往被人认为是这样的一种场所。我想知道，作为一个佛教徒和研究佛学的人，您怎么回应这一点？您会怎么和他解释寺庙其实不是这样一回事呢？

**成**

在进行佛学的普及过程中，其实很多年轻人也会问类似的问题，比如他可能听了半天佛学的理论，然后私下里问哪一座庙比较灵？但我觉得这个现象很正常，因为宗教本就分为很多层次，从而满足不同人的需求。而我发现有意思的是，他们不仅会把佛教寺庙这种传统的空间作为一个安顿自己的地方，还会把各种各样的符号改造成一种"类宗教"的寄托。比如一些新兴的二次元符号，但它不具备传统宗教的空间和制度，以及完整性和持久性，它可能就是一阵思潮，一下就过去了。

　　相比之下，佛教寺庙更有延续性，它与之结合的，传统中国社会里的祈福系统下的一套话语方式和符号标签也有内在丰富性，抽签的签语、所求的内容、所分的类型，比如有求福的、求学业的、求平安的，这一套完整的体系可以直接拿来供年轻人使用。所以从这一点上来看，这种建制化的宗教空间在今天的社会里，只不过恰好提供了一个方便的接口，年轻人因此不需要再另外创造一套新的祈福文化符号和体系。另外我也注意到，星座和占星术，甚至算命之类也越来越受很多年轻人的喜欢。

而我们这代和年轻人的差异在于，早些年我们成长时正值改革开放的上升期，这不仅导致我们的思想更多和家国的关切有关，另外我们也处在一个经济的上升期，那种不确定性对我们来说非常非常小。我常拿我自己举例，我大学是学理工科的，其实成绩很不好，因为我喜欢"乱读书"，但我毕业之后居然很随便就能找到一份工作，而且在社会的上升期，你还可以迅速地成长，至少不会过得很辛苦。所以我想我非常理解年轻一代为什么有一种强烈的宿命论式的情绪，因为他们所面临的社会的未来，比我们当时所面临的要不确定得多。

**梁**

的确是这样。您刚才讲到，建制化的佛教寺庙空间在中国承担了很多不同的社会功能，现在其中一个社会功能就是，大家会把它当成一个能够临时解决众多问题的场所，在某种程度上，甚至会把去寺庙参佛当成和算命差不多的事情。所以才会问：哪座寺庙比较灵？这让我想起来，我最早学佛的入手处是南传佛教，也就是中国人一般所说的

人生解忧

小乘，而其中一个原因就是，我发现当我来到汉传寺庙，我想进去学佛但不知道怎么学，因为好像大家都在烧香，然后身边还有人跟我说"这个观音灵"。所以我那时有个错误的印象，以为中国佛教变成了一种民间信仰，啥都有。尤其我还会看到，有一帮人在比谁烧的香更大，以为越大越灵。我问那些人，这是要干吗？他们说，希望明年能够把生意扩展到某个地方。我说，天哪，佛教不是反对贪、嗔、痴吗？怎么烧香拜佛都是为了满足自己的贪欲呢？所以我就觉得很不对劲。后来我去学南传佛教，觉得南传佛教真好，一来就是什么都不做，就是坐禅。尤其在斯里兰卡，也不用烧香，供佛时就供清水，顶多供花。

还有一件很好笑的事让我印象特别深：有一次，我和我的师父短期出家时，每天晚上都去道场旁的一座坟山上坐禅。第一天晚上出门前，师父跟我说："找找看有没有香，把香带上。"然后我就有点吓坏了，说："我们也烧香的吗？去坟山上要香干吗？"后来你知道他怎么回答吗？他说："因为晚上坟山树林里蚊子多。"所以再后来我发现我所学的南传佛教系统是一个很现代化和科学化的版本。所以说，无论如何，一旦宗教进入民间，就要满足很多不同的民间需求。

**成**

杨庆堃教授在《中国社会中的宗教：宗教的现代社会功能与其历史因素之研究》这本书中有个观点，说传统儒家的理性主义看法其实无法回应生命中很多的悲剧性的东西，也无法解释一些超自然的现象，以及社会的大规模变动等这类脱离人生常轨的问题。所以这也是为什么道教和佛教必定要承担非常多的内容。因为历史的原因，很多的民间的信仰空间消失了，比如小的土地庙、关帝庙，这些曾经都作为中国人日常精神生活的一个重要组成部分。但是当这些空间消失了，他们的信仰需求往哪里去？就往合法的、开放的寺庙空间去。比如灵隐寺，如果你不是住在里面的人，你是看不到安静的灵隐寺的，普陀山也是如此。所以我说，现在中国人的信仰空间或神圣空间，其实已经承载了它无法承担的功能。

**梁**

好像真的是这样，我记得我小时候在街上走着走着，就会碰到个土地庙，路过的人，包括我，就会朝着它拜一拜，有人还会定期主动去清扫，打理和上香。现在这种场所的确很少见了。

**成**

对，所以这就导致今天这些年轻一代在家庭和社会的环境中，没有比较完整的信仰的传递，或至少也没有心灵安顿资源的传承。在传统社会中，信仰最自然的一种传递方式就是通过家庭内部或者社区，可能你不是多么的虔诚的宗教徒，但至少你的心灵中有一部分问题很容易能因此得到解决。但是现在的年轻人，你会发觉，他们面临这么多的专业的学习，以及围绕就业、围绕成功、围绕财富的学习，当遇到人生的问题的时候，却几乎找不到任何资源。

**梁**

那现在问题来了，假如今天有个年轻人遇到问题，他走进寺庙，就像当年我走进寺庙所看到的一样，大家都在拜佛、烧香，这始终解决不了他内心那个最根本的困惑。那么，他该如何真正地亲近？到底该从何处进入呢？甚至他进入之后还会发现种种"矛盾"，比如常见的一个讲法就是，佛教在某种意义上是无神论的，它并没有一个核心的创世大神来主宰一切，并且成为众人崇拜的对象。但佛教还是会立各种佛像，并且不同的佛还掌管着不同方面的事务，有的观音据说能求子，有的据说能求财。当一个想学佛的年轻人感受到这种"矛盾"时，您觉得该怎么办？

**成**

这也是佛教一个很大的特点，就是它的符号特别多，无论是宗教符号还是文化符号。我以前研究思想史时虽然也接触过佛教，但我早期的看法其实和您说的这些非常类似，我也觉得佛教不过就是另一种意义上的有神论。但后来我有心地慢慢读了一些书后发觉，如果可以直接从最核心的，也就是哲理性的思考进入，你就不太会被这些眼花缭乱的符号所迷惑。比如佛学中有基础的"四圣谛""十二因缘"的理论，这些理论本身是很贴近现实的。我认为，现代人要想接触佛教，但无法接受这些传统符号的话，其实还可以从一条更为理性的道路进去。

而这又会回到这样一个问题：为什么我要作佛学通识的普及和推广？因为早些年我就发现了一个非常严重的问题，无论是我在大学里教授这门课的学生，还是社会上那些对佛教所具有的心灵安顿功能感兴趣的人，他们对于最基础的佛教知识都非常欠缺，而且存在非常多误解。

所以我在大学教授佛学通识的第一课，就常常以"被误解的佛教"这一主题作为开场。我让大家列举各自心目中所认为的佛陀的形象，我会说，实际上他根本不是什么造物主，他只是一个觉悟者，甚至我还会特别地把他拉回到和我们一样饱尝人生之苦的角色，就像赫尔曼·黑塞写的《悉达多》一样——很多年轻人读完这本书后非常感动，因为他们发现那就是一个和自己一样，带有困惑、纠结、迷茫的年轻人去寻找安心之道的故事。

所以我认为，我们要回到自己的内心，尤其是现代年轻人，要从理性的角度进行反思性的交流，而不是在寺庙里"求"更多的物质、财富、功名来继续渲染和膨胀人生的欲望。而这也是我这些年非常想做的一个工作，就是让佛教回到它的本来面目——它本来是解决人生之苦的，现在反而成为很多人心目中增长欲望的工具。所以才会出现"香越烧越大"的现象，因为它带有一种交换性的意味，有的寺庙非常反对烧高香、烧大香。

**梁**

对，所以有时我会忍不住问，你烧那么大的香，你是想贿赂他（佛）吗？

**成**

是，尤其很多寺庙的法师也很无奈，他们常常在春节时就会讲："那些人不是在烧香，有点像在放火。"因为烧大香的确很危险。

**梁**

其实我后来我倒觉得——我不晓得这是不是很"大乘佛

人生解忧

教"的一个想法——我们要善于结缘嘛。他进来烧香虽然
只是希望获得某种心安，但到底走进了寺庙，见到了佛
像，这也算是个结了一个善缘。而且我们常说，佛教有
"方便"，这也很有趣，好像很多人进来烧香拜佛，我们都
会把它形容为一种"方便"。可是问题在于，这种"方便"
什么时候是真的"方便"？或者说，是否过了某一条边界，
它就根本不再能被叫作"方便"了呢？

**成**

这个问题其实在佛教界也有很多讨论，也就是
"方便"的界限问题。有句话叫"方便出下流"，
这当然不是指道德意味的下流，而是说它已经
违背了佛法的根本之见。我想强调的是，烧香
或祈福都没有问题，弥勒佛也以笑迎天下客，
但是问题在于，它可能会反过来影响佛教的主
体。在这种情况下，必须有一部分人非常清楚
地在把握佛教的发展，如果这一部分人被社会
思潮影响，这对佛教来说才是"灭顶之灾"。佛
教思想的确很难理解，你更不可能要求所有人
都清楚地了解佛教的意义；但对于佛教内部而

言，它需要一部分人承担去澄清佛教和其他宗教区别的作用，比如在现代社会里，很多受过良好教育的群体，他们有能力去学习和理解佛教思想的意义，也就可以承担这一作用。

所以我个人也不反对去寺庙祈福的行为，我会认为那就是一个具体的生命在面对人生问题时的处境，他面对着观音菩萨，他能够拜下去，把心中的苦诉说出来，这从心理上来说也是一种莫大的宽慰。我所在的大学里的学生还有所谓的"网上树洞"，你可以以完全匿名的方式说出心里话。所以，其实寺庙里很多的佛像也承担了一种"受苦的人的心灵树洞"的角色，当他有的话无法与家人或亲近的人讲说，他就来了寺庙。也就是说，佛教寺庙某种程度上被当作一个心灵疗愈的空间，但核心的问题在于，如果佛教变得只有这个功能，那就被窄化了。


**梁**

从佛教的历史来看，佛陀最初是反对造像的，但有趣的是，

　　　　　　　　　　　　　人生解忧

好像人们会自然产生对于某种象征的需要。比如虽然早期佛教是说不立像，可还是会逐渐出现一些没有像的"像"，例如佛塔、法轮、佛印、菩提树、伞盖等，这些都是用来替代佛像的象征。似乎人们总觉得要有个具体的、视觉性的、物质性的东西在眼前，这对一个宗教或社会来说都很重要，直到后来终于出现了佛像。由此可见，虽然佛教反对偶像崇拜，但它好像又很宽容，觉得人们可能还是需要一个寄托、一个象征，并以此让人们思维一些事情，或接触一些缘分。您怎么看偶像这个问题？

**成**

关于佛像产生的动机，可以从两条线索来看，一个是您刚刚提到的历史的线索，这个不难理解。另一个就是从大乘佛教的义理来看，一个解释的角度就是，它并不反对"相"，只是提醒你不能"着相"。《金刚经》里讲得很清楚，"若见诸相非相，即见如来"，也就是"空"的概念，用哲学的话说，就是"无本质"。所以问题并不在于佛像本身，而在于人的认知。

如果一个年轻人遇到这种问题，我觉得其

中不同的群体又有不同的理解。比如有的年轻
人就不喜欢去看佛像，但有的年轻人却很热衷，
比如我的朋友就跟我分享说，"看，这是雍和宫
的香灰手串"。我才知道，雍和宫会用他们的烧
香的香灰加工成手串，卖得特别火。

**梁**

这是有什么效果吗？

**成**

他们可能觉得，戴上会有某种"加持"的作
用吧。

**梁**

我觉得这好像只是环保，哈哈。

**成**

而且这股风潮从北方慢慢扩散，江浙一带的寺
庙也开始流行起来，很多这里的年轻人去寺庙
都买类似的手串。我作为一个教授佛学课程的

人生解忧

老师，在大学里会非常注意宗教界限的问题，我一直非常保持自己"去宗教化"的形象，也就是说，不戴珠串一类的东西。但我现在发觉，年轻人戴得比我厉害，哈哈。这就是时代的变化，无论是传统符号还是现代符号，大家只是"各取一瓢饮"而已。

**梁**

对，但据我了解，大乘佛教中还有一个关于"相"的说法，就是它对一种"相"的解释会依据"三身教义"，即法身、报身，应身。"法身"指的是超越的真理；"报身"是时隐时现的，只有菩萨或修行到一定境界的人能见到；"应身"也就是"化身"，我们凡夫俗子都能见到。如果从教义上解释佛像存在的动机的话，这套说法是否也与其有一些关系呢？

**成**

首先，如果回顾一下佛教从印度传入中国的过程，你会发现，最早中国接受的佛教就是以佛像的存在为开端的，所以在中国的佛教语境里，佛像从来没有脱离过佛教的传播。其次，有关"三身"您刚刚说得非常完整了，有趣的是，"法身"其实是大乘佛教最终想要领略和觉悟到的境界，也就是"无处无相，又无处不有相"。举个例子，佛学理论中常常有个问题，佛教徒也经常会问，那就是佛陀圆寂后去了哪里？如果你告诉他，圆寂之后就不存在了，那修行还有什么意义？反正死了之后都一样，还不如现在多吃点好的。这个问题就会进一步衍生到"净土"的理论，其中也有不同的面向，但最终它所表达的就是，你所想要真正领悟到的那个圆满的真理，是随缘显现的。

所以按照这样一种理论，佛教，尤其是大乘佛教最终强调的是，你不能沾染对"相"的执着。

佛学的核心和基础就是般若思想，也就是空性。如果没有这个思想基础，任何一种"相"都会让我们迷执，为什么现代人如此容易心神不安？其实就是因为智能手机、互联网等创造了太多"相"让人沉迷其中，身心交瘁。

　　　　　　　　　　　　　人生解忧

所以，大乘佛教本身有一套自洽的有关"相"的理论。但问题在于，在日常的生活中，我们普通人都在对不同的"相"的执着间沉浮，刚摆脱了一个"相"，又去崇拜和贪恋另一个。我曾经和学生讨论过，为什么这些年会有如此狂热的追星风潮？他说："我从他的身上看到了我自己。"而有时你很难界定这种"自我投射"的背后，到底是对偶像单纯的迷恋，还是他无法从自我的禁锢中脱身。因为除此之外，他不知道从哪里找到一个寄托，那个偶像可能只是他解决心灵成长问题的一个符号而已。这个背后，是他的主体性无处安放的问题。而现代娱乐工业生产出的这些偶像符号，恰好就在这个角度上满足了这些年轻人的心灵疗愈需求。

**梁**

那您也会从佛学的角度这样和学生解释吗？或有学生出现了烦恼，您是如何开导他们的？

成

其实当时有两种方式。一是，我的母校华东师范大学曾经请我给学生作过一个分享，从佛学的角度来看隔离时期的心理问题，为什么我们在隔离期间，内心会遇到这么大的危机？这就是一种佛学里讲的"求不得苦"。当时网络上有一个好玩的一个段子，他们问一个年轻人："如果给你一个房间，你可以在里面洗澡，也有人给你提供一日三餐，你还可以自由地玩游戏，你觉得你可以在这个房间待多久？有个年轻人说："我愿意待一辈子。"其实隔离期间就是这样类似的环境，有人送饭，老师也不敢逼迫你学习，而是先保证学生不要出问题。但在这样的环境里，你为什么还会觉得苦？从佛学角度来看，人的心理就是这样的逻辑，当你在一个环境里，你就会另有所求，这是一个无休止的循环，所以你的内心就永远无法得到一个平衡。最后我又和他们讲了几个简单的禅宗公案，目的是告诉他们，其实所有的问题，我们都可以从内心的角度去调节和安抚。第二种方式，当

人生解忧

我和社团的学生在一起时，我其实只扮演一个陪伴的角色。因为我是个台湾民歌迷，所以早些年我买了很多相关的音乐书籍，当时我就给他们系统地介绍了一下台湾民歌的发展，放着台湾民谣的音乐然后跟他们聊天。其实我觉得，有时人生的安慰可能并不在于你说了多么深的道理，它其实可以只是一种简单的交流与分享，以及用各种各样的方式，比如一幅画或一首歌。那这和佛教寺庙的某一尊观音菩萨所释放出的微笑和慈悲，其实是一样的，因为我们普通人一定要借助一个"相"来安放内心，艺术审美其实也有类似的作用。所以那时，我不想用很坚固的佛教的理论和符号去教导他们，我认为这反而失去了佛教本身的自由度和灵活度。而我只是问：你们想了解台湾民歌吗？因为我对此还算比较熟悉，所以能作一些分享，我还请了张钊维导演给学生作了一个讲座。可能这也算是您前面讲的"方便"。

**梁**

那么有的学生会不会想要更深入地了解禅修的方法呢?

**成**

有啊。其实我一直认为,你要解决心理问题,禅修就是一个绕不过去的方法,因为你就算读了再多的佛学理论,听了再多的道理,也未必能切实地解决问题。就像那句话,听了再多的道理,也过不好这一生。禅修其实是让你回归内心,在内心深处观察意识的运作原理。针对有兴趣的学生,我们也会在校外的空间做一些体验活动。也有一些年轻人在毕业之后,还会持续地有自我的训练,比如禅修。其实现在社会上也开始流行各种各样的,类似身心灵的活动,但我自己觉得,相比之下,如果以佛教这种更系统化、更稳妥的指导来进行禅修,至少你不会出太多的问题。关键它还很便宜,寺庙基本是不会收钱的。

**梁**

这倒是真的，因为佛教的这个修行方法已经发展了将近三千年。虽然有各种不同的法门，但是你将来基本上在修行中会遇到什么问题，你的每一步，在此之前都有人做过或经历过，也因此有了经验和答案。所以其实还是很稳妥的。

而且我发觉很多社会上一些不知来历的课程，其实有一个很大的问题。当然，我并没有否定所有的这些课程，而是说，因为它变得商业化了，所以必定会泥沙俱下，而心灵的成本是非常高的，一旦你接受一种关于修行的看法和理论之后，再调整过来是很难的。尤其关于修行的实践其实在我们日常生活中已经消失很久了。也就是说，对此你基本上是没有常识判断能力的，大部分人对于修行这件事的认知，都是凭着看小说、电视剧，甚至道听途说得来的。

**成**

的确，现在这也变成了一个身心灵的商业市场，商业这一点倒没什么，但问题是，这到底有没有真正解决你的问题？这是我比较担心的。因为很多人接受了一种观点之后，他的境况可能会不断地像跷跷板一样，得到这个，但新的危机已经在另一头开始起来了。这反而让人有时会变得极端。而佛教讲的是，要真正解决苦的核心逻辑，并持续地解决它，这才是可以让心慢慢变得包容和自由的方式。

如果从错误的方法和理论入手，就会产生许多对佛教的误解。例如曾经有学生跟我讲，他为什么来选我教授的这门佛学通识课，因为他父母信仰了某种类似佛教的宗教形态，其实从宗教学来讲，它并不属于正统的佛教。但它以佛教的形象出现，结果导致家庭出现非常大的问题。而且这导致这个学生非常困惑，甚至对佛教产生非常大的仇恨。后来他上完课才知道，当我们系统性、稳固性地探索精神生活的传统长期消失之后，你再要将精神生活进入到这么深的领域，其实是一件非常冒险的事。

所以，在这个意义上，我反而不会鼓励所有的人都要了解或实践修行这件事，而是会对他们说，你可以借用修行的方法，但是你要考

　　　　　　　人生解忧

虑一个问题，就是当你真正进入到心理意识这个很难把握的领域时，你对自己要有一个评估，你有没有能力处理这些问题？你能不能接触到正确的理论跟方法？

**梁**

真的是这样。说实话，常常有朋友在《八分》下留言和分享，说家里的老人最近学佛特别虔诚，但是整个人的状态变得越来越怪，甚至让家人觉得他有点偏执，老人还把自己所有的储蓄都拿去花在一些所谓的"功德"上，然后就问我他该怎么办？这就像您刚才讲的，有太多鱼目混珠的情况。另外，也有些朋友留言说他对佛学感兴趣，他看书后就自己试着修行，但我每次都提醒他说，不要用这样的方式，因为首先你看的是什么书？这是第一个问题。第二，修行这件事还是需要指导的，那该去哪接受指导呢？对这个问题您怎么看呢？

**成**

我认为，对于现代人来说，假如你对佛学或修行有兴趣，那就要从有一定指导修行传统的那些道场去寻找答案。我曾经在台湾的法鼓山待过半年，除了正常的学术交流之外，我还很好奇的是，他们如何面对社会来指导修行这件事？我发现他们有一套非常完整的体系，针对初学者、进阶者，以及真正想要进一步修行的群体，他们会有不同层次的指导。而且关键问题是，它把自己定义为教育园区，而不是一座传统的寺庙。也就是说，你来这儿，是为了寻找能够解决自己身心问题的方法，所以你来是接受教育的，并不需要承担其他的事情。所以这里的殿堂没有可供烧香的香炉。当然，重新慢慢建立起修行传统或者生命教育传统，可能不是一代人所能完成的，真的需要很长时间。

一方面，现在的人对修行这件事情的渴望度越来越高，另一方面，传统的寺庙空间其实无法完全容纳这个群体，我也担心这是否会在未来引发一些社会问题。比如现在商业化的身心灵活动越来越多，那其中到底掺杂了什么样的目的和内容，其实我们很难知道。

人生解忧

**梁**

那您是不是也仍然常去一些道场禅修呢？

**成**

对。比如前些年我会去天台山，在那里住一段时间，然后自己也做一些功课。我这几年反而去道场相对少了，更多时候就在家里自己"闭关"。比如像"五一"假期，我就会在家里过很简单的生活，每天持续打坐或阅读经典。我觉得这些活动在一个人的日常生活当中，本就是一个必要的环节。

我常常讲，在中国人的家居空间里面，你会注意到一个现象，当中是没有神圣空间的。这个神圣空间在过去可能是一个龛或一尊佛菩萨像，在现代的话，可能只是一个单纯的冥想空间，总之是一个让你的心灵得到重新恢复和滋养的地方。但你会发现，许多人家居空间里永远充满的是一种对财富和欲望的展现，要显示出豪华。这一点在许多人的精神生活里其实也是缺乏的。比如我家中的神圣空间，就是一个很简单的榻榻米，然后挂一幅禅僧的字画，很简洁。我就自己在里面打打坐，看看经典。这对一个人的精神和心理调节其实是非常有帮助的。

**梁**

确实，就拿民间宗教传统来讲，香港很多比较老的家庭里都还有这样一个空间，哪怕在很小的廉租房里，一进门都会有个神供奉在那，里面可能是关帝或其他的对象。但我通常也会在社交媒体上看到，有钱人也会在家弄个用以静心的茶室，但往往都是拿来炫耀的。不止在家里，以前在街头也会碰到类似神圣空间的地方，比如说围绕一棵大树或一块土地。但现在这些都很少了，即便有，大概都是为了做出来晒到社交媒体上的。

**成**

所以您不觉得吗？现在的人开始变成一个物质化的个人，或绝对的个体主义者，其实和这些外在载体的消失也有关系，这不仅是消费社会所谓的财富逻辑造成的，也和我们传统符号的

人生解忧

消失有关，我们会因此完全找不到一种依附感。就像我们前面讲的，一个人其实需要有外在于这个世俗社会的另外一种想象或一个寄托，这就叫超越性，超越性也可以有很多种方式。但我们在这几十年的发展中，你会发觉，要找这种外在的载体，或往内的一种寄托，其实找不到，因为没有资源。

**梁**

神圣空间的消失还会带来一个问题。因为有时哪怕是一个很小的佛龛，或者人们围绕街头的一棵大树所做的空间，在某种意义上，这都是另一个向度的空间的入口。比如以前的人路过土地公公就要拜一拜，其实我觉得这个动作很感人，因为他好像在告诉我们的先人，他在生活中对一些东西是有所敬畏的，他知道有些东西是超乎自己的能力的，知道人是有限的。这同时在提醒你，人总是有限度的，总有做不到的事情，或者总是有缺陷和错误。这样一种空间就是让我面对这个事实的。但现在这些空间都没有了，人难道真的可以胜天吗？

**成**

我还注意到一个现象，我在年轻人间做了一个调查，我问：你们对历史怎么看？很多人说自己还是会读历史，但是他们读的历史跟我们这代人，以及前辈读的历史很不一样。就像现在网络上非常流行的虚幻小说中的穿越剧情一样，他们读历史，对其真实性没有兴趣，而是会把历史的某些符号和现在、未来这些不同的层次进行剪切和拼贴。这被我称为是一种"抽空的当下"，因为他并没有在过去的经验里找到一个有脉络的、系统的、稳定的思想资源，而未来对他来说又是不可知的，从而他也会非常恐惧。

所以，我认为现代年轻人普遍遇到的心灵危机，就是因为在时间和空间这两个维度上，他们都无法找到一个可寄托的东西，而且他们被抽空化了，感觉孤零零的，也没有一种道理让他真正地安心，也没有一个空间让他真正地安稳。所以，许多年轻人在寺庙有些盲目的祈福行为，其实是这种深层的内心危机的自然显现。所以现在一个即便受到良好教育的年轻人也会问你：我最近遇到一些问题，你能不能告诉我去哪座寺庙灵一点？这就是一种在信仰或者精神生活方面的快速消费。这是因为，他也没有能力用其他的方法，或者他从小也没有接受过这方面的教育，你要他快速地从头学起，何其难矣！

**梁**

没错，其实这样一种形式下的烧香和拜佛也是一种消费，我花了多的钱买了大的香，花了一些时间就想马上见效，巴不得明年就找到工作了。

**成**

对，我发现很多过去其实少有人去的道场，现在也都挤满了人，而且年轻人居多。这个现象已经不能单单从宗教学的意义上去理解了，它更是一个时代的精神状况的反映。这个观察可能也和我过去受到的思想史训练有关，我倾向从更大的角度去看时代思潮的变化。而宗教问题永远不只是宗教问题，它一定还是一个时代的思想观念和精神生活的显现。宗教只不过可能会以一种被常人看来非常荒谬，甚至可笑的方式出现，这其实是它在某些地区或人群中被污名化的结果。

**梁**

如果从思想史的角度来"回顾"今天的人也很有意思，比如发现今年的中国年轻人就去两个地方，要么去寺庙烧香，要么去淄博烧烤。这是不是也能说明一些问题？

**成**

是的。就像这次"五一"假期的出行热，你可以想象，人们几乎不顾一切地要涌向各大景区，其实这已经不是一个理性的判断了。但是他们明明知道去了会受苦，为什么还要去？就是因为内心的那种情绪在推动着他，就算是受苦，也要离开目前的处境，去另一个地方。这不是和宗教里寻找乌托邦的需求很相似吗？当你在某一个场域里获得不了精神上的满足感，就需要一个异度空间，它可能是各种各样的想象，

　　　　　　　　　　　　人生解忧

或是宗教许诺给你的一些空间。或者说，你会去寻找宗教的教理中描述过的那个空间，虽然可能你都不知道那到底是什么。所以今年这个"五一"的出游热，我也想了半天为什么会这样？因为任何一个正常人都知道，在这样一个2.46亿的人流出行量之下去旅游景点，不是一件快乐的事情。

**梁**

唉，很有趣，我也看傻了，大家都挤在路上。

**成**

对，他们在路上一边抱怨，但是他的脚已经不由自主地往前了。

# 成庆 × 看理想：
# 我们去寺庙问了问，什么叫"放下执着"？[*]

**颠**

我发现在您的节目下有许多留言，并且集中提到了几个词，比如执着、放下执着、不执着、空虚感、无意义感，等等。为什么如今的年轻人开始如此需要"往里走，安顿自己"（《十三邀》许倬云语）？

**成**

我觉得这与当代社会发展的背景有很大关系。

---

[*] 2023 年 6 月 21 日夏至，"看理想"音频编辑颠颠和夏夏前往上海永福庵拜访了成庆老师，聊了聊什么是"放下执着"，以及"放下执着"之后陷入虚无了，该怎么办？本篇内容整理自播客《看理想圆桌》第 305 期。

经历了这四十年的经济发展，我们从一个物质贫乏的状态，变成主要通过物质增长来获得人生的幸福感。但相比于经济方面，我们在精神或文化方面的发展是非常弱的。我们对社会问题、公平问题和正义问题的关注，往往是在成长过程中才慢慢被重新启发出来的。

我研究政治思想史出身，你们讲的东西我很理解，也认为它依然很重要，不会因为我学了佛学之后，就认为社会的公平问题不存在了，我现在反而会用更多的视角去看待。我想回到佛陀本来关注的问题，也就是"人为什么会受苦"，它由多种原因造成，不仅仅是所谓制度的问题。比如，个人的心性问题不重要吗？当然也很重要。我们在日常生活中看到很多不公平的事件，其实并不能被完全简单归结于制度的问题，因为假如一个社会的文化熏陶和人文养成有着较高的水平，制度自然会呈现出一种良性的状态。而一种单靠制度来约束人心的方式其实是非常可怕的，因为它会变得越来越繁琐、越来越残酷，越来越挤占人的正常生活。也就是说，纯粹用规章制度去解决自身问题的模式，其实已经违反人性了，就像我们用各种方式来证明"我在认真干活""我是一个好人""我是一个好公民"……但其实，很多问题通过文化就能得到解决。

所以我觉得，现代年轻人面临的问题，并非前几代人就不需要或未曾关注和面对过，只是因为以前的环境使人并没有从这个角度去思考，他们往往很容易在其他方面获得幸福感。而今天的年轻人将注意力投向彩票和寺庙，这就说明他们在转向，他们想找到一个可以依托的东西。过去的时代充满了对财富、社会、制度、公平等理想的想象，而现在，人们要实现眼前的目标，其实需要更多的东西，也就是要回到内心。说到"回到内心"，我很担心人们将其理解为一种逃避、一种想躲起来不去观察世界、不做什么的心态。但佛学所理解的"往里走"，其实是要你看到自己内心的思维盲区、烦恼和需要解决的问题之后，才知道自己面对他人、社会和这个世界的问题并想要作一些改善

　　　　　　　　　　　　　人生解忧

时，能否拥有开放的，甚至是良性的心态。一个人如果没有办法解决好自己的问题，怎么能转而解决好社会的问题？我很难想象。

很多人和我说，成老师，你现在看起来好像总是很开心，当外界发生负面的事件时，你没有受到一些影响吗？我说，我们永远无法想象当事人的痛苦，而且也很难代替他们承受痛苦，而我不想只是简单地在口头上表达对他们的同情。我从中看到的是人类共同的、不可回避的痛苦，就像发生在别人身上的苦难，有一天也会落在自己身上。这是很难避免的，因为人不是造物主。

但我想，假如能从内心的思维层面改变我对人生苦难的认知的话，我就能够解决自己的问题，安顿好自己。当我把这种安顿好自己的方法、思维分享给别人，他们至少能因此缓解痛苦；缓解了痛苦之后，他们就知道怎样用这种方法再去影响这个社会。对我而言，这种社会改良的方式是非常稳妥的，因为它首先改变的是我自己。我很难想象一个人说"我要改变这个社会"，但他的内心充满着各种对立、对抗，甚至暴力的情绪，我不相信那样的"改良"。一个人可以很温和，但能慢慢地通过这种温和的力量去影响别人，而我觉得，这样的改良从时间上看好像没那么显著，但这就是文化的力量，它的影响需要用更长的时间去衡量。

我常常觉得，现在的年轻人就已经走到了这样一个十字路口，所以我也会和学生说，未来是你们要重新重视精神、文化和心灵的时代，但你们现在就要开始行动起来，而不是等到真正遇到问题了才从头去思考。

**颠**

感觉我们年轻一代似乎对时间没有信心，也没有耐心。因为在过去几年里，好像很短的时间内，你就可以成为一个人物，或做成一件事。

**夏**

互联网中也有"风口"的说法，你赶上什么风口了，马上就能起势。

**颠**

大家很害怕落后，总在排队做些什么，比如得赶紧买房、买车，生怕被落下。所以一有什么趋势，我就得赶紧行动；看大家买彩票，我也得去买。真的很难静下心来去等待些什么，好像一直有一种"执着"的劲儿。但很多人尝试"放下执着"之后，觉得人生变得虚无了，产生了无意义感，甚至生活失去了动力，这是个典型的现象。按照我对"执着"的理解，当年我的"执着"就是要考上一个大学，所以我参加了三次高考，从2007年考到2009年。如果我当初没有这个"执着"，可能就没有上大学，而是打工去了或者做些其他的事。这样看来，我觉得这个"执着"很重要啊！但是您又让我们"放下执着"，这个困惑，我们可以展开聊一聊。我想问，您教导别人"放下执着"，您自己还有"执着"吗？

**成**

有啊。首先，"放下执着"这个功课对于想要修行的人来讲，其实不是一蹴而就的。佛教的修行有一个很漫长的过程，从认识烦恼，到断除烦恼、降服烦恼，再到最后还能做到像菩萨一样利益他人。当然禅宗也有"顿悟"，但对一般人而言，不是听了几句佛教的经典、学了一点佛教的知识，就可以说"我没有'执着'了。"如果你碰到了这样的人，他一定是在骗你，他一定会有"执着"。

从佛学的角度来说，对于"执着"，有一个最核心的判断方法，就是你对一件事的结果产生了一种"非它不可"的思维方式。比如说我们现在录这个播客，如果是以 KPI 为导向的，那就叫"执着"。但如果当下我们都在很认真地聊天，完全地参与到话题中，那这个过程就是正常发生的，有这样的因缘，至于它的结果显现为如何，那是由它自然成就的。假如你在这之前就对这个结果有很强的预判或期待的话，那就叫"执着"。比如当你最后发现这期播客的收听率不高，你很沮丧，那就说明你对它有预期。

有时你也可以从自己对结果的情绪反应来看有没有"执着"，这期播客呈现出来，管它是好是坏，其实都是一份因缘。如果听众的反应很积极，你可能也会感到小小的惊喜，心想"不错哦"。如果收听的次数不够，你会觉得"哦，这一期播客，好像请成老师请错了"。但你会想，"就是一个因缘嘛"。你会让它过去，也不会追悔它。如果是这样的话，你就没那么"执着"。

**颠**

我忽然感受到了您所说的"放下执着"和大家无法理解的那种"放下执着"的冲突所在。拿我自己的例子来说，我确实最近有一些"数据焦虑"，倒不一定是录完这期播客，我就想着"哎呀，这一期得播放百万"，但如果几期播客录下来发现有那么几期数据不好，那我肯定想，"我得把数据做起来"。我就产生了"执着"，心想"那我立个小目标，下一期的播放数据要达到十万或者二十万"。如果我没有这个"执着"，很可能这个播客就烂下去了，再往后我可能就被开除了。

**成**

我可能会从我的角度给你一些看法。我其实听过你的很多期播客，我觉得它更大的意义在于，它本身就非常启发人，甚至有时还会给人提供一些安慰（当然，因为我不是员工，所以没有考核的压力）。比如有些是你们年轻的同事在一起聊天，很多是相互抚慰的内容，而我觉得这个对谈的意义可能已经呈现了。公司对你的要求的确存在，但是你的内心不能被它的要求主宰。

其实我们都在这个"被要求"环境里，作为子女，父母对我们有要求，当了父母以后，你会发现子女对我们其实也有要求，虽然这种要求不是由 ta 说出来的，而是自己给自己施加的。社会也给我们很多的压力，就像很多人常常莫名觉得"我有压力"，这是因为你没有看清楚那个压力是怎么被你自己裹上身的。

就像我在大学里当老师，也有考核的压力，但是我有自己的节奏。例如评职称，别人愿意花三四年就评到或升一个等级，我就愿意花更长的时间，比如六七年，来完成这个阶段。我也做事情，我并不是说，"算了，我瞧不起你们所谓体制的这套模式，我就跟你来个决裂"。现在很多年轻人的思维模式走上了"要么就迎合，要么就对抗"的极端。而我的意思是，当下我只能是一个老师，我不需要和我当下的这个职业作什么决裂，甚至说这个职业有问题或抱怨环境不好。我关心的，是我在这个职业的领域里面，如何去找到属于我的节奏感。

夏夏作为我的音频编辑，我才知道她多么辛苦。我现在慢慢地感觉到了，一般不要在周末打扰她，因为这是她的休息时间。在工作日时，你发现她一般在晚上十点之后才有时间回复你。像这样，你也可以有你自己的节奏感，虽然在投入这份工作时很累，但是你对这件事的标准，不要被环境给你的标准所完全界定，如果能做到这样，我觉得人就会一下子从压力中被解放出来。其实我很想问问夏夏，现在你觉得压力大吗？

**夏**

以前压力很大，之前我和颠颠一样，我把外界希望我做的那个事情看得太重了。公司有公司的目标，为了完成目标，它就会对员工有要求。但这个要求到了你的身上，你还要不要把它看得那么重？我觉得，并不是要你完全不把它当回事儿，而是说，我知道公司是这样要求我的，我也努力去做，但是我对这个结果不那么"执着"。

**颠**

所以，有没有可能"放下"这个词其实翻译得没有那么准确，容易导致年轻人以为"放下执着"就是"我不管了"，一下到了另一个极端。确切地说，"放下执着"可能指的是你怎么和这种"执着"在一番拉扯之后达到平衡。

**成**

其实佛经里没有"放下"这个词，它是在中国的佛教文化里慢慢地衍生出的。有一个很经典的禅宗公案，在书中也提到：达摩来到中国以后，到了南京和梁武帝见面，我们知道，梁武帝修了很多寺庙、度化了很多僧人，自诩很有功德。所以他当时就问达摩："我这一生修寺度众生这么多，我有没有功德？"达摩回答："实无功德。"后来达摩北上嵩山少林，在那里面壁，又发生了一个公案。他的弟子慧可大师前来求法，问达摩说，自己的心很不安，怎么办？如果用我们刚才讨论的说法,我们可能会回答说"你要'放下执着'啊"。但是"我的心不安"是一件当下正在发生的事情,一个亟待解决的问题,并且我把这个问题看得特别重要。而你若回答说"你放下,不要那么紧张,放松"。可是我到底该怎么放呢?

达摩是怎么回答的?他说"将心来,与汝安",意思是"把你的心拿过来,我帮你安呐"。有意思的是,他把这个问题抛回给了慧可,你说你不安,那要问问,你到底为什么不安,是什么不安?这就是说,你必须进一步探讨心不安的深层原因。用现代学科的说法就是,你可能要往哲学、心理学等层面去问自己到底为什么不安。一般人可能认为都是环境造成的,但慧可意识到,心,无形无相,我找不到那颗心在哪里,因为你不能说我的大脑不安,也不能说我的心脏不安。其实那都是念头,这种不安是自己造作出来的,它无形无相,所以找不到。所以,惠可回了一句说,"觅心不可得"。达摩就回答"为汝安心竟",意思是"我给你安心好了"。

也就是说，"放下"这个词后来被大量引用，容易产生的一个误导是，似乎有一个东西被你举起来又放下。而佛学视角的"放下"是说，你要看清楚，其实紧张和不安是你自己造作出来的，是你错误的认知导致的，你被那些标准绑住了。就像刚刚讲的考核，其实你不是不想做好播客，也不是不想让它达到满意的收听率，但是你要知道，很多事情是你能操纵的，还有很多事情是你不能把控的。我们每个人，不能够把自己烘托到一个能够主宰很多事情的角色上。

那这种情况下，我们常说另一个词，就是"随缘"。很多人对这个词的理解很消极，认为"随缘"就是"等吧"，但其实佛学视角下的"随缘"是说，每个人当下有他自己的因缘，它会慢慢地凑集起来，你要努力，因为这是因缘的一部分，而当条件恰好合适时，它就会形成一个结果。那个结果不由你掌控，但是你也在努力地实现它。

就像两三年前，我和夏夏认识之后，"看理想"就一直通过夏夏来联系我做佛学入门的节目，但我一直在推脱。一个原因就是，我知道

　　　　　　　　　　人生解忧

我如果要做，就必须要全心投入。我那时并不会想"哇，'看理想'是个很好的平台，我要靠它来实现我个人的名声，或获得经济收益"，我想的是，第一，我有没有精力做？我要评估我当下的条件；第二，做出这个节目，能不能真正地帮到别人？考虑很多因素之后，我就会很审慎。直到今年，我之所以很主动地提出来做这个节目，其实就是因为我看到了因缘的成熟，也就是大家有这个需求。我常常觉得，一个人在社会里做很多的事情，他最终能否成功，很大程度上取决于他是否善于观察这个社会各方面的需求。它既可以是市场需求，但是对人文研究者或老师来说，往往要看到社会的心理需求，因为在我看来，文化的抚慰感，总是要有人通过知识的输出与传播来提供的。

回到"放下"这个词的讨论，其实恰恰相反，在佛教看来，"放下"不是要你放下从某处拿起来的东西，而是说，本来那个东西所带来的烦恼就不存在，是你自己造成的，你把那些标准绑在了自己身上。所以禅宗里有很多的公案问:我要解脱,我要自由,怎么办? 禅师就说:谁把你绑住了?

**颠**

何处惹尘埃?

**成**

对。明明它就是一个 KPI 而已,你却非要每天把它牢牢地记在心里,绑住自己,那你做什么事情都会做得不开心、不自由,它在某种程度上反而会阻碍你做这件事的兴奋感。就像我们现在这样聊天,本就是一件很开心的事情,对不对? 就算有时你碰上一个不善于交流的观众,那你也会觉得,这就是当下的一份因缘。所以佛教讲的"放下执着",其实是从反观自己内心错误的认知开始,很多烦恼是你自己造成的,不是别人给你的。但是现在我们一般人普遍的思维方式是,这是老板给我的,或者是社会环境给我的。这的确是一个触因,但能否真正地面对这些环境,接受它而且能够应对它,让你的心不被它绑住，关键还是在于你的观念。

**颠**

您说您决定做这个节目是觉察到因缘到了，或者说时候到了。这个"时候"是什么意思？我的理解是，过去四十年，我们疯狂地投入经济建设，人们要把物质先丰富起来，这无可厚非，先吃饱了、穿暖了，对人的生存和生活来说很重要。或许那些也就是我们曾经的"执着"。那现在这个"执着"的内容是否应该变化了？或者说我们对待"执着"的方式也不一样了。

**成**

夏夏还没回答，你觉得你现在最"执着"的是什么呢？

**夏**

一个可能是我和家人的关系，另一个就是我很认真地做事，一段时间之后，我会经常看一看社会有没有变好，然后再做一段时间，再看看社会有没有变好。

成

一个人有个人的目标，也有社会的目标。过去
四十年，大家都冲着那一个目标在努力，但我
看到"时机在转变"就是在前三年的疫情时期，
我亲身体会到，不仅是学生，还有很多成年人
在被封闭的环境中，心态迅速崩溃，你可以感
受到背后那种非常强烈的情绪。这让我想到，
经济是不可能一直增长的，我们走到现在，一
定要认识到一个问题，就是这个世界不会按照
我们想象的那样发展或一定符合我们的要求。
比如你期待伴随着经济的持续增长，社会也逐
渐自动地变得很良善、友好，但不是这样。你
先要清楚，这个社会里善恶一直都会存在，如
果是这样的话，你以为的很多问题其实就变成
了"你早应该知道"，那么在所谓的社会环境不
好或经济形势不佳的时候，你就知道该如何让
自己先安定下来，至少你的内心没有被这些东
西所击倒。甚至你还有能力在这时保持比较乐
观的情绪，去帮助他人。

　　时代走到了这个地步，并不是说我们"执着"

的目标突然改变了，而是说，人应该随时反思自己被环境影响的程度如何，或者影响的因素又是哪些。比如，过去这四十年里，所有人都发财了吗？不是，也有很多安贫乐道的人。其实很多老一辈的老师没有什么钱，但是财富对他来说，就是没有特别大的吸引力。这背后其实是认知的问题和价值观的问题。那为什么今天人们会觉得财富这么重要？你会发现，一部分来自人性本来所带有的对财富的贪欲，另一部分是被社会教化出来的。

我曾经说过一个观点，就是我们每个人来到这个社会，其实都应该找到自己的位置。什么是"位置"？就是我能做什么？我能做好什么？我能帮到谁？甚至如果帮到你的家人，也算一种帮助。比如你把家庭关系处理好，是不是在帮助你的父母、孩子，甚至伴侣？但是你会发现，有一种观念伴随着这几十年的发展出现，就是让大家普遍地扑向了一个单一的财富目标。但这个财富目标，很多人是实现不了的，当然就会出现你刚才讲的"执着"。我越得不到的，我就越想要，因为社会告诉我，只有那条路。但是设想一下，如果这个社会教育我们的是，你可以在你的能力范围内做好一份工作。虽然赚的钱不多，但是能够让自己的内心安定，同样为社会也作出了一份贡献。你会发觉，做好这份工作时，不再会对其他的目标产生那么大的"执着"，至少那种追逐性是相对弱的。也就是说，我们今天最大的问题，就是不自觉地被很多教育机制或环境、舆论，熏陶成了只有单一价值评判标准的人。

夏

刚刚您讲的这些完全对应了我之前的转变。因为我大学念的是金融专业，在那种环境下，大家确实都在追逐利益。好像你毕了业之后，如果不找一份能赚很多钱的工作，让你的生活看起来很光鲜，你就是一个失败者。所以我后来也有了 peer pressure（同侪压力），因为我毕业之后并没有马上找工作，一开始想继续学习心理学，于是准备考研，但是当我准备到大概 11 月份时，心态就崩了，觉得"不行，我考不上"。然后就又在一个青年活动空间找了一份不那么正式的工作。其实在上大学时，我的生活还蛮灰暗的，但当时在这个空间认识了很多朋友，让我知道其实我未来的选择可以不只有本专业这条路，我还有很多种可能性。

因为这个空间给我带来了很多帮助和启发，让我看到这个世界更多的面向，所以我也选择了在这个空间继续工作，希望可以帮助更多的年轻人，让他们也看到更多的可能。工作了半年之后，也是因为一个契机让我觉得，如果我这辈子不走一走音乐这条路，我会很后悔，所以我就辞职去做音乐。结果做了不到一年的时间，我就把之前的积蓄都花光了，因为实在是赚不到钱，养不活自己，后来实在没办法，又出来找工作。尽管这一路上我的工作，不管是做什么，和我那些过去的同学相比起来，其实赚的钱都不是很多，但我觉得从目前的精神健康状况来看，我比他们更自由，也更自洽。


**成**

其实这还需要一个很长的自我休息、调节的过程。

**颠**

刚刚成庆老师说的这一点，我也有体会。我曾经在其他播客里采访过不同职业的人，我就当时觉得，想法、价值观或者职业选择可以不要那么单一，看看这个世界上或周围的人还在做着哪些你不知道的工作，他们又选择了哪条人生道路。但我也在反思这种做法是不是太强调"职业"这个概念了？就像我和人自我介绍时会说：你好，我是"看理想"的音频编辑颠颠，但如果不说我的职业身份，我就不知道该如何介绍自己。我不能说：你好，我是整理和收纳做得非常好的颠颠。人家肯定心想，你整理和收纳做得好，关我什么事？

所以职业肯定是一个很重要的维度，但好像还不够，如果一个人只从职业这个角度来定位自己的话，他也很容易迷茫。因为很多人并不能那么轻易地就找到适合自己的、带来成就感的职业。曾经做过或者正在从事自己理想的工作的人非常少。在您看来，人应该如何进一步认识自己，而不仅仅将对自己的认知停留在一个职业的"我"上？

**成**

其实我大学念的是理工科，学电子工程，毕业后我就在我们家乡的一个电信公司当数据工程师。当了两年之后，因为我一直对文科很有兴趣，所以就跑到上海来考历史学的研究生，在这之前，我还在上海的《国际金融报》任评论部的编辑，我也是有媒体从业经验的。于我而言，选择职业的重点是，它是不是我想寻找的、想做的事，它能不能让我的内心产生一种安顿感？至于它的收入，当时的我觉得这个因素不重要。当时我一个月的工资在上海等同于很好的内环的房子的房价，报社还答应给我户口，对于一个本科生的我来说，其实已经是很好的待遇了。但我当时的价值观并不会被这些待遇限制住（我今天看是"莽撞"），很多人会说，你怎么这么轻松就放弃了一个这么好的待遇？但我庆幸的是，当时我没有被这些东西绑架，没有被父母的意见绑架。当然，我走出这一步，尤其对一个在那个时代读历史学专业的文科生来说，人生是越走越黑暗，越走越窄的。

**颠**

您那个年代还是"学好数理化，走遍天下都不怕"的年代。

**成**

而且那个收益是你马上就可以看到的，我当时工作的时候，还在上海看过一套房子，那时还勉强买得起，现在是买不起了。但是我回头来看，现代社会的氛围的确把如何获得财富看成了最高的价值观。人们觉得，在一个大都市里，你好像只有足够多的财富才能过上一般人所谓正常的生活，比如中产的生活。但我觉得这是一个现代社会思想的普遍问题。但是对于个人来说，有的人的苦恼是可以通过改变这个价值观而得到解决的。比如有的人可能在一个领域赚不到特别多的钱，但足以养活自己，还能做自己喜欢的事情，他的幸福感可能远远超过刚才所说的，以纯粹获取财富为目标的人。最后要想清楚一个问题：我们到底为了什么而生活？

有的人靠职业获得一种荣誉感、虚荣感，而有的人只是靠职业获得收入，从佛学的角度来说，这种身份就是你在某个时空环境下的一个标签而已。比如，当你走出大学以后，"大学生"的标签就已经脱落了，但你有时会不由自主地把这个标签捡起来贴回身上。就像你面对陌生人不会仅仅说"我叫颠颠"，或者"我是喜欢喝茶的颠颠"。

　　但在寺庙里很有趣，因为我经常去寺庙，那些出家人有时会问我：你从哪里来？有的师父甚至不问你是做什么的就直接去喝茶，慢慢地就会交流出彼此的背景。但是他不会以你的职业来定义你，因为对寺庙的师父而言，你做什么职业对他来说不重要，你就是一个人而已。甚至大部分进入寺庙的是苦恼的人，可能师父一眼就看出来你有很多苦恼，那这和你是什么职业完全无关。所以，现代的职业人的身份认同的确是自我"执着"的环节之一。当然，在有的环境下，你可以介绍自己的职业，但可能在大部分环境下，我们只需要根据那个环境互相交流自己的兴趣和爱好就足够了。

**颠**

我觉得这个观念要转变过来还挺难的，因为人们会有这样的意识，特别是在大城市的人，总觉得坐在一起就要用职业来定义一个人，而且尤其随着社会分工越来越细，标签越来越多，职业在对一个人的认识和判断上会占越大的比例。

**夏**

我也有一个很深的体会。有一次我参加一个小范围的聚会，其中有很多我不认识的朋友。当时大家聚在一起聊天时也都会问对方是做什么的，但我一直缩在角落里，没有讲话，直到我介绍说我在做什么，话题马上就多起来了。我当时觉得，如果我不说我是做什么的，是不是那一整天也没有人会想和我讲话？

    **成**

    现在有一个很有趣的现象，你会发现在"朋友圈"里看不到一个完整的人，有的人往往把它当职业的标签在设计和运营。当然，一个完整的人无法通过一个单一的平台完全展示出来，但是我们往往看不到一些被有意地遮掩过的真实想法。比如我为了迎合某些人，而刻意地不说某些观点，或者包装我的观点。这里核心的问题是，这样的自我审查越频繁，就越会导致人在内心把自己封锁成一个社会主流价值观的承担者，要么完全相反，成为一个极端反抗社会价值观的人，也就不会有自由感、轻松感。

我常常讲，佛教讲的"修行""放下"或者"不执着"的一个体现，就是这个人可以很轻松地在各个不同的场合、面对不同的人切换自己的身份，他不会永远把自己觉得最好的身份在任何场合都想让别人知道，说"我是谁谁谁，做什么很厉害的一个人"，这就是一种"我执"，因为无论你是谁，做什么，回到家里你就变成了一个普通的家人。我们每个人其实都习惯于把自己最闪光的一面表现给别人，让别人认为我就是那样的人，结果走到家里也变成那样的人，走到另外一个陌生的环境，你也想扮演那样的人。我们常说，有的人的身段很不柔软，就是因为他无法作这种切换。

佛教讲的"不执着"，就是你知道自己在这

时，那个标签已经脱落了，应该换一个角色和对方交流。这样的话，你永远不会用一个固定的身份来和不同的人交流。就像现在的谈话，你们也不在大学，我也只是一个来参加"看理想圆桌"录制的朋友。此时，我们会随意地聊聊天，但我不会从我在课堂上和学生相处的师生角度来说话。所以，佛教讲的"不执着"其实体现在日常生活中的每一个细节，甚至只要当你走出家门和陌生人说话的时候，就可能会看到自己身上的执着感，比如你会觉得"那个人怎么对我无礼？"可是你要观察的是，凭什么别人对你一定要有礼貌？其实就是因为你觉得自己应该得到尊敬。

刚才夏夏讲的经验蛮有趣的。很多人也觉得，如果聚会时，一桌的朋友个个都有很好的背景，在角落里的自己也不想和他们多说话。说不说话是次要的，更重要的是，你有没有感受到"被边缘"？人很容易拿自己的"执着"去看待他人，如果你很清楚这一点，即使你身处那样的环境，也不会被对方影响，并且知道该怎样以轻松的方式来表达自己，这种表达随着你们的话题转变，而不是随着你们的认知转变。因此，即便你在受到冷遇或感到被边缘的时候，也能感到轻松，因为你知道为什么别人会对你这样，这是他的认知导致的。

**夏**

当看到这一层，你会觉得很有意思，每个人都很有趣。

**成**

对，佛学会提供给你一种改变认知的方法，你就会觉得观察人很有趣。因为每个人是从他的认知角度看待你的，你不能说他坏或者无理，因为他的价值观就是如此。当你理解了这点后，你对他就有一种宽容的接纳。你就觉得，因为他就是这样想的，所以你就用你了解他的方式去应对他就好了。

佛教经常讲，一个人为什么能够自在？就是因为他有判断力，他知道你的想法是什么。但不是说，我知道你在想什么，然后利用这一点来获取我的利益。佛教的角度是，我知道你在想什么，但是我不会被你绑住，我不会为此讨好你、批评你，或与你对抗。而是说，我知道如何接受当下这样一种交流的语境，并且让这个因缘自己呈现出来。

**颠**

还想请问，佛学怎么看"做自己"这三个字？

**成**

当下这一刻，看好这颗心，就是做好自己。就像我们刚才的对话，在这个对话中的每一刻，我都认真地聆听。我不需要又给自己加一个标签，我是谁？或者我是什么人？我要完成什么样的目标？当下这一刻，你感受到了，你投入了，它会自然呈现出结果。其实任何一刻的你都是你，你不需要另外把结果变成一个勋章或奖状贴在身上，然后说"那是我"。一旦你把自我树立起来，就远离佛学了，你就会"迷在其中"，永远带着它到处地跑。当你再落入低谷时，你就会总想着自己过去那些辉煌的时刻，特别沮丧。

事实上，你会跌入水坑，也会走上人生的高峰，那都是你，人生不就是如此有趣吗？起起落落并非只有悔恨，我们应该随着因缘的改变而体会不同的因缘。就像书中谈到"日日是好日"的台词，下雨的时候也很好啊，下雪的时候也很好啊。上海这几天都是梅雨天，今天突然天晴了，也很好啊。我们不必说"一定要怎么样"，如果能感受到每一刻的变化，那你的人生就不会被环境所牵引。

夏夏刚才谈到的她的成长经历，其实和很多人的成长经历很类似，你会经历一些迷茫，比如总是想要一个东西，或者想成为什么样的人。有的人可能想成为有钱的人，还有的人，就像以前的我，总想要读更多的书，获得更多的知识。从"执着"的角度来看，这同样是一种障碍，因为"执着"于知识的人，或者"执着"于成为博学的人，他会在某些场合不由自主地展现出他博学的一面，要表现出"我很厉害"的样子。这背后也是一种对身份的"执着"，我们在学术界经常能看到这样的人。

但事实上每个人的禀赋、努力的程度都不一样。我常常自我定位，我能够做好什么？当我对自己有一个判断之后，就按照当下的条件去努力，但是它最终会呈现出什么样子，我根本不去设想。我对人生设限的态度是，我只管去做，直到那一天因缘条件改变了，不能做了，我就不做了。所以，我的人生从来不是以现在的工作时间来设限的，我经常和各个寺庙打交道，有些寺庙也会请我作一些普及的讲座，说不定我退休之后还可以继续做这样的事情。这样，我的生命就变成了一个完全不受限的状态。不像今天许多人会以工作时间来判断自己的人生阶段，好像到了某一个人生阶段，就要做些什么。

如果把这些标签都去掉了，人就很少会有所担心。就像许多互联网大厂的员工，我觉得他们最大的危机并不是失业的危险，而是他在成长经历中从来没有想过任何一种其他的可能，导致他没有转身的余地。如果在这之前他就设想到，一个人的人生不可能永远一帆风顺，而是应该还有其他的可能性，比如有其他的爱好和技能，成为一个很综合和立体的人，那么当他的职业出现危机时，这些可能性都会对他的人生转轨有很大帮助。但是现代社会赋予了人们一个虚假的对未来的想象，让人们都被吸引到某个单一的职业上，再突然某一天把人们抛弃掉。这是一个非常残酷的社会现实，虽然你无法回避，但可以为之作准备。

**夏**

比如说，如果我进大厂之前就想好了，我可能到了35岁就会被裁员，是这样吗？

**颠**

我在想，因为我们的社会没有经历过这样的情况，所以他们也没有想过会出现这些危机，也就无法有这样的觉悟。

**成**

所以有时候，人类的经验的确是要亲身经历过，才能真正地学习到。不过，如果读了些历史，就应该知道这种情况一定会发生，经济不可能一直上升。

**颠**

很多时候是"只缘身在此山中"，你在那个社会环境中是被推着走的。那几年社会发展快，尤其是在基础建设方面。那时我在一个工科学校读书，那些学土木工程的毕业生太好找工作了。夸张地说，我的同学穿着背心大裤衩就去了就业现场，对方问："你挂科了吗？没有挂科，就签吧。""你们舍友也都是土木的吧？他们签工作了吗？""没有。""把他们带过来签了。"但我听说，他们现在好像也不太好找工作了。

**成**

所以我常常讲，大学里很多的人文学科是需要被普及和强化的。

**颠**

讽刺的是，最近人们也在讨论，很多文科专业是不是要被取消了。

**成**

如果是这样的话，就会出现我们刚才讲的问题，人会被当成社会的工具，而不是成为一个能够自我负责的人。所以这几十年来，我觉得社会中充满了一种"成王败寇"的价值观，这或许来自政策的引导、舆论的烘托，乃至很多无意识的观念。最后它就会带来一个问题，人们无法理解一个人的生命应该呈现出多么丰富的可能性。

生命的意义在于要认识自己，才有可能实现自己，也就是说，我知道我这一生能够做什么，并且把这件事情做好。就像很多人去日本旅行时，会看到当地有很多工匠世家，他们就是一代代地在做这件事。但很多人无法理解，为什么一个仅仅烧瓷杯或做眼镜的店可以持续百年，甚至几百年？它背后是怎样的一种价值观？很多人说，这是因为社会的上升渠道没有了。但是，难道哪一个国家就能一直有上升的渠道吗？我们的社会也可能会遇到上升渠道的堵塞，难道我们只有一条改变的道路吗？

我们同样可以通过另外一种方式，至少让自己不会在这个时代的大潮下"自我毁灭"吧。但我观察到，现在有很多年轻人，包括小孩子，开始有了自我放弃的倾向，这不就是"自我毁灭"吗？更不用说自杀等极端行为背后的逻辑是，他已经放弃了作为一个人的权利，在这一生能做一点自己觉得有价值的事情——连这个小小的目标都没有了。还有一种情况，就是完全地进入到虚拟世界，玩游戏并不一定就会进入虚拟世界，但是很多人的确是通过玩游戏进入虚拟世界，逃避现实。所以我觉得，可能未来人文价值的培育应该重点要思考如何改变这种价值观和认识论，因为一旦让真正的人生的意义浮现出来，每个人就会发觉，"原来我可以不这么活"。

**颠**

我特别喜欢这句话，因为您说的不是"人还可以这么活"，而是"人原来可以不这么活"。我的感受是，过去人们认为，只要努力就一定会有好结果，但现在不是这样了，你也会感到"无常"，甚至"无常"将来就成了我们的日常了。就像聊到气候变暖的话题，你也会想，明年北京的云，还会像今年这么漂亮吗？这时我就会产生一种无意义感，我还这么努力工作，我还经常加班，有意义吗？我干脆辞了职去云南呀，或者在某个地方租个便宜房子，天天溜达溜达，兼职做点什么。我也当个"三和大神"，不也挺好吗？

**成**

其实它就是一个暂时的疗愈，这个疗愈的需求有多大，就说明他在工作中被这个社会压榨得有多深。佛教里有这样一个说法，修行会让人产生什么变化？除了刚刚说的自在、自由，还有一个很具体的体现，就是身累心不累。但是我们现在更多听到的情况是身心俱疲，也就是说，你休息一晚上也是恢复不了的。为什么我们的心会累？因为我们的心无时无刻不被很多东西绑住，让你焦虑不安，所以很多人很容易因此落入空虚，不靠智慧来解决问题，而是人为地回避，甚至说"摆烂"。但他在"摆烂"的过程中，仍然在回味自己之前的伤痛，还心有不甘。那我们能说他"放下"了吗？显然没有。最后这些空虚、无聊的感受会带来一个很大的问题，就是否定人生、否定世界、否定这个社会的意义感。

但佛教讲的是，你很累，但没关系，因为你的心从来没有被这些事情绑住，你的身体虽然辛苦，但心仍然是轻松的，这就是一个平衡的身心状态。如果一个人可能看上去很辛苦，但是他的精神却充满活力，仍然能为他人和社会服务，你就会发现，他永远都是充满希望的。有些人总是在两极化的心态上徘徊，或许开始很努力，后来发现达不到目标或者工作受到挫折，就显得很无力。这其实还是一种认知的极端化的体现。所以一个真正做到"不执着"的人最后呈现出来的，应该是他在每一件事情上充满热情和温暖。

佛教还有一个概念叫"慈悲"，慈悲一定是面对其他人的；而"智慧"就是自己对一件事情的判断。所以智慧和慈悲，其实总结了一个人在社会里寻找到他的角色时最完美的状态，就是既将这个世界看得很清楚，但也不悲观，仍然充满热情和希望。佛教说，不要管结果，结果是自然成就的。我的人生是失败还是成功，不是以外界反馈的多少、业绩的好坏，或者收入的高低来衡量的，而是以智慧和慈悲的展现为最终标准。所以我始终和很多人说，一个真正学习佛学的人，对这个社会永远是充满希望的。但为什么很多人认为佛教思想是消极的？因为他认为，这就是得不到世间的那些东西之后，逃避到另外一个世界的方式。但佛教恰恰认为，你看清楚了为什么自己不能被外界绑住之后，面对任何事件或环境，你都不会被束缚，但如果你知道别人被绑住了，就会去帮助他们。

**颠**

知易行难，但接下来怎么做，好像我也一时也没有想好，还是说我先不用多想该怎么办？

**成**

其实就回到自己当下的生活就好了。举个例子，你面对工作时，态度可能可以发生一些转变，当你把某个事情的目标看得太重要，你就可以问自己，到底有那么重要吗？这个事情我本来就在做了，何必还要顾及目标呢？人的思维总是容易瞻前顾后，当你不能沉浸在当下，回到做这件事情的本身时，你就会有越来越多的烦恼。所以，怎么做？还是回到当下，回到你的日常生活，无论是在对待你的家人、父母，还是同事时。

有时，当你意识到自己已经陷进去了，不用担心，因为你知道该如何慢慢地改变认知，不要被它带走，或者陷入认知的藩篱，逐渐地，你就会越来越轻松。因为价值观的改变，绝不像禅宗公案里讲的"打两棒子就一下转念"，它有一个缓慢的、日常的、不断反思的过程。佛教里还有一个词叫"降服烦恼"，它是有程度分别的，所以不必设想在佛教里能找到一根"救命稻草"——只要知道这个道理，就能一下解决所有问题——这是不可能的。

　　　　　　　　　　　　　人生解忧

**颠**

我上中学时读到一句话，让我印象很深刻，"成佛成魔一念间"。一个念头，就让你成佛了，或者成魔了，转念是一个过程。

**成**

对，我们在日常中也可以修行。比如搭地铁时，旁边突然来一个插队的人，我们一般的反应就是感到很讨厌，有的人会心里面骂他，甚至有些情绪激烈的人还会与他撕扯。这时，你可以思考自己为什么会讨厌他？其实这是因为你对一套既定秩序有了固有的认知，你认为就应该排队，这代表了现代社会的文明程度，我应该排队，你也应该排队。但是仔细思考一下，你能控制所有人吗？你能够让所有人都按一个指令来做事吗？这其实是一种思想上的暴君行为。你并不能以自我的主观意志来要求所有人，但是你能够要求自己。

很多人会批评说，那你岂不是没有一点所谓的社会公德意识，没有原则？但如果他真的违反了社会的秩序，比如他违反了相关的管理和治安条例，你可以在该报警的时候报警。但是最大的问题往往是你内心的情绪很难平复下来。但佛教认为，其实每个人都处在一种认知的盲区里，并且带着一种强烈的要求环境来配合自己的意识。所以我们每个人都希望别人按照自己的想法去做，只不过这次恰好符合你想要的，你就觉得那是好的，是有社会公德的。

换句话说，假如是一个从农村刚进入都市生活的人，你用这段标准要求他，就是绝对的不公平。就像我们会看见地铁上底层的务工人员，可能因为身上很脏，以至于都不敢在椅子上坐着。你可能会以同情的眼光看待他，而我觉得，其实你只要向他解释，甚至和他攀谈，并不是说一定要拉他去坐着，他只是一个你在地铁上碰到的人而已。对他而言，这意味着他找到了一个交流的对象，他不再纯粹是一个社会公德的遵从者。我们看不到他背后的因缘，他可能刚从农村来，或者刚经历某种人生痛苦，在这种情况下，我们对待另一个人时，尽量不要带有主观的要求和控制。即使某个行为超越了法律的界限，也自然会受到社会制度的约束，但你由此产生的负面情绪，其实会毒害自己的内心。

**颠**

这也是一种分别心吗？

**成**

其实我们对职业、身份、地位的分别心是无处不在的。我们如何把一个人还原到人本来的样子，这也是修行的一部分。比如我们进入一辆地铁碰到任何一个陌生人，他的背后都是一连串的人生故事。我们哪里会知道他的人生故事是什么呢？你现在看到的只有一个结果，就是他的穿着或行为举止，在这种情况下，你对这个人的任何评价都是非常武断的。就算他是一个坏人，从佛教的立场来看，有时你也应该帮助他。就像在很多国家，比如美国，很多宗教师会去监狱布道，给他们讲解人生的意义问题。

但有的文化氛围把这些人视作被排斥和放弃的人，这是一种不正常的文化心理，因为这等同于在这个人身上打上一个终生不得翻身的一个标签，把他本质化了。

**颠**

那您做这档节目，有没有希望它达到自己怎样的一个目标？

**成**

当然有，这就是我的"执着"。因为我在大学里教授这门通识课已经有了十来年，从第一堂课我就感觉到我们这个社会对佛学思想普遍处于无知的状态。从知识的普及来讲，我觉得我应该做，也适合做，因为我本身不是纯粹学佛学出身的，我研究的是中国思想史，而且对东西方哲学和社会科学也有所了解，所以我知道在现在这个社会里，以现代人的学科背景来学习佛学，难度往往很大。十几年教下来之后，我觉得我有义务作这样的一种佛学思想的普及工作，因为无论是作为一门知识还是一个古老的智慧，佛学被如此地误解，我觉得需要有人来澄清。

另外，从我个人的成长经历来说，佛学对我的心态和性格的改变是很大的，我觉得它对我有用。在这点上我非常实用主义，一种哲学思想不管多玄妙，如果对我的人生产生不了作用，尤其是正面作用的话，我也不认为它对我有多么大的价值。而佛学给了我很多启发，让我觉得原来我只要改变一下思维，我的人生会越来越轻松和自在。

回过头来看，现在的我会表现得比过去的我更加积极。我以前其实是一个二元论思维很强的人，要么非常消极，要么非常乐观。但现在无论多么大的社会变动或者日常生活中发生的事情，都不会让我产生很大的情绪波动。那我认为，这种思想对我就是有用的，至少是有疗愈作用的。而且我还觉得，这么好的方法和思想，我如果能够通过合适的方法介绍给他人，岂不是能帮助到很多人？所以我的目的绝不是要把这种信仰传播出去，而是说，让在思维上有这种需要的人能恰好用上，缓解他的一些痛苦或焦虑，就很好了。这对我来说也是一种受益。受到佛学的影响，我不会想"我得了好处以后独享"，而是"越觉得它好，我越想把它分享给他人"。

**颠**

这也是一种随喜。夏夏作为节目的编辑，应该体会也很深吧？

**夏**

我其实为什么想要做佛学和心理学相关节目，也是因为它们帮了我很多，就和成老师一样，觉得这么好的东西，一定要告诉大家。我自认为共情能力还比较强，当我看到周围很多朋友还在挣扎，或是有自己的"执着"因而感到痛苦时，我就会问他，你要不要了解一下佛学或心理学的方法？或许你慢慢地就会有所转变。最后，成老师，您有没有什么推荐的佛学相关的书单？

**成**

佛学相关的书特别难推荐，因为佛学的教育，包括佛教中所谓佛法的教育，有一个最大的难点，就是每个对象都不一样，得根据他的情况来给出不同的教导。目前市面上公开出版的书中，我常常推荐宗萨蒋扬钦哲仁波切的《正见》，这本小册子非常通俗地介绍了佛教的基本理论。如果你想有更深入的了解，我推荐由一位斯里兰卡的僧侣那兰陀长老写的《觉悟之路》，这本书描述了佛陀的生平，其中有大量佛教义理或修行相关的具体内容。

至于一些更专业的书籍，可能不适合一般的初学读者阅读，因为那会带来很强的挫折感。就像我最初接触《金刚经》时，我很有信心，心想一定要把它读懂，结果读了好几遍也读不懂。因为必须要有人来讲解和介绍，在这样的文字之下它到底要讲一个什么样的道理，这个"转译"的过程很重要，这也是我们现在很缺少的一种工作。如果有的人已经对佛学有了基本的了解，就慢慢地接触一些比较专业的典籍和著作。但是也提醒一下，这是一条很不容易的学习的道路。

　　无论怎样，还有禅宗，禅宗的特点是直截了当，它让如此繁琐的印度的佛教哲学，最终以一个非常简洁的日常对话的方式呈现，也就是公案或机锋，并以此来解决人的觉悟问题。这又是另外一种学习佛学和修行的方向。所以说，佛教的教导有很多不同的渠道，就看你觉得，你可以走哪条路。

# 成庆 × 看理想：
# 佛教是一种符号吗？*

**看**

最近，我们与佛学研究者成庆进行了一场对话。这次对话缘起于"看理想"一位编辑的经历，当她看到一些佛像、石窟、寺庙时，一瞬间就被它们的美感深深地吸引了。可在试图深入了解佛学之后，却发现这些佛像反而是外在的"相"，与真正的佛学关联不大，于是陷入深深的困惑与不解之中。带着这些疑问，我们向成庆老师进行了求索。以下对话也许有些漫长，但希望与你分享。因为禅宗说，一切经典不过是外在的、附加的媒介之物，现时的、活生生

---

* 本篇内容整理自"看理想"公众号 2023 年 6 月的一篇文章，原名为《困惑的时候，我去了趟寺庙》。

的人生才是禅所要把握与探寻的目标。其实，佛学是很实际、很日常的，同时也可以是很活泼的。

**看**

最近我去了寺庙、看了很多佛像，也在这个过程中了解了很多佛教的名词，但接触得越多，却越感觉复杂，不得其门而入。怎么办？

**成**

其实你的感受非常普遍。佛教其实是一种很深厚的文化传统，但大多数时候，我们在日常生活中接触到的都只是一些佛教符号，而不是真正能解决人生问题的佛教。但这也说明了佛教生命力的长久，一种宗教思想之所以能延续一两千年而没有消失，一定有某种核心的理由。我认为，一方面因为佛教文化深入中国民间，已经形成了自己的文化土壤。另一方面，佛教的核心思想始终紧扣人生问题，而一代代的人都需要面对自己的生命问题，自然也就有了相应的需求。

　　　　　　　　　　　　　人生解忧

我在书中一直讲人生之苦，这也是一个佛教关注的核心问题，佛教认为，人生的本质是苦，但这个苦和我们一般理解的苦与乐稍许有些差别。从本质上讲，如果你不改变自己的认知，无论怎么做，你的人生都是不自由、不圆满的，因此佛教才会通过觉悟来解决人生之苦的问题。而佛教认为，解决问题的核心就在于认识到"万法皆空"，或是人们更容易理解的"不二"的思想，通俗的解释就是非二元论。

　　我们一般人其实都在用二元论的思维来看待这个世界和自己的关系，比如始终带着一种以我为中心的视角去看待世界和他人，其实这是出于想要满足"我"这个主体的欲望。但是佛教会认为，这个主体的建构是虚假的，是意识的骗局。

　　当然，在某种程度上，许多民俗性质的举动也能够带来安慰作用。比如当遇到人生之苦时，在佛菩萨像前恭敬地祈求、倾诉自己的苦难，也有一定的疗愈作用，就像我们有时也会找一个对象倾诉。但佛教的核心，并不在于给予你一种短暂的安慰，佛教的核心是，你自己本来是自由的，但因为没有觉悟，所以会反复地在苦与乐的跷跷板上来回摆动，导致生命状态起起伏伏，在任何环境下都无法获得一种全然的精神自由与安宁的状态。

而在今天，我们可能不再仅仅依靠传统的佛教文化符号去接触佛教本身，而是要从当代核心的生命问题出发，也就是从我们这一代人或几代人正在经受的、苦苦找寻的人生危机的角度，去重新理解佛教。因为现代消费社会为一个人的人生问题所提供的解决方案，是通过积累财富来不断消费，从而满足感官的欲望。但现在证明，这个解决方案是有问题的。这些年，不管是什么阶层、什么背景的人，其实都已经开始对此产生了怀疑。在这种情况下，我们或许可以回到佛陀当时最关心的问题上，也就是人生的苦难和解决的方法。


**看**

我发现您在书中对佛学的讲述有一个很大的特点，就是引用和解释了许多很现实的事例。不管是"佛系"的心态，还是现在年轻人普遍的孤独，这让人感到佛学离我们并不遥远。


**成**

我认为佛教的核心是解决人的认知问题，因此它也就不会被时代和各种各样的、特殊的人生处境与环境所束缚。如果一个思想是有效的，它就一定能解释当下的问题。所以我介绍佛教时，不会讲它有多伟大，在历史传统中曾多么有影响力、多么高深，甚至过去的皇帝有多重视它。我会更关注那些当下的具体问题，看看如果用佛学的角度来解释有没有道理？如果有道理，它的价值就不言而喻。这样的话，我们都是在解决当下的生命问题，而不只把佛教当作一种传统的文明去褒扬或贬低。

很多时候，对于一种文明，一些研究视角会沉浸在它过去的荣光和历史价值上，但我认为一种思想之所以有价值、有意义，是因为它会对当下的社会有启发，甚至提供解答。因为古代的人也是因为看到了这些思想中有价值的部分，因此才学习、信奉和传承。为什么我要反复强调"当下"？因为如果从历史的角度来理解佛学，这对现代人来说绕的弯太大了，如果我们都一定要具备相应的历史背景和佛学知识才能解决当下的问题，这岂不是舍近求远？

## 看

佛教的很多理念或名句，我们或多或少都有了解，比如"本来无一物，何处惹尘埃"。但为什么总觉得，"懂得很多道理，却依然过不好这一生？"

### 成

佛学中一个很重要的概念就是"缘起"。现代社会有很强烈的个人主义色彩，这产生的一个问题就是，有时候我们过于注重个人的主体性，而忽视了和他人、社会的连接。本书的第二章"观自我"后接着的，就是第三章"观众生"，因为佛教认为，个人其实和社会、和众生是联系在一起的。从这个角度来说，为什么佛教最终强调在智慧之外还有慈悲？因为它认为，一个人仅仅解决自己的人生之苦是不够的，还要看到自己和社会、国家、世界，乃至整个宇宙的连接，这种连接是无法被否定和割裂的，这就是缘起。

所以在生活中实践，就是要慢慢地看清楚，有时候当我们的个人意识太强烈，就容易落入一个自我封锁的状态，所以我们才会普遍感受到孤独。佛教认为，我们在生活中要看到自己与他人的连接，因为这种对待方式不仅在解决自己的问题，同时也在解决别人的问题。以我为例，以前我身上其实也有种"知识分子"式的脾气，比较清高，面对看不惯的事物就会产生强烈的对立感。但接触佛教以后，我会自然而然地感觉到我和他人都身处一个互相连接、互相影响和作用的关系中，也就慢慢地放下价值观中那些特别自我、盲目的执着与固守。比如现在的我坐电梯时会与他人攀谈，即使只有短短几十秒，也会和快递员或者邻居聊聊天，听他们说说今天的辛苦或沮丧，有时我也会鼓励他们。这并不是过去那种道德教育或说教，"你要做一个有同情心的人""做一个有道德的人"等，佛学告诉我的反而是，人和人就是这样互相影响的，这种联系和影响不是你想切断就能切断的。

当我们在生活中慢慢地重新去理解和尝试这些连接时，反而会获得许多有趣的视角，比如当我看到一些"违反社会公德"的现象，在不否认它是错误的这一前提下，也会多一层同情和理解。因为这些错误不只是道德层面的一个标签，我更多看到的是产生这些错误背后的无知，而这些无知，恰恰是我们每个人都要克服的。

## 看

这让我想到梁文道在《八分》里说过的一小段对话：他在一次活动现场偶遇了李连杰，他问李连杰，这么多人跟你要合影、签名，为什么你都答应？李连杰说，我们都是学佛的，如果一个简单的签名、合影就能让他人感到开心、快乐，为什么不做呢？

**成**

学习佛学最重要的，就是要在日常生活中体现智慧与慈悲。就像李连杰的举动，他当然可以用很多理由拒绝这些要求，但他的选择是，如果签名和合影能让他人在这一刻开心一点，尽管并没有真正在解决他人的人生问题，但在这一刻给对方带来安慰也很好，说不定这样的安慰，未来就会对他人产生影响。我们常说，某一刻你的善意或关键的一句话，也许日后就能改变他人的人生。

**看**

可这些善意常常会招致恶意和不理解，这时我就会特别沮丧。

**成**

所以，这本书的第二章叫"观自我"，因为如果你感到受伤或得到了负反馈，其实有时候还是因为我们的自我建构太强大了。人在做好事时，多少还是会有一种对他人反应的期待。而佛教恰恰认为，你不要被外在的反应牵着走，否则你就被外界的评判绑住了。你想，这个世界上不可能每件出于善意的事情都能得到正面的回报，因为人与人的关系是很复杂的，你的好意在某些人眼里就是一种恶意或无关紧要的事情。所以要意识到，这个世界的反馈并不是你能控制的，做事时不要把自我的期待放到前面。

举个例子，老师在教学时，当然也希望得到学生的正反馈，这会让人有成就感。当我面对这么多学生讲课，有的学生听得进去、有所收获，有的学生完全无法接受讲课的内容，甚至觉得我讲的是错误的，也会批评和反驳，还有一些学生对此完全无感。这都很正常，因为人与人的关系太复杂，人世间也存在太多错综的因素与条件，这都不是我们能全部了解和掌控的，我们只能敞开自己，接受所有的可能性。当学会敞开以后，你会知道一件事出现负反馈是正常的，世界本来如此。

当然，若你知道了你们之间现在无法形成所谓的"正反馈"的关系，你也可以暂时地退缩、回避一下，这都没关系。佛教也讲求因缘，缘

人生解忧

起就会产生变化，说不定过一段时间又会产生另外的因缘和变化，你们在这个问题上就能进行正面的交流了。

这就是人生，如果做每件事情都能得到正反馈，这个世界未免也太无聊了一点吧（笑）。

**看**

佛教进行过所谓世俗化的改革吗？比如像从天主教到新教那样的改革。

**成**

像这样的改革，我觉得佛教是没有的。因为新教与天主教之间很大的差别在于信仰模式的根本改变。在传统天主教里，你要通过神父、牧师等神职阶层才能与上帝沟通，而在新教里，完全就是个人直接面对上帝。佛教的发展历程中还没有这样在本质上的信仰方式的断裂和转变。当然，佛教也有不同流派，但它有一种很重要的观念，即每个人本身就是圆满的，只是认知出现了问题，所以才显现不出圆满的那一面。其实任何一种学说或组织内部都会呈现出多重的矛盾和差异。我并不认为，谈论同一种思想或认同同一种宗教组织文化的人群之间，就一定能完全画上等号。就像我们谈论一种美好理想的实践时，即使初衷都是好的，也会因为人的性格差异而引发许多矛盾，这都是不同层面的人心的反应。

谈到佛教传播历史上出现的种种问题与争议，比如佛教在中国古代社会里与皇权、儒家意识形态的博弈，这都是一种历史的过程。一种思想或文明，它得自我诠释和生存下去，因此面对现实压力时会做出很多举动，而种种复杂的状况和在传播过程中出现的压迫性的问题也是存在的，也可以被辨析、批判。我想，对于任何一种思想来说，这都是不可避免的。

有些流派和领域因为与我太过遥远，我不是一个在场者与观察者，也没有作过深入的研究，因此可能无法具体地回答或笃定地批判这些现象。但在我研究的汉传佛教的领域，我也会写文批评和指出一些当下的问题，比如过度

人生解忧

的祈福和迷信。但我个人的兴趣和关注点还是在这些被压抑的、扭曲的现象背后，也是我认为佛学中最有价值的部分，即不完美的状况其实总是存在的。当时佛陀本人也面临许多问题，只是他始终认为，每个人生来都是平等的，都有圆满的觉性，最终也都能够成佛。

当然在佛教内部，也有随着时代不断演化、传播的过程，或是出现解释形式上的差异。比如铃木大拙把日本禅宗带到欧美社会时，他面临着如何把佛教介绍给不同文化背景的人的问题。而铃木大拙做的一个很主要的工作，就是从哲学和心理学的角度向西方人介绍禅宗和佛教。但不管以怎样的方式，佛教的核心思想并没有改变，你完全可以通过各种各样的修行方式或认知途径，认识到人本来就该是圆满的。

**看**

您是不是也认为佛学是很开放的，我们可以将其与现代学说结合，再作一些诠释？

**成**

当然可以，因为佛学谈的就是人的认知问题，而经济学、社会学、哲学等也都如此。比如现代经济学建立的基础，就是亚当·斯密在《国富论》里讲"人是自私的"，才构建出之后的市场理论。现在的金融市场和经济体系下隐藏着一种意识形态建构，即把人当作一种"利益的动物"，好像因为人是自利的，所以只会通过各种方式来最大化自己的利益。但经济学没有解释的是，为什么人常常也有让渡利益的另一面，也会有强烈的、自发的、完全利他的行为模式。

佛学也一样，从这个意义上来说，它同样是一种解决认知问题的方式，当然也就可以解释经济学、社会学等学科所讨论的问题。通过佛学的视野，我们能看到不同理论中的盲点，甚至可以解释和检讨现有的理论体系的不完备之处。当然，我个人不太喜欢介入和评判其他具体的学科，因为在现代学术分科体系之下，学科之间壁垒很高，贸然评价显然有一定的风险。但我也会适当引用一些学者的观点来讨论

人生解忧

问题，比如我在书中引用了英国哲学家齐格蒙特·鲍曼的理论来分析现代人被消费主义主宰的问题，这是因为我想尝试用佛学与各个学科进行对话。因为佛学并不是独立存在于真空状态下的，似乎是一朵纯洁的、不受环境污染的莲花，它其实是一种思想，由此当然也可以解释不同的人类思想行为和实践模式。

所以我认为，如果你真正客观地认识了佛学之后，你就会客观地看待任何一种思想，比如它在当下的优点、未来会遇到的问题等，其实这可以帮我们避免某种单一意识形态主导的情况。就像刚刚说的，过去我们相信赚钱就能获得幸福，但如果你对佛学有所了解，就会知道这背后的危机一定会到来，也就会提前思考自己可以如何尽力避免这场危机。从跷跷板的一端翘到另一端的运作模式，是人类文明发展的常态。虽然从人类整体的角度来说，我们很难一劳永逸地解决人类文明发展的问题，但如果有一些人能提早感受到危机，具备更高一点的认知，也就是佛教所说的智慧，至少还能尽力通过自己的方式缓解危机。当然，佛教常讲，即使是佛陀也无法彻底改变世界，他改变世界的方法就是改变你的认知。那么，也许你通过佛教改变了认知，未来还能再启发另一些人的认知。当人们看待这样的发展时能多一些智慧的话，也许至少可以让社会变得不那么坏。

如果没有这种思考的角度在社会里传播，当变化来临时，很可能就会产生一种激烈的、一下从波峰到波谷的断崖式转变。我现在就感觉到，经过这三年，许多人的心理经历了断崖式的反转，一方面是强烈的绝望与虚无感，在绝望与虚无感中又想拼命地抓住各种救命稻草；另一方面是陷入极度的消费主义里，也有人变得非常虚无主义，甚至开始自我放弃。

**看**

回到谈话的起点，您平时也会去石窟或寺庙吗？

**成**

我前段时间去了天台山。因为我修行天台宗，而天台山作为开宗门庭，对我个人来说当然有特殊的意义。以前来天台山的时候，我其实挺激动的，有朝圣的感觉，但这次来我挺平静的。用一句大家引用的《维摩诘经》里的话来说，就是"心净则佛土净"，当认知转变以后，哪里都是你的净土。面对一些"圣地"，我们经常会有种朝圣的心态，觉得这个地方才是我的心灵归属。但其实，这都是一种向外求的认知模式。现在对我而言，过去那些不管是让我很兴奋，或是让我感觉特别无趣的地方，我觉得都挺好的。当然，我还是会去欣赏这些殿堂和空间，但不再像过去那样，一定要赋予它们特别多神圣的意味。

我觉得这也是佛教的核心思想，所谓的圆满不是外在的圆满，而是自性的圆满。很多为人所喜爱的石窟和寺庙在建立之初其实有很多不同的目的，比如山西大同的云冈石窟最早就是由北魏皇家建立，也是为了彰显皇权。对于今天的人而言，这些寺庙其实具备多重的意义，一是历史遗产意义，二是佛教徒寄托信仰的地方。可在佛教思想里，既然这些石窟能够代表佛教，那么我们的日常生活，一餐一饭也能代表佛教，这正是禅宗的精神。挑水、担柴都是禅，也都是佛法。回到日常生活，才是佛教的核心，但我们常常把眼光投向了那些传统的、有代表性的佛教符号。

## 看

听您讲完，我好像对于看佛像、看古建都有了全新的想法，比如对之前遇到的"圆觉""不二"这样的词，不再感到遥远和陌生，而是能与具体的思想对应起来。我当然还是喜欢那些佛像的慈悲和美感，但慢慢地好像能找到关联与对应，若有所思，也感觉能找到属于自己的理解方式。

成：这些年，喜欢看古建的人越来越多，很多人也会专门去山西看那些古代寺庙。但在看这些很好的寺庙和佛造像时，除了文化享受之外，如果可以进一步地解决我们的心灵问题，能够通过佛像进一步地了解佛教所关心的核心问题的话，它会对你的生命产生真正的改变，而不只停留在表面。

这就回应了你前面提到的那个问题，为什么我们常常知道很多，却没办法活得更好？就是因为我们没有把自己所看到的一切有关文化的内容融入生命中，去改变自我的认知。有时候虽然你也看了很多东西，但你的认知其实并没有发生改变。我发现很多人本身有一种坚固的价值观与认知思维模式，而对于这样的人来说，往往看再多的内容也很难改变自己固有的根本认知模式。但当你深入佛教的核心，知晓了这种过去未曾了解的认知模式，才能真正理解那些你所看到的佛教文化现象背后的真实意涵。

# 致 谢

二十世纪七十年代，圣严法师有感于一般公众对于佛教的认知停留在迷信与民俗的层面，写下了几万字的《佛学入门》。这本书以通俗简要的方式来介绍佛教的思想，成为几十年来在华人世界流传甚广的佛学书籍。圣严法师不仅有着良好的学术训练背景，也有着宗教师的关怀。因此，他所讲解的佛学会让人感受到，佛法的真正生命力不在别处，而在于能给一代代的人不断地提供生命的滋养。

自从我接触佛学开始，便有感于大众对于佛学的误解之深，因此在教学的过程中，也想撰写一本符合当代中国人的佛学入门书，可一直没有动笔的因缘。2021 年 7 月，"看理想"的孙瑞岑先生找到我，在华东师范大学的丽娃河边的咖啡厅里讨论这个节目的可行性，当时的我因为事务缠身，并未下定决心。但2022年之后，我强烈地感受到某种迫切的社会心理需求，于是下定决心准备这档节目。经过和音频编辑夏夏数月的讨论与磨合，终于启动了为期近乎一年的录制过程。这个过程让我也深度体验到了方兴未艾的播客热潮，进而认识了颠颠、dy、jiarui、小尹，以及"看理想"中几位优秀的主讲老师，甚至还有了2023年冬天在永福庵的奇妙团建因缘，并由此结识了几乎所有的"看理想"同仁。

对于这本书而言，首先要特别感谢音频节目的两位执行编辑——夏夏和小蒲，她们在编辑和配乐方面的细心、耐心和专业让这个节目加分不少，不少认识的听众会告诉我，因为配乐的恰到好处，他们常常会有收听纪录片的感觉。

另外，也要特别感谢"理想国"的刘瑞琳老师和孙红梅老师，以及这本书的编辑张妮女士。在节目的更新期间，刘瑞琳老师就热情地向我表达出版这本书稿的意愿，而且非常积极地安排和推动，这也让我这位"理想国"的老读者终于有了这次出版的因缘。后期孙红梅老师为了这本书的出版，费心费力，投入的热情甚至超过我这位作者。而本书的编辑张妮女士的细心和专业更令我吃惊，很难想象的是，这本经过她妙手编辑的书稿，我只花了不到三天的时间就校对完毕，因为很多本来认为要修改的地方，早就被她处理得不留痕迹，甚至比当初的表达更为流畅与合理，让我不得不感叹这一份作者和编辑之间奇妙而不可思议的默契因缘！

最后，我要对永福庵及各位"看理想"的听众表达衷心的谢意。从 2016 年开始，几乎每个周日，我都会在永福庵举办针对社会公众的佛学基础讲座，正是在这个过程中，我开始触碰到这个时代最为真实的心灵需求，这本书的许多内容都是从这 8 年来的讲座中慢慢积累的结果。而"看理想"的听众则在音频节目的更新过程中，给予非常多的即时反馈，让我不断地调整讲述的重点。或许可以这么说，这是一本与听众共同创作的佛学入门书，也让我不经意间完成了多年前的愿望，就是写一本贴近这个时代，充满鲜活生命经验的佛学入门书，让大家能够通过佛学的智慧，慢慢看清人生、看清自己，最终寻找到每个人的本来面目。

在本书即将出版之际，有一位或许大众并不怎么熟悉的出家人——果如法师——于 2024 年 10 月 2 日在台北祖师禅林圆寂。之所以在这里特别提到，是因为果如法师不仅是圣严法师的第一位出家弟子，也是我十余年跟随习禅的恩师。他常提及圣严法师的一句话："佛法这么好，知道的人这么少，误解的人这么多。"因此也常常鼓励我，要将正确的佛法观念传播给大众，而这本书，或许是我交给恩师的一份不及格的答卷吧。

另外值得说明的是，本书封面和彩衬中的圆相与书法都是由近代日本著名禅学者铃木大拙所创作的。铃木大拙作为东亚佛教现代化的代表人物，在欧美世界对于大乘佛法的推广，以及对禅公案的诠释，影响了几代人。对我而言，他的真正价值在于，他对佛法的诠释，紧扣生命存在的意义与价值，而不纯为书斋中的概念游戏，这使得铃木大拙对于佛法的论述在今天仍然具备鲜活的生命力。

最后要谢谢大家，一本书即是一期一会，我们有缘再见。

成庆

2024 年 10 月 16 日

于丽娃河畔鱼跃庵

**图书在版编目(CIP)数据**

人生解忧 / 成庆著 . -- 上海：上海三联书店，
2024.11. -- ISBN 978-7-5426-8703-6（2025.2 重印）
Ⅰ.B94-49
中国国家版本馆 CIP 数据核字第 2024YS4778 号

# 人生解忧

成庆 著

责任编辑 / 苗苏以
特约编辑 / 张　妮
制作排版 / 陈基胜
责任校对 / 王凌霄
责任印制 / 姚　军

出版发行 / 上海三联书店

　　　　　（200041）中国上海市静安区威海路755号30楼
邮　　箱 / sdxsanlian@sina.com
联系电话 / 编辑部：021-22895517
　　　　　发行部：021-22895559
印　　刷 / 山东韵杰文化科技有限公司

版　　次 / 2024年 11 月第 1 版
印　　次 / 2025年 2 月第 3 次印刷
开　　本 / 850mm×1168mm　1/32
字　　数 / 353千字
印　　张 / 22.875
书　　号 / ISBN 978-7-5426-8703-6/B·928
定　　价 / 98.00元

如发现印装质量问题，影响阅读，请与印刷厂联系：0539-2925659